西方史学史研究（第2辑）

STUDIES OF WESTERN HISTORIOGRAPHY

知识史与历史认知

吴晓群 陆启宏 主编

图书在版编目(CIP)数据

西方史学史研究.第2辑,知识史与历史认知/吴晓群,陆启宏主编.—北京:商务印书馆,2023
ISBN 978-7-100-22388-1

Ⅰ.①西⋯　Ⅱ.①吴⋯　②陆⋯　Ⅲ.①思想史—史学史—西方国家—文集　Ⅳ.①K091-53

中国国家版本馆CIP数据核字(2023)第078046号

权利保留,侵权必究。

西方史学史研究
第2辑
知识史与历史认知
吴晓群　陆启宏　主编

商务印书馆出版
(北京王府井大街36号　邮政编码100710)
商务印书馆发行
北京市白帆印务有限公司印刷
ISBN 978-7-100-22388-1

2023年6月第1版　　　　开本710×1000　1/16
2023年6月北京第1次印刷　印张23½
定价:98.00元

目 录

专论

学术长河生生不息:张广智的史学史跨域研究
　…………………………………………… 邹振环　3

"知识转向"

敞开千重门:朝向知识的转变
　………赫尔格·乔海姆　大卫·加里·肖　著
　　　　庄泽珑　译　刘山明　校　31
流通、剧场和对公共知识的探求:史学编纂潮流与
　分析框架 ……………… 约翰·奥斯特林　著
　　　　郭在田　译　何炜　校　54
启蒙运动、信息和哥白尼式延迟
　——一项知识史的冒险 … 克利福德·西斯金　著
　　　　李小龙　译　黄璐　校　75
为"知识"撰史:西方史学的新动向 ………… 庄泽珑　97

彼得·伯克与知识史

知识及其历史
　………… 彼得·伯克　著　李小龙　译　黄璐　校　113
以"知识"重观"历史"——简述近期欧美学界有关
　"什么是知识史"的讨论 ……………………… 章可　129
书生江海寄飘零——《16—20世纪知识史上的
　流亡与客居》导言 …… 彼得·伯克　著　周兵　译　139

流亡者与侨民对知识史的特殊贡献
　　——《16—20世纪知识史上的流亡与客居》
　　读书札记 ················· 李顺平　156
博学者的危与机——彼得·伯克与他的《博学者》
　　························· 朱联璧　164

专题论文

新文化运动的"五四"起源——关于五四新文化
　　运动研究的再思考 ············ 张仲民　173
历史中的因果关系：一件事情比另一件事情
　　更重要吗？ ······ S.H.里格比 著　吴英 译　200
伽达默尔和柯林武德论时间距离与理解
　　············ 小林千夏　马蒂厄·马里昂 著
　　　　　　　　　　　　陈慧本 译　郑祥瑞 校　222
古奇、汤普森论说梯叶里浪漫主义史学渊源疏证
　　························· 李勇　255
作为一种历史书写形式的西方史家自传
　　——兼谈历史知识的建构问题
　　····················· 邓京力　佟文宇　269
"萨尔普遍史"的出版史
　　——一个知识史的视角 ········· 张一博　285

书评

汤因比：新史学潮流中的弄潮儿
　　——《人类的明天会怎样？——汤因比回思录》的
　　思维方式与叙事风格 ············ 邹兆辰　297
民族国家与史学转型的交缠
　　——评刘龙心《知识生产与传播》 ······ 张翼　317

札记
知识的定义、特点以及知识分类的方法 ········· 杨瑞　333

前沿动态
知识史新书两种 ·············· 何炜　343
微观与宏观/全球之间——对西方史学界近年来
　相关研讨的介绍 ············ 冷昉暄　351

征稿启事 ················· 367

专　论

学术长河生生不息:张广智的史学史跨域研究

邹 振 环

笔者 1978 年 10 月考入复旦大学历史学系,1982 年接着报考历史系专门史(方向:中国文化史·明清思想史)专业硕士生,1985 年留校任教。读本科时期,不少老先生还健在,记得我听过的课,有杨宽(1914—2005)的"春秋战国史"、陈仁炳(1909—1990)的"专业英语"、张荫桐(1917—1998)的"南亚史"和"东南亚史"、吴杰(1918—1996)的"日本史",中文系刘季高(1911—2007)的"中国文学史"等,谭其骧(1911—1992)、周谷城(1898—1996)、蔡尚思(1905—2008)、章巽(1914—1994)、靳文瀚(1913—?)、田汝康(1916—2006)、程博洪(1917—2001)等著名历史学家都给我们开过讲座。年轻一代有朱维铮(1936—2012)的"中国史学史"、李华兴(1933—2011)的"中国近代思想史"、邹逸麟(1935—2020)的"中国历史地理概述"、金重远(1934—2012)的"法国史"、陈绛(1929—2019)的"洋务运动史"、吴浩坤(1930—2017)的"文史工具书使用法",以及姜义华的"中国现代思想史"、樊树志的"中国土地关系史"、陈匡时的"中国近代史史料学"等。我还选听过哲学系严北溟(1907—1990)的"中国佛教史"、中文系蒋孔阳(1923—1999)的"西方美学史"等。

20 世纪 70 年代末 80 年代初,我们 78 级有幸赶上了复旦历史系前二代学人的代际交替,曾得到了第一代大师级学人,如谭其骧、周谷城等先生的直接教诲和熏陶,记得在周谷城先生看似东一榔头西一棒子的演说中,第一次听到了复旦人一直有将复旦办成"东方牛津"的梦想;在助手葛剑雄搀扶下颤颤巍巍走上讲台的谭先生,以严谨的语言表达,使我们见识了什么是学术深耕锻铸出来的风范。陈仁炳充满激情的英语讲诵,杨宽集锦式的史料论证,张荫桐娓娓道来的分析,田汝康的幽默风趣和章巽的从容不迫,都给我留下过深刻的印象。老一代学人让我们认识了何为严密的逻辑和宽广的视野;而第二代学人更是手把手地教给我们如何进入具体的论证和研究,这些直接的指导和关爱,永远令人难忘。历史系两代学人在课堂上的音容笑貌,至今历历在目。他们以滔滔不绝的讲授,充满古典韵味的板书,给我们讲的不仅仅是各种特殊门类的知识,还有方法,如治学的博与专,历史研究的四把钥匙:年代、地理、目录和典章制度、中外比较的思路,等等。

本文要叙说的主角是作为复旦历史系第二代学人张广智先生(下简称张先生)。他雅好散文写作,徜徉在历史和文学之间,是时人常说的"跨域"。不过笔者讨论的"跨域",不是眼下已成时尚的"跨域",而是他在史学史学科意义上的"跨域"(Crossing Boundaries)①,作为知识学科互涉意义上的"跨域",这是一种学术创造力的自由奔涌。"跨域"早在柏拉图时代已经开始,现代大学使学科互涉的"跨域"成为一道亮丽的学术风景。作为中国人所从事西方史学史的教学和研究,就有"跨域"的意义,中外史学交流史的研究,就更是正式的学术"跨域"。笔者将张先生所进行具有学科交叉性质的跨越西方史学史和中外史学交流史两个领域,统称为史学史"跨域研究",这种史学史研究的新视野,值得专门研讨。

一、漫漫"克丽奥之路"上的教学和研究

张先生 1939 年出生于江苏海门农村,祖父张汝僖是乡下一位远

---

① "Crossing Boundaries"一词,也可以译为"越界""跨境",参见 Julie Thompson Klein,*Crossing Boundaries*:*Knowledge*,*Disciplinarities*,*and Interdisciplinarities*,Charlottesville:University Press of Virginia,1999。我也是从知识、学科和学科互涉的角度来理解该词,因此将之译为"跨域"。

近闻名的私塾先生。其父从小在张先生祖父那里受教,对四书五经相当熟悉,尤其是《论语》和《孟子》中的句子,能大段大段地背诵下来。祖父在老家正房西头搭建了一大间草屋,开办私塾,吸引四方学童前来求学。祖父以其父亲张文云先生之名,将这间私塾命名为"文云堂"。张广智稍稍懂事之时,就在"文云堂"里念书,成天背诵《论语》等儒家经典。天资聪颖的他,记忆力强,背诵古文不费力,如此童子功也令他终身受用。1946年冬天,七岁的张广智和襁褓中的妹妹随母亲闯荡大上海。十余年后的1959年,他顺利考取复旦大学历史系,翻开了人生崭新的一页。张先生在《八十自述》中说:"我是相信缘分的,命运注定我此生要在复旦大学遇上耿淡如先生,并与西方史学史结下不解之缘。不是吗?耿师竟与我是同乡。我的出生地海门县正余乡距老师家很近。我与耿师都毕业于复旦大学,之后又都终身在那里工作。也许在冥冥之中,一双无形的'上帝之手'把我们牵连在一起。"[1]1964年,他又以优异的成绩如愿考上著名历史学家耿淡如(1897—1975)的研究生,专攻西方史学史,成为中国大陆"文革"以前唯一的一位西方史学史专业方向的研究生,既是耿先生指导的西方史学史的"开山弟子",也是这一方向的"关门弟子"。[2]

"文革"开始,张先生被迫中断专业深造,从1968年5月至1978年5月,他在上海的闸北区(现合并静安区)工作了整整十年,"下放"在新中中学任教和闸北区教育学院供职。浩劫之后,刚满40岁的张先生响应母校的召唤,重返复旦校园走上讲台。我在本科时期能修读的历史系课程并不多,"中国通史"和"世界通史"是历史系两门重头必修课,从远古开始到现代,前后要上满整整两年。当时几乎活跃中国史和世界史学术前沿的教师,都参与了两门通史的讲授。"世界

---

[1] 参见《西方史学的开拓与创新:庆贺张广智先生八十华诞暨从教五十年论文集》,复旦大学出版社2021年版。

[2] 张广智:《耿淡如与中国的西方史学史研究》,《史学史研究》2002年第4期;《垦荒者的足迹——回忆耿淡如先生》,参见氏著《瀛寰回眸》,北京师范大学出版社2015年版,第225—233页。耿淡如的文章,由张广智汇编为《西方史学史散论》,复旦大学出版社2015年版;耿氏史学研究,参见李少辉《耿淡如史学研究》,华东师范大学硕士论文,2018年5月。

通史"上古史这一学期的基础课,是由李春元(1932—2022)和张广智两位老师承担的。无论教学上,还是科研上,张先生都极为投入,充满热情。不仅在课堂上释疑解惑,而且经常来我们历史系本科生所住的 6 号楼,和大家聊天,征询我们对课程的意见和建议。我记得是在张先生课上第一次听说了"习密那尔"(Seminar),即由选课者自行选题、独立搜集资料、撰写发言提纲,当众报告,同学互相评论、自由讨论,最后由教师点评和总结。这是 19 世纪德国史坛巨匠兰克(Leopold von Ranke,1795—1886)采用的培养历史学专门人才的方法,由于这一方法的有效,亦成为后世历史教学方法的典范。那一学期"上古史"一组的课外讨论就安排在我们寝室,二十多人挤满了小小的 6 号楼的寝室。我准备的发言题目是"大河流域的奴隶制",懵懵懂懂的我,将自己阅读的有关黄河流域和两河流域的奴隶制的材料进行比较,提出了幼稚的看法。但这些所谓的观点,却受到张老师的表扬。采用这种教师课堂讲授,学生课外撰写提纲、互相讨论的方法,使学生学习的主动性增强了,独立思考的能力有所提高,写作能力也得到了锻炼。之后所有的"中国通史"和"世界通史"的必修课程,也都规定每学期期中要安排一次课外讨论,可惜有些教师未必知晓"习密那尔"的妙处,或采取了变通的办法,即期中交上一篇课程作业就算走过场了。

  张先生听说我有意从事"中国史学史"的研究,便鼓励我做一些中外比较史学的课题,如司马迁的《史记》和希罗多德的《历史》等比较的案例,并透露他计划给我们 78、79 级历史系的同学开设"西方史学史"的选修课程。"克丽奥女神"(英文 Clio,是古希腊神话里掌管历史的女神),我是第一次在张老师 1982 年开设的"西方史学史"课程上听说的。张老师设计的课程大纲精心斟酌章节标题、安排所讲内容,很多闻所未闻的西方史学名家、名著,都是在张老师的课堂第一次听说的。这门课是我大学四年受益最深的课程之一。那一个学期的考试虽然采取闭卷考试的形式,但张老师反复强调,希望大家充分发挥自己独立思考的能力。试卷发下来,我觉得考题颇有创意,除了需要死记硬背的若干名词解释外,最后有一题是要求大家根据平时的阅读,可以谈史家,也可以论史著,自由答题。我在答卷纸上讨论梁启超《新史学》与同时期美国鲁滨逊《新史学》的比较,洋洋洒洒写了好几百字,比较了两者的异同及其影响。张老师不仅给了高分,考试后还专门表扬了我,希望我能进行深一步的研究。"西方史学史"一课带给我的发散性思维,深深根植于内心,若干年后,我把答题的思路写成了一篇题为《两部〈新史学〉的比较》小论文,发表在《探索与争鸣》1987年第2期上。

二、多元构建,发出西方史学史研究的中国声音

复旦大学历史学系的两代学人中,能写出论著并获评品质和数量双高的教授并不多,而张先生则是第二代学人中学术论著量多质高的代表之一。他最早完成出版的有《克丽奥之路:历史长河中的西方史学》(复旦大学出版社,1989年),这是继郭圣铭(1915—2006)的《西方史学史概要》(上海人民出版社,1983年)之后的一部构建西方史学演进体系性的教材,也是较早建构从古希腊迄至现当代的西方史学,纵贯西方古典的、中世纪的、近代的和现当代史学发展历程体系的读本。全书文笔优美,《文汇报》的一篇书评说:"作者着意把严肃的学术内容(西方史学的发展历程)写得明白晓畅与生动可读,颇具房龙《宽容》一书的风格。"①张先生非常赞同英国著名历史学家屈维廉(G.M.Trevelyan,1876—1962)的话:"有一种说法,认为读起来有趣的历史一定是资质浅薄的作品,而晦涩的风格却标志着一个人的思想深刻或工作严谨。实际情况与此相反,容易读的东西向来是难于写的……明白晓畅的风格一定是艰苦劳动的结果,而在安章宅句上的平易流畅,经常是用满头大汗取得的。"②张先生甚至认为,不

---

① 张广智、邹兆辰:《"多做些垦荒者的工作"——访张广智教授》,《历史教学问题》2006年第6期。
② 张广智编:《历史学家的人文情怀——近现代西方史家散文选》,北京师范大学出版社2011年版,第234页。

仅历史学需要如此,整个哲学社会科学的大众化、普及化,都是时代的需求,民众的呼唤。因此,他要不懈地付出努力,写出让读者喜欢的历史读物。

张先生和胞弟张广勇合著的《史学,文化中的文化:文化视野中的西方史学》(浙江人民出版社1990年版,上海社会科学院出版社2003年新版),是中国第一部从文化史的角度考察西方史学的论著。文化是一种宽泛的标签,既带有普遍性,也有其特殊性。历史与文化的广泛牵连,是作者立论的基础。作者选择了一种全新的体例,即以为西方史学史可以有"纵向式写法",也可以采取"横向式写法",而作者采取的是"纵横交错法",既有在"时空观念的拓展"标题下纵向式考察世界史的编纂,也有在"经济·社会·文明"标题下横向式分析年鉴学派及其史学范型,这种方法"意图是通过纵横交错、点面结合的方法,使读者可以多层次多方面地了解西方史学的发展过程"。书中有大量历史图片,特邀学生陈恒采集。很显然,该书是作者在西方史学史撰述中所尝试的一种新风格。

张先生主著的《西方史学史》(复旦大学出版社,2000年)是《克丽奥之路》基础上的深化,全书结构严谨,脉络清晰,叙述畅达,是一本出色的深入浅出的西方史学史教材。面世后好评如潮,荣获全国高校优秀教材一等奖,并成为教育部"推荐教材"。此书迄今累计修订四版,先后重印二十多次,共计印数近15万册。学界评论此书是"教材的写作与学术研究进行完美结合的著作"[①]。该书的成书过程已见出张先生有一种特殊的群体动员的才能,参编该书的六位作者,即吴晓群、陈新、李勇、周兵、易兰、肖超,都是张先生带出来的博士。张先生为人热情恳切,真挚和蔼,他在研究论著中总是不吝介绍和引用后辈学者的成果,奖掖后进不遗余力。我攻读硕士期间,曾陪同正在华东师范大学历史系随郭圣铭教授攻读西方史学史专业硕士的王晴佳(1958—),去拜见张先生。张先生当时即对后来成为美

[①] 张耕华:《一部"经院式"的西方史学史》,《史学理论研究》2000年第3期。

国罗文大学历史系教授的王晴佳大加赞赏,令我称羡不已。之后张先生在专著中屡屡提及王晴佳的研究成果,并表彰他是新时期的"何炳松"①。

张先生对上述三本书也有一个自我分析:虽同是对西方史学发展进程的整体性思考,但在视角、立意和写法上又各有讲究,形成了一个"系列",造就了不同的读者群:认为《克丽奥之路:历史长河中的西方史学》是适应社会大众的"普及版",《史学,文化中的文化》为学术研究的"经院版",《西方史学史》则属高校学生的"教材版"。②

1961年耿淡如先生就提出过编纂"世界史学通史"的设想,当时可谓空谷足音,未能激起更大的回响。20世纪80年代,耿先生的接力棒传到张广智手中,中国的西方史学史研究也已取得了长足的进步,多卷本《西方史学通史》的编纂应该提上议事日程。张先生主编的六卷本《西方史学通史》(复旦大学出版社,2011年),洋洋洒洒,系统考察西方各个时期的史家、史著、史学思潮和流派等,以揭示西方史学的新陈代谢,突出史学思想的发展变化,是国内迄今为止规模最大、详细的一套西方史学通史,拿出了中国学者自己的"拳头产品",形成中国"西方史学史"研究的新路径,而不再仅仅满足于成为西人洋说阴影下的"学术小工"。同时也再次体现了张先生善于组织后辈学人和自己的学生共同合作完成大部头著作的动员能力。

---

① 何炳松(1890—1946),字柏丞,浙江金华人,1911年毕业于浙江省高等学堂,因成绩优异,于1912年由当时浙江省官费派赴美国留学,先后就读于美国威斯康星大学、普林斯顿大学研究院,专攻现代史学、经济学和国际政治学等,一生在史学研究方面颇有建树,著译甚丰。所译鲁滨逊《新史学》1924年由商务印书馆推出,着力把中西史学的治学理论与方法融汇在一起,试图建立自己的理论体系,曾被誉为"中国新史学派的领袖"。参见张广智等著《现代西方史学》,复旦大学出版社1996年版,第357—361页。张先生后来在论著中也专门论及王晴佳的成果《后现代与历史学:中西比较》《台湾史学五十年》等,指出其《世鉴:中国传统史学》一书是继嘉德纳1938年所著《中国传统史学》和韩玉珊1955年所著《中国史学纲要》之后,海内外学界研究中国史学通史的第三部英文专著。王晴佳经常就中国史学走向世界,史学在全球化浪潮中保持自我、历史学的民族化,以及历史教育等问题,与国内学者交流。他所代表的新一代有成就的中国史学史专家在美国的出现,反映了美国对中国史学研究的新特色和新发展。参见张广智主编《20世纪中外史学交流》,北京师范大学出版社2007年版,第155,161—162页。

② 张广智:《八十自述》,载《西方史学的开拓与创新:庆贺张广智先生八十华诞暨从教五十年论文集》,复旦大学出版社2021年版。

张先生的个人研究论著主要有《西方史学散论》(台湾淑馨出版社 1995 年),该书辑集 20 世纪 80 年代他关于西方史学的研究成果,选文多点散发,从希罗多德到汤因比,在个案研究中考察西方史学的新陈代谢,兼及西方史学的中国回应;《超越时空的对话——一位东方学者关于西方史学的思考》(北京师范大学出版社,2008 年),全书分三篇,以传承与革新的历史路径,绍述先贤的论著与时彦的研究交相辉映,成为史学上欧风与美雨的东方回音;《克丽奥史学的东方形象:中国学人的西方史学观》(复旦大学出版社,2013 年),该书分三编,其旨趣同上列两书合一:西方史学总体思考、史家与流派的个案探讨及西方史学研究的中国声音。说到"中国声音",在该书中分量很重,如该书的第十四章"近现代西方史学的中国声音"中,有八篇文章,是张先生为其博士生的学位论文所写的序,可以视为张先生指导的博士论文整体实力的展现。这些论文都是在阐发作者们对近现代西方史学的研究与认识,从而显示出"西方史学的魅力",也是现当代西方史学在中国青年学者中的回响,体现中西史学交流的思想深度。人文学科与自然科学不同,人文学科大多是有价值的判断,国人做的西方史学史,同外人做自己史学史的目的和陈述方式不完全相同。事实上,不仅中国人研究外国史学史是这样,外国人研究中国的史学史同样如此。作者角度不同,现实的人文关怀和提出的问题也会有所不同。张先生认为,这些年轻的中国学人向国际史坛发出了一种"中国声音",这里的"'中国声音',说的是中国学人的西方史学观应体现自身的主体意识和学术个性,拥有自己的'话语权'"。① 张先生为这些研究生的论文所写的序言,也凝聚了他个人对近现代西方史学在这些专题上的思考,同样展示出中国学人的西方史学观,这是一种更为清晰的"中国声音"。正如张先生自述:"在这块被视为西方学者的'世袭领地'上,由中国学者自己耕耘而收割的果实。盘点我个人在这方面的学术成果,虽不敢自诩有多少'创新点',然始终秉持着

---

① 张广智:《克丽奥的东方形象:中国学人的西方史学观》,复旦大学出版社 2013 年版,第 232 页。

'西方史学,中国眼光',对西方史学中的许多问题,也有一位东方学者的思考。"①作为耿先生西方史学史研究唯一的薪传者,张先生以其实际行动,完成了先师未竟的事业。他主编的《史学之魂:当代西方马克思主义史学研究》(复旦大学出版社,2011年)一书,开创了对西方马克思主义史学研究的新高度。此前国内尚无一部研究当代西方马克思主义史学的专著,该书系统阐释了西方马克思主义史学的起源与繁衍、传播与变异、危机与前景,集中探讨了当代西方马克思主义史学的崛起、特征及其发展变化。

由上可知,从《克丽奥之路》《史学,文化中的文化》《西方史学散论》到《超越时空的对话》《克丽奥的东方形象》和《史学之魂》等学术论著,都是他描画从《西方史学史》《西方史学通史》到《近代以来中外史学交流史》这一学术谱系的奠基之作,舍此是那一完成这一史学史"跨域研究"的基业。

在中国,史学史作为古老的历史学学科中成长发展的一门子域,是20世纪的事。"中国史学史"一词,最早是胡适(1891—1962)于1924年《古史讨论的读后感》一文中提出的,但并无史学史学科的意思。1926—1927年梁启超(1873—1929)完成了《中国历史研究法补编》,书中才明确提出"史学史的做法",即史官、史家、史学的成立与发展、最近史学之趋势,为中国史学史设计出初始方案,之后中国史学史的作品迭出,30年代前后也因此成为中国史学史学科的创立阶段。② 大约在1919年之后,北京大学史学系设置的课程中开始出现"欧美史学史"(或称"西洋历史研究法")之类的内容。1920年起,李大钊(1889—1927)所撰《史学思想史讲义》,堪称中国史学史上第一部试图以马克思主义理论为指导的西方史学史作品。他在北京大学开设"史学思想史"等相关课程,着力传授的是近代西方史学史(虽然他并没有标上这样的名称),为中国的"西方史学史"学科建设做出了

---

① 张广智:《八十自述》,载《西方史学的开拓与创新:庆贺张广智先生八十华诞暨从教五十年论文集》,复旦大学出版社2021年版。
② 周文玖:《中国史学史学科的产生和发展刍议》,《阜阳师范学院学报》2004年第6期。

先行者的贡献。之后有何炳松与郭斌佳翻译了美国历史学家绍特威尔(James T.Shotwell,1874—1965)的 An Introduction to the History of History,中文译本定名《西洋史学史》,由商务印书馆于1929年出版,这可能是学界较早提出此词者。1930年,北京大学史学系在开设的课程中,已明确有"西洋史学史"一课。此后,清华大学的刘崇鋐(1897—1990)、暨南大学的朱谦之(1899—1972)都开设过类似的课目。30年代,"西洋史学史"一词逐渐在学界流传。① 然而,在20世纪三四十年代,中国的"西方史学史"作为一个学科仍处在摇篮之中,因为尽管有"西洋史学史"之类的译作流传于坊间,但尚未如"中国史学史"学科一般,产生类似金毓黻(1887—1962)的《中国史学史》等典范作品;国人关于西方史学史的著述,也仅仅在"史学概要"此类书中有简略的介绍,并未形成系统;更未有如周予同《五十年来中国之新史学》那样属于中国近现代史学史"开山名篇"的问世;② 而个别高校开设的"西洋史学史"课目,亦寥若晨星,难成气候。

  复旦大学历史学系有重视史学史的传统。朱维铮先生指出:直至1952年复旦大学院系调整之后,才逐步形成了重视中外史学史的传统。周谷城和周予同都强调史学史是文化史的核心成分,史学专业应该同时设置中国史学史、世界史学史两门主课,并分别由陈守实先生(1893—1974)和耿淡如先生担任两门主课的主讲,陈守实于1963年前的十年里,"在复旦历史系主要讲授明清史和中国土地关系史,并以余力讲授过三遍中国史学史,都胜义时出,而从叙史结构到论题选择,都不同凡响。正是在陈守实先生的督促下,我由担任他的助教的第一天起,就先由读《资本论》入手,直接了解马克思的唯物史观的本来面目。三年后接替陈先生在本系开设中国土地关系史和中国史学史,尽管都徘徊在中世纪的早期,但唯恐依样画葫芦画得走样,因此被学生谬誉或诋毁有陈先生的说史风格,已经深感荣幸。"③

---

① 张广智:《春意遍于华林——1961年"史学史热"追忆》,《历史评论》2021年第3期。
② 朱维铮:《史学史三题》,《复旦学报》2004年第3期。
③ 朱维铮:《从业中国史学史四十年》,2004年1月于香港城市大学跨文化研究中心的演讲稿,未刊稿。

陈、耿"两位先生讲授的两门史学史课程,都以独特的风格,吸引着青年师生,并且各自都在本系带出传人"①。不过世界史学史,或称为西方史学史,尚未成为一门独立的学科,仍处在一个子域研究的萌芽时期。西方史学史学科建设,是在1961年2月中央发布编写高校教材的指示,4月为此而召开了一次重要会议,学科建设才被提上议事日程。② 耿淡如先生成为全国科学规划的世界史学史项目主持人,负责主编《外国史学史》教材。1962年8月28日,《文汇报》曾以"耿淡如积极编写外国史学史教材"为题,专门报道他为此奋发工作的情形。遗憾的是,中国第一部外国史学史教材,因"文革"而被迫中止,只留下了他精心编成的《西方史学史文献摘编》,从希罗多德到汤因比,串连起来,就可构成一部从古希腊至20世纪的西方史学的长编,可谓西方史学史的雏形,可惜终未能成章,这是耿淡如先生毕生的一件憾事。③

张先生接过了耿先生的接力棒,在短短二十多年里,独立撰写和合著的西方史学史论著多达九种,在西方史学研究领域全面开花,其中有教材、专著、个人文集,形成了西方史学史教学和研究的多元建构。在论著创新的道路上,张先生的著述,无论在体系还是内容的全面性方面,努力超越第一代,如前辈郭圣铭的《西方史学史概要》、孙秉莹(1917—1995)的《欧洲近代史学史》(湖南人民出版社,1984年)。张先生的论著还得与同代或略后的学人在同一空间竞技,与宋瑞芝(1942—)等编《西方史学史纲》(河南大学出版社,1989年)、夏祖恩(1941—)编著《外国史学史纲要》(鹭江出版社,1993年)、杨豫(1944—)《西方史学史》(江西人民出版社,1993年)、王建娥编著(1956—)《外国史学史》(兰州大学出版社,1994年)、郭小凌编著(1950—)《西方史学史》(北京师范大学出版社,1995年)等相比,张先生的西方史学史研究论著,无论从规模、体

---

① 朱维铮:《史学史三题》,《复旦学报》2004年第3期。
② 关于1961年高校教材编纂和历史学科建设实况,参见邹振环《经典创造与学术传统:周予同主编的〈中国历史文选〉》,《复旦学报》2021年第6期。
③ 张广智:《春意遍于华林——1961年"史学史热"追忆》,《历史评论》2021年第3期。

例还是尝试建立独创性体系方面,在同类著述中别具一格。正如他在新版《西方史学史》前言中所言,努力奋进,永不止步,从而在"群雄纷争"中脱颖而出。

三、跨域研究的新视野:中外史学交流史

张先生非常推崇台湾历史学家杜维运先生的见解:"史学为一综合性的科学,居世界学术的枢纽,史学发达之域,往往是人类文明的重心,智慧的渊薮。不同源流的史学,会而合之,比而观之,更是学术上的盛事。缺乏史学思想的互通,人类将难有完全互相了解之日。"①作为学科史"发达之域"的史学史研究,同样如此。中国史学史成熟较之西方史学史为早,不过民国以来的国人所写的中国史学史论著,几乎都属于历史编纂史,一个重要的原因在于通观中国史学发展的全局太难。20世纪20年代起,梁启超设想的中国史学史的"作法"已逾七十多年,但中国史学史研究的体系和结构并未产生很大的突破。中国史学史写什么?怎么写?也是复旦大学历史系朱维铮教授一直在思考的问题。1999年,朱先生向历史系领导建议启动《中国史学发展进程研究》的重大项目,并列入复旦大学出版社的出版规划,计划作为向复旦大学建校百年献礼的作品。朱先生试图将中国史学的历史进程,分解成三个既联系又各具特点的方面,即后来计划撰写的三卷。第一,中国历史编纂学史,即考察中国传统的历史编纂形式,注目焦点在"学"。第二,中国历史观念史。历史观念的生成或变形,来自传统的惰性和各种社会的政治的心理的复杂因素的互动,所谓史学思想,一般倒是互动现状的亦真亦幻的映照。他借用黑格尔提出的三种观察历史的方法,将史学史归诸第二种"反思史"一类,即所谓"批评的历史",指出著史者需要锐利的眼光,能从史料的字里行间寻出一些记载里没有的东西来。史学之学,蕴涵着陈

---

① 张广智:《中外史学交流的脉络与当代意义》,《史学理论研究》2017年第4期。

述形式与历史观念的逻辑统一。第三,也是他最具创见的设想,就是专门写一卷"中外史学的交流和比较"。他精辟地指出:

"中国"本来就是个历史概念。由远古的华夏中心论,历受外围异文明的反复激荡,"中国"的界定,也不断扩大外延,内涵也由指涉族类、家国,到文明状态,而定格于政治疆域。所谓中国史学,范畴同样变动不居,内外同样缺乏分明界限。远的不说,古印度、古阿拉伯等域外世界的宗教或世俗学说,蒙元帝国由中亚、近东乃至远西带入中国的异型文化,在意识型态和社会文化诸领域的折射,给史学传统更张所注入的活力,岂可视而不见?……休说汉唐,就在雍乾文化专制最烈的时代,被驱入经史考据的狭小天地的汉学家,仍在关注域外世界的史地科技的今貌,因而梁启超、胡适都曾判断清代汉学与西学有亲缘关系。诸如此类,不从跨文化角度增强研究,便不可能勾画出中国史学的历史进程的全貌。①

同年,朱先生还在《复旦学报》上发表了《史学史三题》,着重谈及中国史学史的三个向来有争议的旧题:中国传统史学与中世纪统治学说的相关度;所谓经史致用式的道德反思命题,与中世纪主流史学的相关度;最后部分提出了中国史学史三卷本撰写中,规划一卷"中外史学交流与比较"的重要性。他指出:

没有中国史的世界史,不顾世界史的中国史,在史学界久遭诟病。体现于史学史的教学与研究,便是既分中外两门,却不互相沟通。随着人文学科比较研究在近年崛起,比较史学的课题也提上日程,所谓没有比较就没有鉴别。……中国人的世界观和历史观,同样受到来域外的种种思潮特别是所谓异教信仰的

---

① 朱维铮:《从业中国史学史四十年》,2004年1月于香港城市大学跨文化研究中心的演讲稿,未刊稿。

影响,而不断改变形态。同域外文化的互动而促使本土文化传统不断畸变的历史,已在人文学科诸领域引起广泛注目,跨文化研究的崛起便是例证。

因此他建议"把中外史学的交流与比较,看作支撑史学史总体结构的鼎足之一"。①

朱先生特邀张先生和笔者担任该卷的主编,参加撰写的有王立诚、李天纲、钱文忠等。中外史学交流是一个内容十分广泛,且尚未得到史学研究者充分重视的领域。本卷参与者纷纷放下手中的研究,参与朱先生主持的项目,紧锣密鼓开始分章撰写的工作。朱先生还与《复旦学报》合作,设专栏分期刊载参与者完成的论文。有不少论文都先后独立发表,记得我所撰《麦都思及其早期中文史地著述》(《复旦学报》2003 年第 3 期)、《〈大英国志〉与晚清国人对英国历史的认识》(《复旦学报》2004 年第 1 期),以及《"革命表木"与晚清英雄系谱的重建——华盛顿和拿破仑传记文献的译刊及其影响》(《历史文献》2005 年第 9 辑)、《晚清航海探险史研究中的郑和》(《学术研究》2005 年第 12 期)、《上海会文学社与〈普通百科全书〉中的史学译著》(上海市档案馆编《上海档案史料研究》第一辑,上海三联书店,2006 年)、《东文学社及其译刊的〈支那通史〉与〈东洋史要〉》(载张伯伟编《域外汉籍研究集刊》,中华书局 2007 年 5 月第三辑,第 347—369 页)等,均属于为项目撰写的阶段性成果。项目组的李天纲教授撰写的《17、18 世纪的中西"年代学"问题》(《复旦学报》2004 年第 2 期)和王立诚教授撰写的《19 世纪中国人历史观念的新旧过渡》(《复旦学报》2006 年第 1 期)等,也是该项目的阶段性篇文。

《中国史学发展进程研究》这一重大项目最终没有完成。该书的流产,我以为有很多原因。就第三卷而言,第一难点在"中外史学交流与比较"卷的题中应有之义,是中国史学在跨域传播,特别是古代,

---

① 朱维铮:《史学史三题》,《复旦学报》2004 年第 3 期。

事实上当时很难找到合适的撰写者,中外史学比较在国内更是少有人研究,正如朱先生所言:"中外史学比较,首要的前提就是研究者需要对古今中外史学的基本进程有整体的了解,这岂是个别学者所能胜任的?倘若只做个案比较,同样面临可比性问题。人们早就注意历史有共时性与历时性的区别,同时同地的历史过程充斥着复杂的矛盾,没有结局相同的历史事件,也就不可在形式上来做比较,更不可只看局部的相似性而无视整体的差异性。近年来,我们人文领域内的比较研究,经常给人以重形式而轻内涵的印象,所以历史比较也往往给人以拿主观理念来代替历史分析的感觉。"①朱先生看出了问题所在,却没有找到具体克服的办法。尽管我们曾先后给他提出过不少自以为合适的人选,但朱先生一直未予首肯。第二是朱先生在学术上是一个完美主义者,我们已完成发表的部分成果可能未必入朱先生的法眼。第三是朱先生内心其实并不认同"众手修史""大兵团"作战的做法。我留校后参与的由朱先生主编的《中国文化史辞典》《史记研究辞典》等多个项目,凡众人参与的巨著计划,几全部半途而废,无一完成出版。我们系一位老师曾开玩笑地说:这是一个难以克服的"魔咒"。

我把已经完成的若干章节,作为阶段性成果提交给朱先生。2005年有一次他在电梯里碰到我,说我已写得很多,可以自己独自出一本书了。于是,就有了2007年在上海古籍出版社推出的拙著《西方传教士与晚清西史东渐——以1815至1900年西方历史译著的传播与影响为中心》。大陆学界多有划地为圈、占山为王者,视进入自我研究畛域的外来学者为"仇雠","跨域"在史学史领域也颇受忌讳。尽管笔者在西方史学传入的起点和分段上,与张先生的看法不同,但他不以为忤,却给予拙著很高的评价:"此书在方法上借鉴了'阅读史'和'译介史'研究中的接受理论,侧重于发现西方史学传播中的影响和假借,刻画这些影响的'经过路线',研究作为'放送者'的

---

① 朱维铮:《史学史三题》,《复旦学报》2004年第3期。

原本与'传递者'的西方传教士,包括中国的合作者以及作为'接受者'的中国读者的影响。该书立足于实证研究,通过分析各种日记、书札、文集、论文、报刊和教科书等得出结论,不仅资料翔实,而且有明确的解读理论,就目前晚清史学研究而言,可以说站在了学术最前沿,也是整个中外史学交流史研究的一项突破。"①

四、在史学史跨域研究计划中的践行

参加朱先生主持的《中国史学发展进程研究》重大项目的,基本上都是他的学生辈。何以会邀请同辈的张先生参与呢?朱先生一定是首先注意到了张先生在中外史学交流研究中体现出少有的研究新视野,以及开创性的观点。② 这种跨域性一是张广智先生熟稔西方史学史,其次是早在20世纪90年代,张先生先后在《美国研究》《史学理论研究》等刊物上发表了《西方古典史学的传统及其在中国的回响》《二十世纪前期西方史学输入中国的行程》《二十世纪后期西方史学输入中国的行程》《现代美国史学在中国》等与中外史学交流相关的论文。张先生还与张广勇合著《现代西方史学》(复旦大学出版社,1996年)一书叙述现代英国、法国、德国、意大利、美国等各国史学及其各流派的重要史家、史著以及历史理论方法论的发展进程,还以史家为中心专门写了"现代西方史学在中国",述及史家有梁启超、何炳松、李大钊、傅斯年、周谷城、吴于廑、张芝联、陈启能等,梳理了中国接受西方史学的谱系。

在参与《中国史学发展进程研究》重大项目过程中,张先生又完成了《心理史学在东西方的双向互动与回响》(《学术月刊》2002年第

---

① 张广智主编:《近代以来中外史学交流史》(上卷),复旦大学出版社2020年版,第30页。
② 张广智:《京华春来早——1985年史学史座谈会追忆》,《历史评论》2022年第1期。文中称由白寿彝先生主持的这次史学史座谈会,"维铮兄与我均应邀,我在大会上的发言稿《西方史学史在中国》,他过目后说:'这类话题,你是首创'。后因他有要事,未能与会,是为憾事"。

12期)、《苏联史学输入中国及其现代回响》(《社会科学》2003年第12期)、《西方文化形态史观的现代回应》(《复旦学报》2004年第1期)、《傅斯年、陈寅恪与兰克史学》(《安徽史学》2004年第2期)、《民国时期中西史学交流的特点》(《史学月刊》2004年第11期)等,可谓多产。

如何开辟、标界、创建一个新子域,张先生不仅是一个规划者,还是一个实践者。为了推进中外史学交流史研究计划的实施,他以其长袖善舞的组织能力,汇聚了李孝迁、李勇、朱政惠、邬国义、易兰、李长林、梁民愫等来自全国各地的八位学者合作完成了《20世纪中外史学交流》(北京师范大学出版社,2007年);接着又一鼓作气主持了教育部人文社科重大项目《近代以来中外史学交流研究》。

为何在研究西方史学史的同时会关注中西史学交流史的研究呢?张先生有自己解说:首先,中外史学交流史本身具有很丰富的内容,值得去认真发掘;其次,中外史学交流史为史学史研究提供了一个新视角。前者是从史学史本身所蕴含的内容讲的,而后者是从研究者(历史学家)的视角而言的。他打了一个生动的比喻:一个游园者可能会有过这样的体验:假如你从正门进入一座园林,就能感受到曲径幽廊中包藏着的风韵万千;如果你是从侧门进入的,你会感到眼前显现的是又一个新的空间。同一个园林,由于视角的转换,就可能呈现出不同的景观,在学术研究中我们转换一下视角,是否也是这样呢?他说:"倘如此,我们可否分出一些精力去关注不同国家或地区之间史学文化的相互交汇与相互影响,无异游园时不走正门改走侧门时的那种情景,随着历史学家研究视角的转换,它将为未来的中国的史学史研究开启一扇新窗户,并有望成为史学史研究中的一个新的增长点。"[①]《20世纪中外史学交流》一书初步建立了一个阐述20世纪中外史学交流的谱系:一方面综合性地阐述20世纪不同时期

---

① 张广智、邹兆辰:《"多做些垦荒者的工作"——访张广智教授》,《历史教学问题》2006年第6期。

中外史学交汇的状况;另一方面又选取若干中外史学交流中的个案进行重点阐述,所谓上篇引领整体,下篇细考局部,以便点面连缀。张先生认为:"中外史学交流史的研究就是史学史中的'影响研究'。20世纪中外史学交流史的详尽史实,有力地说明了这一点。现在,可以预期的是,重视史学史的影响研究,将为未来中国的史学史研究开启一扇新的窗户,并有望成为史学史研究中的一个新的增长点。"①

《近代以来中外史学交流史》作为教育部重大项目是在2008年正式启动的,前后历时十余年才完成,2020年由复旦大学出版社出版,全书约120万字的规模,分上、下两编。当年我算是这一项目的同行评审专家,张先生曾打趣地说,笔者是看着"这个孩子长大的"。这部史学交流史开创了一个崭新的范畴和体系,一是研究的时间范围从之前的20世纪扩展到"近代以来",把中外史学交流的时间上限提早到19世纪:"作者依据邹振环所著《西方传教士与晚清西史东渐》一书的观点来确定交流的起点。该书认为,西方史学输入中国的时间必须以19世纪初西方新教传教士的译述活动为起点,把1815年至1900年这一段时间归属为晚清,因此,近代以来的中外史学交流,就将19世纪初外国传教士的译述活动视为'西史东渐'的起点。"②二是为研究中外史学交流史开辟了新的研究体系,全书由上编"域外史学在中国"和下编"中国史学在域外"组成,根据不同地区的传播情况,有些章节的内容不仅限于近代,如中国史学对朝鲜和日本的影响古已有之。该书建立的体系构建出中外史学交流史的新框架,包容各个时期、各个学派、各种潮流、各个有代表性的史家和史著的相互影响。翻读厚厚的三卷本,钦佩之情油然而生。这里请允许我当一回"文抄公",把目录抄在下面:

上编为"域外史学在中国",主要阐述近代以来域外史学(主要为

---

① 张广智主编:《20世纪中外史学交流》,北京师范大学出版社2007年版,第3页。
② 邹兆辰:《史学史学科体系的重大突破——评张广智主编〈近代以来中外史学交流史〉》,《史学理论研究》2021年第5期。

西方史学)传入中国及其所产生的影响。第一至第三章为"西方古典史学的东方形象",第一章(上)第一节、"影响研究":"接受史"与"阅读史",第二节、移译与传播:希腊史家与史学,第三节、出版与阅读:希腊史著与史事。第二章(中)第一节、接受与转化:希腊文化与史学,第二节、翻译与迻抄:希腊史学的特殊回应,第三节、深化与创新:希罗多德史学新探。第三章(下)第一节、赓续与"中键":希腊史学与罗马史学,第二节、史学与文学:罗马史学的历史著作,第三节、求真与致用:罗马史学与罗马史家。第四章"文艺复兴的东方足迹",第一节、1900年前西学传播中的"文艺复兴",第二节、20世纪初的"文艺复兴"概念,第三节、"复古"还是"新生"。第五章"宗教改革的东方足迹",第一节、初识与对"分教"之批评,第二节、新教传教士与路德形象的塑造,第三节、路德改教与维新运动。第六章"苏格兰史学派的中国反响",第一节、休谟史学的回应,第二节、罗伯逊史学的回应,第三节、斯密史学的回应,第四节、弗格森史学的回应。第七章"兰克史学派的中国回应——近代德国史学在中国:清季民国以来的兰克史学",第一节、传播途径:兰克史学自西徂东,第二节、接受与回应:兰克史学的中国反响,第三节、融合与影响:冲突中的史学交流,第四节、曲折与升华:当代史学中的兰克。第八章"文化形态学派在中国",第一节、史学上的"哥白尼革命",第二节、西方新说的中国早期知音,第三节、战火中的东方回响。第九章"鲁滨逊新史学派在中国",第一节、鲁滨逊新史学派入华,第二节、鲁滨逊新史学派与中国学者的史学理论,第三节、鲁滨逊新史学派与中国学者的史学实践,第四节、中国学者对鲁滨逊新史学派的评述。第十章"年鉴学派在中国",第一节、年鉴学派史学传入中国,第二节、中国学者对年鉴学派的热烈响应,第三节、中国学者以年鉴学派理念重塑史学。第十一章"心理史学派在东西方的双向互动与回响",第一节、西书中译:西方心理史学派之东传,第二节、东方回应:国人对心理史学派的评价,第三节、东说西渐:中国文化对西方心理学的影响。第十二章"后现代主义史学在中国",第一节、后现代主义思想在中国的传播,第二节、后现代主义史学论著的翻译,第三节、后现代主义史学的传播,第四节、从后现代主义视角反思中国史学。第十三章"西方历史哲学在中国",第一节、概述,第二节、维柯的历史哲学东传,第三节、黑格尔的历史哲学东传,第四节、朱谦之与西方历史哲学,第五节、胡秋原的《历史哲学概论》。第十四章"西方史学与台湾地区史学的交流",第一节、台湾地区西洋史学研究概述,第二节、张贵永与西方史学研究,第三节、兰克与台湾史学发展:如影随形,第四节、后现代主义史学的影响。第十五章"唯物史观的输入与中国的马克思主义史学",第一节、中国早期马克思主义学人对唯物史观的传播,第二节、20世纪前半期中国马克思主义史学发展的历程和中国化路径,第三节、苏联史学模式对延安根据地史学的影响,第四节、20世纪五六十年代苏联史学的大规模输入。

上编作为全书的重头戏,大体上以个案或专题为主的叙述性研究,勾勒出古希腊史学到后现代史学输入中国的历史过程。十五章的标题所用的"足迹""回应""回响"等,都是张先生非常喜欢使用的词汇,不难看出他在标题上的精心斟酌。上篇多个章节中都能注意到西方传教士们出版报刊、翻译书籍,向中国读者介绍西方文化,其中就包括史学。让中国读者最早知道希罗多德、修昔底德、色诺芬等人的不是史学家而是传教士。这些西方传教士是中外史学交流的先行者,肯定他们在中外史学交流上所做的贡献是对历史事实的尊重,也有益于文明交流互鉴。同时也注意介绍外国的汉学家们在中外史学交流中发挥了重要作用。上编第十四章论述西方史学与中国台湾的史学交流,体现了作者们论述中外史学交流的广阔视角,这也是过去的交流史所忽视的。台湾地区的学者在了解西方史学方面比大陆要早,在改革开放以后的中外史学交流中起了某种中介作用。作者以较大篇幅介绍了台湾地区学者张贵永对欧美史学的研究成就,指出张贵永从欧洲社会状况出发,重视欧洲近代以来史学中一以贯之的历史主义,考察其起源、成长与影响,分析不同时期学者思想的贡献与不足。这种结合社会背景、关注学术传承、重视史学思想的做法,是张贵永西方史学研究实践的突出特征,在某些方面,与大陆不同时期的同行所见略同,是研究西方史学的成功范例。上编的撰写者除复旦历史系的张仲民、章可外,易兰、李勇、黄蕾都是张先生的门生,承担的章节,都是以各自的博士研究为基础,洪认清等虽非张先生的研究生,但也是受张先生的人格感召,加入了撰写者的团队。

下编为"中国史学在域外",颇具特色,主要以专门问题带动的有关中国史学跨域输出及其对域外国或地区史学所产生的影响。三卷本的篇幅中占有一卷。这一部分的难度在于前行成果相对有限,张先生几乎把国内第三代第一流的专家网罗殆尽。第十六章"中国史学之东渐:朝鲜篇",分别是中国史书在朝鲜半岛的流传与影响、古代朝鲜史学对中国史学的借鉴和吸收、中国近代史学对朝鲜半岛的影响。第十七章"中国史学之东渐:日本篇",由中国史学对日本的影响、日本古代史书对中国史书体裁的借鉴、日本史学对中国的影响三部分构成。上述两章所约请的系国内中韩关系史方面最权威的学者、南开大学孙卫国教授,已经问世的《明清时期中国史学对朝鲜的影响》(上海辞书出版社,2009年)表明,他是在上述扎实研究的基础上完成下编若干章节的写作。第十八章"中国史学之西渐:俄罗斯篇",分为俄罗斯汉学史上的中国图书收藏、20世纪前俄罗斯汉学家与中国历史、20世纪以来以《历史学问题》为中心的苏俄汉学家的中国史研究、以《史记》的收藏与翻译为例的中国史学著作在俄罗斯传播、俄罗斯藏第一部中文俄国史《罗西亚国史》研究等。这些专题由海内外知名的中俄关系史的第一流学者柳若梅教授的几篇专题论文构成。第十九章"中国史学之西渐:西欧篇",第一节、中国史学在西欧的发展,第二节、对中国古代典籍的传播与接受,第三节、对近代中国形象的建构与重塑,第四节、对中国马克思主义史学的认知与理解,第五节、张芝联与中外(西)史学交流等。这一章是由张先生的博士、现任苏州大学唐文治书院张井梅教授承担的,该章在时间上贯穿了从16世纪传教士汉学至当代的几个世纪,在地域上包含了以法国为主的西欧诸多国家,在内容上体现了包括史学典籍在内的中国文化在该地区的影响。讲述了为中国唱赞歌的耶稣会士、18 世纪欧洲的"中国热"、黑格尔的中国想象、《论语》《易经》《史记》的翻译情况,特别讲述了 19 世纪末 20 世纪初最有成就的法国汉学家沙畹的《史记》翻译。第二十章"中国史学之西渐:美国篇",第一节、美国中国史学研究的发展,第二节、美国学者对中国传统史学的认识变迁,第三节、"二十四史"在美国的译介及影响,第四节、百年来美国学者的《史记》研究,第五节、美国的中国马克思主义史学研究,第六节、在美华裔学者的中国史学史研究及其影响。该章是由华东师范大学中美关系史的著名专家吴原元教授执笔的,作者自 2007 年博士毕业后留校任教至今,已完成《隔绝对峙时期的美国中国学》等专著多种,在该章不仅论述了美国学者对中国马克思主义史学研究的发展情况,也分析了美国学者对中国马克思主义史学态度的变化,指出一些学者的认识和评论不再像以前那样带有浓厚的政治攻评色彩,而是尝试尽可能跳出意识形态话语,注重挖掘马克思主义史学的学术内涵,且注意将评论控制在学术层面上。据罗列的该书下编标题可见,下编所有的撰写者都是在自己既有专门研究的基础上构成章节的写作。这一合作城府体现出复旦历史系"兼容各家"的学术传统。

全书史料宏富,论证翔实,较为具体、清晰地展示了近代以来中外史学交流的历史进程。作为中外史学史的跨域研究,为开辟中外史学交流史的新领域,尤为构建中外史学交流史的学科体系、学术体系与话语体系,做出了开创性的贡献,堪称一部对近代以来中外史学交流探讨最为详尽的巨著,可以视为以复旦大学历史学系为主体的两代学人精诚合作,贡献给学界的学术精品。如果要吹毛求疵说一些不足的话,就是下编讨论的面向还不够丰满,不说中外史学交流尚未涉及漫长的古代部分,即使仅仅讨论近代中国与印度,仍有史学的交流;欧洲部分可以拓展的面向就更大了;亚洲世界近代部分也遗漏了近代中国与越南的史学交流;还有中国与加拿大和澳洲在近代的史学交流。关于这些部分的史学史跨域研究,其实已经有若干有价值的前行成果足可借鉴。

潜心学术是复旦历史学系三代学人不变的学术根基,第一代学人耿淡如先生奠定了史学史学术的基石。作为主编的第二代学人张广智先生说:"我首先要建起一支非常强的队伍。我们的团队一共11人,除我外,清一色的史学博士,都是活跃在当代中国学界的时彦才俊。我们各司其职,精诚团结,一如古希腊神话中的'亚尔古船的英雄们',最终克服了重重困难,获取了当时希腊人认为是无价之宝的'金羊毛'。"①

五、小结

复旦大学历史学系 1925 年建系,九十多年来,在复旦历史学系形成了自身独特的学术传统,如以谭其骧先生为代表的历史地理学研究,以周予同先生为代表的经学史研究,以陈守实先生为代表的中国土地关系史研究,以章巽先生为代表的中西交通史的研究,以周谷城先生为代表的世界文化史研究,以耿淡如先生为代表的西方史学史研究,构建了"复旦传统"薪火相传的"精神龙骨"。

19 世纪初,历史学在欧洲逐渐完成职业化进程而成为一门独立的学科,几乎同时,在中国亦开始了"西史东渐"的历程,中国史学开始迈出了不断融入世界的步伐。② 至 19 世纪末 20 世纪初,史学史研究在西方逐渐成为史学研究的一个"发达之域",伴随着近代"西史东渐"的风起云涌,作为一个新专业,史学史研究至 20 世纪 20 年代左右亦在中国逐渐发展起来,并逐渐汇为一条长河,浩浩荡荡,生生

---

① 张广智:《中国史家,当与世界"往来不穷"》,《解放日报》2021 年 2 月 20 日第 9 版。亚尔古船的英雄指希腊传说中的 50 位英雄乘当时希腊最大的"亚尔号"快船,根据雅典娜的指示及帮助,去科尔基斯(Colchis)的阿瑞斯圣林击败火龙获取"金羊毛"的典故。"金羊毛"是希腊神话中的宝物,古代的伊特鲁里亚人(Etruscans)视"金羊毛"为权力的象征。

② 参见邹振环《西方传教士与晚清西史东渐——以 1815 至 1900 年西方历史译著的传播与影响为中心》,上海古籍出版社 2007 年版。

不息,一代又一代学人的共同努力,使这一史学史长河滔滔汩汩,不断分化、合并和衍化,并以西方史学史为主体形成中外史学交流史的新子域。张先生曾说:我和我的学生们的成就,都离不开耿师的"精神指引"。他说自己的工作,是代际传递中的"二传手",把耿先生对学问的执着与敬畏、睿智与识见,视作一座为史学史研究指明了前进方向的"灯塔"。①

"博大精深""兼容各家""通专并举",是复旦大学历史学系重要的学术传统。② 具体而论,在复旦历史学系成大气象和大格局的教授群体中,还可以具体分出以谭其骧、周予同先生等为代表的精耕细作、纵深推进型,和以周谷城、耿淡如先生等为代表的视野开阔、跨域拓展型两类,张先生显然属于后者。在当代中国史学长河中开拓创新,既需要从中国传统史学的优秀遗产中汲取营养,也需要从域外史学中获得"他者智慧",才能使之生生不息。体现在史学史的跨域研究,无论是西方史学史,还有中外史学交流史,特别是后者已成为当今中外史学史研究的一个新领域。作为史学史跨域研究的规划者和实践者,张先生在史学史研究跨越了西方史学史和中外史学交流两个"界域",成为史学史跨域研究的拓荒者,其成果也是史学史研究中无法绕开的界标。一如当年周予同为首的《中国历史文选》的编选注释团队所完成的高效率教材产品,张先生的多卷本《西方史学通史》和三卷本的《近代以来中外史学交流史》无不体现了复旦大学历史学系精诚团结、学术互助的学风,也建构了严谨、求实、创新和批判的复旦史学传统。学术长河生生不息,复旦史学传统,尤其是史学史跨域研究的传统,也必将在张先生传人中得到传承和发扬。

附记:本文为复旦大学历史学系系史研究项目的中期成果。原

---

① 张广智主著:《西方史学史(第四版)》,前言,复旦大学出版社2018年版。
② 邹振环:《光荣与梦想——写在复旦大学历史系建系七十五周年之际》,载《笃志集——复旦大学历史系七十五年论文集》,上海古籍出版社2000年版,第1—14页。

以《从耿淡如到张广智:史学史研究的复旦传统》为题,后经查询,得悉张广智先生关于此一论题已有多篇自述和他人阐发之文。为免重复,本文改叙张先生史学史跨域研究的新视野。已经退休十余年的张先生至今仍笔耕不辍,不断有高质量的新成果问世,足令我等后辈汗颜。在此为张先生祈福,希望他未来有更多的新著面世。(2022年1月27日)

作者简介:邹振环,复旦大学历史学系教授。

知识转向

敞开千重门:朝向知识的转变*

赫尔格·乔海姆　大卫·加里·肖 著①
庄泽珑 译　刘山明 校

摘要:知识史能够提供哪些其他路径不具备的东西,关于这个问题已经有过激烈的争辩。在这篇文章中,我们认为,知识史的优势在于,它可以为历史工作和历史反思开辟新的可能性,这些研究和反思深刻地融合了跨学科的视角与工具。这一点很重要,因为,无论是在学术界还是在更广泛的社会和政治领域,我们实际上正处于某种知识转向或知识时刻,其中,为传授知识、挑战知识而背负的风险是异常高的。知识转向需要在事件、经验与概念的层面上得到检查。本期主题特刊的各篇文章也表明,史学理论和知识理论中的议题是如何成熟到需要更深层次的理解,正如它们都深入探索有关这些事物的议题和疑难,包括知识本身的历史发展和进步、其存在与重要性,它与科学和人文努力的关系,以及它在欧洲的、西方的乃至全球的历史语境。这些文章也为各个领域的历史学家提供了一个极具吸引力的知识宝库:诸如非知识、延迟、概念的与逻辑的比较、媒介、物质性、

---

* 文章来源:Helge Jordheim and David Gary Shaw,"Opening Doors:A Turn to Knowledge", *History and Theory*, Vol.59, No.4(Dec,2020), pp.3-18。——译者

① 本期主题特刊的各篇文章,于2019年春季在奥斯陆的高级研究中心(the Centre of Advanced Study[CAS])举办的一个研讨会中被初次编写,这个研讨会是由 In Sync 研究团队来组织的。我们要感谢 CAS 共同资助并主办了这个研讨会。我们也要对以下评论员表示由衷的感谢:克里斯汀·阿瑟德尔(Kristin Asdal)、杰弗里·波克尔(Geoffrey Bowker)、卢西安·霍尔舍(Lucian Hölscher)、丹·罗森博格(Dan Rosenberg)、阿兰·梅吉尔(Allan Megill)和埃斯彭·伊特勒贝格(Espen Ytreberg),以及为论文的最终成形做出贡献的、其他研讨会的参与者。最后,我们要把这一期《历史与理论》献给已故的埃尔林·桑德莫(Erling Sandmo),他是斯堪的纳维亚的知识史先驱之一,他将自己的洞见、智慧与热情带到了研讨会上,但遗憾的是他自那以后不久就去世了。

信息、网络这些观念都是充满活力且富有成效的。最后,我们主张历史性的知识本身就是一个关键概念,它对当下和过去都呈开放姿态,它的定位必然是建构性的,在态度上是持怀疑论的;同时,我们不否认某些类型的认知要比其他类型更强有力,也不否认作为一个概念和主题的知识增进了我们跨学科的历史研究和文化研究。

关键词: 知识史　跨学科　历史编撰趋势　知识转向　科学和人文

为什么要关注知识,为什么是现在关注?

在过去的十年,有大量精力被投入到探查边界,或至少是描绘轮廓,其针对的是那个无定形的、不断扩张的、被称作"历史"的版图中新出现的子领域。已经有数量不菲的子领域被或多或少地惯例化了,彼此之间被或多或少地分隔开。有些是我们熟悉的近邻,有些则刚刚问世:思想史、文化史、军事史、技术史、科学史、城市史、殖民地史、环境史、全球史、概念史。仅举几例。再添加一个会产生任何影响吗?"是的,当然了。"那些人回答道,他们已经为这一假设投入了时间、精力和硕果累累的职业生涯,即某些东西可以被有意义地贴上"知识史"(history of knowledge)的标签。更准确地说,他们的意思是,这个特殊的镜头可以向我们展示别的镜头无法展示的东西。从历史上看,许多这样的倡导者来自德语地区的机构,但是知识史也在其他地方被机构化了,比如美国的芝加哥大学和瑞典的隆德大学。知识史发展的原因在于它使人着迷,且引发改变。

知识史能提供哪些科学史和思想史不能提供的东西,关于这一点已经有过激烈的争论。① 知识史意味着什么样的学科运动,完全

---

① Philipp Sarasin, "Was ist Wissensgeschichte?" *Internationales Archiv für Sozialgeschichte der deutschen Literatur*, 36, No.1(2011), pp.159-172; Lorraine Daston, "The History of Science and the History of Knowledge", *KNOW*, 1, No.1(2017), pp.131-154; Suzanne Marchand, "How Much Knowledge Is Worth Knowing? An American Intellectual Historian's Thoughts on the *Geschichte des Wissens*", *Berichte zur Wissenschaftsgeschichte*, 42, No.2-3(2019), S.126-149.

取决于你从哪一个角度观察它,或者从哪一个方面触及它。从科学史的视角来看,知识史意味着一种扩展,通过这种扩展,更多的主题、对象、人物、场所被囊括到研究中。由于回避了"科学"概念,许多人也松了一口气,"科学"似乎为一种非常特别的知识形式赋予了优越地位,它隶属于西方历史上的一个特定时期,大致处于 16 世纪至今。然而,知识似乎没有这样的空间和时间限制,而是允许历史向其他时期开放,比如中世纪,也向新的地区开放,比如后殖民的场合,并由此向其他行动者开放。① 另一方面,从文化史的视角,即彼得·伯克与其他学者借以切入知识史的视角来看,这个新学科或许意味着一种聚焦,或者说是对更广阔领域的一种细化。② 本期约翰·奥斯特林(Johan Östling)的文章对其中一些分界线的监视提供了一份概览,但本篇导论将转向其他方向。③

如果说,就近来知识史的兴起而言,最有趣的语境不是学科性的冲突,或者研究对象和研究方法在整个学术半球中的重新分配,而是关系到一个历史性的时刻(historical moment),那会怎样呢?换言之,我们正在观察到的,并不是一次学科重组的演习,即打破一些藩篱并重设其他藩篱,而是把学术界以及社会和政治领域中的几个历史过程汇集到一起,形成一个时刻,或者甚至是一个事件。历史学家喜欢识别这样的时刻,把它们从历史的洪流中分离出来,并赋予它们一个可识别的形状。其中最著名的例子是波考克(J.G.A. Pocock)的"马基雅维利时刻"(Machiavellian moment),它是政治事件和理论反响的混合体,并且在大西洋政治思想中形成了整个共和传统。④ 另一个例子是 J.希利斯·米勒(J. Hillis Miller)的"语言时刻"(linguistic moment),从华兹华斯(Wordsworth)到史蒂文斯(Stevens),

---

① 我们将在这篇导论的结语部分进一步讨论这个问题。
② Peter Burke, *What is the History of Knowledge?*, Cambridge, UK: Polity, 2016.
③ Johan Östling, "Circulation, Arenas, and the Quest for Public Knowledge: Historiographical Currents and Analytical Frameworks", *History and Theory*, 59, No.4(2020), pp.111-126.
④ J.G.A. Pocock, *The Machiavellian Moment: Florentine Political Thought and the Atlantic Republican Tradition*, rev.ed., Princeton: Princeton University Press, 2003.

在以英语为母语的浪漫主义诗歌中展开。① 如果我们把这期《历史与理论》的内容视作"知识时刻"(knowledge moment)的一部分,那么我们就需要做类似的演练,问问我们应该把学术界内外的哪些事件纳入其中。另一个类似的比喻,一个更加针对学术界的比喻,是"转向"(turn)。这意味着,学术实践发生了比往常更深刻、影响更深远的改变——一些过去被摒弃,一些新的未来被创造。最著名、最具影响力的"转向"仍然是"语言转向"(linguistic turn),一个由理查德·罗蒂(Richard Rorty)于1967年为分析的语言哲学而发明的术语。然而不久以后,这个转向的概念就涉及对语言学家费尔迪南·索绪尔(Ferdinand de Saussure)之著作的接受,后者以结构主义和后结构主义的形式在人文和社会科学产生了持久影响,并且在史学理论中,这一转向集中于海登·怀特(Hayden White)的著作。② 无论语言转向是否已经结束,近来,有一系列其他转向紧随其后,它们或多或少是被有意选择或设计来取代语言转向的:"物质转向""文化转向""实践转向""全球转向""视觉转向",等等。我们认为,我们察觉到了一个学术性的"转向知识"(turn to knowledge),或一个"知识转向"(knowledge turn),它关联到一个在更广阔的社会、文化和政治世界中发生的"知识时刻"。

通过"Google Ngram"的快捷搜索,我们初步确信,除了学术领域中对象、方法和理论的再分配之外,还有更多事物处在紧要关头。自从20世纪80年代以来,"知识"一词出现的频率急剧上升。在同一时期,我们看到知识以新的方式(通过"知识产业"[knowledge industries]和"知识经济"[knowledge economies])被商品化,并且成

---

① J. Hillis Miller, *The Linguistic Moment: From Wordsworth to Stevens*, Princeton: Princeton University Press, 1987.
② *The Linguistic Turn: Essays in Philosophical Method*, ed. Richard M. Rorty, Chicago: University of Chicago Press, 1967; Paul de Man, "The Return to Philology", in *The Resistance to Theory*, 3rd ed., Minneapolis: University of Minnesota Press, 1993, pp.21-26; Hayden White, *Metahistory: The Historical Imagination in Nineteenth-Century Europe*, Baltimore: Johns Hopkins University Press, 1973.

为政治规划与政治行动的对象(通过像"知识社会"[knowledge society]与"知识政治"[knowledge politics]这样的概念)。将知识作为一种"资源"来讨论的情况并不少见,这种"资源"在未来将取代燃料资源,并形成新的高效循环经济的基础。在出版于2019年的畅销书《资本监视的时代》(The Age of Surveillance Capitalism)中,肖沙娜·朱伯夫(Shoshana Zuboff)对大公司控制的一种"信息文明"(information civilization)的兴起提出警告,这些大公司能在民主监督之外预测和控制我们的未来。① 正如克利福德·西斯金(Clifford Siskin)在本期所指出的(尽管是以一种远比朱伯夫乐观的姿态),知识和信息都在改变着它们的物理形态和数字形态,从而进入到其他的生产和传播系统。②

单词使用频率的激增,新概念和新词组的涌现,以及知识术语在书籍标题中的频繁露面,都只是更普遍的历史变化的症候,我们可以轻而易举地用一个"时刻"或"转向"来构想这个变化。本期主题特刊的作者们展示了这样一个"时刻"或"转向"可能意味着什么,但他们总是从历史的视角这样做,令历史材料对他们关于知识政治、知识生产、知识争论和知识流通的问题施加影响——或者反其道而行之。就目前的关切而言,为了对一个"知识时刻"或"知识转向"主要在于什么提供些许指示,这篇导论将从我们的组织机构开始,并由此加以扩展。

声称高等教育机构和科研机构比以往更重视知识,这听上去有点荒谬,除非按字面意思来理解这个说法。传统上,诸学科忙于命名特定的研究对象和研究领域,而忽视了对知识的关注。与之相对,他们把其成果和发现称作文学阐释、历史叙事、人类学观察、社会学理论或者化学实验。然而,在过去的几十年里,这一疑问被提出:继承

---

① Shoshana Zuboff, *The Age of Surveillance Capitalism: The Fight for a Human Future at the New Frontier of Power*, New York: Public Affairs, 2019.
② Clifford Siskin, "Enlightenment, Information, and the Copernican Delay: A Venture into the History of Knowledge", *History and Theory*, 59, No.4(2020), pp.168-183.

自 18 世纪并被详细阐明的诸学科,是否依然有能力提出当下最紧迫的问题,并给出当下最切题的答案。① 学术机构和其资助者们都奖励了超越学科领域的创举,它们是学科间的(inter-)、学科交叉的(cross-)、跨学科的(trans-)以及后学科的(post-disciplinary)。② 在这些学术冒险中,对象和成果不再固着于特定学科,因而必须在学科之外被概念化、被交流。给学术产品贴上"知识"的标签会造成这样的印象,即来自不同学科的学者都参加了同样的项目,为相同的目标做出贡献,并且产生了相同类型的成果。一种古老的统一性的感觉苏醒了,正在起作用的几乎是一种实证主义的愿景。通过这种方式,并且套用科泽勒克式的概念史(Koselleckian Begriffsgeschichte)中的措辞,在高等教育机构和科研机构从学科场所向跨学科场所的转变中,知识同时发挥着"指示剂"(indicator)和"要素"(factor)的作用。③ 再次援引科泽勒克的术语,如果这么说是公平的,即知识已经在学术领域和公共话语中以一种前所未有的、更普遍的方式成为一个基本概念(Grundbegriff),一个关键的或基础性的概念,那么,它像其他关键概念一样存在着"争议",也就不足为奇。④

这些关于知识的冲突呈现出大量不同的形式,许多形式在本期讨论的历史案例中得到了预构。其中有反复被宣告又撤销的"人文危机"(crisis of the humanities),在以往 10 或 15 年世界各地的学术文化中,它一直在发展。⑤ 平行于历史学、语言学习(languages)和文

---

① Clifford Siskin, *SYSTEM: The Shaping of Modern Knowledge*, Cambridge, MA: MIT Press 2017, pp.121-147.

② *After the Disciplines: The Emergence of Cultural Studies*, ed. Michael Peters, Westport, CT: Bergin & Garvey, 1999.

③ Reinhart Koselleck, "Introduction and Prefaces to the *Geschichtliche Grundbegriffe*", transl. Michaela Richter, *Contributions to the History of Concepts*, 6, No.1(2011), p.8.

④ Ibid., 30; Reinhart Koselleck, "A Response to Comments on the *Geschichtliche Grundbegriffe*", in *The Meaning of Historical Terms and Concepts: New Studies on Begriffsgeschichte*, ed. Hartmut Lehmann and Melvin Richter, Washington, DC: German Historical Institute 1996, p.64.

⑤ 比如,参见 *Crisis in the Humanities*, ed. John Harold Plumb, London: Penguin, 1964, 以及 Paul Reitter and Chad Wellmon, *Permanent Crisis: The Humanities in a Disenchanted Age*, Chicago: University of Chicago Press, 2021(即出)。

学等更为传统的人文领域经历过的考验和磨难,知识的概念被心理学、哲学和语言学(linguistics)等其他人文科学的学者强烈地调动起来,出于更加经验主义的、实验性的以及定量的路数,他们希望保留知识的概念,并经常借鉴自然科学的方法和理论。谁能声称拥有或生产知识?是谁推动着知识的发展?这些问题不仅在人文和社会科学,而且在其他领域和学科中都是当前争论的中心。①

如果我们在事件、经验和概念的圈子里向外部移动,它们组成了史学史中所谓的知识时刻,并由此像知识史学家自己所说的那样追踪它们的"流通"(circulation),那么问题很快就会变得非常政治化。② 科泽勒克认为,在现代性中,像知识这样的关键概念是时间化和政治化的场所。③ 一方面,福柯的知识-权力动力学和其他或多或少的建构主义路径,在很长一段时间以来为知识史赋予了它的存在理由(raison d'être),尤其当我们注意到由菲利普·萨拉辛(Philipp Sarasin)领衔的瑞士传统。④ 以这种方式,知识史依然得益于语言转向,主要是通过话语(discourse)、知识型(episteme)和档案(archive)等概念。另一方面,知识史的兴起也在一定程度上与语言建构主义的衰退同时发生。像布鲁诺·拉图尔(Bruno Latour)这样的学者强调知识和知识实践的现实,它们发生在实验室和其他科学工作的场所,并被记录下来,通过书面文字来传播。⑤ 然而,知识的现实是复

---

① 比如,参见 Steven Pinker, *Enlightenment Now: The Case for Reason, Science, Humanism, and Progress*, New York: Viking, 2018;也参见 Aaron R. Hanlon 的评论文章, "Steven Pinker's new book on the Enlightenment is a huge hit. Too bad it gets the Enlightenment wrong", *Vox*, May 17, 2018, https://www.vox.com/the-big-idea/2018/5/17/17362548/pinker-enlightenmentnow-two-cultures-rationality-war-debate。

② James A. Secord, "Knowledge in Transit", *Isis*, 95, No.4(2004), pp.654-672; *Circulation of Knowledge: Explorations in the History of Knowledge*, ed. Johan Östling, Erling Sandmo, David Larsson Heidenblad, Anna Nilsson Hammar, Kari Nordberg, Lund: Nordic Academic Press, 2018.

③ Koselleck, "Introduction and Prefaces", p.15.

④ 参见 Philipp Sarasin, "Was ist Wissensgeschichte?"

⑤ Bruno Latour and Steven Woolgar, *Laboratory Life: The Construction of Scientific Facts*, Princeton: Princeton University Press, 1986;也参见 Kristin Asdal and Helge Jordheim, "Texts on the Move: Textuality and Historicity Revisited", *History and Theory*, 57, No.1(2018), pp.56-74。

杂的,涉及多个主体,其中只有一些是人,而其他可以是技术、工具、实验动物或设备。根据拉图尔的说法,知识的政治是实践性的,涉及在将知识从假设转化为科学事实的工作中说服他人并赢得他们的支持。① 当前的一个主要特征是对知识如何产生、它与权力和政治之牵连的批判,这从 20 世纪 70 年代就开始了,面临着后真相(post-truth)的争论,后者通常对知识和真相采取类似的批判性观点,但这样做只是为了建立可替换的事实(alternative facts)。② 因此,知识近来成为众多理论兴趣和历史兴趣之焦点的一个重要原因在于,传统的左翼学术知识批判已经和右翼民粹主义的后真相产生重合。通过这种方式,知识的概念本身已被投入了政治能量,有必要对这种能量加以约束,以便用一种分析的和历史的可控与受限的方式来运作这个概念。

如果我们继续追踪知识的流通,我们很快就会面临全球化进程,这是知识史家长期青睐的研究课题。③ 正如上文提到的,历史学家之所以将他们的兴趣从科学转向知识,一个经常被引述的原因就是为了避免科学概念中固有的欧洲中心主义,并且对其他形式和来源的知识保持开放——也就是说,殖民的、后殖民的或者本土性的知识。④ 然而,就界定和形塑作为一个知识时刻或知识转向的当下而言,全球化也是最为明显的力量之一。"科学无国界"是战后的研究政治(research politics)中最经常被重复的短语之一,但该事实并不能证明这句话本身为真。换言之,科学或许不"知道"(know)国界,但科学家、高校领导和出版商肯定知道。研究的发现和成果向国外乃至全球公众的出口和流通,是人为设计的。然而,无论拉图尔主张了什么,知识的"流动"并非"永恒不变的";⑤ 与此相反,无论它们走

---

① Bruno Latour, *The Pasteurization of France*, Cambridge, MA: Harvard University Press, 1993.
② 为比较之故,参见 Lee McIntyre, *Post-Truth*, Cambridge, MA: MIT Press, 2018。
③ *The Globalization of Knowledge in History*, ed. Jürgen Renn, Berlin: MPIWG, 2012.
④ Kapil Raj, "Beyond Postcolonialism ... and Postpositivism: Circulation and the Global History of Science", *Isis*, 104, No.2(2013), pp.337-347.
⑤ Bruno Latour, "Visualisation and Cognition: Thinking with Eyes and Hands", *Knowledge and Society: Studies in the Sociology of Culture Past and Present*, edited by Henrika Kuklick and Elizabeth Long, Vol.6, Greenwich, CT: Jai Press, 1986, p.7.

到哪里，它们的含义、用途以及它们所参与的组合与安排都是持续变化的。① 用另一位知识史学家约尔根·雷恩（Jürgen Renn）的话来说，"知识的全球化"（globalization of knowledge）至少以两种不同的方式影响着当下。一方面，知识的全球化通过吸收新的知识形式，并且重新分配和碾碎旧的知识形式而起作用。这些过程几乎没有不引发争议的，最新近的例证是发生在整个西方世界大学校园内的"知识去殖民化"（decolonize knowledge）运动。另一方面，知识的全球化意味着知识在实践中建立的形式是"全球的"，包括其内容和范围。一个明显的例子是主要通过联合国政府间气候变化委员会（IPCC）的报告来传播的、关于气候变化和全球变暖的知识，它使得全球乃至地球系统既是研究的对象又是研究发现的接收者。可持续发展目标（Sustainable Development Goals），即SDGs，也许本身不能算作知识（尽管它们显然以知识为基础），但它们仍为世界范围内机构的研究活动和知识生产设定了全球性的目标。

毫无疑问，历史学向知识的转变可以在学科内部得到描述和解释，举例来说，作为一种科学史中的"文化转向"，抑或是像苏珊娜·马钱德（Suzanne Marchand）在本期所讨论的那样，作为文化史家和思想史家的相互和解。② 然而，对于这一期《历史与理论》来说，一个更广阔的语境似乎是必要的。在当下，知识于机构、国家和全球的层面被唤起和角逐。通过将知识置于研究的中心，历史学家找到了回应这种挑战并将其历史化的方法。这是我们在这期主题特刊中记录的内容。

知识理论，历史理论

从一个"时刻"的角度来构想最近的知识史转向，为理论化开辟

---

① 为比较之故，参见 Adrian Johns, *Nature of the Book: Print and Knowledge in the Making*, Chicago: University of Chicago Press, 1998, pp.13-15。

② Suzanne Marchand, "Weighing Context and Practices: Theodor Mommsen and the Many Dimensions of Nineteenth-Century Humanistic Knowledge", *History and Theory*, 59, No.4(2020), pp.144-167.

了另一条道路。面对知识与社会关切和政治关切的纠缠,我们应如何在认识论之外将知识历史化呢?一旦我们认识到,知识是暴露在人类生活中一些最具活力的社会政治力量之下,我们就需要找到有意义的方法,来对绝对的认识论主张和正在进行的、甚至加速进行的历史变化做平衡与校准。从这个视角来看,知识史可以理解为是在两个巨大的、不定型的文体(bodies of literature)的结合下运作的:知识理论(the theory of knowledge)和历史理论(the theory of history)。在历史学科的知识转向中,这两个文体——这两个相关的视角——变得彼此纠缠、相互嵌入。

就分析认识论主张的历史性而言,从"科学"到"知识"的转变呈现出一个问题,其缘由与它何以呈现出新的可能性完全相同。除了为真理和有效性提出普遍的主张,"科学"也命名了某种人物、观念和表现的特定历史构造或"装置"(assemblage),它们出现于早期现代欧洲,涉及观察、实验和演绎推论等实践,这些实践与技术的提升有关,丽莎·吉特尔曼(Lisa Gitelman)针对更晚近的时期讨论了这样的技术。① 尽管这种现代主义和欧洲中心主义的偏见边缘化了发生于其他时空背景下的其他知识形式与实践,它同样以特定的方式将知识与历史联系起来,这些方式本身可以被分析和批评。然而,知识为手头的诸问题增添了另一层抽象,这将带来风险,可能使这些问题在历史语境和历史过程中的嵌入性(embeddedness)变得模糊。正如沙迪·巴奇(Shadi Bartsch)所指出,知识的概念携带着某种固有的柏拉图主义,因而对洞穴后墙上真实存在的影子既不感兴趣,也不愿参与其中。②

一个思考本期文章的启发性方式是,它们辨别并指明了历史理

---

① Lisa Gitelman, "Popular Kinematics: Technical Knowing in the Age of Machines", *History and Theory*, 59, No.4(2020), pp.67-85.关于装置这个术语的使用,参见 Gilles Deleuze and Felix Guattari, *A Thousand Plateaus: Capitalism and Schizophrenia*, Minneapolis: University of Minnesota Press, 1987。

② Shadi Bartsch, "The Rationality Wars: The Ancient Greeks and the Counter-Enlightenment in Contemporary China", *History and Theory*, 59, No.4(2020), pp.127-143.

论和知识理论的重合(overlaps)与交接处。重合部分的两个有趣轴心涉及时间和进步以及与社会世界的关系。在这些重合部分中,最显著、最持久、最强有力的是知识的提升或进步的观念,西斯金将它们追溯至弗朗西斯·培根(Francis Bacon)的著作。聚焦于"新"这一概念,"新工具论"(new organon)既是知识理论也是历史理论。通过把知识奠基于观察和实验而非权威和传统,培根要求真正的知识(real knowledge),毋宁说是"关于现实"(about the real)的知识,必须不可避免地总是新的,与过去决裂并面向未来。[1] 换言之,他把知识和一种特定的历史动力联系起来,后者被他称作"提升"(advancement)。在16世纪,提升仍可能被认为是地方性的、内在于某个集体或知识领域,但到了18世纪,正如科泽勒克指出,它们被聚拢到一起,在"进步"(progress)的概念中被同步化与普遍化。这个概念就是科泽勒克所说的"集体性单数"(Kollektivsingular,collective singular),它只能以单数形式使用,却往往有一个集体性的、普遍性的主语,比如"人类"或"文明"。[2] 然而,西斯金对这个理论补充了"延迟"(delay)的概念,后者此前已在后殖民研究、跨国历史等其他语境下被理论化了。[3] 有别于同质的、稳定的、有节奏的进步,西斯金辨识出延迟的时刻(moments of delay),此时历史的一部分掉队了,没能赶上其他部分。与这一提升或进步理论最直接的对比甚至倒转,是巴奇在她的文章中提到的由中国知识分子发动的针对西方的"理性之战"(rationality wars)。他们的攻击要点在于由德国社会学家马克斯·韦伯(Max Weber)讲述的知识史,韦伯广为人知地将西方知识的提升重新诠释为堕入工具理性的"铁笼"(iron cage)。这个比喻被法兰克福文化批评家西奥多·阿多诺(Theodor W. Adorno)与马克斯·霍克海默(Max Horkheimer)重命名为"启蒙辩证法"(dia-

---

[1] Siskin,"Enlightenment, Information, and the Copernican Delay", p.171.

[2] Koselleck, "Introduction and Prefaces", p.13.也参见 Helge Jordheim and Einar Wigen, "Conceptual Synchronisation: From *Progress* to *Crisis*", *Millennium*, 46, No. 3 (2018), pp.421-439。

[3] Homi K.Bhabha, *The Location of Culture*, London: Routledge 1994.

lectic of Enlightenment),它清晰地展示出知识理论和历史理论的另一处重合,后者被中国的知识分子采纳并攻击,他们正为其儒家理性思想做辩护。①

而再一次地,分别由西斯金和巴奇所讨论的启蒙与反启蒙的宏大叙事,并不是这些重合能够采取的唯一形式。在本期所有其他文章中,重合部分更为有限,并以特定实践、概念甚至是可视化的形式出现。我们将于下文讨论其中一部分在方法论上的可能性,而另一些则确实提出了重要的理论框架。例如,杰里米·格林尼(Jeremy A. Greene)对媒介与媒介性在知识史中扮演的角色的讨论,把重点从知识的新颖性转向其历史性,或用他的话来说,转向"特定媒介的'何时'(when),科学知识在其中被创造、被传播,并被视作权威"②。因而,知识理论和历史理论在被构想为进步或辩证的历史运动中并不存在很多重合,重合发生在属于媒介的时刻,后者由特定的技术、实践和真理主张组成。

对时刻的关注也会带来一些偶然性的因素,动摇对进步和方向的预设。从观察到结论、从证据到真理,培根版本的知识与稳定的归纳法提升联系在一起,而维拉·凯勒(Vera Keller)则展示了无知(ignorance)如何能导致一种非常不同的运动,一种能向前或向后,甚至完全止步于原地的大跳。知识并非以稳定和无限的进步在历史中显现自身,而是表现在"项目"(projects)中,它有开端和结局,有成功和失败。③ 根据吉特尔曼关于亨利·布朗(Henry T. Brown)的《五百零七个机械运动》(*Five Hundred and Seven Mechanical Movements*)所写的文章,我们很容易设想,她和凯勒都在展望一种历史的运动学(kinematics of history),后者在一定程度上取代了时

---

① Max Horkheimer and Theodor W. Adorno, *Dialectic of Enlightenment: Philosophical Fragments*, ed. Gunzelin Schmid Noerr, transl. Edmund Jephcott, Palo Alto: Stanford University Press, 2002.

② Jeremy A. Greene, "Knowledge In Medias Res: Toward a Media History of Science, Medicine, and Technology", *History and Theory*, 59, No.4(2020), p.48.

③ Vera Keller, "Into the Unknown: Clues, Hints, and Projects in the History of Knowledge", *History and Theory*, 59, No.4(2020), pp.86-110.

间性的驱动和方向。虽然技术的历史经常被叙述为创新的历史,它是从作为真正研究对象的实际机械物体中抽象出来的,但吉特尔曼将包含在技术概念及其历史中的多重运动带入了视野。事实上,当技术被分解为由多个机械物体实施的无数不同运动时,我们称之为"历史"的统一运动也会发生类似的情形。每一个机械运动的出现都伴有其自身的历史,它们永远不能被同步为一个对应于"技术史"(history of technology)之名的单一运动,无论是线性的还是循环的。

在许多重要方面,知识理论和历史理论也在人们的心灵和身体上产生重合,它们在这一重合中承担着不同的功能,扮演着迥异的角色。对人与自主体的态度,以及对知识间相互作用的态度,代表了社会与个人问题的新版本。例如,在奥斯特林的文章中,人是以公众(public)这一出了名的模糊概念出现在视野中的。奥斯特林并没有尝试精确地定义他所说的"公众",而是用这个概念来囊括和排除各种形式的知识。他认为,知识史的对象必须是"知识的公共流通"。这意味着"知识必须作为一种广泛的、社会性的现象来研究"。他接着说道:"无论原初的创新和新颖的发现是多么有趣,都只能是次要的;与之相对,社会的重要性必须占据中心位置。"[①]乍一看,马钱德对知识和历史如何汇聚在历史行动者的生活中持有截然不同的观点,她把注意力从或多或少匿名的公众转移到像西奥多·蒙森(Theodor Mommsen)这样的个人身上。吉特尔曼把知识从技术的抽象迁移到特定的机械物体,以类似的方式,马钱德把知识从话语迁移到个人的生活,这个案例中是19世纪德国一种特定的特权生活。然而,即便像蒙森这样在学术和政治上都很突出的个体,也隶属于一个更大的知识集体,它通过国家和一代人在空间和时间上予以界定,也通过风格和生活态度等更加难以捉摸的特征来界定。蒙森的生活标志着知识和历史的重合点,它可以用不同的方式来理论化。

在费德里克·马尔孔(Federico Marcon)的稿件中,出现在舞台

[①] Östling,"Circulation,Arenas,and the Quest for Public Knowledge",p.120.

上的社会行动者是知识史家自身,他们被邀请在自己的作品中重新探讨知识理论和历史理论的关系。① 这尤其关系到那些跨越西方与非西方知识史之鸿沟的历史学家。马尔孔认为,书写知识的历史把历史学家从学科的安全场所驱逐出来,后者要么是传统历史要么是科学史,它们都配备有理论、方法、风格与主题,并倾向于重复旧式的观念和叙事。与之相对,知识史家必须在很大程度上依赖于他们自身的自我反思能力,认识到他们的工作对于他们着手研究的过去所产生的影响,或者认识到马尔孔所说的"历史的现在主义傲慢"(history's presentist arrogance)。② 由于缺乏惯例性的支撑和既定的理论框架与方法论框架,知识史享有一种其他历史学科所不具备的"批判性的承诺"(critical promise)。以这一方式,马尔孔把我们带回到当下的时刻,带回到历史时期、社会与人类义务的交织之中。

适应知识史:方法和概念的变动

对这一新的知识史来说,一些最有成效和最吸引人的方法论变动,是从历史编撰学中关于时间和社会的理论纠葛中发展而来的。实际上,本期主题特刊的主要作用之一,就是强调知识的进路如何能为各种历史工作的调节与发展提供帮助。尽管知识史中没有任何方法变动和概念变动对于其他历史领域是未知的,但存在着一种新兴的知识工具箱(knowledge toolkit),它部分地是凭借知识史独特的跨学科特征而收集的,这一知识工具箱或许会真正地改进一般性的历史工具箱(historical toolkit)。其中包括这样一些概念,比如媒介(media)、无知学(agnotology)、延迟(delay)、信息(information)、技术(technology)、比较逻辑(comparative logics)、理性冲突(rationality conflicts)以及流通(circulation)。对于一个研究美国进步时代的

---

① Federico Marcon,"The Critical Promises of the History of Knowledge: Perspectives from East Asian Studies", *History and Theory*, 59, No.4(2020), pp.19-47.
② Ibid., p.46.

政治或 14 世纪佛罗伦萨法律史的历史学家来说,它们并非都是些常用的镜头,但或许有所助益。柯林伍德认为一切历史都是思想的历史,但也许,其中大量历史可以看作是知识(knowledge)、知道(knowing)与知者们(knowers)的历史来加以阐明,并且这些工具应有助于促进其他的领域,鼓励不同的抱负。知识史的未来应当比它的过去更为广阔。这部分意味着,你不必接受这些作者的理论,就可以看到他们使用的概念性技法的优点。另一方面,即便对于这些作者来说,尝试在单个作品中把更多这样的方法结合起来或许是精明的,但这也令人望而生畏。比如,再来考虑一下,一个像"延迟"这样的观念所能提供的对时间、发展、失败和潜能的敏感性,正如它被西斯金运用的那样。尽管"延迟"的观念明显地(并且可能是成问题地)嵌入了目的(telos),但它令人着迷地揭示了强有力地潜伏着的层次,即那些准备就绪的东西和等待中的东西。它可以在任何项目分析的微观层面上做到这一点。它使我们有可能(如果不是轻易地)看到复杂的条件,这些条件或许真的足以描述和分析最彻底、最真实的转变。它使历史学家关于变化的基本原理保持在视野范围内,哪怕是在地平线上。尽管西斯金是为了一个非常粗线条的、宏大的变化图景来使用它,但这个观念本身具有吸引人的可移植性和可扩展性。它潜在地适用于任何项目:入侵意大利,包括率领一支军队(带着大象)穿过阿尔卑斯山口;发动一场新的政治运动,比如成立一个可靠的绿党;彻底翻修公共建筑,比如 150 余年来对哥特式圣母大教堂的建造;针对突然出现的新冠病毒而研发疫苗。这里,各种行动的后果都互相捆绑在一起,无论是官僚政治的、宇宙的还是社会的。所有类型的复合体、项目乃至事件似乎都要忍受这样的延迟,并静候结果。延迟也迫使人们对它所连接的历史事实之间的关系产生怀疑和争论。①

---

① 有一种相关的思想值得一提,即科泽勒克和其他概念史学家认为,概念或许会保留它的隐藏含义,这一隐藏含义仅在更晚的时刻才会生效或活跃。同样有人认为,网络或许也具有时效性,被视作草图(sketch)或可能性的东西将在自身内部实现其圆满,也就是说,作为一种可想象的、联系到其他尚不存在的历史实体的潜能。

本期对知识史的讨论还提到了其他时间工具：延迟在某种意义上是关于时效性（timeliness）与适宜（fit）的，马钱德的那篇文章，那篇有意以传统方式写成的作品就帮助我们思考这些观念，正如她十分坚定地在个人——更大的理论干预——与我们可以视作一个年代或时代之特性思维（characteristic thinking）的东西之间安置一种联系。更确切地说，一个人与一代人是相互影响的。这是马钱德的一个方法论观念。从某种意义上说，这是对更古老的概念的复兴，它强调某件事或某个人为了代表一个时代而具有的适用性（aptness）与象征力量（emblematic force），在制造了一个观念、一次行动、一件工具或一种个人特性的适宜空间（fitness space）中暂时地起作用。马钱德认为，在他生命的最后阶段，蒙森从一个与其周遭环境完美契合的时代人物变成了一个落后于时代的人，与社会、政治和艺术的发展产生错位。时效和特性也有可能重新连接到仍然有用的关于一代人（generation）的观念，后者在思想史中也是很重要的。[①] 进而，新旧工具的混合又能更新人们对于时代、时效性和进步的态度。

正如我们所见，延迟和时效的技法，肯定与凯勒的无知学路径（agnotological approach）处在一种便捷的张力中。蒙昧（Ignorance）和忽视（ignoring）比我们有时意识到的更为重要，而就方法而言，凯勒识别了在任何规划与学习的领域中，各种智力和修辞工具是如何运作的。她展示了非知识（disknowledge）的细微运动及其不确定性的价值；精准地确立了在特定项目中，哪些已知的或者被猜想的内容是关键。在揭示新世界蚕桑之梦的同时，凯勒还把许多精炼的术语投放到动态的游戏中——这些术语出自那一时期的微妙语言，然而在该时期之外依然是有用的。尤其是"暗示"（hint）和"线索"（clue）——或然性项目逻辑（probabilistic project logic）的术语——仅仅因为它们的不可预见而值得注意，并且与她所讨论的存有偏见

---

① 典型的有 Karl Mannheim,"Das Problem der Generationen", in *Wissenssoziologie：Auswahl aus dem Werk* ,ed.Kurt H.Wolff,Neuwied：Luchterhand,1970,S.509-565。

的知识抑制(prejudicial knowledge suppressions)一样,这里不存在必然的暂时性。弗吉尼亚的本土桑蚕永远不会被发现和知晓。的确,它必须变得不为人知,并且有暗示表明这就是它的结局。

凯勒的知识/非知识的新工具也帮助我们看到其他知识工具的重要性以及它们某些时候的隐蔽性,部分是因为它们已被预设,乃至无处不在。没有什么比理性(rationality)本身与知识的联系更紧密了,然而,通过部署另一个知识游戏中常用的工具,比较(comparison),巴奇把知识制造中意识形态的、工具性的内核之一,即理性的逻辑予以问题化了。相较于其他历史学家,文本分析当然是思想史家的惯用手段,但比较在这里起到的更大作用是揭示(exposé)。的确,有必要揭示知识的逻辑基础,这一定是知识史家工作的关键部分。它把实践与思考以及效用联系起来,但也凸显了争辩的地位。通过详述中国现代主义者与传统主义者之间的理性之战,逻辑和理性的嵌入性(而非本质性)特征变得尤为明显,并且使更深入的分析和批判得以可能。

然而,巴奇所展示的、那驱动理性之战的比较之战(comparing war),或许对知识研究的方式更加重要。毫无疑问,比较是目前史学实践与史学理论中日益增长的组成部分。的确,有人主张这是认知的一种典型的现代模式。① 根据马尔孔的说法,"比较是一切认知实践的基本组成部分"②。因而更有趣的是,他看到比较在知识史中扮演着关键且独特的方法论角色。他的意图不是利用比较来提取、发掘出共同点,而是要瓦解由过量的综合(synthesis)与融合(amalgamation)而带来的启示法(heuristic)。这种比较的技法强调特异性,动摇了任何一种特定知识所声称的主导地位。再一次地,这是他所调用的后现代主义洞见外壳下的启蒙内核,但并没有造成真正的

---

① 参见此书包含的项目:*Practices of Comparing:Towards a New Understanding of a Fundamental Human Practice*, ed. Angelika Epple, Walter Erhart, and Johannes Grave, Bielefeld:Bielefeld University Press,2020,尤其是第 11—38 页展示了这个议题。另参见 Sheldon Pollock,"Conundrums of Comparison",*KNOW*,1,No.2(2017),pp.273-294。
② Marcon,"The Critical Promises of the History of Knowledge",p.41.

冲突。比较是一种知识工具,旨在通过动摇大写的历史(History)来从细微处发掘其他历史——这种大写历史是要紧之事,是规训,并且往往是西方式的确定性(western certainty)。比较是一种自我批判的方法:"自我反思是批判性的分析,针对历史学家的诠释性工作是如何通过类比带来的隐喻性转移(metaphorical transference),来扩展过去的意义以及对于过去的理解。"① 换言之,由方法论意义上的批判性自我所运用的比较,可以令知识史保持为一种开放的、包容的探险活动。方法升华为哲学。

　　新的知识史中的比较工具,与特定历史语境中的逻辑有很强的关联。尽管如此,如果我们后退一步,问问特定的知识是如何变得重要的,或者系统间的竞争如何扰乱学者的目标感和历史感,我们就需要看到我们可称之为认识论力学(epistemological mechanics)的地方,并且,那些被跨学科知识史的研究者珍视的一些最令人兴奋、最便于移植与最具革命性的洞见,解释了某些知识是如何以及何时取得优势,或未取得优势。这或许就是为什么在知识工具箱中,流通的观念(the idea of circulation)往往占据了一个主导性的且富有成效的地位。流通的东西是最重要的。仅仅被思考过一次的东西,哪怕是由上帝来思考,也没什么历史可言。而那些传递着的、被复制的乃至被官方认证的东西,才是关键。

　　这一知识史的方法论通常是关于追踪真实有形的联系,关于打开黑匣子以便揭示出所有的角度和要素。在其理论内涵之外,流通还要求各部分之间实实在在的衔接。奥斯特林所书写的剧场(arenas),正是以这种方式放大、稳固了信息流链条中的节点(nodes)。确实,他也担心音乐可曾中断。换言之,稳固化的要素出现于何处?剧场的观念也支持了这样一种洞见,即某些地点、某些重复的事物,在调节、引导新旧知识的流通时扮演着异常有分量的角色。巴奇的论辩,以及马尔孔在其文章中讨论的知识于19世纪日本的相互作用,同样强调

---

① Marcon,"The Critical Promises of the History of Knowledge",pp.43-44.

了流通的成分，它会根据环境与媒介的情况来传递和转化知识。

流通需要媒介与物质，它们是由实践性的认知诞下的双胞胎，并且这个不可避免的渠道势必是一种网络（network），它被吉特尔曼最为明晰地发展起来，后者对《五百零七个机械运动》做出了精准的、有针对性的分析，其优点在于简要地概述了一个强大网络所具备的诸多品质。对实际生产活动的方法论上的关注，结合以对一个伟大、持久的出版项目之详情的关注，确实是相当独特的。稳定的物质对象是时间中大量交错之流的节点。

《五百零七个机械运动》吸收和同化了许多来自其他地方的要素，包括早期的与各种混杂的资源，但这本书——我们可以说所有的书——把它们统统保存并传播为遥远的、有成效的、持久的形式。在流通与媒介的伪装下起作用的，是再度与范围（scale）嬉戏的意愿。正如格林尼的分析也强调的那样，关注媒介的性能参数（medium's parameters）可以让历史学家理解物体与观念的实际过去。这就是为何某些结构（configurations）可以更加丰富地表现知识。如果流通代表了某种潜在的知识范式，那么利用网络和流动性（mobility）来强调它就是至关重要的。部署流通与网络的框架，可以让单个的物质对象或者创造性的时刻得到更有成效的探索。而把媒介置于中心，也就意味着在知识之流的网络中重视物质性。这一追踪（tracing）与物力论（dynamism）的元素，把这些文章中其他各式各样的方法结合在一起。有效的概念工具凸显了时间、人、观念、物体和运动，它们被包含在知识的制造中，也包含在知识的获取中。

历史性的知识

本篇导论和本期主题特刊避免了对定义何为一般性的知识采取强硬立场。然而，我们已经把这个术语置于某种张力中：一边是科学，另一边是相对主义与纯粹意见的双头怪。我们已指出，对于知识的兴趣不断攀升的部分动力甚至涉及当代政治，在那里正进行着一场关于谁的知识才算知识的斗争。在某个人看来属于知识的东西，在另一个人看来则是蒙昧。然而以某种方式，知识的运作应当有别于后真相（post-truth）的论点，后者主张存在着各种你可以从中挑选的可替换的真相（alternative truths）。后真相是一种防御性的姿态。倘若你不得不保护自己免受气候变化、经济变化、冠状病毒变化的影响，那么你或许会抓住任何一种选项。如果那些选项是通过西伯利亚中成百上千个假新闻农场（fake news farms）提供给你的，你无法加以评估，它们将很难被抵制，尤其是当它们看起来有点经验依据的时候。一旦你拥有足够多这样的备选真相，并且它们相互间又足够矛盾时，它们就准许你坚持旧有的信念。但这不应混淆于理性的怀疑主义；其中的区别就在于反思的过程，反思信念是如何与其他事物如证据、逻辑联系在一起的，毕竟，在实践中以及就其本身而言，一种信念仍可能看上去很像另一种信念。哲学家往往以信念为起点来开展对知识的讨论。对他们中的一些人来说，当信念结合于真理与辩护时，知识就诞生了。①

那么，真理是知识携带的笨重包袱吗？对于哲学家来说，知识是民主的，而不是学术的。人人都拥有一些知识；科学或许对知识拥有一种自我理解，但它没有去垄断。同样地，知识史需要成为一场胸襟宽广的历险。知识比科学更为抽象，它适用于大量各种各样的历史情境、时间、人物、技术和预设。但是它散发出了永恒的气息吗？我们不这么认为，倘若它是历史性的知识。

这本文集中的文章几乎不涉及一般性的观念，几乎不涉及一般性的知识主张的特征是什么。它们通常关乎过程，关乎主张与信念在其社会物质环境中出现、变化、被管控与被争辩的特定条件。人（people）显然是最伟大的中介实体（mediating entities）。但知识曾经是什么？知识现在是什么——难道是美洲的桑蚕、空气中的以太？

---

① 诚然，哲学家从未完全解决过这个问题，但是参见 Edmund L. Gettier, "Is Justified True Belief Knowledge?" *Analysis*, 23, No.6(1963), pp.121-123。关于这一传统中某种意义上的一般问题与方法，参见 Roderick M. Chisolm, *Theory of Knowledge*, 3rd ed., Englewood Cliffs, NJ: Prentice Hall, 1989。

换句话说，即便是关于我们刚结束的阐释，"知识"这个词仍带有一丝确定性与普遍性。说我们在研究知识的历史，仿佛意味着我们在研究真理的历史，以及所有稳定的、进步的、不容置疑的东西的历史。科学的力量和启蒙的法则似乎有它们亲身实践的知识，把知识锁定在与变化、建构与多样性的对抗中。但也许部分地出于这个原因，我们的知识工具和本期主题特刊之项目的倾向，大多是聚焦于过程，聚焦于比较、变化和媒介性。知识的差异源于实践与观念的广阔图景。换言之，正是历史的基本框架指向知识的偶然性。历史要求知识的持续变迁。

作为过时真理的守护者，历史拥有几乎是独一无二的学术地位：这些真理是新近被证伪的、曾占据支配地位的或完全被遗忘的，并且这可能仅仅意味着，历史学家在某种程度上对真理和知识的反复无常、来回穿梭感到更舒服。尽管在历史学家中间出现了新的道德紧迫性和政治紧迫性，有时与毫无疑虑地寻求生态学知识的需求有关，历史学家仍保留着他们的历史主义的双重视野：我们往往必须相信或假装认为过去之中有真理，存在着我们不知道的关于事物的知识，或者过去有着我们必须保护的错误信念。的确，如果没有这种错误的知识，我们可能难以理解我们在历史记录中发现的东西。①

然而，这不必对当下造成困扰。现如今值得被视作知识的东西当然会遭受质疑。正如奥斯特林所说，被视作知识是一种很高的荣誉，尤其是被广为人知的时候。知识让我们依赖它，用它来做其他事情，让我们建造、打破、规划，因而需要一切形式的证据和辩护来相信它，并且需要媒介和网络来放大它。如今，为知识承担的风险是非常高的。但我们现在所知的大部分事物无须束缚历史学家的过去，也不会束缚未来。

在此，通过库恩式的或者弗莱克式的视角（the Kuhnian or

---

① 尽管不是一种完全可行的哲学，但剑桥学派的历史主义就探索这一点而言有明确的优势。它最近以一种有趣的方式被使用，参见 Vanita Seth, "The Origins of Racism: A Critique of the History of Ideas", *History and Theory*, 59, No.3(2020), pp.343-368。

Fleckian perspective)来思考知识,或许是有帮助的。格林尼对科学事实的讨论很好地提出了这个议题,并且明智地将它与媒介性联系起来,后者是一个内置的、具有历史偶然性的网络,包容任何知识主张。我们大可以在此概括:每一个关于累积性知识的主张、每一个新的观察都能在与他者的关系中发现其价值,包括与范式及其界限的关系,与媒介、机制、动因的关系。当范式产生变化的时候,框架会摧毁许多知识片断。它们通常不会沦为错误,而只是变成不相关的东西,或者可能被转译成新的语言、新的语境。然而,缺少纯粹累积性的进步,并不会消弭知识所重视的力量或可能性。它们过去是这样的,现在亦如此。当历史决定论退潮后,历史项目的紧张之处就在于如何应对我们关于知识如何变化的知识。

  本期主题特刊的整体图景,应劝阻我们把知识想象成一个或开或闭的开关,或视作一个经典逻辑命题的简单真假。即使是经由辩护的真信念,也可以被理解为在真值方面是实用主义的,在辩护方面是语境化的。也许正是在这里,非知识的智慧才最为明晰地显现出来:对知识主张来说存在着大量不确定的状态,某些东西只是被暗示的,某些东西是通过不同文化、不同时代的视角而被模糊地知道的。非知识是强调下述观念的一种方式:依偎在知识身旁的真理主张,实际上是被混乱的历史进程所控制的,后者一如既往地只在当前时刻提供有趣的真理,并通常伴有自我否定的退路。马尔孔的隐喻性比较也是为了维持对终极知识的怀疑。《认知:关于知识之形成的期刊》(KNOW: A Journal on the Formation of Knowledge)(后简称《认知》)这本刊物,即用它的名字讲述了这个道理。历史性的知识是一种处在语境中的行动和断言,绝不是一种永久的状态。知识仍可拥有一种非比寻常的力量,即便在通常情况下,它并没有取得普遍的或永久的力量。这种哲学确定性,想象着舞蹈已经停止、永恒的答案将被揭示,但实际上在时间中、在历史中,变化俘获了每一个瞬间。

  从这个角度来看,知识史是一种历史的语用学(historical pragmatics),它研究过去值得了解的东西的强度和起源,研究什么样的认知掌控了力量，它又是如何（尽管是短暂地）走向那种成熟的。我们展示何种知识具有历史力量和影响力。宣告成为知识依然是一个荣誉徽章，它是被某种优势力量所赢得的，这种力量是得到传达或得到辩护的意见，是通常被部署或被假定的理性。在任何时候，知识都是最优实践的一种形式，它是一个关于什么东西在起作用的网络，并且是以过程为依据的，这个过程贯穿该时代的媒介、修辞与强有力的个性。知识史既展示了从一个过去时刻的观点来看知识是如何产生与变化的，也展示了一个来自我们已知当下的观点。它们不能完全一致，但能够富有成效地共存。关于知识之发展或其可能的发展的理论，可作为一个知识政权（knowledge regime）之品性与强度的重要组成部分。

一切历史性知识的真实性都受到时间的限制。这一认知传达了在本期主题特刊中发现的对于探索的激情，它或许有助于解释为什么知识确实是一个我们自己的术语，一个属于我们时代的术语。与一个更加傲慢的时代相比，历史学家与其他人现在更清楚地意识到知识的局限性；现在他们也了解了知识的力量，这种力量具有相对性，但依然重要。然而，即便容许对彻底的历史建构顶礼膜拜，永恒（timeless）与确定（certain）也不是同一回事。我们可以适时地确定很多东西。我们希望在本期主题特刊提议的是，在非凡的一系列过去与现在的认知可能性面前保持某种谦逊，以及这样的感觉：我们的知识史最好是能尽可能多地揭示过去的道路，并且仅仅缓慢地朝一个稳定的故事移动，这个故事是关于知识，即一切可能主张中的最佳者，是如何变化、支配、使人信服，乃至衰落的。

作者简介：赫尔格·乔海姆（Helge Jordheim），奥斯陆大学文化史与博物馆学教授；大卫·加里·肖（David Gary Shaw），维思大学中世纪史教授，《历史与理论》副主编。

译者简介：庄泽珑，复旦大学历史学系博士研究生。

校者简介：刘山明，河南大学历史文化学院世界史博士后流动站工作人员。

流通、剧场和对公共知识的探求：
史学编纂潮流与分析框架*

约翰·奥斯特林 著　郭在田 译　何炜 校

摘要：近年来知识史类型的出版物激增，这可能掩盖了学界对该领域存在多种平行理解的现实。本文旨在辨析当代学界关于知识史的五大主流史学编纂方向。迄今为止，知识的流通是最受关注的一种分析框架。虽然"流通"这一概念颇有成效，但它本身仍需进一步细化和理论化。为此，我把重点放在了知识的公共流通上。这种流通表明，知识史应该作为一种广泛的社会现象来研究。有很多方法可用于研究知识取得或拥有公共影响力的过程、情况或背景。本文将专注于发展"知识公共剧场"的概念。知识公共剧场可以是一种虚拟、真实或混合的空间。在整合多项新近研究的基础上，我将展示不同的知识公共剧场如何在后"二战"时代工作，并成为更庞大知识体系中的一部分。

关键词：知识史　史学编纂　知识的流通　知识剧场　基础设施　后"二战"时代

知识史及其史学编纂的变化

知识史是 21 世纪的学问。尽管在过往数十乃至数百年内，知识

---

* 文章来源：Johan Östling, "Circulation, Arenas, and The Quest for Public Knowledge: Historiographical Currents and Analytical Frameworks", *History and Theory*, Vol. 59, No.4(Dec, 2020), pp.111-126。——译者

的各种形态已经在许许多多的历史学科内得到研究,知识史作为一门独立的学术领域仍是一个令人惊叹的全新现象①,它在过去十五年中以学术运动的形式出现。②

然而,作为一门自封的学术领域,知识史近年来的快速崛起可能掩盖了一个事实:就知识史应该囊括哪些范畴而言,存在着多种不同的平行理解。在考察当代学术研究时,我至少可以分辨出五种主流的史学流派,尽管它们之间有时有明显的重叠。

第一种流派注重于对知识史进行百科全书式的阐释,特点是其包容万象的雄心,但主要集中在学术领域以及相关机构。彼得·伯克(Peter Burke)所著的综合性书籍是这方面最好的例子。在两卷的《知识社会史》(*A Social History of Knowledge*)中,从古腾堡圣经到维基百科,伯克展示了他对过去五百年西方文化史和思想史的

---

① 关于这一领域历史编纂的综述,见 Johan Östling, David Larsson Heidenblad, Erling Sandmo, Anna Nilsson Hammar, and Kari H. Nordberg, "The History of Knowledge and the Circulation of Knowledge: An Introduction", in Johan Östling, Erling Sandmo, David Larsson Heidenblad, Anna Nilsson Hammar, and Kari H. Nordberg eds., *Circulation of Knowledge: Explorations in the History of Knowledge*, Nordic Academic Press, 2018, pp. 9-33; Suzanne Marchand, "How Much Knowledge Is Worth Knowing? An American Intellectual Historian's Thoughts on the Geschichte des Wissens", *Berichte zur Wissenschaftsgeschichte*, 42, No.2-3(2019), pp.129-149; Marian Füssel, "Wissensgeschichten der Frühen Neuzeit: Begriffe-Themen-Probleme", in Marian Füssel ed., *Wissensgeschichte*, Franz Steiner Verlag, 2019, pp.7-24; Östling, Larsson Heidenblad, and Nilsson Hammar, "Introduction: Developing the History of Knowledge", in Östling, Larsson Heidenblad, and Nilsson Hammar ed. *Forms of Knowledge: Developing the History of Knowledge*, Nordic Academic Press, 2020, pp.9-26; Östling and Larsson Heidenblad, "Fulfilling the Promise of the History of Knowledge: Key Approaches for the 2020s", *Journal for the History of Knowledge*, 1, No.1(2020)。

② 21世纪10年代在塑造作为学术领域的知识历史方面有关键贡献的出版物包括:Burke, *A Social History of Knowledge*, Vol.1, *From Gutenberg to Diderot*, Polity Press, 2000; Burke, *A Social History of Knowledge*, Vol.2, *From the Encyclopédie to Wikipedia*, Polity Press, 2012; Burke, *What is the History of Knowledge?* Polity Press, 2016; Philipp Sarasin, "Was ist Wissensgeschichte?" *Internationales Archiv für Sozialgeschichte der deutschen Literatur*, 36, No.1(2011), pp.159-172; Simone Lässig, "The History of Knowledge and the Expansion of the Historical Research Agenda", transl. David B. Lazar, *Bulletin of the German Historical Institute*, 59(Fall 2016), pp.29-58; Lorraine Daston, "The History of Science and the History of Knowledge", *KNOW*, 1, No.1(2017), pp.131-154; Martin Mulsow and Lorraine Daston, "History of Knowledge", in Marek Tamm and Peter Burke ed., *Debating New Approaches to History*, Bloomsbury Academic, 2019, pp.159-188。

通博。然而,他对知识史是什么的理论思考却不多见。相反,伯克正确地将他的作品定义为一系列"手法趋于抽象,结论也无以长久"的文章合集。① 在他的《什么是知识史》(What is the History of Knowledge?,2016)中,伯克展示了知识史的基本概念、过程、问题和前景,却没有给出这门学科的明确定义。不过,在其前两卷书的基础上,伯克对自己的主题进行了一些大致、简要的思考。他假定,即便在同一种文化中,知识也以各种不同的形式存在:纯知识性的和应用性的,抽象的和具体的,显性和隐性的,博学的和通俗的,男性和女性的,地方性和普遍性的。出于这个原因,伯克坚持认为"历史只以复数的形式存在,知识也一样"②。

第二种对知识史可能性的思考见于科学史研究。在这一语境下,知识史重塑了传统的研究目标,并挑战了现有的框架和概念。比如说,洛林·达斯顿(Lorraine Daston)在一系列文章中勾勒出了最近数十年间科学史研究的变化。得力于全球化转向和实践性转向,科学史的研究方法得到了明显扩充,研究目标也变得多样了许多。因此,达斯顿认为科学史已远离过去专注于西方科学崛起的、带有目的论的宏大叙事,以致改称此类研究为知识史显得更为恰当。这样的好处是,此类研究不再仅仅着眼于一种特定的现代观念所理解的科学,而是将诸如希腊炼金术、秘鲁土著植物学和战后社会科学理解为不同形式的知识。但达斯顿同时也指出,知识史的模糊性质造成了一个问题:它的边界在哪?③ 即便如此,概念的模糊并没有阻止各流派的科学史家将其运用于自己最新的研究中。伊莱恩·梁(Elaine Leong)将知识史作为自己阐释近代早期英格兰国内日常活动的框架;在尤尔根·雷恩(Jürgen Renn)2020年的《知识的进化》(The Evolution of Knowledge)一书中,知识史同样是其人类历史

---

① Burke, *A Social History of Knowledge*, pp.2-7.
② Burke, *What is the History of Knowledge?* p.7.
③ Daston, "The History of Science", pp.134-142.

宏大叙事的一种普遍框架。① 同时，有一群科学史学者近期出版了一本关于瑞典皇家科学院的重要书籍，知识史在书中成为了展望全新历史阐释视角的助力。②

作为一个学术领域，第三种解释知识史的流派包含了超越传统上由科学史、技术史或医疗史研究的对象，因而颇具吸引力。人文史的复兴就是最好的例子。伦斯·博德（Rens Bod）、茱莉亚·库尔塞尔（Julia Kursell）、亚普·马特（Jaap Maat）和泰斯·魏斯金（Thijs Weststeijn）带头将目标设为书写综合史学而非单科研究。在他们2016年的《人文史》（*History of Humanities*）杂志第一期中，他们鼓励人文史学者加入科学史的研究，反之亦然。他们写道："我们可以说，人文史和科学史能够被统一到'知识史'的大旗之下。"③

第四种解释超越了经验性知识，提倡对其他知识类型进行分析，包括隐性知识、实践知识和土著知识。以安娜·尼尔森·哈玛尔（Anna Nilsson Hammar）为例，她将亚里士多德的认知三分法作为自己的出发点，强调迄今为止研究知识史的史家过于专注科学或理性知识（*theoria*）的生产和流通，而疏于关注其他知识形式（*praxis*与*poiesis*）以及它们之间的关系。④ 两种新期刊的宣言也建议采用更广阔的知识形式的定义/定义域。在杂志《认知》（*KNOW*）第一期的引言中，沙迪·巴奇（Shadi Bartsch）、克利福德·安多（Clifford Ando）、罗伯特·J. 理查德（Robert J. Richards）和胡安·索西（Haun Saussy）一众编辑解释道，该杂志的重点是"揭示和解释古往

---

① Elaine Leong, *Recipes and Everyday Knowledge: Medicine, Science, and the Household in Early Modern England*, University of Chicago Press, 2018; Jürgen Renn, *The Evolution of Knowledge: Rethinking Science for the Anthropocene*, Princeton University Press, 2020.

② Johan Kärnfelt, Karl Grandin, and Solveig Jülich eds., *Knowledge in Motion: The Royal Swedish Academy of Sciences and the Making of Modern Society*, trans. Clare Barnes, Makadam, 2018.

③ Rens Bod, Julia Kursell, Jaap Maat, and Thijs Weststeijn, "A New Field: History of Humanities", *History of Humanities*, 1, No.1(2016), p.6.

④ Anna Nilsson Hammar, "Theoria, Praxis, and Poiesis: Theoretical Considerations on the Circulation of Knowledge in Everyday Life", in Östling, Sandmo, Heidenblad, Hammar, and Nordberg, *Circulation of Knowledge*, pp.107-124.

今来的各种知识类型,并从它们的历史、政治和文化角度出发解释那个时代的知识形态"①。在《知识史杂志》(Journal for the History of Knowledge)的宣言中,编辑们表示,他们的杂志将"致力于研究最广泛意义上的知识史",包括"对科学的研究,还有土著知识、手工知识和其他类型的知识"。此外,该杂志为关注"西方和非西方案例,对比西方和非西方知识实践,或展示世界各地知识概念、实践之间的联系"的作品提供了刊载的平台。②

知识史的第五种流派强调知识是社会的基本范畴。那些强调知识在整个社会中的作用和其相关性的学者通常出自历史学背景,有着关注政治、社会关系和文化现象的学术传统。菲利普·萨拉辛(Philipp Sarasin)在其广受引用的文章《知识史是什么?》("Was ist Wissensgeschichte?",2011)中强调,历史学家总是将他们的话题与更大的背景联系起来。因此,他提出知识史写作应着眼于"社会上知识的生产和流通"③。依他之见,知识是在人、群体和机构之间流通的。这并不是说知识可以自由地、平均地传播,而是说知识可以在其他知识领域中得到交流,并在这些领域里与不同的社会环境进行互动。在另一篇纲目性的文章中,西蒙娜·莱西希(Simone Lässig)讨论了知识史总体上可以为历史研究提供些什么,尤其是在知识的流通方面。她认为这一领域是社会和文化史的一种形式,它将知识视为几乎涉及人类生活所有方面的一种现象。她对知识和社会的看法在她的结语中表现得很明显:"知识史并不会用对知识的强调来取代社会,而是试图分析和理解社会与文化之中的知识。通过研究社会和文化的复杂性,知识史研究将扩大并加深我们对人类如

---

① Shadi Bartsch, Clifford Ando, Robert J. Richards, and Haun Saussy, "Editors' Introduction", *KNOW*, 1, No.1(2017), p.1.

② "About", *Journal for the History of Knowledge*, https://journalhistoryknowledge.org/about/, accessed September 11, 2020. 另参见 Sven Dupré and Geert Somsen, "Forum: What is the History of Knowledge?" *Journal for the History of Knowledge*, 1, No.1 (2020); Peter Burke, "Response", *Journal for the History of Knowledge*, 1, No.1(2020).

③ Sarasin, "Was ist Wissensgeschichte?" p.165. 另见 Sarasin, "More Than Just Another Specialty: On the Prospects for the History of Knowledge", *Journal for the History of Knowledge*, 1, No.1(2020).

何在历史长河中创造知识的理解。"①在许多不同的文章中,戴维·拉尔森·海登布莱德(David Larsson Heidenblad)和我也表达了类似的信念。②

本文列出的五种对知识史的理解都颇为模糊,其中没有明显的分界线,且没有任何一种理解表现为一个界定明确的研究计划。毋宁说,它们表明了知识史可以吸引不同学科的追随者,还揭示了知识史的具体形式在一定程度上取决于史学家所出自的学术传统。

在如今关于知识史的讨论中,有一个问题反复出现,那就是我们从根本上需要发展知识史基本概念并完善其主体学术观点。这一点达斯顿解释得很好。在她看来,知识史就目前而言"较之科学史中概念上最复杂的一些例子表现不佳"。"知识的范畴,"她说,需要"经历类似于科学史上科学的范畴所经历的概念分析"。③

然而,需要进行澄清和阐述的不仅仅是知识的概念。在接下来的内容中,我将讨论迄今为止知识史上最受瞩目的分析框架之一:知识的流通。

知识的流通

在21世纪的头20年里,来自各个学科的学者对运动、纠缠和交互表现出了浓厚的兴趣。其中一个备受深思的方面是,知识是如何移动并在这个过程中被不断塑造的。研究动态知识的史家们有着不同的研究计划与学术传统出身。然而,在众多不同的学术项目中,依然可以发现同样的关注与问题。其中最引人注目的是,学者们显然

---

① Lässig,"The History of Knowledge",p.58.
② Johan Östling,"Vad är kunskapshistoria?"*Historisk tidskrift* 135,No.1(2015),pp.109-119;Östling and David Larsson Heidenblad,"Cirkulation—ett kunskapshistoriskt nyckelbegrepp",*Historisk tidskrift*,137,No.2(2017),pp.269-284;Östling and Larsson Heidenblad,"From Cultural History to the History of Knowledge",*History of Knowledge*,June 8,2017,https://historyofknowledge.net/2017/06/08/from-cultural-history-to-the-history-of-knowledge/;Östling and Larsson Heidenblad,"Fulfilling the Promise".
③ Daston,"The History of Science and the History of Knowledge",p.145.

打算摒弃简单的扩散模型和线性散播理论。为此,流通作为全新的分析手段开始得到采用。

如果说有哪一篇文章点燃了学界对流通的讨论,那一定是詹姆斯·A. 西科德(James A. Secord)于 2004 年登于《伊西斯》(*Isis*)杂志的文章《运送中的知识》("Knowledge in Transit")。① 文中,西科德提倡建立一种与过去专注于科学知识的创造所不同的新科学史。他呼吁同行科学史家们将分析的重心转移至流动中的知识,并对观众、读者和媒介进行如对科学实验和探索一般严格的研究。他认为,将所有科学活动都视为某种交流行动是一种可能的推进研究的方式。

自西科德的文章发表以来,它不仅成为进行实证研究的出发点,还引发了一场关于流通这一概念的讨论。在最近的两篇史学综述中,我和我的同事区分了三种不同的主流解读。②

在科学的全球史研究中,地理流通常被用于研究知识是如何进行长途传播的,同时也是分析近代早期殖民与跨文化接触时教科书式的典范。③ 对地理流通的浓厚兴趣起于长期以来对传统的、欧洲中心论的科学革命书写的不满,这种书写认为现代科学诞生于 16、17 世纪的欧洲,然后在殖民扩张的过程中才传播到世界其他地方。这一宏大叙事与经典的现代化理论密切相关,并以一种简单的扩散模型为前提:因为科学知识是理性的、真实的和有用的,所以它由向心力支配,从中心向边缘传播。正是在这种历史编纂的背景下,流通

---

① James A. Secord,"Knowledge in Transit",*Isis*,95,No.4(2004),pp.654-672.
② Östling and Larsson Heidenblad, "Cirkulation"; Östling, Larsson Heidenblad, Sandmo, Nilsson Hammar, and Nordberg, "The History of Knowledge".更详细的讨论和额外的参考书目请参阅这些出版物。
③ Kapil Raj, *Relocating Modern Science: Circulation and the Construction of Knowledge in South Asia and Europe*, 1650 -1900, Palgrave Macmillan, 2007; Lissa Roberts, "Situating Science in Global History: Local Exchanges and Networks of Circulation", *Itinerario*, 33, No.1(2009), pp.9-30; Raj, "Introduction: Circulation and Locality in Early Modern Science", *British Journal for the History of Science*, 43, No.4(2010), pp.513-517; Bernard Lightman, Gordon McOuat, and Larry Stewart eds., *The Circulation of Knowledge between Britain, India and China: The Early-Modern World to the Twentieth Century*, Brill, 2013.

已成为一种日益富有成效的选择。①

地理流通理论在研究英国殖民史,尤其是南亚地区的史家中很受欢迎。② 尽管对这一概念的具体含义众说纷纭,但学者们倾向于同意,流通有助于摆脱中心—边缘、发出者—接收者和生产者—使用者等二分法。若我们假设任何流通的东西都可能会发生变化,诸如"扩散""传播"和"输送"等词便漏洞百出,因它们暗示运动中的物体是固定不变的。

此外,还有社会流通理论。这一解读在大众科学史中很受欢迎,因为它用知识的流通取代了一种单向的模型,后者认为科学知识以某种纯粹的形态被生产出来,再以或多或少受到扭曲的形式传播给被动的消费者和受众。受罗伯特·达恩顿(Robert Darnton)和罗杰·夏蒂尔(Roger Chartier)等史家作品的启发,研究大众科学史的史学家转而把重点放在对出版商、市场、媒体、读者和材料的分析上。③

然而,当前大众科学史所缺乏的是对流通这一概念本身的思考。无论是在实证研究还是理论讨论中,它都很少被触及。尽管如此,相对的沉默并不意味着缺乏高质量的反思。许多当代的大众科学史研

---

① Simon Schaffer, Lissa Roberts, Kapil Raj, and James Delbourgo eds., *The Brokered World: Go-Betweens and Global Intelligence*, 1770-1850, Science History, 2009; Harald Fischer-Tiné, *Pidgin-Knowledge: Wissen und Kolonialismus*, Diaphanes, 2013; Kapil Raj, "Beyond Postcolonialism...and Postpositivism: Circulation and the Global History of Science", *Isis*, 104, No.2(2013), pp.337-347; Hanna Hodacs, Kenneth Nyberg, and Stéphane Van Damme eds., *Linnaeus, Natural History and the Circulation of Knowledge*, Voltaire Foundation, 2018.

② Claude Markovits, Jacques Pouchepadass, and Sanjay Subrahmanyam, *Society and Circulation: Mobile People and Itinerant Cultures in South Asia*, 1750-1950, Anthem, 2006; Raj, *Relocating Modern Science*; Fischer-Tiné, *Pidgin-Knowledge*.

③ James A. Secord, *Victorian Sensation: The Extraordinary Publication, Reception, and Secret Authorship of Vestiges of the Natural History of Creation*, University of Chicago Press, 2001; Andreas W. Daum, *Wissenschaftspopularisierung im 19. Jahrhundert: Bürgerliche Kultur, naturwissenschaftliche Bildung und die deutsche Öffentlichkeit*, 1848-1914, Oldenbourg, 1998; Bernard Lightman, *Victorian Popularizers of Science: Designing Nature for New Audiences*, University of Chicago Press, 2007; Jonathan R. Topham, "Introduction: Historicizing Popular Science", *Isis*, 100, No.2(2009), pp.310-318; Agustí Nieto-Galan, *Science in the Public Sphere: A History of Lay Knowledge and Expertise*, Routledge, 2016.

究都致力于知识在不同的社会阶层和环境之间流动时产生的转变。①

最后,物质流通理论在分析客体运动导致知识被改变或巩固时很常见。一些学者明确借鉴了布鲁诺·拉图尔(Bruno Latour)、苏珊·利·斯达(Susan Leigh Star)和詹姆斯·R.格里塞默(James R. Griesemer)等人,抑或尼古拉斯·托马斯(Nicholas Thomas)的作品。② 其中有一个重要但富有争议的概念:拉图尔的"不变的运动"(immutable mobiles)。它主张某些实践、装置和系统在传播过程中并不会发生改变。拉图尔认为,正是这些"不变的运动"确保了科学网络的存在,也确保了在该网络中产生的科学知识具有普适性。③

其他学者,尤其是苏黎世知识史研究中心(Center History of Knowledge in Zurich)的知识史学家们也向马塞尔·莫斯(Marcel Mauss)和阿兰·凯利(Alain Caillé),乃至米歇尔·福柯(Michel Foucault)和斯蒂芬·格林布拉特(Stephen Greenblatt)等人寻求灵感。④ 苏黎世学者们认为,流通这一概念意味着必须重视知识的物

---

① Andreas W. Daum, "Varieties of Popular Science and the Transformations of Public Knowledge", *Isis*, 100, No.2(2009), pp.319–332; James A. Secord, *Visions of Science: Books and Readers at the Dawn of the Victorian Age*, Oxford University Press, 2014.

② Lightman, McOuat, and Stewart eds., *The Circulation of Knowledge*; Kijan Espahangizi and Barbara Orland eds., *Stoffe in Bewegung: Beiträge zu einer Wissensgeschichte der materiellen Welt*, Diaphanes, 2014; Tobias Scheidegger, "*Petite Science*": *Ausseruniversitäre Naturforschung in der Schweiz um 1900*, Wallstein Verlag, 2017; Bruno Latour, *Science in Action: How to Follow Scientists and Engineers through Society*, Harvard University Press, 1987; Susan Leigh Star and James R. Griesemer, "Ecology, 'Translations' and Boundary Objects: Amateurs and Professionals in Berkeley's Museum of Vertebrate Zoology, 1907–1939", *Social Studies of Science*, 19, No.3(1989), pp.387–420; Nicholas Thomas, *Entangled Objects: Exchange, Material Culture, and Colonialism in the Pacific*, Harvard University Press, 1991.

③ Bruno Latour, "Visualisation and Cognition: Thinking with Eyes and Hands", in Elizabeth Long and Henrika Kuklick eds., *Knowledge and Society: Studies in the Sociology of Culture Past and Present*, Vol.6, Jai Press, 1986, p.7; Kristin Asdal and Helge Jordheim, "Texts on the Move: Textuality and Historicity Revisited", *History and Theory*, 57, No.1(2018), pp.56–74.

④ Marcel Mauss, "Essai sur le don: Forme et raison de l'échange dans les sociétés archaïques", *L'Année sociologique (1923–1924)*, pp.30–186; Alain Caillé, *Anthropologie du don: Le tiers paradigme*, Desclée de Brouwer, 2000; Michel Foucault, *Histoire de la sexualité*, Vol.2, *L'usage des plaisirs*, Gallimard, 1984; Stephen Greenblatt, *Shakespearean Negotiations: The Circulation of Social Energy in Renaissance England*, Clarendon, 1988.

质性和中介性。而且,知识并非无处不在、人人都能平等获得的。理想中知识自由、不受管制的流通也不过是梦想。事实上,任何对知识流通进行的综合分析都必须纳入政治方面的考量,并充分考虑知识流通中的限制、迂回和阻碍。①

当然,以上三种领域绝不是一个涉及知识流通的研究的无所不包的清单。比如,在世界思想史中,流通理论也逐渐占据重要地位。虽然这一学科传统上侧重于西方的大思想家,但近来也有不少出版物试图重新定义这一领域,将其研究范围上升到世界范围。② 例如,在 2013 年出版的《全球思想史》(Global Intellectual History)一书中,编辑塞缪尔·莫恩(Samuel Moyn)和安德鲁·萨托里(Andrew Sartori)探讨了书写知识流通的全新方式,着重于翻译、中介和网络。尽管莫恩和萨托里并没有为知识的流通提供一个明确定义,但他们的文集将知识的转移和思想的交互带入了人们关注的焦点。③

全球思想史和上述三大解读方向的共同点在于将知识作为一种变化的现象来研究。因此,流通理论与知识必须作为动态的历史现象来进行分析的理念是一致的。在流通过程中,知识的内容、形式和功能可能发生改变,因此密切关注媒介生态和文化背景是至关重要的。④ 在分析流通时,应假定知识的创造和运用都是相当复杂的问题,且它们与单一维度的扩散模型并不相容。流通的概念让我们

---

① Philipp Sarasin and Andreas Kilcher,"Editorial",*Nach Feierabend:Zürcher Jahrbuch für Wissensgeschichte*,7(2011),pp.7-11;Monika Dommann,"Handling,Flowcharts,Logistik:Zur Wissensgeschichte und Materialkultur von Warenflüssen",*Nach Feierabend:Zürcher Jahrbuch für Wissensgeschichte*,7(2011),pp.75-103;Kijan Espahangizi,"'Immutable Mobilies' im Glas:Grenzbetrachtungen zur Zirkulationsgeschichte nicht-inskribierter Objekte",*Nach Feierabend:Zürcher Jahrbuch für Wissensgeschichte*,7(2011),pp.105-125.

② Samuel Moyn and Andrew Sartori eds.,*Global Intellectual History*,Columbia University Press,2013;Darrin M.McMahon and Samuel Moyn eds.,*Rethinking Modern European Intellectual History*,Oxford University Press,2014;Sheldon Pollock,Benjamin A.Elman,and Ku-ming Kevin Chang eds.,*World Philology*,Harvard University Press,2015.作为该领域内全球潮流的体现,新杂志《全球知识史》(*Global Intellectual History*)在 2016 年创刊。

③ Samuel Moyn and Andrew Sartori,"Approaches to Global Intellectual History",in Moyn and Sartori,*Global Intellectual History*,pp.3-30.

④ Sarasin,"Was ist Wissensgeschichte?"pp.168-169.

注意到历史的一个特质,苏迪普塔·卡瓦拉吉(Sudipta Kavaraj)称之为历史的"狡诈"——历史进程中充满的意外、不确定性和预期外后果。①

此外,流通概念有助于我们宣布学术界在知识方面关注重点的理想转变。在人文学科和社会科学中,知识研究通常将知识的创造视为一个不言而喻的前提,新知识的制造及其背景也通常是实证研究的重点。② 至于有关知识如何移动、转化和应用的研究则少见得多。通过将注意力放在知识的流通上,史学家将更加密切地关注新的时期和事件。这一观点最激进的支持者则声称,知识是被不断重塑和重组的。对于这些学者来说,不仅研究知识起源无关紧要,起源这一概念本身更是一种幻觉,因为(在他们的观点中)知识总是在经历重塑和再造。

除此之外,流通概念扩充了历史行为者的列表。正如卡皮尔·拉吉(Kapil Raj)所说,流通承认参与知识加工的每个人的地位。科学家或创新者将持续成为人们关注的焦点,但书本装订工、博物馆馆长和小学教师也将引起人们的兴趣。不过,我们必须牢记,并非所有知识的行为者都是平等的,某些行为和事迹对流通拥有更大影响。在现代,至少在西方世界的大部分地区,科学、大众传媒和成熟的教育机构是强大的塑造知识流通的社会力量。但如果我们开拓时空两个维度的视野,显然,情况可能截然不同。因此,我们应当对此多加研究,而不是视现有形态为古今常理。

以上所有理论都有这样的缺点:它们强调转换和变化,而忽视了那些多少保持稳定不变的东西。此外,关注长途旅行和跨文化接触的代价可能是特权化某些具有流动性的精英,从而淡化大多数人的生活条件和经历。这类反对意见与对批评全球史这一学科的言论,

---

① Sudipta Kaviraj,"Global Intellectual History: Meanings and Methods", in Moyn and Sartori, *Global Intellectual History*, p.318.

② 同样的批评见 David Edgerton, *The Shock of the Old: Technology and Global History since 1900*, Oxford University Press, 2007。

以及塞巴斯蒂安·康拉德(Sebastian Conrad)所说的"对流动性的盲目崇拜"类似。① 他认为,对流动性和运动的痴迷可能会导致夸大和扭曲。分析知识的流通时无疑也是如此。

尽管如此,流通作为一个分析概念的优点依旧显而易见,虽然它仍过于灵活和模糊。拉吉形容它为一个"反复出现的,但非理论化的概念",西科德也哀叹它有可能沦为"毫无意义的流行语"。② 同样,萨拉辛和安德里亚斯·基尔舍(Andreas Kilcher)也指出,流通已经以牺牲分析精度为代价演变成一个"口号"。他们强调,在当下运用中,流通一词似乎已经包含了从思想交流到运动鞋的跨洋集装箱运输在内的各种运动和进程。③

正因为流通概念极具价值,它更需要被详细阐述和理论化。可是,我们很难想象如何能塑造出一种普适概念,任何人不论其研究重心为何都可以接受。相反,重要的是发展一种与自己认为特别重要的知识史类型相一致的理解,并用这种理解推进该类型。为此,我在此引入知识的公共流通这一概念。

知识的公共流通

公共流通这一概念意味着知识应作为一种广泛的社会现象来进行研究。至关重要的是,在审查时,知识的社会影响和意义必须置于分析的核心地位。只影响少数个人或小群体的历史事件和现象不能作为这类研究的起点。无论多么有趣的原始创新和新奇发现都必须处于次要地位,而社会重要性必须占据中心位置。这样才能与知识史属于更大的社会史的观念保持一致。④

---

① Sebastian Conrad, *What is Global History?* Princeton University Press, 2016, p.225.
② Raj, *Relocating Modern Science*, p.225; James A. Secord's own presentation of his ongoing research in "Knowledge in Transit", Max Planck Institute for the History of Science, https://www.mpiwg-berlin.mpg.de/research/projects/knowledge-transit, accessed September 11, 2020.
③ Sarasin and Kilcher, "Editorial", pp.7-11, 8.
④ 戴维·拉尔森·海登布莱德和我在 Östling and Larsson Heidenblad, "Cirkulation"中表达了相同观点。

然而,为了确保分析的价值,有必要先澄清下"知识的公共流通"这一术语。首先,需要定位一项适合此类历史写作的知识的定义。弗雷德里克·巴斯(Fredrik Barth)从人类学的角度出发,阐述了一种对我有帮助的解释。无须深入了解知识哲学那漫长而又丰富的历史,①他将知识分为三个方面:

> 首先,任何知识体系都包含大量的、关于世界各个方面的实质性认定和观点。其次,它必须以语言、具体符号、手势、动作等一系列局部表现形式,在一种或多种媒体中具现化和沟通。第三,它需在一系列已构建的社会关系中被分配、沟通、使用和传播。知识的这三方面是相互联系的。②

这一说法有很多优点。它包含了广泛的潜在知识形式,且不受限于如科学知识或学术知识等特定的一种知识。此外,它宣扬交流是知识进程的一个组成部分,并强调被运用的媒介的重要性。最后,在此观点之下,知识深深根植于社会之中,且必然与文化体系和社会关系息息相关。这样一来,巴斯所提出的人类学概念下的知识就与西科德、萨拉辛和莱西希所阐述的流通理论或知识史中的许多基本假设一致。总而言之,以这种方式构建知识的概念有助于建设知识的公共流通理论。

第二个核心概念是"公共"。众所周知,此概念就像知识一样难以掌握和定义。"公众"(或"普罗大众")的构成在人文科学中有着漫长的争议。③ 不细究这一辩论的详情,我们应将注意力放在三大总

---

① 关于新的西方认识论史,见 Stephen Hetherington, Nicholas D. Smith, Henrik Lagerlund, Stephen Gaukroger, and Markos Valaris eds., *Knowledge: A History*, 4 Vols. Bloomsbury Academic, 2019。

② Fredrik Barth, "An Anthropology of Knowledge", *Current Anthropology*, 43, No.1(2002), p.3.关于这种对知识的理解的学术背景,见 Thomas Hylland Eriksen, *Fredrik Barth: An Intellectual Biography*, Pluto Press, 2015。

③ 关于这一主题的详情,可参考这两部内容翔实的文集: Jostein Gripsrud, Hallvard Moe, Anders Molander, and Graham Murdock eds., *The Idea of the Public Sphere: A Reader*, Lexington Books, 2010; Gripsrud, Moe, Molander, and Murdock eds., *The Public Sphere*, 4 Vols. SAGE, 2011。

体看法之上:公众这一概念在历史上的大多数时候是不断变化的;公众是由几个相互重叠的团体所组成的,且从来不是一个统一、同质的实体;重要行为者和机构不断地通过提出和界定公众概念来创造"公众"。以上同样构成了我的知识公共流通的理论基础。

安德里亚斯·W. 道姆(Andreas W. Daum)的大众科学史研究引入了"公共知识"这一概念。他认为,各种形式的大众科学都应当被理解为"一种宏大现象的具体变化,就是被理解为公共知识跨越时间、空间和文化的转变"①。道姆提出,研究大众科学史的专家应该把他们的共同兴趣指向同一个问题:在历史上各种形态不一的社会当中,什么类型的知识被视为正当的?②乔纳森·托帕姆(Jonathan Topham)在赞同西科德时也提到了这一观点,并试图将大众科学视为宏观知识流动经济的一部分。③

知识的公共流通可以视作是对道姆和托帕姆提出的、在大众科学史内部的呼吁所做的更普遍性的史学编纂应答。我认为,正是流通这一概念将他们所讨论的知识转为公共知识。因此,知识本身不是公共的;它必须先成为流通的一部分。以这种方式,知识公共流通的概念从一种角度上解答了西科德提出的一般性问题:"它(知识)是如何从单个个人或群体的独家财产,转为更广泛人群眼中的常识的?"④

但是,研究公共流通的分析意义又何在呢?有许多方式可以研究知识取得或拥有公共意义的过程、情况或背景。⑤ 然而,在下文中,我将集中讨论公共流通的一个具体分析维度:宏观上的知识体系。我用这个术语指代使流通进程在某一特定时刻活跃的社会或体制前提。这可以包括广义上的经济或政治结构,但也可以指可用的媒介平台和物质。19 世纪 20 年代图书市场的性质或"二战"后资助

---

① Daum,"Varieties",p.320.
② Ibid.,p.325.
③ Topham,"Introduction",p.312.
④ Secord,"Knowledge in Transit",*Isis*,p.655.
⑤ 关于可能的分析方法的讨论,请参见 Östling and Larsson Heidenblad,"Cirkulation",pp.279-284.

新研究的方式都可作为研究其背后体系的案例。因此,我将详细阐述我称之为"知识公共剧场"(public arenas of knowledge)的虚拟或现实场所,它们可被视为知识公共流通的前提。

知识公共剧场

知识公共剧场可以被理解为一种在其特定的框架内为某些形式的知识流通提供机会并加以限制的地方或平台。它提供了知识的行为者或"演员"及其观众互动的场所。为了创建一个促进知识公共流通的"剧场",一个地方或平台通常必须具备一定的稳定性和持久性,即便同一个剧场内流通的知识的详细内容可能会随着时间推移而变化。[1]

就如所有形式的流通一样,知识也不能在知识剧场内随意传播。一个知识公共剧场有自己的媒介、修辞规范和限制,它们奖励和支持某些类型的知识,同时反对或忽视其他的知识。因此,任何想要进入知识剧场的人都必须适应各种规则。通常,知识公共剧场有着多种不同的守门人,他们会排除不符合所谓相关知识标准的内容,以捍卫知识剧场的边界与声誉。当然,这种划线工作可能引发消极排外,但也可能有其益处。从某种意义上来说,此类工作强化了知识剧场的特性,并树立有别于其他竞争平台的形象。

知识剧场和知识机构之间的界限可能较难划定。不过,在大多数情况下,由于知识机构往往是成熟的教育系统或科学共同体的一部分,因此在正式或规范程度上与知识剧场有所不同。例如,师范学院和大学通常是大型教育体系的一部分,它们在界限相对分明的单位中组成相互依赖和合作的构件。[2]

---

[1] 详见 Johan Östling, "En kunskapsarena och dess aktörer: Under strecket och kunskapscirkulation i 1960-talets offentlighet", *Historisk tidskrift*, 140, No.1(2020), pp.95-124。

[2] Johannes Glückler, Roy Suddaby, and Regina Lenz eds., *Knowledge and Institutions*, Springer International Publishing, 2018.

此外,知识剧场至少在当代可被视作公共领域的一部分。若我们将公共领域理解为一种在历史上不断变化的现象,这一点便尤其正确。约斯泰因·格瑞普思若(Jostein Gripsrud)在他 2017 年的文集《公地:挪威民众的历史》(*Allmenningen: Historien om norsk offentlighet*)中与其他贡献者一道从哈贝马斯(Habermas)的经典著作《公共领域的结构转型》(*Strukturwandel der Öffentlichkeit*,1962)中获取灵感,以富有成效的方式分析了一个特定国家内公共领域的真实历史。格瑞普思若基于挪威居民的共同之处给公共领域提出了一个广泛的定义,换句话说,就是足以形成公开政治和文化讨论的、对话和经验的可用空间。①

一个知识公共剧场的定位一来取决于总体历史背景,二来也取决于人们在特定时刻如何认知它。有些时候,一个知识剧场可被视为一个值得信赖的知识流通平台;但在其他时期,或在某些演员影响下,我们只能将其视为一个宣传机器,或是议论政治观点的场所。因此,存在一个主观的瞬间:一个知识剧场的地位在很大程度上取决于相关人群是如何看待它的。从知识史的角度来看,研究各个知识剧场的地位和立场,以及它们如何随着时间的推移而变化,是一项重要的工作。至关重要的是,研究者需要定位知识剧场中的演员和观众是由哪些社会群体所组成的。

知识剧场这一概念有几个分析上的总体优势。首先,它将关于知识流通的讨论进行经验性的具体化;一言以蔽之,知识剧场成为了某种流通发生的地方。其次,它让我们得以观察剧场内的演员和观众如何扮演自己的角色,宣扬不同的知识。再次,部分知识剧场可被作为宏观体制或公共领域中的一部分进行分析。最后,这一概念鼓励历史学家历时性和共时性地比较不同的知识剧场。

因此,知识剧场作为一个概念有着极高的学术潜力。但为了展示其分析潜力,我们有必要聚焦于特定时间的特定地点。这样一来,

---

① Jostein Gripsrud ed., *Allmenningen: Historien om norsk offentlighet*, Universitetsforlaget, 2017.

上述略显抽象的议论也将更为具体。在此,我将简述 20 世纪六七十年代西北欧的一系列知识剧场的运作模式。这段时期,战后经济、政治和社会秩序保持了一定程度上的稳定,但媒体和教育体制却经历着剧变。① 为了阐述不同知识剧场的工作和互动形态,我将参考当下我正在进行的关于战后人类学的研究,以及其他围绕着知识在公共领域中的地位的研究。②

"二战"后公共领域的一大特点是其成熟的大众媒体(报纸、杂志、书籍、广播、电影等),但新的媒体形式,尤其是电视,也在不断出现并很快变得愈加重要。在这一全新的大众传媒系统的框架中,存在着独特的知识剧场。它们有自己的演员、观众和流通模式。③ 老式知识剧场依然发挥着重要作用,主流大报的文章便是典例,学者们在其中可以发表大量的有关历史、哲学和文学等内容的文章和评论。相比之下,科普电视节目则是一种新颖的知识剧场形态,其节目通常模仿当时的广播,更新了知识流通的形式,并触及新的人群。④

20 世纪六七十年代另一个典型的新知识剧场是平装书本。虽然此类书籍早已出现,但由于其在战后的几十年间数量和重要性上的爆发性增长,人们开始讨论起所谓的平装书革命。在所有的西方国家中,大量的平装书在某一特定的系列中出版,以至于这些系列可被认为是一种知识剧场,如西德的罗沃尔特德语百科全书系列(Rowohlts

---

① Jostein Gripsrud and Synnøve Skarsbø Lindtner,"1960 – 1980:'Vekk herfra,det er mitt mål'",in Jostein Gripsrud ed.,*Allmenningen: Historien om norsk offentlighet*,Universitetsforlaget,2017,pp.388-482.

② Johan Östling,Niklas Olsen,and David Larsson Heidenblad eds.,*Histories of Knowledge in Postwar Scandinavia: Actors, Arenas, and Aspirations*,Routledge,2020.

③ Johan Östling,Niklas Olsen,and David Larsson Heidenblad,"Introduction: Histories of Knowledge in Postwar Scandinavia",in Östling,Olsen,and Larsson Heidenblad eds.,*Histories of Knowledge in Postwar Scandinavia*,pp.1-17.

④ Johan Östling,"En kunskapsarena och dess aktörer";Paul Nolte,*Lebens Werk: Thomas Nipperdeys "Deutsche Geschichte"*,C. H. Beck,2018;Östling,"The Audience: Ask Lund and Popular Education",in Gunnar Broberg and David Dunér eds.,*Prepared for Both: Lund University and the Surrounding World*,Lund University Press,2017,pp.353-389.

deutsche Enzyklopädie)以及瑞典的阿尔丁系列(Aldus)。① 在其引人深思的《理论的漫长夏天》(Der lange Sommer der Theorie)一书中,菲利普·费尔施(Philipp Felsch)展示了平装出版的人文和社科类学术书籍是如何在战后左翼激进主义和后现代主义盛行的几十年间,逐渐为学术和政治之间的对话起到决定性作用的。②

除了大众传媒这一知识剧场外,还有一些其他类型的知识剧场附属于公共领域中具体的某部分。③ 这些局部公共群体(Teilöffentlichkeiten)通常受意识形态、社会或教派定义,但同时又可与宏观的国家公共领域相互动。例如20世纪60年代活跃于斯堪的纳维亚半岛的基督教出版文化,它们有着自己的期刊和书籍系列,且其中流通着神学、人文学和一些社会科学研究。这些基督教群体下属的特殊出版商、机构和作家与更广泛的公共领域重叠。④ 还有一种知识剧场是70年代的社会主义书屋。它们是新左翼群体的实体场所,有着自己的媒体渠道和集会地点,政治和其他形式的知识则在其中流通。⑤

总之,知识剧场这一概念使我们能够揭示战后公共领域的流通状况。战后数十年间似乎形成了一个相当连贯的历史时期,在这一

---

① Jörg Döring, Sonja Lewandowski, and David Oels eds., *Non Fiktion—rowohlts deutsche enzyklopädie*:*Wissenschaft im Taschenbuch 1955 –1968*, Wehrhahn, 2017; Michael Hagner, "Ernesto Grassi and the Reconciliation of the Sciences and the Humanities in rowohlts deutsche enzyklopädie", *History of Humanities*, 3, No.1(2018), pp.75-88; Ragni Svensson, *Cavefors*:*Förlagsprofil och mediala mytbilder i det svenska litteratursamhället 1959 –1982*, Ellerströms, 2018; Peter Mandler, "Good Reading for the Million: The 'Paperback Revolution' and the Co-Production of Academic Knowledge in Mid Twentieth-Century Britain and America", *Past & Present* 244(August 2019), pp.235-269.

② Philipp Felsch, *Der lange Sommer der Theorie*:*Geschichte einer Revolte 1960 – 1990*, C.H.Beck, 2015.

③ Nancy Fraser, "Rethinking the Public Sphere: A Contribution to the Critique of Actually Existing Democracy", *Social Text*, No.25/26(1990), pp.56-80.

④ Anton Jansson, "Humanioras roll i 60-talets livaktiga kristna offentlighet", *Respons*, 3(2020), pp.38-41; Jansson, "The City, the Church, and the 1960s: On Secularization Theory and the Swedish Translation of Harvey Cox's The Secular City", in Östling, Olsen, and Larsson Heidenblad eds., *Histories of Knowledge in Postwar Scandinavia*, pp.173-190.

⑤ Ragni Svensson, "Revolting against the Established Book Market: Book Cafes as Key Actors Within the Counterpublic of the Scandinavian New Left", in Östling, Olsen, and Larsson Heidenblad eds., *Histories of Knowledge in Postwar Scandinavia*, pp.225-241.

时期内活跃的特定特殊机构、平台和知识"演员"们与21世纪日益数字化的同僚们大不相同。此外,探索这些剧场如何相互关联也相当有价值,比如观察战后时期的出版物的多样性。例如,一个知识"演员"在报刊上写了一系列文章,这些文章后来被扩充并以平装书的形式出版,这种事情并不罕见;而这本书后来又会在报纸文章中收到评论和探讨。按罗伯特·达恩顿的说法,研究此类"通信电路"或许是揭示战后公共知识流通的一种方式。①

流通、剧场和基础设施

广义上说,知识剧场可视作知识的基础设施的一部分。近年来,作为社会交流的根基,基础设施(infrastructures)的概念被媒体史、技术史和科学史的一众学者不断发展。② 例如,将此概念理论化的约翰·达勒姆·彼得斯(John Durham Peters)强调基础设施有软硬两种形式:铁路和网站都可被视为基础设施。按他的观点,基础设施的特点是其存在一种内在的惯性,这种惯性有助于促进某些形式的路径依赖。为了使它们发挥作用,必须有人管理和维护它们。若如此,它们就可被规范化,成为理所当然的东西。③

彼得斯为他所谓的"基础设施主义",或专注于"基本的、无聊的、平凡的,以及所有幕后无事生非的工作"的研究辩护。④ 这是一种能够发现激活沟通、交流和联系的设计、系统与平台的研究。研究者主动揭示那些不可见的东西:基础设施字面意义上是"下方"(infra)的构造,即存在于内部。彼得斯更进一步指出:"无论本体是什么,它通

---

① Robert Darnton,"What is the History of the Book?"*Daedalus*,111,No.3(1982),pp.65-83.

② Paul N.Edwards,Geoffrey C.Bowker,Steven J.Jackson,and Robin Williams,"Introduction:An Agenda for Infrastructure Studies",*Journal of the Association for Information Systems*,10,No.5(2009),pp.364-374;John Durham Peters,*The Marvelous Clouds:Toward a Philosophy of Elemental Media*,University of Chicago Press,2015.

③ Peters,*The Marvelous Clouds*,pp.30-33.另见 Susan Leigh Star,"The Ethnography of Infrastructure",*American Behavioral Scientist*,43,No.3(1999),pp.377-391.

④ Ibid.,p.33.

常只是被遗忘的基础设施。"①

"基础设施主义"的理论与流通概念有惊人的相似之处。西科德指责科学史"迷恋新奇",认为人们的注意力也应转向知识进程的其他方面。② 在某种程度上,彼得斯也指责那些研究基础设施的技术史学家将重心置于新的和新出现的形式。"技术,"他写道,"是一个偏向于新奇的概念。"③基础设施,无论是技术性的还是非技术性的,都将是持久的、潜在的和基本的。

在更普遍的层面上,强调知识的基础设施可以视作对批评流通概念过于关注运动性而牺牲稳定性的回应。事实上,这种批评不仅针对流通理论乃至宏观的全球史运动。相反,它的批评对象是所谓的"游牧认识论"(nomadic epistemologies),或自 20 世纪 80 年代以来人文科学执迷于关系而非因果、运动而非条件、转变而非差异的倾向。④

莫妮卡·达曼(Monika Dommann)介绍了许多以上这些视角推动的富有成效的研究。同时,她认为,流通作为知识史研究中的一种主流叙事方式,在分析上存在局限性。达曼写道:"因为不是所有流动的事物都是流通的,也不是所有不动的事物都屈从于静止甚至停滞";她还论证了把握更宏观、更复杂的图景的重要性。⑤ 斯蒂芬妮·根格尔(Stefanie Gänger)以一种相关的方式讨论了"流通"一词在当今全球史中的频繁出现,并指出需要一个更明确的概念。无论如何,研究者应该记住,在使用"流通"这个术语时,"我们强调的是运动的内容、条件和偶然性"⑥。

---

① Peters, *The Marvelous Clouds*, p.38.
② Secord, "Knowledge in Transit", *Isis*, p.662.
③ Peters, *The Marvelous Clouds*, p.36.
④ Monika Dommann, "Alles fließt: Soll die Geschichte nomadischer werden?" *Geschichte und Gesellschaft*, 42, No.3(2016), pp.516-534.
⑤ Monika Dommann, "Alles fließt: Soll die Geschichte nomadischer werden?" p.532. 这是我个人的翻译,原文如下:"Denn nicht alles zirkuliert, was fließt und nicht alles, was still steht, ist der Bewegungslosigkeit oder gar der Stagnation preisgegeben."
⑥ Stefanie Gänger, "Circulation: Reflections on Circularity, Entity, and Liquidity in the Language of Global History", *Journal of Global History*, 12, No.3(2017), p.318. 另见 Samuel Moyn, "On the Nonglobalization of Ideas", in Moyn and Sartori, *Global Intellectual History*, pp.187-204。

在这场学术对话中,知识的公共剧场作为一个概念有着许多优点。一方面,它以其稳定性和持久性纠正了对运动和流动的痴迷,这种痴迷主导了许多有关流通的讨论。因此,剧场概念强调了知识进程中稳定性的重要性。另一方面,就历史研究而言,剧场这一概念比基础设施的概念更具体、界限更清晰。它是一种中层理论,并为各种实证研究打开门路。它还有另一个关键优势:由于它所关注的受众范围远超出专家等已经掌握知识的人,剧场概念提供了探求公共知识的切入点,而这种探求的最终目的是将知识史与我们共同的社会和政治生活中最广泛的问题联系起来。

作者简介:约翰·奥斯特林,隆德大学历史系副教授,隆德知识史中心主任。

译者简介:郭在田,美国狄金森学院历史系学生。

校者简介:何炜,复旦大学历史学系博士研究生。

启蒙运动、信息和哥白尼式延迟

——一项知识史的冒险*

克利福德·西斯金 著 李小龙 译 黄璐 校

摘要:本文以弗朗西斯·培根所谓的"学术史"(literary history)——追溯知识的古迹与源流的"学问的故事"——的形式来探讨知识史。它关注17世纪至今信息和知识之间不断变化的相互关系,以辨识一项知识方案中存在的基本的连续性,该方案将启蒙运动与我们所处的量子计算时代联系起来。这一方案的核心要义就是培根和罗伯特·波义耳(Robert Boyle)的梦想,即通过思想世界和物质世界的"握手"来重造(re-making)世界。量子理论告诉我们,信息是实现该"握手"的通用语言。笔者追溯了这类实现:从三百五十年前报纸和现代科学的同时出现,直至今日假新闻和量子计算的时刻。在此过程中,我发现了知识史的一个特征,它适用于该历史的其他冒险:解释性知识中的"延迟"类型学,它是由概念与技术之间的不匹配而导致的。

关键词:信息 知识 启蒙运动 量子 实在论 报纸 计算 培根 伽利略 哥白尼

知识史是什么,学术史家在其中能做什么?答案就在于希腊神话。弗朗西斯·培根在1605年写道:"历史包括自然史、社会(civil)史、宗教史和学术史。"

---

* 文章来源:Clifford Siskin, "Enlightenment, Information, and the Copernican Delay: A Venture into the History of Knowledge", *History and Theory*, Vol. 59, No. 4 (Dec., 2020), pp.168-183。——译者

> 前三种历史已经有了，后一种我认为还是缺乏的。因为还没有人一代一代地记述和描绘学术的发展状况……对我来说，缺少了学术历史，世界的历史就如同波吕斐摩斯的雕像（the Statue of Polyphemus）缺少眼睛一样，而这一部分正是显示人的精神和活力的地方。①

作为"学问的故事"，学术史将追溯"知识的古迹与源流，……以及古往今来一切有关学问的其他事件"，旨在"使博学者明智地运用和管理学问"。②

知识史是我们通过波吕斐摩斯之眼应见到的。当我们以培根对于这类体裁的广泛理解而重拾学术史时，我们便恢复了它的凝视。迟至 18 世纪，"文学"（literary）一词指的都是每一类型的文本和所有的学问，而非拘泥于美学经典。当我们在这个意义上研究学术史时，我们是出于和培根所呼吁的同样理由：知识的进步。以下的内容——就如我的新书《体系：现代知识的形成》（SYSTEM: The Shaping of Modern Knowledge）那样——都是基于这一宽泛的界定而构思的。③

为什么这项新冒险特别关注于信息？我将论证，因为它是在培根所倡导的进步——我们现在称之为"启蒙"——与我们当今进步的可能性之间的联系。正如我们将看到的，随着我们进入量子计算时代，可能性本身现在也成了问题。的确，作为一名学术史家，当我使用"量子"这个词时，我遇到过有人翻白眼。但波吕斐摩斯之眼可不会。正如量子计算机之父大卫·多伊奇（David Deutsch）把历史上的启蒙运动置于其物理学研究的中心地位，我在量子方面的工作绝不是我对启蒙运动研究的迂回之举。④ 事实上，正是我对 17 世纪和

---

① Francis Bacon, "The Advancement of Learning", in Brian Vickers ed., *Francis Bacon: The Major Works*, Oxford University Press, 2008, pp.175-176.（译文引自中译本：〔英〕弗朗西斯·培根：《学术的进展》，刘运同译，上海人民出版社 2015 年版，第 64 页。——译者）

② Ibid., p.176.

③ 更多关于"literary"和"literature"两个术语的多变意义的讨论，见 Clifford Siskin, *SYSTEM: The Shaping of Modern Knowledge*, MIT Press, 2016, chapter 7。

④ David Deutsch, *The Beginning of Infinity: Explanations that Transform the World*, Penguin, 2012.

18世纪的了解才促使我考察信息和量子。为了给信息的漫长历史做好铺垫,此处我先给出一个概要(epitome)——下述论证的一个缩影。

一

将启蒙运动和量子联系起来的攸关所在(请原谅我,波吕斐摩斯)是当今世界和我们的大学所欠缺的两样东西:有用的感觉和乐观的感觉。对于一些学者而言,知识是有用的这一概念是新自由主义的法则。但是,这些概念所能(而且我认为应该)引领我们通向的不是政治上的绝望,而是有用性概念在促进现代知识增长中所扮演的关键角色。1660年,罗伯特·波义耳和其他人所称的"无形学院"(invisible college)得以建成为伦敦皇家自然知识改进学会(Royal Society of London for Improving Natural Knowledge)。他们想要改进的是非常具体的知识。波义耳写道:"我们新的哲学学院不看重知识,但它有运用知识的倾向。"①对他们而言,"有用"是一个矢量,它指向现实世界——"是什么(it is...)",指向一种越来越强烈的意识,即现实世界是可以被认识的。

培根通过提倡一种"新工具"来取代亚里士多德的旧工具而确立了这一方向。在经院哲学家的手中,亚里士多德已经成为培根所谓的"心灵的(偶像)"——一个指向它自身而非指向"事物的本来面目"的偶像,因此它在运用、解释或作用于这些事物等方面毫无用处。②其结果便是无用的知识——与现实脱节的知识。与之相反,正是因为新工具与现实建立了联系,因此它产生了有用的知识。正如詹姆斯·C.莫里森(James C. Morrison)曾精辟地指出,在培根看来,"知晓某事的原因就是知晓如何使其自身得以发生:……知识最终是对自然本身所造或已造之物的重造。"③这种将知识视为对现实的"重

---

① Robert Boyle to Isaac Marcombes, October 22, 1646, in Thomas Birch ed., *The Works of the Honourable Robert Boyle*, A. Millar, 1744, 1:20.
② Francis Bacon, *The New Organon*, Lisa Jardine and Michael Silverthorne eds., Cambridge University Press, 2000, p.89, 155.
③ James C. Morrison, "Philosophy and History in Bacon", *Journal of the History of Ideas*, Vol.38, No.4(1977), pp.591-592.

造"的观念为西方通常称为"启蒙运动"的事件打开了认识论空间。在启蒙运动中,这种知识概念使我们所谓的"实在论"的文学和哲学实践得以正名。更简言之,"实在论"是用以探索在我们所研究的特定形式和媒介中重造的机制的术语。

当我们把这些机制置于历史语境中时,便会发现丹尼尔·笛福(Daniel Defoe)和塞缪尔·理查森(Samuel Richardson)在他们的小说篇章中重造现实的努力,完全是受波义耳不可或缺的有用观(强调产生有用的知识,因为它与现实建立了联系)鼓动的。例如,笛福曾屡次告诉我们,他在《摩尔·弗兰德斯》(*Moll Flanders*)中对于现实的重造是以"有用"为目的。① 诚然,针对理解笛福和理查森小说的这一重造如何运作的方面,我们做了大量的工作——以逼真性(verisimilitude)、体裁和美学的批评词汇详尽阐述了它们的策略和技巧。但我们需要充分复原的是,激起笛福和理查森重造的原因在多大程度上与鼓动培根、波义耳和牛顿重造的原因是相同的:启蒙运动坚信,世界可以被认识——通过对世界的解释性重造来充分认识。

这令人如此振奋,以至于人们受其驱使、穷心竭力地进行重造。牛顿发明了一种新的数学方法,他还用粗针插到眼球后面,想弄清楚自己是怎么看见的。理查森写个不停,他通过写尽生活的每一时刻来重造生活。塞缪尔·约翰逊(Samuel Johnson)看到了理查森的真正意图:如果你阅读理查森的八卷本小说(指《克拉丽莎》(*Clarissa*)。——译者注),"你会上吊自杀"。② 重要的是"情操"(sentiment),约翰逊的字典把这个词简单地定义为"想法"(thought)。③ 约翰逊明确将《克拉丽莎》与他那个世纪核心的知识事业联系起来:它是对现实的一次有用的重造——"这是世上第一本展现人类心灵知识的书"④。

---

① Daniel Defoe, *Moll Flanders*, Philip A. Scanlon ed., Broadview, 2005, p.39.
② James Boswell, *The Life of Samuel Johnson LL.D*, Henry Baldwin, 1791, 1:369.
③ *A Dictionary of the English Language: A Digital Edition of the 1755 Classic by Samuel Johnson*, s.v. "sentiment", Brandi Besalke ed., last modified December 6, 2012, https://john-sonsdictionaryonline.com/page-view/? i=1790.
④ Samuel Johnson quoted in "Recollections of Dr. Johnson by Miss Reynolds", in George Birkbeck Hill ed., *Johnsonian Miscellanies*, Barnes and Noble, 1966, 2:251.

试想下,声称它是世上对于这种知识的第一本书(不是小说,不是罗曼史,而是书),这对约翰逊意味着什么?首先,重造不仅创造有用的知识,而且创造新的知识。其次,一切都是可知的——心灵和彗星都如此。对一物的知识导致对另一物的知识。这是实在(reality)的扩张——多伊奇称之为"无穷的开始"。

我们当前关于实在论和启蒙运动的研究中,有多少察觉到(更不用说传达了)这种认识论上乐观主义的启蒙运动意识?让我们从这些惯于封闭和孤立的学科中探出头来,向过去学习。那时他们的乐观主义的驱动力是对于思想世界和物质世界的兼容性的日益显现的意识,该意识,亦即世界的重造既是可能的,也是有用的。在1640年培根的《学术的进展》(Advancement of Learning)的标题页中,这种兼容性被想象成一种握手(见图1)。我们称为牛顿主义(Newtonianism)的,是在一个世纪里人们对于牛顿重造之物愈感惊愕:亚当·斯密惊呼,他的世界体系就像是"真实"的东西。[①]

以下是多伊奇对兼容性原则的现代式的肯定。

> 物理现实中存在数学符号。事实上,虽然是我们把符号写下来的,但这没有丝毫贬损它们的物质性。在这些符号中——它们在我们的天文馆、书籍、电影和计算机内存里以及在我们的头脑内——存在着大量的物理现实的图像,这些图像不仅是物体的外观,而且是现实的结构……规律和解释……小说、艺术、道德……在某种程度上,这些符号、图像和理论是真实的——也就是说,它们在适当的方面类似于它们所指涉的具体或抽象的事物——它们的存在给现实一种新的自相似性(self-similarity),我们把这种自相似性称为知识。[②]

[①] 关于史密斯(Smith)对牛顿体系的回应,见 Siskin, SYSTEM, pp.92—93。
[②] David Deutsch, *The Fabric of Reality: The Science of Parallel Universes—and Its Implications*, Penguin, 1997, pp.95—96.(译文参考了中译本:〔英〕戴维·多伊奇:《真实世界的脉络》,梁焰、黄雄译,中国邮电出版社2016年版。——译者)

图 1：弗朗西斯·培根的《学术的进展》的标题页，吉尔伯特·沃特斯(Gilbert Wats)译(1605 年；牛津：利昂·利希菲尔德[Leon Lichfield]，1640 年)。

18 世纪知识的增长是因为新技术和新的媒介形式——如印刷术和现实主义小说——使现实充斥着前所未有的重造浪潮。这就是为什么他们不断地谈论真实。试想所有关于白板(tabulae rasae)、第一理念(primary ideas)、概率、虚构、事实、小说与罗曼史、模仿、倒下的树(falling trees)、踢石头(kicking rocks)、怀疑论的讨论。所有这些现象都指向同一个历史事实：在 18 世纪，由于可以仿真的新技术的兴起，以及人们普遍认为此举是有益的，因此人人都可掌握(up for grabs)真实。

我们如今生活在一个我认为与之惊人相似但又有新优势的时

刻。随着重造的风暴席卷而来，新技术不断扩张现实，它再次可被掌握。再者，我们还有额外的优势。那时，他们接受和使用了兼容性原则，但没有很好地解释它为什么会起作用。而现在我们对现实世界的数字和算法的重造可以最终帮助我们澄清思想世界和物理世界背后的共同点。当我们计算我们的模拟物时就会发现，用奥利弗·莫顿（Oliver Morton）的话说，"计算不仅仅是我们对宇宙所做的事情。它可能是宇宙本身所做的事情"①。

让世界可知的通用语言是"信息"——我将指出，这一概念首先出现在17世纪——我们对可计算信息的新理解，告诉我们的是自培根、波义耳和牛顿以来我们一直在等待的消息：重造的握手不仅是一个好的赌注；它还是一个结论性的基本现象。量子计算机就是这样的证明。的确，这台新机器很快，但速度只是其本体论重要性的副作用。

艾伦·图灵（Alan Turing）曾有一段著名的描述：一台运行在被称为"比特"的抽象逻辑代码上的机器，它可以模拟任何其他机器，而多伊奇在1985年首次描述了一台运行在被称为"量子比特"（qubits）的物理系统上的机器，它可以模拟所有物理系统。② 他证明，世界可以由一台以有限方式运行的通用计算机完美地模拟——重造。这不是《黑客帝国》般的噩梦，在其中，我们的世界只是一个模拟物。这是启蒙运动的愿景——生活在一个允许并包含我们对之重造的世界当中。这不是火箭科学，尽管它是量子力学。理查森立马会懂得它的要点（并且他很可能喜欢它），这会为他和他的读者节省很多时间。实在论的梦想就是重造的梦想，如今它正在实现。活在此时多好啊！对于学者们而言——无论是英国院系里的实在论学者，还是物理学求真的学者，这简直就是天堂！

---

① Oliver Morton,"The Computable Cosmos of David Deutsch",*American Scholar*,Vol.69,No.3(2000),pp.64-65.

② David Deutsch,"Quantum Theory,the Church-Turing Principle and the Universal Quantum Computer",*Proceedings of the Royal Society of London. A. Mathematical and Physical Sciences*,Vol.400,No.1818(1985),pp.97-117.

二

考虑到这样的历史框架——以及这个认识论上乐观主义的框架——我们试着理解知识史中的信息。众所周知,信息和知识是相互关联的,但我们不知道它们如何关联。正如在美国所见,这两个词的定义可谓数不胜数。再往这堆杂糅物中扔进另一个词,"智慧",那你尽可以忙碌整天,回到家却是一无所获。因此,我不会从抽象的断言出发,而是从一些感官上熟悉的东西开始:报纸,这类我们向之寻求信息并希望比以前知晓更多的体裁。至少在假新闻和后真相时代到来之前,我们是这样看待报纸的。

在我将要讲述的故事中,是什么真正促成了报纸的兴起——不是真相,而是社交性、可能性和(普遍为人接受的)流传性(currency)——但也导致它在新的条件下消亡。随着曾经包含信息的旧媒体逐渐萎缩,信息仍在吸引我们的注意力,因为它在新媒体激增的任何地方都会涌现。打地鼠的游戏看起来总是很有趣,但和大多数街机游戏一样,你不可能真的获胜。现在不仅是忧虑信息的时候,我们也应尽力去解释它。为什么现在信息对如此多的学科非常重要,并改变了我们对它的经验,以及我们希望从中获得知识——甚至包括我们对世界最为基本的解释——的经验?

让我们从信息概念首次出现的时刻开始:启蒙运动——它不是什么抑或它是什么。回顾我们当下的人工智能时刻,可以帮助我们找到一个好的起点。培根在1620年拟定的知识复兴计划中写道:"对于心灵本身从一起始就不任其自流,而要步步加以引导;而且这事还要做得像机器所做的一样。(如果我可以这样说的话)。"① 这种机械式主张听起来有多怪诞,取决于你对启蒙运动的看法。对于那些受教于伊曼努尔·康德1784年的文章《什么是启蒙运动?》的人来

---

① Bacon, *New Organon*, p.28.

说,启蒙运动关乎个人的勇气,或者如康德所说"运用你自身理性的勇气"。① 这听起来很适应于当前这个自我主义(selfies)盛行的时代,以及我们受假新闻驱动而回归理性的渴望,但这并不是启蒙运动的问题。如威廉·华纳(William Warner)和我在《这就是启蒙运动》(This Is Enlightenment)中论述的那般,1784 年启蒙运动已经发生了。② 康德时代已经解决的问题不是关于自我,而是关于知识——关于如何使知识再次前行。用培根的话来说,经院哲学的三段论和辩证法导致了"一种永无休止的躁动和循环"。③ 在 17 世纪初,知识被阻滞了。需要一个新的方向,这就是培根借诸机械以帮助设定的方向。

培根警告说,不要依赖于你自己的理解,"人类的智力是自身问题的根源"。④ 事实上,坚持你"自己的(理解)"是问题所在,而不是解决办法。这使我们容易受到他所谓的"心灵偶像"之害。他认为,理智不是关于个人的勇气,而是接受机器——工作用的工具——的必要性。空荡荡的心灵和赤手空拳一样受限。某些工具是实物——比如瓶子、钟表、日记、天平,但还有些是智力工具。对培根而言,方法本身——比如使之成名的归纳法——就是一台"机器",一台让心灵"完成任务"的机器。⑤

通过将知识的创造视为一个由工具来调节的过程,培根找到了一种解释知识阻滞的原因以及如何改进知识的方法:某种类型的媒介(mediation)总是必要的,但媒介的形式会随着时间推移而变化。培根将他的(知识)改进计划置诸媒介的历史上,每个时代都需要充分利用它们在该项历史中的位置。

这就是培根从未声称自己优于其前辈的原因。他强调,他并

---

① Immanuel Kant, "Was Ist Aufklarung?" in Michel Foucault, *The Politics of Truth*, Sylvère Lotringer ed., Semiotext(e), 2007, p.29.
② Clifford Siskin and William Warner eds., *This Is Enlightenment*, University of Chicago Press, 2010, pp.1-33.
③ Bacon, *New Organon*, p.2.
④ Ibid.
⑤ Ibid., p.28.

不比亚里士多德聪明；他只是"有幸"生活在一个拥有不同"资源"的时刻。① 他认为，三种新的"机械物"正在改变"全球事物的面貌和条件"："印刷术、火药和航海罗盘"。②

辨识新的资源并设法加以利用，这为各种媒介的大规模激增奠定了基础——这一浪潮在下个世纪的超级媒介（hypermediation）时刻达到顶峰，我们现在称之为启蒙运动。《这就是启蒙运动》提供了这些媒介的类型学，从基础设施到各种体裁和格式，从行业的实践到协议等不同类别。因此，启蒙运动并不是普遍认为的观念史的一段篇章，而是媒介史上的一个事件。这是它最为清晰地告知我们的方式：不是通过对一个理想化的**理性时代**的怀旧，而是作为我们自身有关超级媒介的当下经验的宝贵先例。随着电子的、计算的和算法的媒介猛增，我们现在经历了培根所言的同样的"眩晕感"（giddiness）：发现自己身处于它们所揭示的新的可知空间的边缘。③

这是否意味着人们诉诸启蒙运动的观念——如真理和理性——并不重要？不，但这告诉我们，它们是有关启蒙运动实际上为何物的二阶效应；我们现在给予它们的相对关注与超级媒介的经验相挂钩——就像回到当时那样。因此，一旦我们的枝蔓繁杂（many-tentacled）的社交媒体解构了"事实"和"真相"，我们就想让它们回归。启蒙运动不能复现它们。

启蒙运动同样不能复现我们超级媒介怀旧感的另一个目标——其市民社会（civil society）的样式。但它可以帮助我们理解当前社会功能失调的历史根源。以下给出该论证的概述。对于斯密和大卫·休谟这样的启蒙运动人物来说，按其描述，真正的知识不是符合于真理的知识，而是其所谓"有用的"知识，它们能够在世界上发挥作用以改变世界。④ 并且只有别人接受它，它才会有用。因此，在写其代表

---

① Bacon, *New Organon*, p.29.
② Ibid., p.100.
③ Ibid., p.2.
④ 见 Siskin, *SYSTEM*, pp.122–126。

作(譬如《国富论》)之前,斯密首先致力于建构一个可以承载可信度重荷的概念。情操及其理论是斯密的首要和基础的文本,《道德情操论》不是——几乎总是被如此展现——情感,甚至精炼的情感,而是可能的行为——思想和行动,假定它们很可能被他人共享,从而为每一个认同它们的人建构了一个共同的"经验世界"。① 只要有足够多的人置身于(bought into)这种概率性的"我们",只要"我们"在数量和多样性上有所限制,知识就可以在那个世界中发挥作用,就像它在18世纪的苏格兰那样。

因此,对于今天的"我们",这是对启蒙运动的后特朗普时代怀旧感的巨大讽刺,这种怀旧感是对假新闻导致的政治分裂的补救。斯密的受情操约束的市民社会——他的启蒙运动知识计划的整个基础——实际上是一个如今使我们的社会如此非市民的媒体气泡的原型。通过反馈这些我们早已想要和期待听到的情操,我们的新闻推送最大限度地增大了每个气泡中共享知识的可能性。而且,归功于我们的电子超级媒介的时刻,我们每个人都有了自己的气泡。但是,一旦"气泡"是复数,那么斯密将知识奠基于常识之上的努力就会使我们彼此无法理解。我们对他人的体验并无差别,而是——仅从字面意义上——不再可能。他们说什么已经不再重要。由于社交性的启蒙运动式方案叠加概率的反作用,我们失去了彼此的紧密联系(purchase)。

也就是说,报纸失去的正是促成其兴起的品质:流传性。17世纪20年代首次出现的科兰托斯(Corantos)是最早的英文纸质新闻荟萃。"courant"这个词带着一种水流、流水以及事物当前是如何流动的感觉。它既描述了一种以奔跑或滑步为特征的舞蹈,又描述了为提供更及时的新闻传播所做的早期努力。数十年后,"courant"的一个变体出现了:随着《牛津公报》(*Oxford Gazettes*)和《伦敦宪报》(*London Gazettes*)出现在街头,"currency"一词进入了英语,而

---

① Nicholas Phillipson, *Adam Smith:An Enlightened Life*, Allen Lane, 2010, p.100.

"news paper"(新闻报纸)首次出现在印刷品上(1665 年、1666 年和 1667 年)。①

"流传性"将这个新体裁的定义性特征整合进一个词中,即"current"(当前的),时间上最近的意思,而且它还充分利用这一时间性的优势,也声称"currency"是"被普遍接受或使用的事实或品质"。② 这种时间性和使用性的二重性是报纸(以及其他许多事物)的母体(matrix)。如果我们宏观审视 17 世纪的知识图景,可以看到报纸只是我们现在所知的现代科学的大规模知识建设项目的一个实例。

正如我前面提及,随着第一批报纸出现,波义耳的"无形学院"建成为伦敦皇家自然(亦即"有用的")知识改进学会。该皇家学会的改进计划被写进了其座右铭——*Nullius in verba*。译为"不人云亦云"(on the word of no one),这句格言是对倚仗权威作为知识基础的拒斥。在 17 世纪,这种倚仗是在时间上退回古典时代的过去。在培根呼吁用一种"新工具"来取代亚里士多德的几十年里,一种实用且新颖的强大组合出现在了印刷品上。1665 年,《牛津公报》和《皇家学会哲学汇刊》(*Philosophical Transactions of the Royal Society*)均首次出版。

这两项创举的核心都基于相同的认识论目标。培根的整个计划——皇家学会创立就是为了制订该计划——可归结为一个单一的关注行为。为了对抗他所谓的"心灵偶像"——这些习惯确实导致了"人类的心智是自身问题的根源"——培根坚持要求我们关注"事物的本来面目"。他的方法——通向新事物的道路——是扫清横亘于人与物之间的一切事物——所有的假设和系统建构(system-making)。一旦进入其中,事物就可以转变(put into)为形式——它们能够以该词(信息)在 17 世纪晚期被使用的特殊方式成为信息:神学家

---

① 关于英国报纸的早期历史,有两个特别有用的参考文献,如下:Alexander Andrews,*The History of British Journalism*,Richard Bentley,1859,especially 1:8-51;C. John Sommerville,*The News Revolution in England*:*Cultural Dynamics of Daily Information*,Oxford University Press,1996。

② Lexico,s.v."currency",https://www.lexico.com/en/definition/currency。

罗伯特·索思(Robert South)在1694年写道,"通过向他提供事物的信息或通告的方式"。①

找到获得通告的方式是变得新颖和有用的关键。培根自己把所有这些词组合在一起:

> 知晓形式的人能理解物质差异极大的自然的统一性。因此,他可以发现并造就此前从未实现的事物……因此,真正的思想和自由的运作都源自形式的发现。②

这就是新创"currency"一词所要表达的含义:新颖的("从未实现的")和有用的(正在"运作"的),作为将"事物"转变为"形式"的标准,即信息。

流传性的工作是艰苦的,在这种流传性的新制度下,信息是稀缺的。这就是培根认为他必须从最零碎的体裁——散文和格言——仓促着笔,而不是首先创立体系的原因。而这也是他试图通过创立一项起始任务清单来启动知识的更新的原因。他用来创造新知识的新工具——the *novum organum*——以这些任务的目录而结束。首先是对于从"云"到"杂耍演员和小丑"等不同事物的138份"特定历史"——经验描述——的委托任务(commissioning)。③ 就像接受培根的复兴计划并随后建成为皇家学会的"无形学院"一样,报纸从印刷品中脱颖而出,以应对这种稀缺性的挑战。这就是我们关于信息过载的概念是如此具有误导性的原因:它将过去变成了一个数量恰到好处的时代——这的确是一个奇怪的概念。什么是适当的负载,我们什么时候享受过它?

从未有过。事实上,过去(包括并尤其是启蒙运动)是一个稀缺

---

① Robert South, *Twelve Sermons Preached upon Several Occasions*, Thomas Bennet,1694,2:113.
② Bacon, *New Organon*, p.103.
③ Ibid., pp.232-238.

性被流传性的新兴体裁(新知识和报纸)充分利用,并转化为相对更多(信息)的时代。但更多并不意味着过多。如果我们停止为自己感到难过,结束所谓"信息过载"的谴责游戏,我们就会发现今天信息的大问题不应当是它如何使我们过载,而是我们如何使它过载。

的确,我们有更多的信息,的确,我们的媒体不再是纸质媒体,但我们错过了最为重要的变化:信息自身的变化——我们对它是什么以及它能做什么的理解。随着基于信息的知识冒险在人文学科、社会科学和科学领域的激增——从数字人文学科到社会科学所称的"信息实在论",到物理学的因果回溯信息流(retrocausal information flow),再到生物信息学——它们直接或间接地产出了使用和定义信息的截然不同的方式。它们的多样性,从交际型(莎伦[Shannon]),到认知型(Zeilinger[齐林格]),到物质型(Landauer[兰道尔]),再到形式型(Timpson[蒂普森]),不一而足,都证明了信息过载的现实。①

如果我们想要理解新闻有哪些变化,那就是我们必须面对的过载。我们需要理解信息有哪些变化。直至美国著名电视记者沃尔特·克朗凯特(Walter Cronkite)在1962年至1981年间定期主持哥伦比亚广播公司(CBS)《晚间新闻》(Evening News)时——同类节目中收视率最高的节目,新闻仍可以被视为一种培根式的流传性体裁。克朗凯特每晚著名的结束语——"事情就是这样"——仍然与培根关于信息的忠告相呼应,即看到"事物的本来面目"。"假新闻"是我们用以描述随后发生之事的令人困惑的习语。我称之"令人困惑",是因为除非我们从"假新闻"中区分出"假造新闻"(Faked-News),否则这个词毫无意义。面对"假造新闻",你我皆无能为力。据称,这种做法始于一个东欧的年轻人编造故事来吸引流量以获取

---

① Claude E. Shannon, "The Mathematical Theory of Information", *Bell Systems Technical Journal*, Vol. 27, No. 3(1948), pp. 379 – 423; Anton Zeilinger, "A Foundational Principle for Quantum Mechanics", *Foundations of Physics*, Vol. 29, No. 4(1999), pp. 631 – 643; Rolf Landauer, "Information is Physical", *Physics Today*, Vol. 44, No. 5(1991), pp. 23 – 29; Christopher G. Timpson, *Quantum Information Theory and the Foundations of Quantum Mechanics*, Oxford University Press, 2013.

巨额的广告收入。我们解决"假造新闻"的唯一选择是换份工作,帮助谷歌和脸书公司重写他们的广告联盟(AdSense)算法。

假新闻,就像我在此单独指出的那样,更加难以界定,因此更需要解释。在它最令人不安的伪装下,它使我们萦绕着这种感觉,即形容词(假的[fake])从未远离过名词(新闻[news])。我们期盼的新闻不过是简单的新闻,但我们的愿望被众所周知之物打碎了:没有新闻能够如实地是其所是。不会再有另一个沃尔特·克朗凯特了,不是因为没有可靠的替代人选,而是因为本来如此之事已经不再如此了。

人们很容易把这种变化看作是态度上的转变,不管它是被理解为堕落至犬儒主义(每个人都撒谎),还是上升至理论的复杂性(这是语言学转向)。但在这种情况下,态度是一个范畴的错误。我们现在对信息的思考不同了,因为我们更好地认识了它——也就是说,我们已经发展出了诸多解释,能够更适合于我们现在要求"信息"来解释的现象的广阔范围。

要把握这个范围,只需追踪我所联系的事业的命运:报纸和无形学院。现在我们有了社交媒体和现代科学,它们都产生出各自信息对话的路径:数量路径和质量路径。信息之所以重要,是因为有更多的信息——信息过载,还是因为它在本体论上比我们设想的更为根本?世界是被不断涌现的信息浪潮即刻重塑,抑或世界本身就是产生于信息处理之中?信息占据了我们的生活,还是它构成了生活本身?这种可能性正是保罗·戴维斯(Paul Davies)的《机器中的恶魔:信息的隐匿网络如何解决生活之谜》(*Demon in the Machine: How Hidden Webs of Information Are Solving the Mystery of Life*)*的论点,该书荣获2019年《物理世界》年度图书大奖。①

看着这些解释性路径分歧巨大,确实既有趣又富于启发性。当信息过载引起越来越多的抱怨——它们分析了过多的信息是如何削

---

* 中译本为〔英〕保罗·戴维斯:《生命与新物理学》,王培译,中信出版社2019年版。——译者

① Paul Davies, *Demon in the Machine: How Hidden Webs of Information Are Solving the Mystery of Life*, University of Chicago Press, 2019.

弱我们对现实的把握,关于现实本身的信息本质的科学共识已经形成。① 例如,请看 2013 年出版的 900 页著作《可计算的宇宙:理解和探索作为计算的自然》(*A Computable Universe: Understanding and Exploring Nature as Computation*)。②

我们关于信息为什么重要以及如何重要的假设的隔阂越来越大,这不仅取决于信息与计算的联系,还取决于信息与其姊妹术语"知识"的不稳定关系。知识如今是埋藏于过多的信息中,或是我们对信息的新关注可以通过澄清其本体论基础而使知识成为可能? 使用的路径、计算的种类以及从信息到知识的联系,只是众多不同假象中的一小样品,在这些假象中,信息正困扰着启蒙运动的未来。就像培根通过将事物转化为形式那样,发挥"印刷术、火药和航海罗盘"的潜力,因此,在计算的和算法的(工具)出现时,我们需要自身的复兴——我们自己的形式转换的装置——以便跨越它们所揭示的新的可知空间的边缘。然而,我们不断变化的概念和技术——培根会如此称呼我们的"机器"——之间的不匹配使我们始终处于这一边缘,这困扰着我们对这些空间的探索。

我一直在追踪的信息问题就是关于这种困扰的记录。在某种意义上,对我们来说,信息是一个与培根的"事物"所截然不同的关注对象,但这样一个描述中有个曲解:我们目前对事物为何的理解是信息。那是一个宇宙转换器(universe-changer)。对于伽利略,"宇宙……是用数学语言写成的"③。对于我们,科学作家查尔斯·塞夫(Charles Seife)观察到,"自然似乎是用信息的语言在说话。"④

---

① Paul Davies and Niels Henrik Gregersen eds., *Information and the Nature of Reality: From Physics to Metaphysics*, Cambridge University Press, 2010.
② Hector Zenil ed., *A Computable Universe: Understanding and Exploring Nature as Computation*, World Scientific, 2013.
③ Galileo Galilei, "From The Assayer(1623): Comets, Tycho, and the Book of Nature in Mathematical Language", in Maurice A. Finocchiaro ed., *The Essential Galileo*, Hackett, 2008, p.183.
④ Charles Seife, *Decoding the Universe: How the New Science of Information Is Explaining Everything in the Cosmos, From Our Brains to Black Holes*, Penguin Books, 2007, p.57.

那种语言是什么？当信息不是仅告诉我们它现在如何，而是它本来如何时，那么这种流传性的语言就不再能够胜任解释我们现在需要信息来解释之物的工作。时间性加使用性的公式仍然重要，但这样的二重性不再能完全支撑信息的新的认识论权重。这就意味着我们与报纸的罗曼史结束了。一种缺乏同情心的解释是，信息还有更好的事情要去做。更为考虑周到和深思熟虑的说法是，报纸的角色已经削弱，不是因为信息太多，而是因为信息以新的方式起作用。值得欣慰之处在于，这不仅是报纸的问题，也是所有流传性体裁的问题，包括从培根倡导的复兴中诞生的知识形式——也就是我们自身的学科，尤其是现代科学的学科。每一门学科都面临着这一任务，即把随之而来的新的信息概念嵌入其对于世界和知识的解释之中。

实现这些嵌入的第一步是理解为什么这些解释需要如此长的时间——例如，量子力学是一个世纪前被阐述的。与它的实现相反，对于它的解释被延迟了，延迟的各种方式本身就值得解释。我甚至提出了这些延迟的类型学。它们往往发生在概念和技术之间的培根式错配的那些时刻。最为熟悉和最常见的延迟类型是身份延迟（Identity Delay）——当技术难以找到它们的工作概念，采用我们现在视为理所当然，但它们在最初引入时并不明显，甚至毫无可能的形式和功能时出现的延迟。这就是电报、电话和个人电脑的已广为人知的命运。

但有时这种延迟也会在相反方向起作用，即概念有待技术来实现——也就是给予它们对现实的把握。我把这种类型的延迟称为哥白尼式延迟。我的意思如下。在哥白尼提出日心说后的七十年间，他的努力在很大程度上被忽略了，根据伽利略的说法，因为这只是一个计算"运动"的"假设"。这些批评家甚至坚称哥白尼自己也"不相信它在现实和自然中是真实的"[①]。而且，

[①] Galileo Galilei,"Reply to Cardinal Bellarmine(1615);Galileo's Considerations on the Copernican Opinion,Part I", in Finocchiaro ed., *The Essential Galileo*, p.152.

用红衣主教贝拉明(Bellarmine)的话来说,所有人都概莫能外:我们"清楚地(感受到)地球静止不动,当眼睛判定太阳在运动时,它没有错……当下这就够了"①。然而,这还不够,一旦伽利略改进了望远镜使得我们的感受更为清楚,并揭示了错误的是眼睛,不是哥白尼时——用伽利略的话说,哥白尼因为展示了"自然界中真实的世界体系是什么"而应受到尊崇。② 此后我们一直在尽力阐述这一事实。

像伽利略一样,我们站在自身的哥白尼式延迟的尽头。我们的日心说是量子理论。20 世纪早期,当量子理论首次挑战我们"清楚的感受"的(世界)时,它受到了贝拉明反对日心说那样的同等对待。确实,哥本哈根诠释(Copenhagen Interpretation)作为一种"闭嘴,算出来"的策略起到作用,以遏制量子现象的极为怪异的特征。在 20 世纪的大部分时间里,胸怀抱负的物理学家们都是在自己的宗教法庭下工作的,如果他们的学术冒险远远超出了计算能够解释的范围,那么他们的职业生涯就会面临风险。在大约七十年的时间里,量子理论关于现实世界的主张被爱因斯坦那句著名的警言——"上帝不和宇宙掷骰子"——这种奇怪的神学怀疑论削弱了。这种展现"自然界中的世界真正为何"的可能性直到 20 世纪的最后三分之一时间里才开始得到更充分的探索。

触发技术并非一台被改进的望远镜,而是一台被改进的计算机——一台使量子理论得以把握真正现实世界的机器。就像伽利略在追踪木星附近曾被认为是固定恒星的运动时的发现一样,大卫·多伊奇的发现源于理解信息是如何流动的渴望。他跟随信息进入物理世界,将计算从数学带入物理学,并为一种对现实的新解释奠定了基础,其中信息成为新的基础:(它是)我们所有重造的通

---

① Cardinal Bellarmine,"Reply to Cardinal Bellarmine(1615):Cardinal Bellarmine's Letter to Foscarini",in Finocchiaro ed.,*The Essential Galileo*,p.148.

② Galileo Galilei,"Reply to Cardinal Bellarmine(1615):Galileo's Considerations on the Copernican Opinion,Part I",in Finocchiaro ed.,*The Essential Galileo*,p.152.

用语言。在物理世界中,信息——然后是计算——的基础使培根所言的思想世界和有形世界的握手得以可能,并改变了我们对两者的解释。罗尔夫·兰道尔(Rolf Landauer)认为,计算必须是一种考察物理对象对信息有何影响的理论。这就是为什么我们当前知识进展的一个关键前沿是探索信息对物理对象有何影响。AI(人工智能)是对思想的全新物理实例的探索:这种握手的化身(见图2)。

图2:1640年培根《学术的进展》的标题页中描绘的
物质世界和思想世界之间握手的特写

如果可计算性是物理世界——万事万物——的基本属性,那么不可能性和不可计算性就是同一回事。[1] 多伊奇所掌握的——可以模拟整个自然界的量子计算机的可行性——将我们对现实的所有非量子解释置于,用多伊奇的话来说,"无法容忍的压力"之下,它终结了这种延迟,并立即为一个新的知识时代,为标志着哥白尼式延迟终结的解释,创造了需求,因此它们刚好能合乎现实。

我将以这样一个解释的例子结束本文,它让我们首次看到了这

---

[1] Oliver Morton, "The Computable Cosmos of David Deutsch", p.66.

种信息的新语言,因此暗示了可能接替流传性的母体。如果你对信息如何能融入文学研究感到困惑,请放心,其他学科也面临着同样的问题。多伊奇和奇娅拉·马莱托(Chiara Marletto)观察到,物理学并没有"为信息提供一种意义,甚至没有提供一种测量它的方法"。他们解释道,在爱因斯坦和牛顿看来,一个系统的任何变化都只有一种可能的结果。但可能性是信息的核心,因为它具有反事实的特征:"一条消息不能承载信息,除非另一条不同的消息也是可能的。"他们总结道,"信息"要求物理学具有"一种新的解释模式"。多伊奇和马莱托称他们的模式为"建构体理论"(constructor theory),通过将物理学重建于可能性——可能和不可能的任务之间的根本区别——的基础上,以接纳信息的反事实特性的努力。[1] 在他们的类型学中,信息是连接计算到知识的物理系统的特定属性。它将可能性从可计算性的排列(permutation)传递到知识的建构。这种可能性的普遍性是信息显现的标志。

在这种新的信息语言中,培根所言的"事物的本来面目"转化为信息的"事物的可能面目"。流传性的母体被可能性的母体所取代,后者在数学上表现为从微分学的测量向代数变换的本体论优先项的转变。任何重塑报纸或其他任何流传性体裁的努力都必须从这种替代着手;对于可计算性的即时性,所有这些体裁都已经输掉了变得新颖的竞赛,因此也失去了它们传统意义上的有用性。然而,在可能性的母体中,时间性和有用性都被重新定义。

时间性成为区分信息和知识的一种方式:根据该类型学,知识是一种持久的信息形式——按多伊奇的说法,"知识是信息,当它在合适的环境中有形地显现出来时,往往使其自身保持原样"[2]。在此期间,它是有用的,不仅是完成一项可能的任务,而且仍可以再次执行

---

[1] David Deutsch and Chiara Marletto, "Reconstructing Physics: The Universe Is Information", *New Scientist*, May 21, 2014.

[2] Deutsch, *Beginning of Infinity*, p.130.

该任务。

因此,现在报纸——以及我们的许多学科——都处于认识论的进退两难之境。由于还不知道如何解决可能性的母体,我们就用流传性这一过时词汇来处理它的影响。"真相""假象""过载"——我们说着这些咒语,但它们并不会把妖怪收回瓶中。是时候放手了。正如著名物理学家理查德·P.费曼(Richard P. Feynman)在1982年(就在多伊奇发表突破性论文的前几年)对计算机科学领域同样犹豫不决的同事说的那样,"自然界根本就不是经典体系的,如果你想模拟它,你最好把它变成量子力学的"[1]。对于我们和我们所有信息的旧体裁的消息是明确的:我们不能以经典体系的方式去解决它,因为我们现在更好地认识了它。启蒙运动在思想世界和有形世界之间握手的认识论承诺现在正被完全实现。这对所有我们这些通过波吕斐摩斯之眼观察的人都是好事。凭借我们对于这种握手的过去的知识——从玛格丽特·卡文迪什(Margaret Cavendish)的可能世界到理查森的重造——我们可以逾越当前指责和抱怨信息过载的游戏,进入由信息揭示的新的认识论图景。

这是知识史上的一个风向标时刻,是一个分享和传播再-启蒙运动(re-Enlightenment)乐观主义的时刻,费曼在他关于量子模拟的演讲的著名结语中欣慰地觉察到这一点:"天哪,这是一个绝妙的问题,因为它看起来并不那么容易。谢谢!"[2]这很难,但这也是一个历史悠久的问题。费曼在他最后的消息中承认了我所说的"重造"的话题,该消息保存在加州理工学院的黑板上:"我不能创造的,我就不能理解。"(见图3)

---

[1] Richard P. Feynman,"Simulating Physics with Computers", Anthony J.G. Hey ed., *Feynman and Computation:Exploring the Limits of Computers*,CRC Press,2018,p.151.
[2] Ibid.

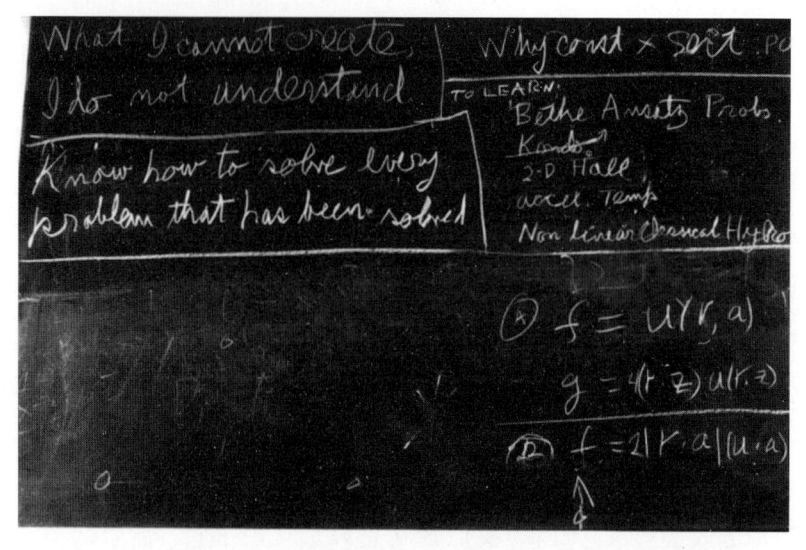

图 3：1988 年费曼去世时，他黑板的照片，左上角写着"我不能创造的，我就不能理解"。感谢加州理工学院档案馆和特别收藏处。

（纽约大学）

作者简介：克利福德·西斯金，纽约大学文理学院 Henry W. and Alfred A. Berg 英美文学教授，研究兴趣为 1700—1850 年英国文学、社会与技术变革，以及印刷文化、数字文化等。

译者简介：李小龙，复旦大学历史学系世界史专业博士研究生，研究方向为西方史学史与史学理论。

校者简介：黄璐，复旦大学马克思主义研究院，青年副研究员。

为"知识"撰史:西方史学的新动向

庄泽珑

《历史与理论》在2020年年底推出了一期以"知识史"为主题的特刊,当中收录的文章方法多变、视角各异,为读者呈现出知识史研究的丰厚蕴涵和广阔前景。赫尔格·乔海姆和大卫·加里·肖负责主持该期特刊的编选工作,并撰写了导言性质的《敞开千重门:朝向知识的转变》一文。乔海姆和肖指出,自20世纪80年代以来,"知识"一词在出版物中亮相的频率急剧上升,"知识产业""知识经济""知识社会""知识政治"等概念组合层出不穷,这意味着某种"知识时刻"(knowledge moment)或"知识转向"(knowledge turn)正在发生。他们观察到,在学术界内部,"知识"的标签正引领着不同领域间的交流合作,动摇了继承自18世纪的学科分野;而在学术界外部,各种社会与政治力量正在为争夺知识的解释权而展开激烈的角逐。[1]为了响应这一严峻的现实挑战,历史学家转向过去寻求智慧,探究可被称作"知识"的东西曾经是什么,它们又曾在怎样的历史条件下占据支配地位或走向式微。乔海姆和肖表明,"知识史"可以理解为是在"知识理论"与"历史理论"这两个文体的结合下运作的,该期论文均为我们标注了知识与历史可能存在的重合之处,以便在绝对的认识论主张和加速变化的历史现实之间形成某种平衡与校准。在推动知识历史化的过程中,知识史家们为我们提供了一系列新颖且富有成效的分析工具,包括流通、媒介、信息、"知识剧场"、"无知"、"延

---

[1] Helge Jordheim and David Gary Shaw,"Opening Doors:A Turn to Knowledge", *History and Theory*,Vol.59,No.4(2020),pp.4-9.

迟",等等,这些概念性技法也潜在地适用于其他领域,因而能够为不同类型的史学实践带来启示。本文旨在为《历史与理论》收录的这组知识史论文做一个简单综述,以期为国内学者了解西方史学新兴的"知识转向"提供些许参考或借鉴。

一、流通中的知识

让我们先从约翰·奥斯特林的《流通、剧场和对公共知识的探求:史学编撰潮流与分析框架》开始。奥斯特林着眼于"流通"(circulation)这一概念,它是"知识史中迄今最受关注的分析框架之一"。当我们说知识是处在流通中的,也就是强调知识的动态性,但流通又有别于"扩散"(diffusion)、"传播"(dissemination)、"输送"(conveyance)所暗示的情况。简单的扩散模型预设了"中心-外围""发送者-接收者""生产者-用户"这样的二元对立,并且假定知识在运动中是保持不变的。它服务于欧洲中心论的宏大叙事,即现代科学诞生于16、17世纪的欧洲,然后通过殖民扩张传播到世界各地;从社会层面上看,这意味着科学知识在其诞生的时刻是纯洁的、未经污染的,然后以或多或少歪曲的形式传播给被动的消费者和受众。但流通的观念认为知识是一种会转化的现象(transformative phenomenon),在此过程中知识的内容、形式和功能都可能发生改变。流通扩大了历史行动者的范围,除了科学家之外,装订工、博物馆馆长、小学教师等角色的能动性也得到尊重。传统知识史所聚焦的起源、生产和创新在流通的框架下甚至成为一种幻觉,毕竟知识本身就是不断被重新创造和重新形塑的,"无论原初的创新和新颖的发现是多么有趣,都只能是次要的;与之相对,社会的重要性必须占据中心位置"[①]。

[①] Johan Östling, "Circulation, Arenas, and the Quest for Public Knowledge: Historiographical Currents and Analytical Frameworks", *History and Theory*, Vol. 59, No. 4 (2020), p.120.

但奥斯特林也注意到流通概念的局限性，对于流动、变化的过分夸大可能忽视了相对持久的东西；为此，他提出了"知识的公共剧场"（public arenas of knowledge）来完善流通概念，作为知识公共流通的平台、场所、先决条件，它具有一定程度的稳定性。知识的剧场有其准入规则，支持某些类型的知识并排斥其他类型的知识。它是社会公共领域的组成部分，而正如"公共领域"本身是持续变迁的历史现象，知识史家需要对各种知识剧场做共时性和历时性的比较，追踪哪些社会群体是特定剧场的演员和观众。奥斯特林举例的知识剧场有科普类电视节目、战后"平装书革命"、20世纪60年代斯堪的纳维亚半岛的基督教出版文化、20世纪70年代新左派活跃其间的社会主义书屋等。不过，既然剧场隐喻还能衍生出"演员-观众"这样的次级隐喻，这是否意味着传统扩散模型所暗示的二元对立在某种程度上卷土重来，是一个值得讨论的问题。

费德里克·马尔孔的《知识史的批判性保证：从东亚研究的视角出发》（"The Critical Promises of the History of Knowledge: Perspectives from East Asian Studies"）可以说是对流通模式的一次运用，这篇文章向我们展示了对于探究非西方地区在前现代时期的认知实践而言，知识史的视域相较于传统科学史能够带来什么新意，他以德川幕府时代博物学家的活动为案例来说明两种研究路径的差异。传统科学史倾向于把日本现代科学的起源叙述为单纯地接受西方知识技术的传播，并且根据这个框架来理解当时"百味协会"（Shōhyakusha, "Society of the One Hundred Licks/Tastes"）对本地动植物资料的搜集工作以及对林奈分类法的使用——正是在西方文明的感召下，这些博物学家勇敢地割舍儒学传统，采取更为经验主义的方式，最终成为日本现代科学的先驱。但是在知识史家看来，这一解释模式带有强烈的目的论色彩和欧洲中心主义，并非"以他们自己的术语"来呈现历史人物的认知活动。通过重建德川博物学家将知识合法化的程序以及他们身处的组织机构、社会关系等要素，知识史家提出了截然不同的主张，指出德川博物学家从未放弃已有的认知传统(honzōgaku,"本草学")来支持林奈的分类法,其目的是巩固、完善而不是推翻《本草纲目》,"他们不是日本科学史学家所描述的激进分子或革命者,也不打算抹杀所接受的本草学知识"①。"百味协会"旨在丰富当地物产、挖掘更多的药用信息,而即便是药理学这样的领域也未曾脱离儒家经典、"格物致知"对日本前现代知识阶层的广泛影响。

鉴于知识史本身就是一项有待说明的认知活动,所以知识史家也可以将他所使用的分析工具对准自己来说明其工作的有效性,这就是知识史的"批判性的保证"。传统科学史对"百味协会"博物学家的理解模式本质上是一种隐喻性类比,即把属于现代科学的观念投射到过去;虽然马尔孔承认"隐喻揭示了认知的基本结构",但他仍希望避免把研究对象彻底吸收到历史学家的分析范畴中,以便保持二者的平等并置,"比起否定和抹除,对某个人的诠释工作加以说明方能在最大程度上尊重过去"。②

不过,虽然马尔孔强调知识史自我反思、自我批判的方面,但他并没有为此提供具体的例证,在这篇文章中,经受批判的主要对象依然是传统科学史而非知识史自身。如果说"科学革命"的概念(在一个神话般的零点时刻,过去的愚昧被一扫而空)只意味着一种元历史模式,那么知识史对物质、交流、渐变性的侧重同样体现了"主导的解释性隐喻";就像奥斯特林在上一篇文章中引用塞巴斯蒂安·康拉德所述,盲目迷恋于流动性可能会导致夸张和扭曲。③ 或许以马尔孔的立场来说,最紧要的工作不在于重复语言转向带来的洞见,而在于说明知识史中一种隐喻具体比另一种隐喻高明在哪里。

---

① Federico Marcon, "The Critical Promises of the History of Knowledge: Perspectives from East Asian Studies", *History and Theory*, Vol. 59, No. 4 (2020), p.35.

② Ibid., p.46.

③ Johan Östling, "Circulation, Arenas, and the Quest for Public Knowledge: Historiographical Currents and Analytical Frameworks", *History and Theory*, Vol. 59, No. 4 (2020), p.119.

二、回应与补充

当然,"流通"并非知识史家的最终立场,维拉·凯勒(Vera Keller)在《进入未知:知识史中的线索、暗示和项目》("Into the Unknown:Clues,Hints,and Projects in the History of Knowledge")中指出,知识的历史总是跟无知(ignorance)的历史纠缠在一起,对无知的关注能够补充流通模式所疏忽的东西,因为"这种对知识蔓延的描绘很少追踪遗忘和虚假信息的蔓延。除非知识是完美和绝对的,否则任何知识的流通或传播都包含各种类型的无知的传播"①。凯勒区分了两种类型的无知:一种是"指明的无知"(specified ignorance),即当事人明确意识到自己在哪些方面是无知的,并往往作为未来探究的出发点;另一种是"未指明的无知"(unspecified ignorance),即当事人在文化、意识形态等因素的影响下无意识地抑制了某些方面的知识。凯勒在这篇文章中引入的三个术语——线索(clue)、暗示(hint)和项目(project),就曾被近代英国人用来标记从未知通向已知的中间状态。"线索"和"暗示"都是简短的提示,但两者判然有别:线索的尽头是清晰的,它最终指向线索的提供者已经掌握的知识,但暗示是高度或然性的,就连暗示的提供者也不确定暗示能把人引向何处。② 为了某个从未实现过的、不确定能否达成的目标,人们创设了"项目",其中包含清楚制订的行动计划,比如英国当局从詹姆斯一世开始试图在弗吉尼亚养殖本土桑蚕的项目。

事后来看,这个持续投资、实验了数个世纪的项目从一开始就注定要破产,因为在北美生长的红桑树不是家蚕喜好的白桑树,项目推动者声称发现的本地蚕蛾实际上是北美天蚕蛾而不是亚洲家蚕蛾。

---

① Vera Keller,"Into the Unknown:Clues, Hints, and Projects in the History of Knowledge",*History and Theory*,Vol.59,No.4(2020),p.88.
② 乔海姆和肖并没有澄清线索和暗示的区别,把二者都形容为关系到或然性的术语,因而他们对凯勒的线索概念存在误读,参见 Helge Jordheim and David Gary Shaw,"Opening Doors:A Turn to Knowledge",*History and Theory*,Vol.59,No.4(2020),p.14。

尽管不乏反对声音,也意识到了其中的风险,弗吉尼亚公司及其相关人士依然鼓励殖民者和当地人用红桑树和天蚕蛾进行实验,并持续编撰、发放各种推测性的指导意见,也就是"暗示"。暗示只能由接收者因地制宜地尝试,而不能像规则(rule)那般被严格遵守,毋宁说对确定性的依赖在当时是遭到批评的对象,它导致了英国当局拒绝赞助哥伦布的航行。追求或然性的知识甚至关系到宗教、道德和种族优越论,据称上帝为了避免滋生怠惰不会直接给出完美的知识,"勤劳的人愿意从事自己的试验,而懒惰的人只想遵从确定的指令……他们表明自己只适合听从别人的指示",这种对比被用来丑化殖民地本土居民(波瓦坦人)以及对项目持异见者。失败的原因也往往被归咎于国民性的懒惰、劳动力短缺或者"我们保留了父辈对种植桑树的厌恶"。支持桑蚕项目的人总能重拾对上帝恩典的信心,结果"从一个世纪到下一个世纪的持续暗示,认可了其促进者值得称赞的毅力,而不是提供证据表明承认失败的时候到了"。①

在凯勒关于暗示的叙述中存在着一股张力:一方面,她承认暗示的性质并没有损害它的科学性,科学知识在今天依旧是或然性的,"暗示,就像其他形式的指明的无知,是推动知识走向未来的工具";另一方面,她表明对暗示的(错误)坚持受到了"未指明的无知"的影响,桑蚕项目的推动者无意识地抑制了某些特定形式的知识,比如黑奴或女性的知识。不难发现,实际上"未指明的无知"是一个完全依赖于后见之明的概念:我们如何知道自己此刻存在哪些"未指明的无知"?一旦你对这个问题有了任何答案,它都不再是"未指明的"。"未指明的无知"将历史学家置于某种知识仲裁者的地位,这是否冲击了乔海姆和肖为知识史倡导的历史主义精神,是一个值得反思的问题。

苏珊娜·马钱德的《权衡语境与实践:西奥多·蒙森与19世纪人文知识的多重维度》("Weighing Context and Practices: Theodor

---

① Vera Keller, "Into the Unknown: Clues, Hints, and Projects in the History of Knowledge", *History and Theory*, Vol.59, No.4(2020), p.107.

Mommsen and the Many Dimensions of Nineteenth-Century Humanistic Knowledge")则代表了传统史学在知识史新潮中的应对姿态,她意识到"随着知识史(Wissensgeschichte)领域的形成,历史学家将对如何研究知识的生产和流通做出选择",并吁请我们不要丢弃"人"的因素。① 通过聚焦于知者(knower)与知者所处的历史语境而非知识本身,马钱德向我们展示了知识史如何能够与经典的传记研究和思想史方法相结合,从而与福柯式结构主义形成某种对抗。虽然福柯提供的知识/权力模式是一种便利的、富有成效的分析工具,但由此展开的历史研究变得过于可预测(all too predictable),伴有非历史或时代错置的危险。再者,结构主义往往忽略个人特质的因素,并且难以说明知识"创造、解放、自我批判的力量",而这些恰恰是理解人文知识不可或缺的内容。马钱德还谈道,在当今学科专门化愈演愈烈的背景下,历史学家感到若是要研究某个领域的历史,就必须很好地掌握该领域的专业知识,但"书写一门学科的历史而不沉醉在它的技艺中"是相当困难的,即"知识史"中知识的一面被放大而历史的一面被削弱了。因此,马钱德尝试写作一种不强调认知实践(deemphasizes the practices of knowing)的知识史,转而突出特定知识诞生于其中的传记式的、代际的语境(the biographical and generational contexts)。

在具体案例中,马钱德生动地描绘了蒙森及其同时代人的群体形象:后浪漫主义滋生的早熟和厌世情绪,摒弃审美和宗教慰藉后的现实主义眼光,对1848年革命幻灭后愤世嫉俗的人生观,支持自由民族主义和强大的中央政府,重视物质基础和阶级关系对权力的影响等。这些因素共同塑造了作为"知者"的蒙森,他要求学者应当以苦行僧式的态度巨细无遗且精确地搜集、汇编史料,同时对历史概括可能存在的非科学性表示怀疑和恐惧。正因如此,尽管蒙森凭借《罗

---

① Suzanne Marchand,"Weighing Context and Practices:Theodor Mommsen and the Many Dimensions of Nineteenth-Century Humanistic Knowledge",*History and Theory*,Vol.59,No.4(2020),p.166.

马史》荣获诺贝尔文学奖,他却为年轻时草率地写出这样一部通史而深感不安。针对蒙森的所有特质,马钱德几乎都能找到其同时代人与之类比,包括且不限于马克思、达尔文、狄更斯、门采尔、弗莱塔格等;她表示"我对蒙森了解得越多,我就越相信他的世界观和成就必须在特定的一代人经历的背景下加以理解"①。

总体来看,马钱德介入知识史的方式不过是在古典学者、历史学家、法学家、政治家之余为蒙森再增添一个"knower"的标签。尽管马钱德声称这篇文章结合了"旧式的思想史方法"与"对作为知识创造者的蒙森的品质与努力所进行的分析",但"知识"对思想史造成的变化似乎并不明显,毕竟很难说某个人的治学特点是一个原本会被思想史排除在外的主题。这也印证了知识史这个概念的包容性,历史学家既能把它理解为一种新风尚,又能通过它呼吁经典路径的回归。

三、知识与媒介

正如奥斯特林对"知识剧场"的设立往往伴随有形的场所、书籍、通信技术,我们看到知识的流通是需要以"媒介"(media)为依托的,杰里米·格林尼(Jeremy A. Greene)的《媒介中的知识:迈向科学、医学与技术的媒介史》("Knowledge In Medias Res: Toward a Media History of Science, Medicine, and Technology")即处理了这一概念,他从三个层面向我们展现"媒介史领域提供了哪些更广泛的工具,来帮助把科学、医学和技术领域置于更广泛的知识史中"②。首先,媒介决定了科学突破在怎样的时机可具备新闻价值:1885年10月,巴斯德通过新型疫苗成功实现对狂犬病的预防性治疗,但并

---

① Suzanne Marchand, "Weighing Context and Practices: Theodor Mommsen and the Many Dimensions of Nineteenth-Century Humanistic Knowledge", *History and Theory*, Vol.59, No.4(2020), p.147.

② Jeremy A. Greene, "Knowledge In Medias Res: Toward a Media History of Science, Medicine, and Technology", *History and Theory*, Vol.59, No.4(2020), p.50.

未引起媒体的重视;直到一个月后,四名在美国被已知病犬咬伤的男孩跨越大西洋来接受治疗,才引发了媒体的持续追踪报道。格林尼梳理了20世纪初以来美国科学新闻机构化的状况,并指出随着印刷、电报、互联网等技术的发展,媒介在科学知识消费中的作用也是可以被历史化的。其次,媒介影响了科学发现能否成为被大众接受的"事实"。以拉图尔对巴斯德实验炭疽疫苗的叙述为例,大众媒体不仅把巴斯德实验室中的事实传播到外界,它们也把世界带入巴斯德的实验室,从而打破空间"内部-外部"的传统区分,使巴斯德能够在公众面前完成戏剧性的证明。格林尼还引用了弗莱克描绘的科学知识逐渐被公认的四阶段:期刊科学、手册科学、教科书科学和大众科学,通过关注媒介的持续迭代,一个看似去语境化的科学事实能够在历史过程中被重新定位。最后,格林尼创造性地利用了"媒介"一词的扩展含义,指出科学史中的媒介不仅指向大众新闻媒体,还包括实验室中的发酵瓶、培养基、显微镜等。通过考察培养基材料的发展史,格林尼表明它被称作"生长介质"(growth media)并非肤浅的巧合,培养基不仅能控制细菌繁衍的环境,还是使原本不可见的微生物呈现出细微差别的可视化工具,因而"就像新闻纸、广播和电视一样,这些媒介本身成为在历史中变化发展的技术;它们能够传达给大众的信息因材料和历史的特殊性而不同"[①]。同样的情形也适用于玻璃器皿,格林尼提示我们玻璃在知识生产中的媒介性,它们"既非真正惰性的,也并非真正无色透明",玻璃器皿不仅是科学事件发生于其中的场所,更是"科学知识的生产系统"。总之,格林尼强调科学事实的生产、传播和消费都必须经过媒介,这一媒介角色本身也是随历史而变迁的,但是对媒介性的关注并没有使他选择"后真相"的怀疑论立场,而是希望在朴素的科学实在论和激进的建构主义之间探索一条中间道路。

过去的生产和生活中涉及的"技术"(technology)是知识史涵盖

---

① Jeremy A. Greene, "Knowledge In Medias Res: Toward a Media History of Science, Medicine, and Technology", *History and Theory*, Vol.59, No.4(2020), p.61.

的一个分支，而丽莎·吉特尔曼(Lisa Gitelman)在《通俗运动学：机械时代的技术知识》("Popular Kinematics: Technical Knowing in the Age of Machines")中通过研究一本以技术为主题的出版物，实现了媒介史与技术史的融合。吉特尔曼提示我们，技术这个词虽然也像生物学(biology)一样呈现为一门"学问"(-ology)，但它是一个模糊的集合名词，不指称特定的探究领域，故 20 世纪从事技术史的历史学家并不关心技术研究的是什么；他们无意停留于"技术对象"(technical objects)，而是偏爱外部主义的解释，即关心社会文化对技术对象的塑造。但吉特尔曼指出，"技术"在 19 世纪是一门与医学、工程学并列的"物理人类科学"(physical human sciences)，而在这样一个"机械时代"，技术在 19 世纪专指一种聚焦于机械对象本身的探究形式和认知方式，其中包含分析、描述机械运动的"运动学"(kinematics)，在今天已归入机械工程学。"科学运动学"试图创造一套严密的符号系统来表现机械运动，"通俗运动学"则采用图像结合文字说明的方式；前者致力于超越当时机械技师的经验直觉，而后者旨在保留、培养这种直觉。亨利·布朗(Henry T. Brown)于 1868 年首次出版的《五百零七个机械运动》(*Five Hundred and Seven Mechanical Movements*)是一本通俗运动学的经典之作，顾名思义，它收录了 507 幅独立的机械运动图示并配有相应的文字解释，涉及滑轮、绞盘、风车、钟表擒纵系统、平衡泵等各种机械装置。吉特尔曼对该书的考察包含多重维度：从周报连载栏目到汇编成书的经过；美国知识产权制度下对新发明的表现和认证方式；对过往运动学成果及其表现机制的沿革；书中用以联动图像和文字的排版美学，等等。通过这本小书延伸出丰富而驳杂的信息，吉特尔曼希望强调技术对象的重要性，"指出技术对象可能为知识史呈现的若干困难"[1]，这也呼应了新兴的知识史本身对物质性与媒介性的侧重。

---

[1] Lisa Gitelman, "Popular Kinematics: Technical Knowing in the Age of Machines", *History and Theory*, Vol.59, No.4(2020), p.68.

四、知识史中的宏大叙事

最后两篇论文体现了知识史的观念将如何影响历史学家在宏观问题上的看法。克利福德·西斯金(Clifford Siskin)在《启蒙运动、信息和哥白尼式延迟：一项知识史的冒险》("Enlightenment, Information, and the Copernican Delay: A Venture into the History of Knowledge")中以"信息"为线索，创造性地把启蒙运动和量子力学联系在一起。在他看来，启蒙运动的知识理念是一种"重造"(remaking)真实世界的渴望，18世纪的自然科学、现实主义小说和印刷术等正是模拟实在的技术。另一方面，西斯金把启蒙运动从康德向前推进到培根，认为启蒙运动对知识阻滞的解决方案并非"运用自己理性的勇气"，恰恰相反，人类自身的智力是问题的根源，而不是问题的解决方案。培根倡导我们充分利用新兴的技术工具，包括物理的（钟表、天平）和精神的（归纳法），"方法"本身就是一台完成心灵任务的机器。也就是说，"通过将知识创造视为一个以工具为媒介的过程，培根找到了一种解释知识阻滞的原因以及如何促进知识的方法：某种类型的媒介总是必要的，但媒介的形式会随着时间的推移而变化"①。因此，西斯金主张"启蒙运动并不是普遍认为的思想史上的一页篇章，而是媒介史上的一个事件"，它是新媒介、新技术大量涌现的时代，与我们今天经历的电子的、算法的、社交媒体的飞速发展遥相呼应。

西斯金希望改变对当前"信息过剩"的抱怨，它反映出大多数人仍使用过时的"流传性"(currency)模式来理解信息。在西斯金对培根的诠释中，信息(information)就是把事物置于形式(put into form)从而探究事物的本来面目，这需要兼具时效性和实用性的工具，"流传性"作为报纸的品质即浓缩了这两个特征。然而在新的媒

---

① Clifford Siskin, "Enlightenment, Information, and the Copernican Delay: A Venture into the History of Knowledge", *History and Theory*, Vol.59, No.4(2020), p.174.

体时代，每个人都处在与外界隔绝的信息气泡（bubble）中，"流传性"失去了它的社会基础，所以"我们与报纸的罗曼史结束了"。西斯金指出，量子理论对信息有着更好的理解，知识并非埋藏于过多的信息中，信息并没有削弱我们对现实的把握，因为世界本身就是由信息组成的，"自然似乎是用信息的语言来说话"。① 因而在新的信息语言中，报纸的流传性模式被量子理论的可能性模式所取代，培根所探究的"事物的本来面目"也转化为"事物的可能面目"。

西斯金接下来引入了"延迟"（delay）的概念，它意指技术和概念的不匹配：技术领先于工作概念曾是电报、电话、电脑等面临的状况，而一旦概念有待技术来实现，则表现为"哥白尼式延迟"，哥白尼的日心说直至伽利略改进望远镜以后才被证实。同样，在量子计算机出现以前，量子力学一直没有得到充分认可。今天的量子计算机能够实现启蒙运动的实在论梦想，即针对现实的完全重造；不同的是，启蒙运动虽然接受了思想与物理世界的兼容性，却未能论证其可行性，量子计算则澄清了两个世界的共同点。所以，西斯金似乎认为量子计算机的发展消弭了量子理论的"哥白尼式延迟"，但大多数人对信息的理解依旧是落伍的，也不曾以启蒙式的乐观心态来迎接量子计算带来的认识论新图景。从这个意义上讲，虽然"哥白尼式延迟"指向技术相对于概念的暂时延后，但西斯金仍试图通过他的文章，来解除对科学前沿较为陌生的读者们在观念上的"延迟"。

沙迪·巴奇（Shadi Bartsch）的《理性之战：古希腊与当代中国的反启蒙》（"The Rationality Wars: The Ancient Greeks and the Counter-Enlightenment in Contemporary China"）则从中西学术交流的视角来考察"理性"这一与知识密切相关的概念。巴奇叙述了近现代中国知识分子对儒家思想与启蒙理性的态度变迁：晚清至新文化运动时期的知识分子褒扬古希腊先哲对演绎逻辑的运用，认为儒家思想轻视理性、阻碍了科学技术的进步，成为中国落后于西方的原

---

① Clifford Siskin, "Enlightenment, Information, and the Copernican Delay: A Venture into the History of Knowledge", *History and Theory*, Vol.59, No.4(2020), p.179.

因；但近三十年来，在新兴的民族主义的影响下，中国知识分子借用马克斯·韦伯对"工具理性"(instrumentally rational)和"价值理性"(value-rational)的区分以及霍克海默、阿多诺等人的后启蒙术语，转而谴责西方理性是纯粹工具性的、漠视伦理的，将没有灵魂的演绎逻辑置于人类福祉之上，甚至主张是苏格拉底和柏拉图迈出了通往纳粹主义的第一步。巴奇对这一"理性-非理性"的二分法表示质疑：一方面，苏格拉底的"知识即美德"、柏拉图对个体灵魂与城邦秩序的类比以及亚里士多德的伦理学同样反映了一种非工具性的道德观念，并且苏格拉底除了用逻辑说服外也经常诉诸神话和修辞性的策略；另一方面，在儒家对仁爱的实践中并非没有演绎理性的要素，有学者指出它只是没有刻意被形式化。总之，巴奇认为理性并非西方独有，而且理性"归根结底是一个无意义的名词，它的范围太大，太不确定。这个词可以描述任何事情……可以在任何方向上进行政治挪用，正如我们在整个 20 世纪中国人对这一模糊观念的起伏不定的态度中所看到的那样"①。对理性的还原主义概念困扰着中西方的学术交流，"这些毫无意义的术语只是作为抨击和佯攻的政治标记，而无法成为讨论和理解的起点"②。

虽然乔海姆和肖认为，巴奇这篇文章的特点在于展现了知识史中"比较"的重要性，但实际上巴奇强调的并不是比较本身，毕竟套用"理性-非理性"之二分法的人同样也在从事着比较；我们看到，真正将"理性的逻辑"予以问题化的并不是比较，而是通过翔实的历史研究来避免标签化和简单化的努力。

五、结语

历史学家将知识历史化的诸多努力，决定了他/她们不太可能对

---

① Shadi Bartsch, "The Rationality Wars: The Ancient Greeks and the Counter-Enlightenment in Contemporary China", *History and Theory*, Vol.59, No.4(2020), p.142.
② Ibid., p.143.

何为"知识"下一个绝对严格的定义,正如尼采在《论道德的谱系》中宣称的那样:"只有那些没有历史的概念才能够被定义。"乔海姆和肖也诗意地总结道:"历史性的知识是一种处在语境中的行动和断言,绝不是一种永久的状态……这种哲学确定性,想象着舞蹈已经停止、永恒的答案将被揭示,但实际上在时间中、在历史中,变化俘获了每一个瞬间。"①

不过,我们还是能从《历史与理论》的这组知识史论文观察到某些一般性的趋势,虽说这种趋势也通常伴有个别的保留意见。知识史家经常强调知识的动态性,重视其在东西方乃至全球范围内的交流,致力于批判欧洲中心主义,并尽可能地把社会各阶层都囊括进知识的生产、流通和消费中。知识的运动和呈现需要依托于媒介,而知识史家关注的特定媒介基本上是有形的、物质性的,区别于传统认识论所关注的知性范畴、概念框架或语言转义。这些媒介为知识史带来经验的具体性;也就是说,为抽象的知识概念提供了一个适合于实证研究的"抓手",这或许也反映出历史学与哲学在知识旨趣方面的一种差异。

不难发现,如今可以归并到知识史名下的学术实践已经非常丰富,它们广泛地来源于科学史、技术史、媒介史、思想史、区域史等领域中已有的成果和新动向,甚至有些未必是在"知识史"的自我关照中问世的。因而,"知识"不仅是一个启发历史学家重新整合过去实在的新视角,它也为我们重新审视既往的史学研究提供了一个契机;从这层意义上讲,知识史在今后既是历史研究的增长点,也可以成为史学史研究的增长点。

作者简介:庄泽珑,复旦大学历史学系博士研究生。

---

① Helge Jordheim and David Gary Shaw, "Opening Doors: A Turn to Knowledge", *History and Theory*, Vol.59, No.4(2020), p.18.

彼得·伯克与知识史

知识及其历史[*]

彼得·伯克 著　李小龙 译　黄璐 校

如果知识史还不存在，那就有必要发明它，特别是为了把当今的"数字革命"置于一个长时期内不断变化的视角之中。在过去的几个时刻，人类经历了他们知识系统的多次重大变化，这尤其要归功新技术：例如书写的发明，在美索不达米亚、中国和别的地方；印刷术的发明，特别是东亚的雕版印刷术和西方的活字印刷术；以及现在仍历历在目的电脑（尤其是个人电脑）和互联网的兴起。不论是好是坏，这类变化都带来了难以预料的后果。正如我们在互联网的例子中逐渐意识到的那样，新的通信媒介既带来了威胁，也带来了希望。得益于全球化和新技术的推动，我们的知识体系正在历经重建，为了在这一时期找准自己的定位，我们最好是转向历史。

所幸的是，知识史的确存在，而且有关它的研究正在蓬勃兴起。20世纪90年代初，当我在写《知识社会史》时，我认为我或多或少是在孤军奋战。然而，在当今学术界，一个曾经只有数千人队伍的国际性的"学术共和国"（republic learning），现在已经有了数以百万的公民了，几乎可以肯定的是，如果你想到一个大有可为的研究课题或是一种似乎全新的研究方法，你很快就会发现，不同地方的个人和团队早已有了相同或类似的想法了。无论如何，知识史的研究显然已成为了一种趋势。

的确，直至最近，知识史——不像稍后便会谈及的知识社会

---

[*] 文章来源：Peter Burke, "Knowledge and their Histories", *What is the History of Knowledge*, Polity, 2016, pp.1-14。——译者

学——还被视为一种新奇的甚至是异类的话题。1993年,管理学理论家和未来学家彼得·德鲁克(Peter Drucker)声称,"目前还没有知识史",并预测它将"在未来几十年内"成为一个重要的研究领域。①这次他的预言稍显滞后,因为当时人们对知识史已是兴趣日增,并涌现出包括《知识就是力量》(Knowledge is Power,1989)、《知识场域》(Fields of Knowledge,1992)和《殖民主义及其知识形式》(Colonialism and its Forms of Knowledge,1996)等著作。② 20世纪90年代起,知识史从历史研究兴趣的边缘走向了中心,尤其是在德国、法国和英语世界。正如本书的时间轴所示,在过去数十年里,有关该主题的书籍日益增多,还出现了《维多利亚时代英国的知识组织》(The Organisation of Knowledge in Victorian Britain,2005)等集体研究成果。③

目前为止,最令人印象深刻的集体研究是由克里斯蒂安·雅各布(Christian Jacob)主编的两卷本巨著(预计还会有两卷)中的其中一卷,名为《知识之场》(realms of knowledge [Lieux de Savoir])——仿效皮埃尔·诺拉(Pierre Nora)那部当今鼎鼎有名的《记忆之场》(realms of memory [Lieux de Mémoire])。然而诺拉的文集仅限于法国,雅各布的作品关注的则是长时期(最近2500余年)的全球史。④

这项研究主题最初是许多独立倡议的产物,但它正在逐渐制度化。慕尼黑大学和牛津大学的两个研究知识史的学术团队都专注于现代早期。相关讲席已经设立,包括埃尔福特大学的"现代早期欧洲的知识文化"(2008年)讲席。研究中心已经成立,例如柏林的"马克斯-普朗克科学史研究所"(Max-Planck Institut für Wissenschafts-

---

① P. Drucker, Post-Capitalist Society, Butterworth Heinemann, 1993, p.30.
② R.D. Brown, Knowledge is Power: The Diffusion of Information in Early America, 1700–1865, Oxford University Press, 1989; F.K. Ringer, Fields of Knowledge: French Academic Culture in Comparative Perspective, 1890-1920, Cambridge University Press, 1992; B.S. Cohn, Colonialism and its Forms of Knowledge, Princeton University Press, 1996
③ M. Daunton ed., The Organisation of Knowledge in Victorian Britain, Oxford University Press, 2005.
④ C. Jacob ed., Lieux de Savoir, 2 Vols., Albin Michel, 2007-2011.

geschichte,1994)、苏黎世的"知识史研究中心"(Zentrum Geschichte des Wissens,2005)。① 还有关于该主题的课程,如曼彻斯特大学的"从古登堡到谷歌:中世纪至今的知识管理史"。集体研究项目也在进行中或是已经完结,其中之一是由"欧洲科学研究委员会"(European Research Council)资助的"实用可靠的知识"的历史研究。② 有关这个宏大主题的众多方面的学术会议愈发常见。知识史正在成为一种半学科(semi-discipline),它有自己的社团、期刊等。正如知识本身一样,知识的历史在快速扩张和碎片化的双重意义上爆炸了。

历史编纂学

尽管体系完备的知识史的出现是一个相对较新的现象,但不妨回想,在过去的几个世纪里,一些学者已经憧憬于一部知识史,甚至尝试动笔去写了。哲学家、律师和政治家弗朗西斯·培根在《学术的进展》(1605年),及其随后更长的拉丁文版本《论学术的进步》(*De Augmentis Scientiarum*)中,阐述了一项知识改革的计划,这是我们现在所称的"科学政策"的鼻祖。培根讨论了在何时、何地(在"学问的什么位置与场所")研究何物;知识是如何传播的,"因为各门科学就像人一样迁徙";知识是如何繁荣、衰落或消亡的;甚至还讨论了他所谓的不仅在欧洲,而且是世界范围的对于学问的"多样化管理与安排";由此,他主张关于学术的不同分支的历史将有助于改革。③

早于德鲁克三百五十年,培根就抱怨这样的知识史尚未写成。尽管他启发托马斯·斯普拉特(Thomas Sprat)——一位年轻的牧

---

① P.Sarrasin,"Was ist Wissensgeschichte?" *Internationales Archiv für Sozialgeschichte der deutschen Literatur*,Vol.36,No.1(2011),pp.159-172 为核心方式提供了一个宣言。

② P.K. O'Brien,"Historical foundations for a global perspective on the emergence of a West European regime for the discovery, development and diffusion of useful and reliable knowledge", *Journal of Global History*, Vol.8, No.1(2013), pp.1-24.

③ F. Bacon, *Advancement of Learning* (1605), G.W. Kitchin ed., J.M. Dent & Sons Ltd., 1915, p.62,70.

师——写出了一部于1667年出版的关于新成立的"皇家学会"的"历史"*（更准确地说,是一种描述）,但培根的计划首先是由一些18世纪的德国学者付诸实践,他们写就了自谓的"文学史"(historia literaria)（较之文学史,更像是学术史）,几十年后,一部自觉的文化史兴起,它再次由德国学者所创造。① 在法国,启蒙运动的领袖人物孔多塞侯爵在他的《人类精神进步史表纲要》(Esquisse d'un tableau historique des progrès de l'esprit humain,1793-1794)中强调了知识的增长。

19世纪出现了一场知识历史化的运动,它强调知识的发展或演化（通常被视作"进步"）。不仅是人类世界,自然世界当时都被认为受制于系统性变化的影响。这是以下两部著作表达的共同信息,查尔斯·莱尔(Charles Lyell)的《地质学纲要》(Elements of Geology,1838)区分了地球历史的不同时期,查尔斯·达尔文(Charles Darwin)的《物种起源》(Origin of Species,1858)围绕通过自然选择达成进化的观点组织论述。卡尔·马克思(Karl Marx)认为,人的所知与所思是他们社会地位、社会阶级的产物,哲学家兼社会学家奥古斯特·孔德(Auguste Comte)则关心不同学科的历史和分类,并试图说服法国教育部长设立一个科学史讲席（但他失败了）。

20世纪初,孔德所提倡的科学史被一些大学引入,尤其是在美国。德语学者则建立了所谓的"知识社会学"(Wissensoziologie),该学科关注的是在过去和现在,谁知道什么,以及在不同社会各类知识的运用。② 自然科学史被视为其他历史——社会或"人类"(human)

---

* 斯普拉特的著作为《伦敦皇家学会史——为了自然知识的改进》(The History of the Royal Society of London, for the Improving of Natural Knowledge)。——译者

① M.C. Carhart,"Historia Literaria and the science of culture from Mylaeus to Eichhorn",in P.N. Miller ed., Momigliano and Antiquarianism, University of Toronto Press,2007,pp.184-206.

② K. Mannheim,"The problem of a sociology of knowledge"(1925),in P. Kecskemeti ed., Essays in the Sociology of Knowledge, Routledge,1952,pp.134-190; R.K. Merton,"The sociology of knowledge"(1945),in Social Theory and Social Structure, Free Press,1957,pp.456-488.

科学史、人文学科史，以及最终，一般知识史——的典范。在德语中，可以说是从更学院式的科学史（*Wissenschaftsgeschichte*）转向更一般的知识史（*Wissensgeschichte*）。① 在英语中，我们可以称之为从科学史向知识史的转变。

　　这种转变是相当晚近才发生的。为什么会这样？当下的变化常常促使历史学家以新的方式来看待过去。例如，环境史的研究就是由人们对于地球未来的争论所推动。同样，目前关于我们的"知识社会"或"信息社会"的争论也激发我们以历史的方式研究该主题。② 历史学家对一般性讨论的贡献相对较小，小于他们能够或者本应完成的，因为历史学家的社会责任之一便是帮助其公民同胞从长远的视角看待当下的问题，从而避免眼界偏狭（parochialism）。

　　空间的偏狭性是众所周知的：**我们**（某个团体的成员）与**他们**（其他所有人）之间的鲜明隔阂。然而，时间同样存在偏狭性："我们"的时代与作为无差别的整体过去之间的简单对照。我们应当尝试避免这一受限的视角，既然如此，我们就应当将今天正在经历的数字革命视为一整系列知识革命的最新一次。有些历史学家已经回应了这个挑战，即把知识社会历史化的挑战。③ 一位学者写就了关于他所称的18世纪巴黎的"早期信息社会"的文章，另外两位学者则声称"美国人已经为信息时代做了三百多年的准备"。④

　　我们将在第四章回到连续性和革命的问题上。此处注意到下述

---

　　① U.J. Schneider,"Wissensgeschichte, nicht Wissenschaftsgeschichte", in A. Honneth and M. Saar eds., *Michel Foucault: Zwischenbalanz einer Rezeption*, Suhrkamp Verlag, 2003, pp.220-229; J. Vogel,"Von der Wissenschafts-zur Wissensgeschichte", *Geschichte und Gesellschaft*, Vol.30, No.4(2004), pp.639-660; Sarrasin,"Was ist Wissensgeschichte?".

　　② F. Machlup, *The Production and Distribution of Knowledge in the United States*, Princeton University Press, 1962; D. Bell, *The Coming of Post-Industrial Society*, Heinemann, 1974.

　　③ Vogel,"Von der Wissenschafts-zur Wissensgeschichte"; R. van Dülmen and S. Rauschenbach eds., *Macht des Wissens. Die Entstehung der modernen Wissensgesellschaft*, Böhlau, 2004.

　　④ R. Darnton,"An early information society: News and the media in eighteenth-century Paris", *American Historical Review*, Vol.105, No.1(2000), pp.1-35; A.D. Chandler and J.W. Cortada eds., *A Nation Transformed by Information*, Oxford University Press, 2000.

内容即可，知识史是由其他类型的历史学发展而来，特别是以下两种。第一种是书籍史，在最近几十年里，它从书籍贸易的经济史发展为阅读的社会史和信息传播的文化史。① 第二种是科学史，由于受到三项挑战的推动，它转向了更为广泛的知识史。

第一项挑战是由人们认识到现代意义上的"科学"是一个19世纪的概念（导致的），因此，使用该术语描述在更早时期的知识探求活动将助长历史学家最为痛恨的时代错置的错误。第二项挑战来自对于大众文化的学术兴趣的兴起，包括手工匠人和术士（healer）的实践知识。第三项，也是最为根本的挑战来自全球史的兴起，以及由此而来的讨论非西方文化的智识成就的需要。这些成就可能并不符合西方"科学"的模式，但它们仍是对知识的贡献。

知识是什么？

综上所述，最近几十年里，学术界内外都经历了可被称为认识论转向的运动。这种集体性转向，就像人文和社会科学的其他转向（语言转向、视觉转向、实践转向等）一样，提出了许多棘手的问题。其中最为突出的是**什么是知识**？这是一个哲学问题，但知识史家不能简单地抛给哲学家，因为无论如何，他们都会有不同意见。例如，对于一位哲学家而言，知识是与世界有着联系的有机体的任何状态。②

在试图回答这个问题之前，值得注意的是，一些历史学家，尤其是美国历史学家，更喜欢谈论"信息"，例如《一个被信息改变的国家》（*A Nation Transformed by Information*）或《当信息时代来临》（*When Information Came of Age*）这样的书。③ 同样地，2012年美

---

① J. Raven, *What is the History of the Book*? Cambridge University Press（即出）。
② H. Plotkin, *The Nature of Knowledge*, Harvard Univesity Press, 1994; 参见 N. Stehr and R. Grundmann, *Knowledge: Critical Concepts*, 4 Vols., Taylor & Francis, 2005。
③ Chandler and Cortada, *A Nation Transformed by Information*; D. R. Headrick, *When Information came of Age: Technologies of Knowledge in the Age of Reason and Revolution, 1700–1850*, Oxford University Press, 2001.

国历史协会年会上的两次会议议题为"如何书写信息史"和"国家机密信息"。选择"信息"而不是"知识"这个词表明了美国的经验主义文化,这尤其与德国关注理论和科学(Wissenschaft)形成鲜明对比,Wissenschaft通常被英译为"科学"(science),但它更广泛地意指系统化组织的知识的不同形式。

在我看来,这两个术语都是有用的,特别是当我们区分二者时。有时我们被告知,"我们被信息淹没了",但"缺乏知识"。在戏剧《岩石》(The Rock, 1934)中,艾略特(T.S. Eliot)已经问过这些问题:"我们在知识中失去的智慧在哪里?"以及"我们在信息中失去的知识在哪里?"借用克劳德·列维-斯特劳斯(Claude Lévi-Strauss)的一个著名的比喻也许能有帮助,即认为信息是生的(raw),而知识已是熟的(cooked)。当然,既然所谓的"数据"根本不是客观地"给出"的,而是被充满预设和偏见的人类头脑所感知和处理的,那么信息也只是相对生的。但是,正如第三章将阐明的,这些信息经由分类、批判、验证、衡量、对比和系统化的方式而一再被加以处理。在下文中,只要有必要,我们仍会区分知识和信息,尽管有时会用"知识"一词来表示这两个要素,尤其是在章节的标题中。

一些学者专注于信仰的历史(在法国,亦即信仰史[histoire des croyances]),通常集中在宗教信仰。另一方面,信徒则认为他们的信仰是知识。至于历史学家,他们最好是将知识的概念扩展到他们所研究的个人和群体视之为知识的全部内容。因此,本书没有单独讨论信仰。

复数的知识

尽管这项研究的标题如此,也可以认为,不存在知识史。只存在知识(复数)的历史(复数)。当前知识史的爆炸使得这点更加明显,同时也更有必要尝试将这些碎片拼接起来。因此,本书将以米歇尔·福柯为榜样,他经常写复数的知识(savoirs),而不是单数的知识(savoir);管理学理论家彼得·德鲁克曾提出,"我们已经从单数的知识转向了复数的知识";人类学家彼得·沃斯利(Peter Worsley)也声称:"存在复数的知识,而不单是大写的知识。"①

即使在某个特定的文化中,也存在不同种类的知识:纯粹和应用的、抽象和具体的、明确和隐含的、学术的和大众的、男性的和女性的、本土的和普世的、知道怎么做某事的和知道某事是怎样的。

最近一项关于17世纪科学革命的研究,对比了在1500年和18世纪时"什么是值得知道的?"强调了从"知道为什么"向"知道怎么做"的转变。② 人们认为值得知道的东西,因地点、时间和社会群体的不同而千差万别。那些被认为是理所当然之事同样如此,例如:三位一体的教义,巫术的灵验或者地球是圆的。同样有差别的是什么可作为确信(belief)的正当性:口头证词、书面证据或统计数据等。因此,"知识文化"(或 Wissenskulturen)这一短语在最近兴起,它涵盖了实践、方法、假设、组织和教授的方式等。③ 这个短语很有裨益,倘若我们牢记不同的知识可能在某个特定文化中共存、竞争和冲突:例如马丁·穆尔索(Martin Mulsow)最近对18世纪德国非正统思想秘密传播的研究提醒我们,存在着主流知识和被压制的知识。④

甚至知识的概念也随着地点、时间,以及(最重要的)语言的不同而改变。在古希腊,存在着 techne(知道如何做)、episteme(知道是什么)、praxis(实践)、phronesis(精明)和 gnosis(洞见)的分工。在拉丁语中,有着 scientia(知道是什么)和 ars(知道如何做)的区分,而 sapientia(衍自 sapere,"认识")意味着智慧,experientia 则意指从经验中获得的知识。在阿拉伯语中,episteme 被翻译成'ilm(复数

---

① Drucker, *Post-Capitalist Society*; P. Worsley, *Knowledges: What Different Peoples Make of the World*, Profile Books Ltd., 2007, p.10.
② P. Dear, *Revolutionizing the Sciences: European Knowledge and its Ambitions, 1500-1700*, Palgrave, 2001, pp.10-29, 168-170.
③ W. Detel and C. Zittel, "Ideals and cultures of knowledge in early modern Europe", in Detel and Zittel eds., *Wissensideale und Wissenskulturen in der frühen Neuzeit*, Akademie-Verlag, 2002, pp.7-22.
④ M. Mulsow, *Präkares Wissen: eine andere Ideengeschichte der Frühen Neuzeit*, Suhrkamp, 2012.

形式是'ulum,指"科学",因此学者过去也被称为'ulema)。gnosis 的对应词是 ma'rifah,而 sapientia 的对应词是 hikma。① 在中国,"知"(zhi)指一般知识,而"史学"(shixue)指的是专业学科(know-how)的知识。

在德语中,Erkenntnis(源自经验的知识,最初是 Kundschaft)和 Wissenschaft(学术知识)已有区别。在英语中,"科学家"和"专家"这两个词都出现于 19 世纪早期,那是一个日益专业化的时代。描述普通人所拥有的知识的词也是如此:"民俗"(folklore),通常意味着一种低劣的知识形式。在法语中,最著名的区别是 savoir(知识的通用术语)与 connaissance(指专业知识)。同样,在法语里不同群体的博学人士被描述为 intellectuels(扮演公共角色)、savants(主要是学者)和 connoisseurs(了解艺术或葡萄酒的人)。

不同种类的知识之间经常发生冲突。例如,当 15 世纪初米兰大教堂在建时,当地技艺精湛的泥瓦匠和负责该项目的法国建筑师就实践知识(ars)和理论,尤其是几何知识(scientia)的相对重要性发生了争论。17 世纪时,专业医生嘲笑助产妇和非官方术士的实践知识。18 世纪晚期,一位法国磨坊主撰文批评"博士",换言之,是 savants,控诉他们傲慢地告知磨坊主和面包师应当如何完成他们的工作。②

由于存在上述的变化和冲突,这些不同意义上的知识史已结出诸多成果,而且很多工作仍有待完成。一些有关实践(例如观察和描述)和态度(例如客观性)的著作已经出版了。如果有哪种知识是永恒的,那肯定是智慧。正当笔者写作本书时,一部即将出版的著作声

---

① F. Rosenthal, *Knowledge Triumphant*, Brill, 1970; A. H. Hourani, *A History of the Arab Peoples*, Faber & Faber, 1991, pp.158-171.

② J. Ackerman, "'Ars sine scientia nihil est': Gothic theory of architecture at the cathedral of Milan", *Art Bulletin*, Vol.31, No.2(1949), pp.84-108; J. Henry, "Doctors and healers: Popular culture and the medical profession", in S. Pumfrey, P. Rossi and M. Slawinski eds., *Science, Culture and Popular Belief in Renaissance Europe*, Manchester University Press, 1991, pp.191-221; S. L. Kaplan, *Provisioning Paris*, Cornell University Press, 1984, pp.457-463.

称它关注的是智慧的历史,或是几个世纪以来在不同地方被认为是智慧之物的历史。①

历史学及其近邻

刚开始研究知识史的普通的或常规的历史学家很快就会意识到,各门学科的学者们(或近或远的邻居)已经对该主题做出了宝贵贡献。因此,有必要对所谓的"学术部落和领地"做简要讨论,以便将历史学家所做的研究纳入更大的图景。②

毫不奇怪,许多学科都将知识作为研究的对象以及目标。知识史的邻近学科包括社会学、人类学、考古学、经济学、地理学、政治学、法学和科学史、哲学(更进一步还有认知研究的多学科领域,这将在第四章讨论)。大学以外的群体也不能被遗忘,档案管理员、图书馆员和博物馆馆长都对我们所谓的"知识研究"做出了重要贡献。

在这些相邻部落中,最为接近的是科学史,它已从关注伟大科学家的伟大思想转向了研究诸如科学协会等机构、实验和观察等实践活动以及实验室和植物园等场所。对知识史的许多贡献可被描述为另一个名称下的(这种新类型的)科学史。另一个近邻是哲学。从古希腊人开始,哲学家们就一直关注认识论(源于希腊语术语 episteme),提出了诸如"什么是知识?""我们怎么才能认识某物?""我们的知识可靠吗?"等问题。米歇尔·福柯是认识论更新的一位领军者,他从哲学转向医学史,从对疯癫和诊所的研究转向对知识(savoir)和权力(pouvoir)关系的更为普遍的思考,提出了"权力的行使总是创造知识,反之,知识始终导致权力的作用"的精辟论述。③

---

① L. Daston and E.Lunbeck, *Histories of Scientific Observation*, University of Chicago Press, 2011; L. Daston and P. Galison, *Objectivity*, Zone Books, 2011; T. Curnow, *Wisdom: A History*, Reaktion Books, 2015.
② T. Becher, *Academic Tribes and Territories: Intellectual Enquiry and the Cultures of Disciplines*, SRHE and Open University Press, 1989.
③ M. Foucault, *Power/Knowledge: Selected Interviews and Other Writings, 1972 - 1977*, Pantheon Books, 1980, p.52.

弗朗西斯·培根在这一点上说得再简洁不过了,他知道,在政府管理知识的同时,知识也赋予政府权力,或如他所言,知识使政府"得以可能"。①

长期以来,社会学家始终关注影响知识的社会因素,或在特定环境下什么被认为是知识的问题。20世纪20年代,在后来被称为"知识社会学"的第一波浪潮中,曼海姆(Mannheim)提出了思维的"存在性约束"(existential binding, Seinsverbundenheit)或"情境约束"(situational binding, Situationsgebundenheit)的观点,换言之,它是指"思维模式"或"特定群体的社会地位"之间的"密切联系"。这是卡尔·马克思的"思维由社会阶级决定"观点的更为温和或开放的说法。正如曼海姆所写,"我们所言的这些群体不只是阶级——这是一种教条式的马克思主义会主张的,还有代际、身份群体、教派、职业群体、学校,等等"②。

20世纪70年代起,知识社会学的第二波浪潮开始显现。③皮埃尔·布尔迪厄(Pierre Bourdieu)对于知识社会学的贡献在诸多重要方面都承续了曼海姆的工作。布尔迪厄研究了法国大学体系,或者他称之为学术"场域"或"战场",分析了入场的条件以及个人在场中的地位与学术权力的不同策略和形式之间的关系。曼海姆曾赞扬那些有勇气将自己及其对手的观点置诸社会分析之下的学者。实际上,布尔迪厄撰写了他所谓的"反思社会学"(reflexive sociology),他将深邃的目光投向了自己、同事和自然科学家的工作中。④ 与此同时,所谓的科学社会学的"爱丁堡学派"提出了他们称为"强纲领"(strong programme)的理论,试图超越曼海姆,解释自然科学领域的

---

① Bacon, *Advancement of Learning*, p.10,70.
② K. Mannheim, *Ideology and Utopia* (1929), Routledge and Kegan Paul, 1936, pp.239,244,247-248.
③ A. Swidler and J. Arditi, "The new sociology of knowledge", *Annual Review of Sociology*, Vol.20(1994), pp.305-329; E.D. McCarthy, *Knowledge as Culture: The New Sociology of Knowledge*, Routledge, 1996.
④ Mannheim, *Ideology and Utopia*, p.69; P. Bourdieu, *Homo Academicus* (1984), Stanford University Press, 1988; *Science of Science and Reflexivity* (2001), Polity, 2004.

成功和失败的理论。①

知识情境化的观点本身就是情境化的。例如,在第一次世界大战爆发时,曼海姆还是个年轻小伙,他在奥匈帝国崩溃中成长,这种崩溃使得许多人质疑他们此前视为理所当然的信仰。知识社会学的第二波浪潮,从福柯到布尔迪厄,发生在1968年5月巴黎著名的"事件"之后,当时学生们不仅在街头与警察搏斗,还对学术体系提出了质疑。与此同时,女性主义的兴起激发了对于女性学者职业生涯障碍的分析,以及——更具积极意义的——对于女性"认识方式"的研究,这将在第四章中讨论。② 20世纪70年代情境的第三个因素是"后殖民"思想家的崛起,他们对去殖民化进程——或者更准确地说,对这一进程的被感知到的局限性做出了回应。爱德华·萨义德(Edward Said)以福柯的方式对权力和知识之间的关系进行了案例研究,他认为西方对"东方"的研究本质上是统治该地区的一种方式。③

皮埃尔·布尔迪厄在研究法国之前曾研究过阿尔及利亚,他的工作可以被同等地视为对知识社会学或知识人类学的贡献。曾几何时,这两门学科是相对区分的。社会学家研究整体性的社会,并从社会结构的多样性的角度来解释他们所描述之物。相反,人类学家在村庄里进行田野考察,对于他们所观察到的做出文化解释,包括他们过去称之"民族科学"(ethnoscience)的内容。正如语言学家在濒危语言消亡前记录它们一样,人类学家,特别是自称为"认知人类学家"的群体,记录了可被称为"濒危知识"的东西,包括建筑工人、铁匠和木匠的专业技能(knowhow)。复数形式的知识或"知识文化"的观

---

① D. Bloor, *Knowledge and Social Imagery*, Routledge & Kegan Paul, 1976.

② D. Haraway, "Situated knowledge", *Feminist Studies*, Vol.14(1988), pp.575-599; L. Schiebinger, *The Mind has no Sex? Women in the Origins of Modern Science*, Harvard University Press, 1989; M.F. Belenky et al., *Women's Ways of Knowing*, Basic books, 1976; D.E. Smith, *The Conceptual Practices of Power: A Feminist Sociology of Knowledge*, Northeastern University Press, 1990; L. Alcoff and E. Potter eds., *Feminist Epistemologies*, Routledge, 1993.

③ E. Said, *Orientalism*, Routledge & Kegan Paul, 1978.

点,就像复数形式的文化观一样,都来自人类学家。挪威学者弗雷德里克·巴斯(Fredrik Barth)是当今人类学的领袖人物之一,他将其漫长职业生涯中的大部分时间都倾注于研究从巴厘岛到新几内亚的不同社会的知识。[①]

近来,社会学与人类学之间的差异有所模糊。例如,法国学者布鲁诺·拉图尔(Bruno Latour)——他横跨人类学和科学史领域,是"科学和技术研究"的领军者——曾在实验室(他所处的生物化学实验室)进行"田野考察",以观察正在形成的科学知识,因此,他将"西方"科学与特罗布里亚人(Trobrianders)或是阿赞德人(Azande)——两者都是20世纪20年代和30年代经典人类学的研究对象——等民族的知识置于相同基础上。拉图尔接着出版了他所谓的法国最高行政法院(Conseil d'État)的"人种志"。人类学家这种胆大妄为的行为激发了第四章将会回应的一个主要问题,即相对主义问题。[②]

考古学家对"史前"时代(换言之,即书写体系发明前的时代)的知识和思维方式的重建深感兴趣。他们已转向人类学,试图在实物遗存中推测知识和思维,因为很多人类学家研究过类似史前时代的、小规模的和使用简单技术的社会。因此,"认知考古学"与认知人类学并行,它们都是利用认知科学的成果来寻找"古代思维"。[③]

强调知识被制造的地点——这在福柯的著作中很明显——启发了地理学家以及历史学家。[④] 同样在这个学科中,最新的认识论转

[①] R. D'Andrade, *Development of Cognitive Anthropology*, Cambridge University Press, 1995; Worsley, *Knowledges*; F. Barth, "An anthropology of knowledge", *Current Anthropology*, Vol.43(2002), pp.1-18; N. Adell, *Anthropologie des savoirs*, Armand Colin, 2011.

[②] B. Latour and S. Woolgar, *Laboratory Life*, SAGE Publications, 1979; K. Knorr-Cetina, *The Manufacture of Knowledge*, Pergamon Press, 1981; B. Latour, *The Making of Law: An ethnography of the Conseil d'Etat*, Polity, 2010. 普遍的反思,见 Y. Elkanah, "A programmatic attempt at an anthropology of knowledge", in E. Mendelsohn and Y. Elkanah eds., *Sciences and Cultures*, Reidel, 1981.

[③] C. Renfrew and E. Zubrow eds., *The Ancient Mind: Elements of Cognitive Archaeology*, Cambridge University Press, 1994; M.A. Abramiuk, *The Foundations of Cognitive Archaeology*, MIT Press, 2012, pp.157-214.

[④] J.W. Crampton and S. Elden eds., *Space, Knowledge and Power: Foucault and Geography*, Ashgate, 2007.

向已是显而易见。最近关于科学知识的地理学研究表明了这一点，该研究受到以下悖论的启发：科学知识是普遍的（或至少声称是如此），然而它却是在特定的环境（如实验室）和（至少主要是）特定的文化下被制造的。①

经济学家长期以来对信息在经济决策中的作用感兴趣，但从20世纪60年代起，与其他学科一致，经济学的"认知转向"也开始显现，它将知识作为资本的一种形式加以讨论。例如，日本管理学理论家野中郁次郎（Ikujiro Nonaka）认为，"知识创造型公司"更具创新性，因此更有竞争力。一些经济学家将知识视为可买卖的商品，尽管正如一位理论家承认的，"很难将信息转化为财产"。② 最后一项步骤涉及律师的领域。知识产权（有时称为IP）法是美国、欧盟和其他地方的法律中增速最快的部分之一，旨在应对各种新媒体的版权问题以及专利纠纷。③

另一方面，政治学或政治科学系对知识研究的贡献少于预期。上面引述的关于权力和知识之间关系的著名论述，是由局外人米歇尔·福柯完成的。同样，"知识的地缘政治"一词与地缘政治学专家无关，而是文学教授沃尔特·米格洛（Walter Mignolo）提出的，而且地缘政治学导论几乎不谈论知识，尽管它们会探讨诸如地图和公共舆论等话题。④

同样地，尽管信息对政治和军事决策显然与对经济决策同等的至关重要，但政治学系的学生大都将它抛给社会学家、地理学家和历史学家。韦尔斯利学院的政治学教授罗克珊·尤本（Roxanne Euben）

---

① J. Golinski, *Making Natural Knowledge* (1998), University of Chicago Press, 2005, pp.79-102; D.N. Livingstone, *Putting Science in its Place: Geographies of Scientific Knowledge*, University of Chicago Press, 2003.

② I. Nonaka and H. Takeuchi, *The Knowledge-Creating Company*, Oxford University Press, 1995; K.J. Arrow, "The economics of information", *Empirica*, Vol.23(1996), pp.119-128, 125.

③ L. Bently and B. Sherman, *Intellectual Property*, Oxford University Press, 2004.

④ W. Mignolo, "The geopolitics of knowledge and the colonial difference", *Social Epistemology*, Vol.19(2005), pp.111-127; K. Dodds, *Geopolitics: A Very Short Introduction*, Oxford University Press, 2007, pp.115-172.

则属例外,她在《彼岸之旅》(*Journeys to the Other Shore*,2006)一书中比较了伊斯兰世界和西方世界探寻知识的旅行。另一个例子是耶鲁大学的政治科学和人类学教授詹姆斯·C.斯科特(James C. Scott),他的著作《国家的视角》(*Seeing Like a State*,1998)批评了中央政府做规划所依据的一般和抽象的知识,并为他所称的"植根于本土经验"的"实践知识"而呼吁。① 对本土知识的兴趣往往与对于帝国主义以及被征服的或下层的知识的关注联系在一起,这并非出于偶然,它在过去被称作"第三世界"的地区,尤其是非洲和南美洲最为强烈。例如,马里的巴马科已经建立了一个本土知识研究中心,而讨论这一课题的西班牙裔美国学者包括沃尔特·米格洛和路易斯·塔皮亚(Luis Tapia)。②

正如记忆研究已经扩展到包括遗忘这一互补的对立主题,知识研究也开始容纳对于无知的研究,包括已消亡或被有意拒斥的知识(见下文,第二章)。③ 毋须说,本书作者也深受无知之苦。毫不夸张地说,我对知识的了解是零碎的。我对非西方世界的了解远不及对西方的了解,对大学以外的知识的了解远不及对学术知识的了解,对自然科学的了解远不及对人文学科的了解。尽管受到这些限制,下文仍将尽力展现多样的知识史。本书将从关键概念入手,然后转向研究将信息转化为知识的过程,这些知识可以更广泛地传播并用于不同的目的,最后以讨论该领域内经常出现的问题和未来的前景为总结。

---

① J.C. Scott,*Seeing Like a State*,Yale University Press,1999,尤其是 pp.309-341。
② W.D. Mignolo,*Local Histories/Global Designs:Coloniality,Subaltern Knowledges and Border Thinking*,Princeton University Press,2000;R. J. C. Young,*Postcolonialism:A Very Short Introduction*,Oxford University Press,2003;L. Tapia,*La Producción Del Conocimiento Local*,Muela del Diablo editores,2002(biblioteca.clacso.edu.ar/Bolivia/cidesumsa/20120906015335/tapia.pdf)。
③ R.N. Proctor and L.Schiebinger eds.,*Agnotology:The Making and Unmaking of Ignorance*,Stanford University Press,2008;R. Wallis ed.,*On the Margins of Science: The Social Construction of Rejected Knowledge*,University of Keele,1979;P. Burke,*A Social History of Knowledge*,Vol. 2,Polity,2012,pp.139-159。

作者简介:彼得·伯克,英国著名历史学家,剑桥大学文化史荣誉教授,伊曼努尔学院终身研究员,主要研究欧洲现代早期文化史与社会史,在历史学理论与方法领域亦有不少著述。

译者简介:李小龙,复旦大学历史学系世界史专业博士研究生,研究方向为西方史学史与史学理论。

校者简介:黄璐,复旦大学马克思主义研究院,青年副研究员。

以"知识"重观"历史"
——简述近期欧美学界有关"什么是知识史"的讨论

章　可

一、引言

能被称为"知识史研究"的学术活动,在欧美学院中出现已有很长的时间,但知识史研究成为一种"学术自觉",其理论与方法被频繁讨论,则应是 21 世纪以来的新现象。在最近几年,其热度愈发上升。2020 年,在《知识史杂志》(*Journal for the History of Knowledge*)的创刊号上,两位主编杜普雷(Sven Dupré)和索姆森(Geert Somsen)曾开宗明义,提出野心勃勃的问题:"2020 年会成为知识史研究新纪元的开始吗?"[①]这当然不是毫无根据的虚妄之谈,而代表着他们对学术潮流的敏锐把握。

相较北美,近年来知识史研究在欧洲更显兴盛之势。比如在德国柏林、瑞士苏黎世、瑞典隆德(Lund),以"知识史"为名的研究中心都相继成立。至于有关的研究实践,以往在不同语言中都各有其发展线索,比如德国和瑞士的"*Wissensgeschichte*",法国的"*histoire des savoirs*",瑞典以及北欧的"*idéhistoria*",英国的"History of Knowledge",如今开始汇聚一处,彼此间展开更频繁的对话和整合。

[①] Sven Dupré and Geert Somsen, "Forum: What is the History of Knowledge?" *Journal for the History of Knowledge*, Vol.1, No.1(2020), p.1.

此外，以知识史为名的新刊物如《知识史杂志》《认知》等陆续创刊；国际知名的出版公司也开始出版与知识史有关的书系，比如劳特里奇出版公司的"历史中的知识社会"（Knowledge Societies in History）系列、阿姆斯特丹大学出版社的"知识史研究"（Studies in the History of Knowledge）书系、罗曼与利特菲尔德（Rowman & Littlefield）出版集团的"全球知识学"（Global Epistemics）书系，等等。

在这股潮流之中，最先表达学术反省意识、著述最为丰富的，当属英国著名历史学家彼得伯克。在2000年、2012年分别完成《知识社会史》上、下两卷出版后，伯克又在2016年出版《什么是知识史？》，在2020年出版《博学者：从达·芬奇到桑塔格的文化史》，[1]而他目前正在写作的书籍则是关于"无知"的社会史。

当然，大多数相关研究以考察历史上的各种"知识"为主旨，但关注"知识史"这一学术方向本身问题的论著也时有出现。究竟知识史研究的任务为何，它在史学研究中如何定位，它的核心主题又是什么？本文以伯克《什么是知识史？》一书及其激发的众多讨论为主要关注对象，概述学者们对以上问题的观点，并由此展开讨论。

二、如何界定知识史在史学研究中的位置

如前所述，在欧美学院中，知识史研究实际上处于一个"实践先行"的状态。在最近几个世纪里，很多学者的研究已经涉及历史上各个时代的知识，但他们还没有自觉举起"知识史"的大旗。那么，时至今日，我们如何看待知识史研究在历史学中的位置，知识史是否应该成为历史学之下的一个分支领域或者次级学科？

在厘清这个问题之前，一般的想法是先应考究知识史研究的核

---

[1] Peter Burke, *A Social History of Knowledge*, *From Gutenberg to Diderot*, Polity Press, 2000; Peter Burke, *A Social History of Knowledge II*, *From the Encyclopedia to Wikipedia*, Polity Press, 2012; Peter Burke, *What is the History of Knowledge?* Polity Press, 2016; Peter Burke, *The Polymath: A Cultural History from Leonardo da Vinci to Susan Sontag*, Yale University Press, 2020.

心要素,即历史上的"知识"本身。什么是"知识"?对此问题的回答多种多样。人们通常认为,知识是人类对世界的理解和认知之总和。但这一界定仍然略显含糊。有趣的是,如果我们反过来问"什么不是知识?"这个问题也不是历史学家所能轻易回答的。伯克本人在《什么是知识史?》书中,并没有给出"知识"(knowledge)一词的准确定义,书中很多地方他交替使用"知识"和"信息"(information)这两个词,对如何准确区分它们也未做太多解释。按他的说法,"信息"是北美学者较喜爱使用的词汇,其原因是受到一种"实用主义哲学文化"的影响。① 但按照列维·斯特劳斯所说,"信息"与"知识"之间有"生"与"熟"之分,信息被以各种方式组合并被置入特定解释框架之中,从而形成知识。②

其实,"生"与"熟"的区分仍显笼统,因为即使是"生"的信息,它也不是自然而然呈现的,它也会受到认知前提和模式的影响,用伯克的话说,它也可能是充满预设和偏见的。③ 因此,对历史学家而言,重要的不是探究"知识"的本质性定义,而是研究在不同历史时代,"知识"如何成为人们认识自身和世界的工具。德国女学者莱西希认为,知识史当然和"知识"有关,但"知识"本身就是一种历史性的现象。换句话说,什么能构成知识,什么又不成其为知识,在不同的时空,人们对此看法也多有差异。按这种思路,知识史研究不仅要关注什么是"知识",且更应考究过去的人们如何以"知识"这种观念来进行理解,他们又是如何界定"知识"及其边界的。④

当代很多人认为,"知识"总是代表着证据、可靠性、可验证性、理性、真理等概念,但莱西希指出,这种理解太过简单化。以"证据"为

---

① Peter Burke, "Response", *Journal for the History of Knowledge*, Vol.1, No.1, (2020), p.1.
② Simone Lässig, "The History of Knowledge and the Expansion of the Historical Research Agenda", *Bulletin of the German Historical Institute*, Vol.59(Fall 2016), p.39-40.
③ Peter Burke, *What is the History of Knowledge*? Polity Press, 2016, p.6.
④ Simone Lässig, "The History of Knowledge and the Expansion of the Historical Research Agenda", *Bulletin of the German Historical Institute*, Vol.59(Fall 2016), p.39. 陈思言、刘小朦在《医疗史与知识史——海外中国医疗史研究的趋势及启示》一文中也注意到莱西希的观点,见《史林》2020年第3期,第27—28页。

例,虽然一般认为"证据"本身能够使知识区别于信仰或者情感,但是不同时空的人们对于什么能够构成"证据"的理解大为不同,对证据之表现形式的把握也是主观性很强的活动。在莱西希看来,知识与非知识之间的界限其实是流动的,随着时代的变化而变化。① 莱西希其实代表了很典型的历史化方法,她的研究没有预设一个本质化的"知识"定义,而希望探讨历史中的人如何看待知识。

需要注意的是,以福柯在《知识考古学》中的说法,不论在何种时代,知识总是一种带有"真理性宣称"的话语,② 换句话说,不论知识如何构成,不论它事实上是否代表着真理,它总是以"真理"的面目出现的。如果按福柯的想法,除了历史方法之外,很难还有其他方法去衡量这种"真理性宣称"的对错,所以对于知识,人们能做的主要就是以历史的方式去描述它,分析它的内在结构和运作方式,以及重建它所产生的效应。学者大多认为,福柯的分析很大程度上奠定了当代知识史研究的基础,③ 即研究者们可以避开对知识"对错"或"真理与否"做简单的评判,而是以历史的眼光去考究它们。

类似视角同样可被用于考察"知识"与"信仰"的对立。在很多文化中,与信仰有关的、超越性的精神内容被视作一种"智慧"(wisdom),体认"智慧"的方式,显然和一般所说的理性认知有很大差别。因此,对历史学家而言,重要的是打破"知识"和"理性"之间的刚性对应关系,承认某些同样带有"真理性宣称"的"灵性知识"在历史上曾经发挥过的作用,时至今日,很少人会把各种包含非理性因素的信仰体系作为整体与"知识"相区分。即使如此,如何看待某些极端神秘论、不可知论的思想观念?将它们与"知识"混为一谈,会不会导致某种危险?④ 如以一种历史化、工具化的视角去看,这个问题在实践中

---

① Simone Lässig,"The History of Knowledge and the Expansion of the Historical Research Agenda",*Bulletin of the German Historical Institute*,Vol.59(Fall,2016),p.39-40.
② 〔法〕米歇尔·福柯:《知识考古学》,董树宝译,生活·读书·新知三联书店 2021 年版,第 218 页。
③ Philipp Sarasin,"More Than Just Another Specialty:On the Prospects for the History of Knowledge",*Journal for the History of Knowledge*,Vol.1,No.1(2020),p.2.
④ Ibid.,p.2-3.

并不难解决。在某个时代或某个研究对象那里,承认某些东西神秘而不可知,也是其整体世界认知的一个部分或一个侧面,它即使谈不上是"知识",也是知识史需要考察的内容。

为什么历史学家们会把"知识"作为研究对象?按伯克的观察,当代西方的知识史研究是从另两类研究中逐步发展出来的,一是书籍史,二是科学史。① 在20世纪下半叶,随着各类研究的深入,越来越多学者发现,传统的书籍史或科学史研究,都无法涵盖人类历史上的"知识"全部,因此需要一个更广大的视野。

如果说书籍代表着知识的外在载体,那么"科学"则是近代以来人们最常用的看待"知识"的眼光。很多学者提到,在欧美世界,早期对"知识"的研究主要是以"科学"和"科学知识"为主,并带有西方中心主义和科学主义色彩,在"二战"后尤其是后现代主义思潮兴起后,"科学"对知识的垄断才被打破。② 人们开始意识到,现代意义上的"科学"本身就是19世纪才定型的思想观念。德国学者埃利亚斯(Norbert Elias)早就指出,以往关于科学知识的学说未能充分说明科学的知识如何从非科学的知识中发展出来,用现代人已知的、想当然的思维方式和范畴理解以往未知之时的思维,因此会导致很大的误解。③

即使是"科学"观念产生以后,它也无法包含"知识"的全部。美国科学史家达斯顿(Lorraine Daston)就认为,知识史除了关注一般意义上的"科学"之外,还应包括两个领域:其一是以往被认为不合"科学"标准,甚至不合"知识"标准的那些东西,比如手工匠人的手艺,打猎、放牧、农耕这种实用性的技能,民间郎中的药方食谱,等等。其二就是"学问"的历史,尤其是人文知识的历史。④ 这两大领域内

---

① Peter Burke, *What is the History of Knowledge*? Polity Press, 2016, p.5.
② 潘晟:《知识史:一个简短的回顾与展望》,《史志学刊》2015年第2期,第101页。
③ 李康:《埃利亚斯》,载杨善华主编《当代西方社会学理论》,北京大学出版社1999年版,第342页。
④ Lorraine Daston, "The History of Science and the History of Knowledge", *KNOW: A Journal on the Formation of Knowledge*, Vol.1, No.1(2017), p.143-144.

容有其自己的发展路径,并不一定与现代科学共生伴随。但自19世纪以来,它们却经常被现代科学所规定。知识史研究旨在从历史角度将它们与现代科学"解绑",还原其本来面目。

达斯顿所说第一个领域内的"实用技能",代表的就是当代知识史研究的重要关注对象——"默会知识"(tacit knowledge,或译"隐性知识")。"默会知识"与"明晰知识"(explicit knowledge,或译"显性知识")的区分来自于迈克尔·波兰尼(Michael Polanyi)的名著《个人知识》①,它指的是一种无法通过语言文字符号清晰准确表达或者直接传递的知识形态。因其往往不见于文字,所以成了传统书籍史研究的"盲区",而科学史研究也不重视这类内容。如何研究"默会知识"? 时至今日,这仍然是困扰着很多学者的难题。彼得·伯克提出两个方向:其一是关注一些"默会知识"的混合性和多层次性,即它有可能借助某些符号进行表达,其二是研究"默会知识"文本化的过程,也就是它如何向"明晰知识"进行转化。②

打破"科学"对知识的垄断,另一层含义是打破传统"科学"或"知识"理解中的西方中心主义。从世界文明史的眼光来看,不同地域的文明有着不同的知识体系,其产生、发展、组织结构等并不能用单一的标准去衡量。比如欧洲、中国和阿拉伯世界之间的对比就是最好的例子。因此,越来越多的历史学家主张不能用单一的眼光去描述知识。③ 德国思想史家科泽勒克(Reinhart Koselleck)曾经把"历史"这一概念描述成一种"集合性单数"(*Kollektivsingular*),即它本身包含许多种不同的形式,但都是作为整体的"历史"之组成部分。④ "知识"和"知识史"其实也是如此。

---

① Michael Polanyi, *Personal Knowledge*. University of Chicago Press, 1958. 中译本见〔英〕迈克尔·波兰尼:《个人知识:朝向后批判哲学》,徐陶译,上海人民出版社2017年版,第二编。

② Peter Burke, *What is the History of Knowledge?* Polity Press, 2016, p.38-39.

③ Marwa Elshakry, "Beyond a Singular History of Knowledge", *Journal for the History of Knowledge*, Vol.1, No.1(2020), p.3.

④ Reinhart Koselleck, *Begriffsgeschichten: Studien zur Pragmatik und Semantik der politischen und sozialen Sprache*. Frankfurt am Main: Suhrkamp, 2006. S. 66.

总而言之,21世纪以来,知识史研究的触角正在伸向人类过去的更多角落,触及更多领域。但同时,它的兴起是非替代性的,并不会因此就导致其他某些领域的衰落和消亡。彼得·伯克曾设想了知识史研究将来的两种可能走向,其一是逐渐成为自觉自成的领域,成为历史学当中一门成熟的次级学科;另一走向是,它会渗入许多其他史学分支中,比如政治史、经济史、社会史等。伯克自己也承认,后一走向的可能性更大。① 我们可以想象,在这点上,"知识"和"文化"有些类似,它当然无法涵盖所有,但人们在哪里都能发现它的踪迹,研究各种"历史"都离不开它。一言以蔽之,知识史可以被视作人们看待"整体历史"的一种视角,一种渗透性很强的视角。

三、知识史研究若干主题

知识史当然以"知识"为研究对象,那么,它与传统思想史(intellectual history)、观念史(history of ideas)、文化史(cultural history)、社会史(social history)等研究有何不同?或者说,同样涉及"知识",知识史研究应该有何种特异之处?它的主体性如何体现?

瑞士学者萨拉辛(Philipp Sarasin)在2020年提出知识史研究的三大"柱石"(pillar),或者说三个核心的主题,第一是知识的诸种秩序,第二是知识流通,第三是知识的物质性和媒介性。②

我们首先从"知识秩序"这一概念开始。"知识秩序"(Order of Knowledge)是彼得·伯克喜爱用的一种说法,这当然是受到福柯著作英文译名《事物之秩序》(*The Order of Things*)的启发。"知识秩序"指的是"特定文化当中知识的主要形式和组织,再加上与它们紧密相关的社会价值,共同构成的体系"。③ 这种秩序是更广大的社会

---

① Peter Burke, "Response", *Journal for the History of Knowledge*, Vol.1, No.1(2020), p.5.
② Philipp Sarasin, "More Than Just Another Speciaty: On the Prospects for the History of Knowledge", *Journal for the History of Knowledge*, Vol.1, No.1(2020), p.3.
③ Peter Burke, *What is the History of Knowledge*? Polity Press, 2016, p.26.

文化体系的一部分,比如在古代中国,这个秩序是由儒学和科举制度主导的;在阿拉伯国家,则是由清真学派和伊斯兰学校奠立的。不同文明,甚至同一文明的不同阶段都可能会有不同的知识秩序,因此,和"知识"本身一样,它也具备很强的多元性和流动性。

　　从"知识秩序"的角度去看,知识史比传统思想史研究视野更加广阔。在传统思想史(或学术史)研究中,重要的思想家、学者无疑居于核心,这些人的原创性作品有其独特贡献,推动了整个思想观念史的发展。但在知识史的视野里,这些重要思想家、学问家的作品其实都是其身处特定时代的"知识秩序"的产物,再伟大的论述也离不开其背后的那一套知识体系。

　　所以,对"知识秩序"的强调,使知识史研究重新估量经典思想家和学者的"原创性",并引入一种更普遍化的分析视角。从知识史视野来看,很多思想家的论著观点就不显得那般"石破天惊",它自有其得以产生的知识脉络,后者即如土壤一般。思想家无法跳脱此种脉络,正如人无法跳脱自己的皮肤。知识史学者不但关心新的"知识"之出现,还要关心在某些特定的历史场景中,人们在解释他们面对的这个世界时,背后基于何种特别的"知识秩序"?他们是运用何种或哪些既有知识来进行解释的,而这些新的解释反过来是否会,或者如何影响既存的知识秩序。

　　知识史研究的问题之一是,它是否要将历史上所有的认知行为都纳入考察范围,如何区分出有价值的认知行为和研究对象。经典思想家的著作当然值得关注,那么普通人的毫不起眼的认知活动应该被研究吗?美国历史学家苏珊娜·马钱德就认为,知识史研究者必须思考"哪些知识值得被认识?",否则其研究就会太过庞大、松散而琐碎。① 历史上数不胜数的个体认知行为,只要被置入某些特定的知识体系或者"知识秩序"当中,才能凸显其价值,才能被研究者注意。

---

① Suzanne Marchand,"How Much Knowledge is Worth Knowing? An American Intellectual Historian's Thoughts on the *Geschichte des Wissens*",*Berichte zur Wissenschaftsgeschichte*,Vol.42,2019,p.126.

研究历史上的"知识秩序"还会触及它的另一侧面,即"无知"（ignorance）。这也成为知识史研究的重要内容,就如同研究"记忆"的史学家要关注"遗忘"、研究"语言"的史学家们要关注"沉默/无声"一般。历史上不同"知识秩序"的差别,同时也伴随着不同"无知"的差别。而"无知"状态还分为两种,一是人们"知其无知",二是人们"不知其无知"。① "知其无知"和"不知其无知"的区分,不仅关系到人们对特定知识的了解程度,还涉及该时代整体的知识框架、认知模式和范畴等。②

接下来,我们再来看知识的"流通"（circulation）及其媒介（media）。之所以用"流通"这个词,是因为知识的流动往往是多方向、多层次的,相比之下,"传播"（dissemination）更多是单向状态。③ "流通"并不仅仅是对一种状况的描述,对于知识而言,它还有更具本质性的意义。

萨拉辛提出,理解"知识"最重要的方式,就是从"流通"的视角来看待它。知识的流通并不会将它变成"脱离情境属性"（unsituated）的东西,而极大地影响了它的形成。萨拉辛认为,知识从本质上而言更像是一种"混合物",它具有动态的形成过程,这一过程主要包含两个方面,一是知识流通的"媒介"往往对知识形成产生很大影响,二是不同时空中的"接受者们"也在重塑知识,他们在不同程度上成为了知识的"再生产者"或"共同生产者"。④ 莱西希也抱持同样观点,她认为知识的流通是知识史研究的最核心问题,知识只有进入意义的网络才能真正成型。⑤换句话说,没有知识是在完全真空和静态的状况下产生的,口传、文字书写、图像绘制以及其他意会方式,都是流通

---

① 实际上,"知其无知"和"不知其无知"这组区分在欧美公众中被广为谈论,是来自美国前国防部长拉姆斯菲尔德在伊拉克战争期间的著名陈述。可参见 Donald Rumsfeld, *Known and Unknown*, *A Memoir*. Penguin USA, 2012。

② Lukas Verburgt, "The History of Knowledge and the Future History of Ignorance", *KNOW: A Journal on the Formation of Knowledge*, Vol.4, No.1(2020), p.17-18.

③ 陈思言、刘小朦:《医疗史与知识史——海外中国医疗史研究的趋势及启示》,《史林》2020年第3期,第29页。

④ Philipp Sarasin, "More Than Just Another Speciaty: On the Prospects for the History of Knowledge", *Journal for the History of Knowledge*, Vol.1, No.1(2020), p.3.

⑤ Simone Lässig, "The History of Knowledge and the Expansion of the Historical Research Agenda", *Bulletin of the German Historical Institute*, Vol.59(Fall, 2016), p.43.

的媒介。只有在流通中的知识才成其为"知识"。

再进一步说,对知识的"流通"有三种不同的理解方式:第一是地理意义上的流通,即知识在不同国家、不同地区、不同空间之间的流动;第二是知识社会学意义上的流通,指知识在其生产者、传播者、接受者、消费者、再应用者之间的流动和转换;第三就是流通的"物质性"问题,即承载知识的物品媒介。[1]

说物品是知识的"承载者",似乎意味着它处于附属和被动的地位。其实不然,知识的"物质性"也在参与知识的流通,甚至对知识进行改造。以现代大众媒体为例,书籍、影视剧、广播、互联网等知识的载体,都会受制于"消费市场"这一大环境。商业因素、政治因素、不同物质媒介形式,都会影响知识的流通,甚至反过来塑造知识、改变一整个"知识秩序"。[2] 时至今日,随着数字化潮流的兴盛和互联网时代的来临,信息的大量泛滥和私人化、暂时化、碎片化等倾向已经给我们时代的知识整体带来了极大的变化。由今观古,"物"和"媒介"究竟在知识史中扮演了什么样的角色,这是今后的研究者无法忽视的问题。

以上所述的几个主题,其实都会涉及社会史、思想史、文化史的内容,但以"知识"作为分析核心,它们便有了独特的切入历史的方式。莱西希曾说,"知识"是继"文化"之后新出现的一种历史分析的类型。[3] 或许它就像一面透镜,人们透过"知识"观察本以为熟悉的历史发展进程,却能发现新的内容。只要人类认识世界的努力不停止,知识史研究就不断能获得新的资源。

作者简介:章可,复旦大学历史学系副教授。

---

[1] Johan Östling and David Heidenblad, "Fulfilling the Promise of the History of Knowledge: Key Approaches for the 2020s", *Journal for the History of Knowledge*, Vol. 1, No.1(2020), p.2.

[2] Peter Burke, *What is the History of Knowledge?* p.26-27.

[3] Simone Lässig, "The History of Knowledge and the Expansion of the Historical Research Agenda", *Bulletin of the German Historical Institute*, Vol.59(Fall,2016), p.44.

书生江海寄飘零

——《16—20 世纪知识史上的流亡与客居》导言*

彼得·伯克 著　周兵 译

1891 年,伟大的边疆史家弗雷德里克·杰克逊·特纳(Frederick Jackson Turner)便颇有先见地指出:"每个时代都参照自己所处时代最重要的条件来重新书写过去的历史。"①与时俱进之间,我们往往会从一些新的角度来审视历史。例如,20 世纪 50 年代历史人口学的兴起,是对当时有关人口爆炸的讨论所做出的回应;而 1968 年 5 月巴黎的事件,则激起了 20 世纪 70 年代法国等国家对近代早期民众暴动的广泛研究。在今天,显而易见的是,环境史的兴起回应了当前有关地球未来的争论,全球史反映了全球化的讨论,移民离散史涉及人口的迁徙,而知识史则关乎于"知识社会"的辩论。

一些前辈学者早已对这些论题有所研究。例如,研究移民的历史学家,很多人本身就是移民,如彼得·科瓦列夫斯基(Piotr Kovalevsky),他曾写过俄罗斯人的离散;或是生于移民家庭,如奥斯卡·汉德林(Oscar Handlin),他出生在布鲁克林,父母是俄裔犹太人,著有《波士顿移民》(*Boston's Immigrants*,1941)和《失根的人》(*The Uprooted*,1951);抑或是更晚近的例子,如马克·拉伊夫(Marc

---

*　文章来源:Peter Burke, *Exiles and Expatriates in the History of Knowledge, 1500 -2000*, Brandeis University Press/Historical Society of Israel, 2017。——译者

①　Frederick Jackson Turner,"The Significance of History",1891; repr. in Fulmer Mood [ed.], *The Early Writings of Frederick Jackson Turner*, Madison: University of Wisconsin Press,1938, pp.47-48。

Raeff),生于莫斯科,在柏林和巴黎受教育、在纽约任教,著有《境外俄罗斯:1919—1939 年的俄侨文化史》(*Russia Abroad:A Cultural History of the Russian Emigration*,*1919—1939*,1990)。进入 21 世纪后,对离散史和知识史的兴趣依然有增无减,蔚为可观。

由当下的关切而展开研究,无论是对个人还是群体来说,都无可厚非。尽管职业历史学家们反对所谓的"当下主义",但是须得分清问题和答案之间的区别。我们当然有权提出着眼于当务之急的问题,但是要避免的是,解决答案不能是只顾及眼前的,否则的话,是对过去历史的异他性或陌生感的抹杀。藉由于此,历史学家就可以从长时段的角度审视当下,从而会有助于人们从历史中理解现实。

本书是上述两种研究趋势的交集,即知识史和移民离散史,涉及流亡者和客居者两个人群,以及可称之为"流散的""移植的"或"翻译的"知识。就像我之前的两本书一样,还可以描述为是属于社会史、历史社会学或历史人类学范畴的研究,受到了皮埃尔·布尔迪厄、米歇尔·福柯和卡尔·曼海姆等人著作的启发。曼海姆本人曾经两度流亡,先是从匈牙利到德国,再从德国转至英国,他认为知识是社会性的存在。此论原意本是泛指,但对于流亡者们却尤为适用,因为他们必须应对其生活处境所发生的重大变化。①

解字释"流亡"

在希伯来语中,*galut* 一词大致形容强制性的迁移,而在许多欧洲语言中,很早便都有了"流亡者"(exiles)这个专有名词。② 在意大

---

① Karl Mannheim,"The Problem of a Sociology of Knowledge",trans.in his *Essays in the Sociology of Knowledge*,London:Routledge,1952,pp.134-190;Peter Burke,*A Social History of Knowledge from Gutenberg to Diderot*,Cambridge:Polity Press,2000;Burke,*A Social History of Knowledge from the Encyclopédie to Wikipedia*,Cambridge:Polity Press,2012.

② Yitzhak Baer,*Galut*,1936;English trans.,New York:Schocken,1947.

利语中，但丁用 *esilio* 来描述流亡的状态，他对此可是有亲身感受的；而 *èsule* 则是指个人的流亡，见于 16 世纪的历史学家弗朗西斯科·圭恰迪尼（Francesco Guicciardini）的笔下。阿里奥斯托（Ludovico Ariosto）则用 *prófugo* 指逃亡的人，而马基雅维利更偏向较为中性的 *fuoruscito* 一词，泛指离家外出的人。在西班牙，"流亡"（*exilio*）一词要到 20 世纪才被使用。西班牙语中传统使用的名词是 *destierro*（意为"连根拔起"），生动地表现了离乡背井的情景。西班牙哲学家何塞·高斯（José Gaos）是一个相对较为乐观的流亡者，在内战后前往墨西哥避难，他更喜欢用其自创的新词 *transtierro*，自称"不是连根拔起到了墨西哥，而只是……移植"（*no me sentia en México desterrado, sino ... transterrado*）。然而，与他一起流亡的阿道夫·桑切斯·巴斯克斯（Adolfo Sánchez Vázquez）对此却完全不予苟同。①

高斯可能只是特别幸运，在新环境中如鱼得水，但他所提出的概念却极有价值，就好像古巴社会学家费尔南多·奥尔蒂斯（Fernando Ortiz）提出用"跨文化"（transculturation, *transculturación*）的观念取代了早先（20 世纪 40 年代）人类学家所使用的"文化适应"（acculturation）一词。② 不同于"适应"或"同化"等"单向的概念"，"跨文化"和"移植"等指出了双方在相遇之后彼此互相所发生的变化，本书后文中有许多这样的例子可咨证明。③

"难民"（refugees）一词，最早见于法语和英语的纪录，出现在 1685 年，毫不意外，这也正是南特敕令废除后法国大举驱逐新教徒的一年。收录有这个新词的例子，有 1690 年在柏林出版的《法国难

---

① José Gaos, "La adaptación de un español a la sociedad hispanoamericana", *Revista de Occidente*, 14 (1966), pp. 168-178, at 178; Adolfo Sánchez Vázquez, *Del exilio en Mexico*, Mexico City: Grijalbo, 1991, 34 and passim. On Gaos, Aurelia Valero Pie, "Metáforas del exilio: José Gaos y su experiencia del 'transtierro'", *Revista de Hispanismo Filosófico*, 18(2013), pp.71-78, at 72-73.

② Fernando Ortiz, *Contrapunteo cubano*, Havana: Montero, 1940. "Transculturacion"一词的翻译在该书的副标题中。

③ Antoon de Baets, "Exile and Acculturation: Refugee Historians Since the Second World War", *International History Review*, 28(2006), pp.316-335, at 329.

民于勃兰登堡选帝侯治下安居的历史》(*Histoire de l'établissement des François réfugies dans … Brandebourg*),作者查尔斯·安西隆(Charles Ancillon)本人也是一个难民;还有同年由匿名作者在荷兰出版的《关于难民永返法国的重要警示》(*Avis important aux réfugiés sur leur prochain retour en France*)。德语词 *Flüchtling*,意为流亡者,也可以追溯到 17 世纪,而 *Verfolgte* 则是指被追捕或判刑的逃犯,则出现较晚。"流离失所者"(displaced persons)是一个相对较新的词,在第二次世界大战临近结束时才被收录,尽管 1936 年在伦敦就曾出版过一本《流离失所的德国学者名录》(*List of Displaced German Scholars*)。①

至于"客居者"(expatriates),意指自愿性质的移民,英语中该词出现于 19 世纪初。客居者有时被描述为是被"拉"到一个新的国家,而不是被"推"出其祖国。这种力学的语言忽视了难民们不得不做出的困难选择,有时甚至毫无余地可选。也就是说,在自愿移民和被迫移民之间的区别并不总是清晰分明的,往往只是程度不等,而非迥然相异。② 举一个稍后将要讨论的例子,在 20 世纪 30 年代,一些在土耳其的德国犹太学者和在墨西哥的西班牙共和党学者,既可以说是流亡者(因为他们实际上被迫离开家园),也可以说是客居者(因为他们是受邀请来到其他地方的)。再如,在 20 世纪 70 年代,一些拉丁美洲知识分子既没有被驱逐出境,也未受到严重威胁,而是因为反对非民主政权,选择了离开祖国。在涉及存疑性的个案中,我会使用中性的名词"移民"(emigrant,émigré),而在同时讨论到流亡者和客居者的时候,也会如此。

---

① 关于英文术语,见 The *Oxford English Dictionary*,2nd ed.,Oxford:Oxford University Press,1993;关于法文术语,见 Henri Basnage,*Dictionnaire*,qtd. by David van der Linden,*Experiencing Exile:Huguenot Refugees in the Dutch Republic,1680-1700*,Farnham:Ashgate,2015,p.11.

② Jan Lucassen and Leo Lucassen(eds.),*Migration,Migration History,History:Old Paradigms and New Perspectives*,Bern:Peter Lang,1997,p.11.

人生苦营营

在主观上,"难民"或"流亡者"的标签有时难以令人接受。智利作家阿里尔·多夫曼(Ariel Dorfman)就拒绝使用"难民"一词,而自称是一个"流亡者"。同样,德国哲学家汉娜·阿伦特(Hannah Arendt)在1943年宣称:"我们不喜欢被称为'难民'。我们彼此称对方为'新来者'或'移民'。"与此类似,20世纪30年代从德国移居美国的著名政治科学家约翰·赫兹(John Herz),原名汉斯·赫尔曼·赫兹(Hans Hermann Herz),他对"流亡"避而不谈,而只是说"移民"。①

有些人不接受任何一种这样的标签。在到达新国家后的一段时间里,他们拒绝接受现实,认为自己只是暂别故土。社会学家尼娜·鲁宾斯坦(Nina Rubinstein)出生于俄国难民家庭,1933年后,她自己也成为了一个逃离德国的难民,她将这种最初阶段的抗拒或怀疑描述为离散迁移史上反复出现的一种现象。在17世纪80年代从法国背井离乡的许多胡格诺派教徒身上,抗拒的心态非常明显,例如牧师皮埃尔·朱里厄(Pierre Jurieu),就一心希望能够早日返乡。同样,在1935年,艺术史学家尼古拉斯·佩夫斯纳(Nikolaus Pevsner)在抵达英国两年后,仍"没有把自己看作是一个移民或难民"。②

---

① Hannah Arendt,"We Refugees",in Ron H. Feldman(ed.),*The Jew as Pariah: Hannah Arendt*,New York:Grove Press,1978,pp.55-66,at 55;Ariel Dorfman qtd.in Mario Sznajder and Luis Roniger,*The Politics of Exile in Latin America*,Cambridge:Cambridge University Press,2009,p.28.关于赫兹,见 Peter Stirk,"International Law,Émigrés and the Foundation of International Relations",in Felix Rösch(ed.),*Émigré Scholars and the Genesis of International Relations*,Basingstoke:Palgrave Macmillan,2014,pp.61-80,at 75。

② 关于抗拒,见 Nina Rubinstein,*Die französische Emigration nach 1789:Ein Beitrag zur Soziologie der politischen Emigration*,Graz:Nausner and Nausner,2000,pp.93,176。参见1987年对鲁宾斯坦的采访,引自 David Kettler,Colin Loader,and Völker Meja,Karl Mannheim and the Legacy of Max Weber,Aldershot:Ashgate,2008,pp.148-149。关于朱里厄和胡格诺派,见 Elisabeth Labrousse,Pierre Bayle,vol.1,2 vols.,The Hague:Nijhoff,1963-1964,pp.203,209。关于佩夫斯纳,见 Susie Harries,*Nikolaus Pevsner:The Life*,London:Chatto and Windus,2011,p.190。

抗拒现实只是流亡者们所遇到的诸多问题之一。还有许多其他的问题，其中一些便涉及本书标题所指的知识及其沦废。从故土家园移居到异国他乡的"寄居国"（hostland），所带来的问题包括：背井离乡的创痛和事业的中辍、不安全感、孤独和乡愁，以及一些现实的问题，如失业、贫困、语言不通、与其他流亡者和某些当地人的冲突（因为对外来移民的恐惧或仇恨并不鲜见）。① 在移民之后，失去了原来的职业地位，一定令人难以释怀，在20世纪30年代犹太裔学者的"大逃亡"中，有许多的案例时时提醒着我们（例如卡尔·曼海姆、维克多·埃伦伯格［Victor Ehrenberg］和尤金·陶伯勒［Eugen Täubler］等，均将在第五章中论及）。

流亡带来的冲击，还包括个人原有身份的丧失。这必然带来深远的影响，成为难民后的艺术史学家凯特·斯坦尼茨（Kate Steinitz）选择用笔名写作，自称为"无名之辈安妮特"（Annette C. Nobody）。确立新身份的挣扎纠结，常常通过改名换姓稍得缓解。于是乎，奥地利评论家兼记者奥托·卡普芬（Otto Karpfen）摇身一变，改名为奥托·马利亚·卡尔佩奥（Otto Maria Carpeaux）开始了在巴西的新生活，而波兰社会学家斯坦尼斯瓦斯·安德热耶夫斯基（Stanisłas Andrzejewski）发现自己的名字用英语难以发音，便更名为斯坦尼斯拉夫·安德烈斯基（Stanislav Andreski）。②

简而言之，对于许多人来说，流放带来了严重的精神创伤，有时甚至会导致自杀结束生命，比如作家斯蒂芬·茨威格（Stefan Zweig）和科学哲学家兼科学史家埃德加·齐尔塞尔（Edgar Zilsel），后者被同事誉为有着"聪明绝顶"的头脑。两人都是奥地利犹太人，于1938年纳粹德国入侵奥地利期间流亡海外。茨威格最终去了巴

---

① Michel S.Laguerre,"The Transglobal Network Nation: Diaspora, Homeland and Hostland", in Eliezer Ben-Rafael and Yitzhak Sternberg(eds.), *Transnationalism: Diasporas and the Advent of a New(Dis)Order*, Leiden: Brill, 2009, pp.195-210.在德语中，"寄居国"更为古老的词是 Gastland,见 Rubinstein, *Die französische Emigration*,92(写于1933年)。

② 20世纪60年代，我听说安德烈斯基说过这些，当时他正在苏塞克斯（Sussex）大学访学。

西，齐尔塞尔则到了美国。茨威格至今依然享有盛名，而齐尔塞尔则几乎已无闻于世了。他曾获得洛克菲勒研究基金，以及位于加利福尼亚州的密尔斯学院（Mills College）的教职，但却在1944年服用过量安眠药自杀身亡。这位科学历史社会学的先驱戛然而止的人生，被称为"知识转移失败的惨痛案例"。① 齐尔塞尔并不是唯一一个选择自杀的流亡知识分子。其他例子，还有浪漫文学研究者威廉·弗里德曼（Wilhelm Friedmann）、中世纪史家特奥多尔·蒙森（Theodor Mommsen）、西班牙历史学家拉蒙·伊格莱西亚（Ramón Iglesia）、德国历史学家海德薇希·欣策（Hedwig Hintze）和德国艺术史学家安妮·利布莱希（Aenne Liebreich）（后两人在逃亡失败后，像瓦尔特·本雅明〔Walter Benjamin〕一样，选择了自杀）。

20世纪初期的流亡者尤其需要面对的一个大问题，就是要熟练地掌握一门新的语言。在这方面，许多近代早期流亡者的情况要简单一些，因为拉丁语是近代"学术共和国"（Respublica literarum）的通用语，而欧洲许多地方都能使用和懂得法语。天才如茨威格这样的作家，在海外难以继续用母语抒发胸臆，其感受一定是彻骨切肤的。再比如，试想一下匈牙利小说家马洛伊·山多尔（Sándor Márai）的悲剧性命运，他是20世纪三四十年代匈牙利最成功的作家之一。1948年，马洛伊因不满新政权而离开祖国，他的著作在匈牙利国内被禁。虽然这些书在国外仍可以自由发行，但只有极少数懂得匈牙利语的人才能阅读。毫不奇怪，从流亡去国到自杀身死之前的四十年里，马洛伊几乎没有写过任何东西。

学术界的流亡者也承受着一样的苦痛，尽管程度可能略轻一些。奥地利艺术史学家汉斯·蒂策（Hans Tietze）流亡海外时，已经58岁了，他对此有很生动的描述："把新语言比作是一道强制使用的过

---

① Friedrich K. Stadler, "Transfer and Transformation of Logical Empiricism", in Gary L. Hardcastle and Alan W. Richardson(eds.), *Logical Empiricism in North America*, Minneapolis: University of Minnesota Press, 2003, pp.216-233, at 222. 参见 Diederick Raven and Wolfgang Krohn, "Edgar Zilsel: His Life and Work", in Zilsel, *The Social Origins of Modern Science*, Dordrecht: Kluwer, 2000, pp.xix-lix。

滤网,所有精妙的阴影和曲线都被滤净剔清了。"另一个例子是意大利学者莱昂纳多·奥斯基(Leonardo Olschki),他于1939年流亡美国,曾用黑色幽默的口吻在其流亡同胞的圈子里评论他们正在学习的英语,称之为"绝望的语言"(Desperanto)。①

德国艺术史学家欧文·潘诺夫斯基(Erwin Panofsky)也深有同感,他指出,居住在海外的人文学者"会发现自己身陷于现实的困境中"。对他们来说,风格化的表述是传达意义的内在组成部分。因此,当不得不使用非母语的语言进行写作时,聒噪于读者耳中的,是他们所使用的冷僻生硬的单词、韵律和结构;而对文字的翻译,则像是戴着假发和假鼻子向听众讲话(如此段话所示,潘诺夫斯基本人在此时已然能够用英语写作,并走出了困境,但他的许多同事始终未能如此)。如流亡艺术史学家尼古拉斯·佩夫斯纳所说,当他在审读保罗·弗兰克尔(Paul Frankl)论哥特式艺术的经典著作的英文版时,结果是"在转换之间麻木无感了"。②

塞巴尔德(W.G. Sebald)虽然侨居英国(但用母语德语写作),其小说中有许多关于生存与死亡、适应和排斥的故事,包括《移民》(*Die Ausgewanderten*,1992)中虚构的四个生动感人的人生传奇。这些故事也验证了西奥多·阿多诺(Theodor Adorno)所提出的观点,他在结束流亡美国的生涯后,以其一如既往的教条武断评论道:"每一个移民知识分子,无一例外,都是满身伤痕累累(beschädigt)。"③不论在思想还是情感上,流亡者们皆如无根的浮萍一样。

试看16世纪的一个例子,学者兼印刷商亨利·埃斯蒂安(Henri

---

① Leonardo Olschki to Karl Vossler,Feb.9,1947,qtd.in Hans Helmut Christmann and Frank-Rutger Hausmann(eds.),*Deutsche und österreichische Romanisten als Verfolgte des National Sozialismus*,Tübingen:Stauffenburg,1989,p.255.

② Colin Eisler,"Kunstgeschichte American Style:A Study in Migration",in Donald Fleming and Bernard Bailyn(eds.),*The Intellectual Migration:Europe and America, 1930-1960*,Cambridge,MA:Harvard University Press,1968,pp.544-629,at 578;潘诺夫斯基1938年写给亚伯拉罕·弗莱克斯纳(Abraham Flexner)的信,见Karen Michels, *Transplantierte Wissenschaft:Der Wandel einer Disziplin als Folge der Emigration deutschsprachiger Kunsthistoriker in die USA*,Berlin:Akademie Verlag,1999,p.119;Pevsner qtd.ibid.,123。

③ Theodor Adorno,*Minima Moralia*,Frankfurt:Suhrkampf,1951,p.13.

Estienne)是一位从巴黎流亡至日内瓦的新教徒。他的女婿,也是著名的学者伊萨克·卡索邦(Isaac Casaubon),对埃斯蒂安有这样的描述,"一方面是有家不能回,另一方面却又无处安身"。这可能会令读者想起奥地利作家斯特凡·茨威格的自述:"浪迹天涯,无家可归",或者如评论家爱德华·萨义德(Edward Said)所言,在哪里都"格格不入"(out of place)。①

说到流亡者们身上的不安全感,不妨以两位匈牙利人为例,他们两人都是犹太人,于1919年逃离祖国,当时亲苏联的库恩·贝洛(Béla Kun)政权被霍尔蒂海军上将(Admiral Horthy)取而代之,匈牙利国内陷入一片白色恐怖。居住在维也纳的哲学家格奥尔格·卢卡奇一直随身携带一把手枪,以防被绑架挟持回匈牙利。物理学家利奥·西拉德(Leó Szilárd)于1933年生活在柏林,他将贵重物品装在两个手提箱中,以便随时转移。②

客居者有时也难免会面临严峻的问题。他们也有乡思之苦,虽然只要愿意,他们的回乡之路通常不会受阻碍。在马林诺夫斯基(Malinowski)去世后出版的日记中显示,这位人类学家在与其生活习俗迥异的环境中进行田野调查时,也时常受着孤独寂寞的煎熬。同样,对于客居者来说,即便个人能力出众,在他们选择生活的新国家里,依然会遇到如何安身立业的问题。

以巴西和拉丁美洲研究的先驱吕迪格·比尔登(Rüdiger Bilden)为例。比尔登是德国人,在21岁时决定移居美国,于第一次世界大战爆发前夕抵达。先是在哥伦比亚大学学习,弗朗兹·博厄斯(Franz Boas)等一众知名学者对其寄予厚望,认为其未来不可限量。然而,他的"美国梦"却未能成真。比尔登一生未获得过任

---

① Casaubon qtd.in John P. Considine, *Dictionaries in Early Modern Europe*, Cambridge: Cambridge University Press, 2008, p.98; Zweig qtd. in George Prochnik, *The Impossible Exile: Stefan Zweig at the End of the World*, New York: Other Press, 2014, p.40; Edward W. Said, *Out of Place: A Memoir*, London: Granta, 2000.

② Lee Congdon, *Exile and Social Thought: Hungarian Intellectuals in Germany and Austria, 1919–1933*, Princeton: Princeton University Press, 1991; Leo Szilard, "Reminiscences", in Fleming and Bailyn, *The Intellectual Migration*, pp.94–151, at 95.

何固定的学术职位，尽管才思隽永，但却鲜有发表。虽然在某种程度上，他是陷于自身过于追求完美而不能自拔，以致连博士论文也没能完成，但其所遭遇的不幸，也可归咎为天时地利的造化弄人，作为一名德国人，却在两次世界大战以及大萧条时期身在美国。在他去世时，潦倒而无闻；他的年轻朋友、巴西学者吉尔贝托·弗雷雷（Gilberto Freyre）却通过发展比尔登早先的观点，声名鹊起。①同通常的历史一样，在流亡者和客居者的历史中，也是既有输家又有赢家的。②

甫一听闻，失败者的故事便让人难以忘怀，即便是在成功者的生活中，流亡生涯中的种种苦难也是刻骨铭心的。佩夫斯纳来到英国后不久，给妻子写信道："在这水中游泳，殊为不易。在这里，每句话、每堂课、每本书、每一次谈话所代表的含义，都与家乡完全不一样。"③一些移民从一个新的国家迁移到另一个新的国家，或是辗转于多个国家，充分说明了萍踪之无定、扎根之不易。"新的安身之地，有新的要求。"④要在海外取得成功，通常必须要再造自我，进入一个新领域或是掌握一门新专业。

柳暗见花明

俗话说，黑云也有银镶边，本书着重关注的，是流放带来的一些积极性后果，如荷兰人类学家安东·布洛克（Anton Blok）所说的"逆境之福"。布洛克认为，有创新成就的知名人士，通常都曾在人生和

---

① Maria Lúcia G. Pallares-Burke, *O triunfo do fracasso：Rudiger Bilden，o amigo esquecido de Gilberto Freyre*, São Paulo：UNESP，2012.

② Catherine Epstein, "Schicksalsgeschichte：Refugee Historians in the United States", in Hartmut Lehmann and James Sheehan (eds.), *An Interrupted Past：German-Speaking Refugee Historians in the United States after 1933*, Washington, D C：German Historical Institute, 1991, pp.116-135.

③ Qtd.in Stephen Games, *Pevsner：The Early Life*, London：Continuum, 2010, p.202.

④ Paul K. Hoch and Jennifer Platt, "Migration and the Denationalization of Science", in Elizabeth Crawford et al. (eds.), *Denationalizing Science*, Dordrecht and Boston：Kluwer, 1993, pp.133-152, at 143.

事业过程中遭遇过不同寻常的磨难,方能以创造性的方式应对挑战。① 但我并不认同皆大欢喜的美好结局。本书研究的中心主题是,流亡者和客居者对知识的创造和传播做出了非凡的贡献,在积极的方面自然是功德无量的。但是即便如此,如果没有发生流亡的情况,他们的事业便不会因故中辍,可能创作的论著和对知识的贡献是不能限量,尽管具体的损失永远无法做出实际的估算。就连正面意义上的贡献也常常是"难以衡量的"。以 20 世纪 30 年代的德裔难民历史学家为例,一般认为,他们在英美两国产生的"主要影响"在于教学和个人交往等方面,而并不是他们的论著。②

如也是流亡者的律师弗朗兹·诺伊曼(Franz Neumann)在 20 世纪 50 年代所指出的,许多流亡者之所以能够在某种程度上成功地扎根立足,主要采取了如下三种策略之一:融入新国家的文化,对其文化的抵制,或者是第三种最为有效的办法,整合或综合两种文化中的元素。③ 其中流亡者们采取的第二种策略,是通过自我隔离来抵制,他们试图在异国他乡的土地上重建自己原有的社区,流亡的同胞们比邻而居,乡音不忘,自办学校,自印报刊,在自己的教堂、犹太会堂或清真寺里祭祷拜神,于是乎,建起了许多具有各自独立社交模式的小意大利、小德国或小俄罗斯等移民社区。尼娜·鲁宾斯坦在关于"法国大革命"难民的研究论文中指出,他们希望守望相助,而不是去适应寄居国的文化。④ 但正如诺伊曼所说的,采取某种折中的办法也不无可能。本书研究表明,对于知识的贡献,主要来自于那些立身于这两个极端之间、取法于中的学者。

流亡的经历也随着代际的不同而有所变化。对于第一代成年移民来说,通常很难适应寄居国的文化。而对于年轻一代来说,同化则

---

① Anton Blok, *The Blessings of Adversity*, Cambridge: Polity Press, 2016.
② Epstein, "*Schicksalsgeschichte*", p.135.
③ Franz Neumann, "The Social Sciences", in Neumann(ed.), *The Cultural Migration: The European Scholar in America*, Philadelphia: University of Pennsylvania Press, 1953, pp.4-26.
④ Rubinstein, *Die französische Emigration*.

更为容易,因此有时会发生角色的易位,子女反而成为了父母的"监护人和挣钱养家的人",如出版家乔治·魏登菲尔德(George Weidenfeld)的例子,他是1938年随家人来到伦敦的。① 至于第三代的孙辈,尽管他们的成长过程中或多或少带有外国家庭的痕迹,但可能完全不再将自己视为流亡者了。这三代人,在知识的传播和创造中,都发挥了重要的作用。

流亡者的思想在新国家里被接受,也因其寄居国人的代际而异。新移民可资贡献的最重要的东西,不是情报信息,而是思维方式,是与其所移居的国家原本所主导通行的思维方式不一样的某种心态或习惯。因此,难民在其寄居国的同一代人或更年长的成员中,常常得不到充分的理解或欣赏。反而在下一代人中,包括由流亡者所教授的学生,通常对外来的思想更为开放。尽管很多人在有生之年未能亲见,但从长期来看,流亡者的到来为其寄居国带来了巨大的变化。

注目望飞鸿

本书所呈现的,精选了过去500年间在欧洲和美洲知识史上的一些案例研究,更确切地说,开始于1453年奥斯曼帝国占领君士坦丁堡,截至1976年阿根廷军政府成立。为了使这样一个庞大的主题便于把控,需要对其有所限制。尽管"实用知识"和"技能移民"都非常重要,但以下的研究主要集中在学者和科学家的群体,以及他们对于所谓"知识共同体"和"科学王国"的贡献。

在学术世界中,有关自然科学的讨论会相对较少,尽管出于比较的需要,会时不时地简要提及各项科学。这种缺漏,一定程度上是由于我的责任,就好像是天主教会所谓的"不可克服的无知"(invincible ignorance)。但是无论如何,即便科学家是在国外生活期间发现了新的植物,或是在与外国同事的讨论中产生新的假设,科学家的知

---

① George Weidenfeld, *Remembering My Good Friends*, London: HarperCollins, 1994, p.94.

识生产过程对于其居住地点的依赖性要大大低于人文科学。另一方面,在人文和社会科学领域,背井离乡对于知识生产的影响更为广泛深远。在讨论这些影响时,有时我会乘便从自己的学科专业中举一些例子,这对于一项为以色列历史学会所做系列演讲而缘起的研究来说,倒也恰如其分。

由于本研究既涉及知识的生产,也涉及知识的传播,因此书中为一些非学术群体保留了特定的篇幅,特别是翻译者、印刷商、记者和出版商等,他们将在本书后文的叙述中频频现身,此外还包括一些图书馆员,从伊斯坦布尔大学的瓦尔特·戈特沙尔克(Walter Gottschalk)到东英吉利大学的威利·古茨曼(Willi Gutsmann)。的确,近代早期欧洲的一些印刷出版商,例如兼为流亡者的普洛斯佩尔·马钱德(Prosper Marchand)和让-弗雷德里克·贝尔纳(Jean-Frédéric Bernard),其主要身份亦可视为某些知识的传播者,这同样也可以适用于20世纪20年代生活在柏林的俄国出版商,或20世纪40年代在墨西哥城和布宜诺斯艾利斯的西班牙出版商们。

为了进一步缩小题目的范围,旅行者、学生和外交官等将不包括在本书所讨论的客居者之列,因为他们一般在国外居住的时间相对较短。国家内部的流亡者也不在讨论之列,尽管许多人因反对当政的政治或宗教制度,虽然身在国内,但生活却如同流亡海外一样。在近代早期的欧洲,有无数类似的例子,他们虽然不接受所在地区的官方宗教,但却能忍辱偷生,如生活在基督教国家的犹太人和穆斯林、生活在新教国家的天主教徒(反之亦然),以及一些信仰悖于任何地区正统的异端群体,如"爱之家"(Family of Love)教派,其成员可能包括印刷商克里斯托夫·普朗坦(Christopher Plantin)、地理学家亚伯拉罕·奥特柳斯(Abraham Ortelius)和圣经学者贝尼托·阿里亚斯·蒙塔诺(Benito Arias Montano)等。在20世纪里,类似持不同政见者的范围更广,如犹太人语言学家维克多·克莱普勒(Victor Klemperer),他在希特勒统治下的德国幸存偷生,而将自己真实的思想倾诉于日记中,再如俄罗斯核物理学家安德烈·萨哈罗夫

(Andrei Sakharov),因参与人权运动而受到内部流放,从莫斯科被驱逐到了高尔基市。

流亡和客居的小说家和诗人,例如卡蒙斯(Luís de Camões)和塞万提斯(Miguel de Cervantes)、康拉德(Joseph Conrad)和米基维奇(Adam Mickiewicz),乔伊斯(James Joyce)和纳博科夫(Vladimir Nabokov)等,也均不在本书的讨论范围内,因为人总要适可而止,再者说,这本书的主题还是宁缺毋滥的为好。如果以同样的篇幅再写一部流亡小说家的研究,恐也并非难事。例如,亨利·詹姆斯(Henry James)在观察英国和美国时置身于外的立场,与本书的中心主题之一极为吻合。① 同样,作家露丝·鲍尔·贾华拉(Ruth Prawer Jhabvala)出生于德国,在英国长大,并在印度和美国均生活了数十年,她的小说展示了局外人的敏锐视域。她也以同样敏锐的眼光审视自己的困境,在1979年的一次公开演讲中,贾华拉讲道:"站在你们面前的,是一个没有任何家国可依的作家,也无从写起。真好像是从一个国家飘到了另一个国家、从一个文化飘到了另一个文化,直到无知无觉,直到无物无我。碰巧的是,我自甘之如饴。"在其他场合,她又重谈到这个问题。"一日为难民,永远是难民。我知道,不论身在何处,我皆能安之若命,但绝不会全身心地钟情于某个地方,或是完全地认同所生活的社会。"②

本书试图揭示的是,不仅在知识传播,而且在知识创造方面,流亡者和客居者们所做出的不同寻常、数量惊人的贡献。生活在今天的英国,对于流亡者和其他移民为这个国家的精神生活所做的贡献很难无动于衷(即使包括政府部长在内的某些人,确实对此熟视无睹)。尽管如此,直到开始这本书的写作之前,我还并不十分清楚如此众多的流亡者究竟曾有过多大的贡献,不仅在英国(在作为移民国家的美国,人数更多),而且还有世界的其他地区。

---

① 关于艺术,见 Jarrell J. Jackman and Carla M. Borden(eds.), *The Muses Flee Hitler*, Washington, D C: Smithsonian Press, 1983; Daniel Snowman, *The Hitler Emigrés: The Cultural Impact on Britain of Refugees from Nazism*, London: Chatto and Windus, 2002。

② 这两段引文引自她发表的讣闻,见 *The Independent*, Apr. 4, 2013。

曲径通幽处

要衡量流亡者在知识史上所做贡献的重要性，就需要将这一群体的成就与一个非流亡者的对照组相互进行比较，并在其他的各个方面与流亡者相对应，这对于历史学家来说，几乎是不可能实现的一个条件。相反，在本书后文中，将集中在一些个案的研究上，将侧重于流放者们对知识的贡献与创造这些知识的个人和群体所身处的境遇这两方面的关系上。

尽管我对这个题目的研究路径并不完全具备全球史的视野，但至少是比较性的。目的之一，是将全景的广度与个案的深度相结合，也就是说，对西方流亡学者们在五百多年里的主要活动做一总体性的描述，同时通过个案研究呈现出更多的细节。另一个目的，是通过鲜明的比较和对比的方法，既强调周而复始的循环过程，又突出特殊的历史语境，以使这两者之间保持平衡。

比较历史学家通常关注的，是不同的地点，而不是不同的时代。但是在我看来，也需要在不同的历史时期之间进行系统的比较和对比，以期发现各个时代的特点。例如，在近代早期和晚期之间，有什么关键的差异？为了促进近代早期历史学家和近代晚期历史学家之间的对话，本书作为这一长期努力的一部分，对这两个时期均有所涉及。例如，在关于客居者的个案研究中，对 18 世纪在俄罗斯工作的德国学者与 20 世纪 30 年代在巴西进行研究和教学的法国知识分子进行了比较和对比。

书中最主要的比较和对比，是在 17 世纪的新教流亡者与 20 世纪的犹太流亡者之间的比较。这两个离散群体之间的相似性非常明显，有几位以色列历史学家，其中包括米丽娅姆·雅德妮（Myriam Yardeni）（她在第二次世界大战后从罗马尼亚离开时，还是个孩子），他们在写到前者的时候，都会联想到后者，这绝非偶然。艾琳·斯科洛蒂（Irene Scouloudi）曾长期担任位于伦敦的胡格诺派研究会的秘书,她生于一个希腊移民家庭,其研究的灵感也来自于过去与现在之间的相似性。

这两个离散群体之间的差别,也同样显而易见:例如,由于身处一个宗教迁移的时代,神职人员在前一个群体中具有重要的作用,而在第二个离散群体中,教授们的影响则更为显著,因为当时的大学已在知识文化领域占据了主导的作用,其地位超过了历史上的任何时代,甚至于 20 世纪 30 年代以后的大学也不能望其项背。在第二个群体的个案研究中,还将比较和对比难民学者的到来对英美两种文化的影响,以及他们对社会学和艺术史这两个学科所产生的影响。

本书所展开的分析,是基于集体传记或"群体传记学"的研究方法,这是由德国的古罗马历史学家所开创的,后经移民历史学家刘易斯·纳米尔(Lewis Namier)引入到英国。采取这种方法对流亡或客居学者展开研究,带来的主要问题或可称之为"冰山问题"。也就是说,有证据可查的流亡者,即所谓的"著名移民"只是在一个更大的群体里相对较为明显的冰山一角。① 在近代早期,我们所知道的常常不过是极少数个别学者的名字而已,更多的人早已湮没无闻,而他们很可能对知识也有过重要的贡献。唯有在 20 世纪 30 年代犹太人大离散的研究中,才有较为充分的学者数量,可以提供足够信息展开基于人数比例的分析。即便如此,诸如附录中所列举到的一些女性学者,即使在标准的参考书中,也常常缺失有关她们的许多关键信息。

虽然存在这些空白的缺憾,集体传记仍然可以提供不少重要的细节,使我们避免草率笼统的泛化归纳,而使冰山的更多面相得以显现。它提醒我们认识到那些较次一等的学者们所做的贡献亦有重要的价值,从而免于陷入如社会学家罗伯特·默顿(Robert Merton)所提出的著名的"马太效应"(指《新约》中的一段话"因为凡有的,还要加给他"),即一些不知名的科学家所做出的发现和观点,常常被误记

---

① Laura Fermi, *Illustrious Immigrants: The Intellectual Migration from Europe, 1930–1941*, Chicago: University of Chicago Press, 1968.

在了某些著名学者的名下。①

通过书信和回忆录,20 世纪难民知识分子们的个人事迹较之他们近代早期的前辈们更加为人所知。二手的文献也相当丰富。因此,我将试着采用马克·布洛赫(Marc Bloch)所说的"回溯法"(regressive method),针对近代早期,尤其是 17 世纪 80 年代,提出研究者们曾就 20 世纪 30 年代已提出过的问题,但试着以更符合过去时代的方式加以解答。

作者简介:见前文第 128 页。

译者简介:周兵,复旦大学历史学系教授。

---

① Robert K.Merton,"The Matthew Effect in Science",*Science*,159(1968),pp.56-63.

流亡者与侨民对知识史的特殊贡献

——《16—20世纪知识史上的流亡与客居》读书札记

李 顺 平

知识史是以人为中心研究人与人、人与社会、人与自然、人与信仰的各类知识形成、发展与嬗变的一门学科,它不仅叙述各门学科形成与发展的历史,也研究知识的美学价值、功能价值、精神价值等,更是从知识与社会的双向角度来阐述知识与社会的互动关系。①《16—20世纪知识史上的流亡与客居》一书便是彼得·伯克将关注点置于知识史的中心——"人"的又一知识史研究著作。② 本文立足于该部著作,试图厘清彼得·伯克笔下流亡者与侨民这一特殊群体在知识史中独具一格的贡献。

一

面对当前全球移民热潮与各国日益森严的文化壁垒所产生的冲突,伯克就历史上移民对知识发展贡献的研究无疑具有强烈的现实主义色彩。《16—20世纪知识史上的流亡与客居》一书是伯克在知

---

① 陈恒:《知识史研究的兴起及意义》,《光明日报》2020年12月21日,第14版。
② 英国著名新文化史家彼得·伯克作为知识研究的积极推动者,自千禧年始先后出版了《知识社会史:从古登堡到狄德罗》(A Social History of Knowledge: From Gutenberg to Diderot, Polity, 2000)、《知识社会史:从〈百科全书〉到维基百科》(A Social History of Knowledge II: From the Encyclopaedia to Wikipedia, Polity, 2012)、《什么是知识史》(What is the History of Knowledge? Polity, 2015)、《16—20世纪知识史上的流亡与客居》(Exiles and Expatriates in the History of Knowledge, 1500-2000, Brandeis University Press, 2017)等著作,为知识史研究的合理性辩护。

识史研究方面的又一次新进展,本书篇幅虽小,但内容庞杂。时间上起自 1453 年君士坦丁堡陷落,终至 1976 年阿根廷建立军事政权,跨越五个世纪;地理上涉及欧洲、亚洲、美洲,横亘三个大洲。面对这样一个极具挑战性的议题,伯克在兼顾历时性与共时性的同时,对实例的运用和细节的分析都难掩精妙,其对研究对象的精准把握也令人叹为观止。

在铺陈全篇前,伯克便提出了该书研究的核心主旨,即流亡者和侨民对知识的创造和传播所做出的独特贡献。同时,伯克对本书研究对象所涉及的关键概念进行了限定和追溯。他指出,本书在时空方面以过去五百年左右的欧洲和美洲知识史上的案例为研究对象,并且将"知识"集中在人文社会科学领域。此外,伯克还对"流亡者"(Exile)、"难民"(Refugees)与"侨民"(Expatriates)三个重要术语进行了语言学的追溯:"流亡者"是欧洲语言中的一个古老术语,语义中或多或少含有被迫迁徙之意;而"难民"一词在法语、英语、德语中均可追溯至 17 世纪,常有被迫之意;"侨民"一词在英语中则于 19 世纪初出现,多强调移民者的主动选择。但伯克指出自愿移徙和被迫移徙之间的区别并不总是明确的,只是程度上的差别而不是种类上的差别。[1] 此外,在导言中伯克还强调对本主题的研究采取的是比较研究法,为全篇布局定下基调。

第一章探讨了流亡学者对东道国的距离感以及文化差异,使得流亡者学者以一种更为全面的研究视角进行学术研究。

第二章言简意赅地表明流亡和侨居是一个全球性现象,流亡者与知识传播的关系是一个具有全球意义的主题。

第三章聚焦于早期现代的五个宗教团体流亡对知识的影响。涉及希腊人、犹太人、穆斯林、天主教徒和新教徒的流亡,以丰富的实例和细节证明流亡者在知识传播过程中的重要作用。

第四章将目光从流亡者转向侨民,着重讨论商业贸易对知识传

---

[1] Peter Burke, *Exiles and Expatriates in the History of Knowledge*, 1500–2000, Brandeis University Press, 2017, p.3.

播的推动,同时强调侨民在母国与东道国之间进行双向知识传播。除了涉及在新世界进行知识传播与创造的医学家、植物学家、神职人员和自然科学家外,伯克还强调了欧洲传教士以及其他群体在异国他乡所进行的"认知转变"①。

最后一章集中讨论了1789年之后的政治流亡和种族清洗,同时追溯了西班牙、匈牙利、俄罗斯、意大利及其他许多国家发生动乱后,流亡者以个人或团体的形式,在新制度和新学科的形成过程中所做出的努力。

综合来看,该书将知识的创造、传播、阐释与人的活动,特别是跨文化迁移联系在一起。伯克在横向上以五个多世纪以来流亡学者在西方的主要运动为线,在纵向上以不同时期的流亡者和侨民的知识工作为线,勾勒出一幅经纬交织的知识传播图景。

二

在回答是什么使流亡者和侨民所做的这些贡献与众不同之前,伯克先就流亡者对知识的贡献是如何产生的进行了论述。对此,伯克认为流亡实际上是一种教育形式,流亡使得流亡者和东道国都发生了"去乡土化"(Deprovincialization)的转变。在流亡者与东道国之间文化碰撞的过程中,这种"去乡土化"是双重意义上的:就流亡者而言,他们在受异国他乡文化的影响而"去乡土化";就东道国而言,他们因接触到不同的知识或思维方式而"去乡土化"。在"去乡土化"之下,包含着流亡者与侨民在知识过程中的三个过程,即媒介(Mediation)、疏离(Distanciation)和融会(Hybridization)。② 伯克上述三个过程,实际上与流亡者和侨民的特殊贡献遥相呼应,这些贡献即为知识的传授、知识的习得、知识的创造。本文也将从上述三个方面理

---

① Peter Burke, *Exiles and Expatriates in the History of Knowledge, 1500-2000*, p.97.
② Ibid., p.19.

解伯克所表达的流亡者和侨民对知识史的特殊贡献。

首先是知识的传授。纵观伯克笔下1500年至2000年的流亡史和侨民史,流亡者和侨民作为"媒介"在知识传授方面的贡献可以分为有意识和无意识两个方面。

流亡者与侨民在异国他乡进行有意识的知识传播主要表现在教授、翻译、印刷、校对等工作中。对此,伯克笔下的实例不胜枚举。例如,自1453年君士坦丁堡陷落导致希腊学者流亡意大利,恰逢早期文艺复兴对希腊语言和希腊哲学的需求激增,这些学者便成为了传播母国文化的"媒介",他们的工作多集中于教授希腊语和翻译希腊语哲学著作,还包括希腊语的抄写、印刷或校对。为此,伯克整理出了一份约50人的名单,这些希腊流亡学者对古希腊语言文化在欧洲的传播功不可没。这种有意识的知识传播在1789年之后的知识分子流亡,特别是20世纪30年代的大流亡中,亦有明显体现。伯克重点介绍了德国和奥地利知识分子的出走,他们在英美两地的研究、授课、出版等学术活动,极大地拓宽了英美学术界对社会学和艺术史的研究思路。在艺术史方面,流亡学者将自己的艺术理论和图像学研究引入英美艺术史;在社会学方面,流亡学者培养了一批社会学研究者,促进了社会学在英美的发展。

而宗教团体对知识的传播或许是无意识的。以犹太教徒为例,1492年基督教征服格拉纳达(Granada),犹太人逃离西班牙。犹太学者在流亡中亦通过翻译工作对知识传播做出了贡献,但更多的是固守传统研究。值得一提的是,伯克以拉比-约瑟夫-亚维茨(Rabbi Yosef Yavetz)的观点为佐证,注意到了此时的犹太流亡者开始重视历史书写。此外,15世纪末16世纪初印刷工作的开展,也使得犹太人就知识传播做出了自己的贡献。但伯克认为,犹太流亡者的出发点是试图在不利的环境中保持自身宗教传统,而非传播知识。穆斯林情况也如出一辙,在此不做赘述。天主教徒亦是如此,他们的出发点是教导其他流亡者,维护自身宗教传统。虽非本意,但天主教流亡者还是传播了"反宗教改革"的天主教新知识,甚至推动了世俗知识的传播。宗教团体的流亡者对东道国的知识文化产生了重大影响，这种影响在此后的新教流亡者身上表现更甚，还衍生出了书商、图书管理员、历史学者、新闻工作者等新职业，为母国向东道国知识的传播添砖加瓦。

其次是知识的习得。这一知识传播类型主要集中于侨民，就商业侨民而言，商业网络即是知识网络。① 这些商业侨民学习贸易国语言并出版字典和语法，了解法律且将其翻译为母语。此外，他们还记录东道国的历史和风土人情。伯克以16世纪初的杜阿尔特·巴尔博萨(Duarte Barbosa)为例，此人作为商业侨民活跃于印度，记录下了关于印度贸易、城市居民和东南亚居民的知识。至17、18世纪，随着欧洲各国在东方贸易公司的建立，作为公司代理人的侨民对东道国的知识需求也日益增长。这不但促进了侨民对人文知识的学习，还包括地理知识、法律知识的习得。伯克以1600年英国成立的东印度公司(the East India Company)和1602年荷兰人成立的联合东印度公司(Vereenigte Ost-Indische Compagnie，简称"VOC")为例，指出贸易公司对航海知识、地理知识以及信息统计的重视。

需要注意的是，流亡者和侨民在习得异国知识的同时，伴随着对异国知识的反向传播。上文提及的商业侨民对东道国语言、律法的翻译工作，以及对东道国商贸活动、风土人情的记录，均在侨民与母国的通信中实现了传播。除此之外，早期现代耶稣会会士为西方对世界其他地区，特别是东亚和美洲的了解做出了重大贡献。此处，伯克重点着墨于耶稣会在中欧知识传播中的"媒介"作用，并将其划分为两个阶段。第一阶段为1580年至1660年的"意大利阶段"，以利玛窦为代表的耶稣会士向中国学者介绍了西方的自然哲学、数学、天文学，同时他们对中国经典的翻译和对中国文化的研究让欧洲人纠正了对中国的部分误解。第二阶段为1670年至18世纪初，以法国为中心，向欧洲介绍了中国的自然地理和儒家哲学，代表作品为1687年出

---

① Peter Burke, *Exiles and Expatriates in the History of Knowledge*, 1500–2000, p.83.

版的以弗莱明·菲利普·库莱特(Fleming Philippe Couplet)为首翻译的《孔子的哲学》(Confucius Sinarum Philosophus)。正因如此,早期现代耶稣会为西方对世界其他地区,特别是东亚和美洲的了解做出了重大贡献,同时也为其他文化对西方的了解做出了重大贡献。①

最后是知识的创造。伯克在本书开篇所提及的疏离与融会是流亡者得以进行知识创造的重要因素。其一,对母国的疏离使得流亡者和侨民更容易以一种更为全面的研究视角看待母国、东道国乃至全局。以恩斯特·盖尔纳(Ernst Gellner)为例,他来自捷克斯洛伐克,在"二战"前就读于一所英语语法学校,在《词与物》②上发表了一篇著名的对英国哲学传统的批判,对知识社会学做出了贡献。同时用遥远的人类学的眼光观察英国人,询问为什么修辞学在特定的时间和地点变得如此受欢迎。他的背景和经历使他对这个世界感到陌生,正是这种陌生激发了他的创作。正如伯克所言,流亡者脱离了自己的家乡,也没有融入进东道国的文化,便有机会从局外人的角度谈论和书写这两种文化。

这种更全面的视角在历史写作方面,表现为颠沛流离的生活使得流亡者对过去持有批判的眼光,且与两种文化的距离使得流亡者保持着更为公正的立场。伯克以皮埃尔·贝勒(Pierre Bayle)为例。作为胡格诺派流亡者,贝勒热衷于讨论早期作家的偏见,他在《历史与批判词典》(Dictionnaire Historique et Critique)中一篇关于"穆罕默德"的著名文章驳斥了对伊斯兰教的偏见,认为相较于基督徒对其的固有印象,伊斯兰教更加连贯和可敬。此外,他还将历史评价为"像肉一样被摆上桌,每个国家和宗教都采取相同的原始事实,并按照自己的口味将它们涂上酱汁,每个读者都会根据自己的偏见是同意还是不同意来发现它们的真假",展现出了自身在历史研究方面的

---

① Peter Burke, *Exiles and Expatriates in the History of Knowledge*, 1500-2000, p.106.

② Ernest Gellner, *Words and Things*, Gollancz, 1995, pp.237-239;转引自 Peter Burke, *Exiles and Expatriates in the History of Knowledge*, 1500-2000, p.25。

批判性思维。

其二,身处异域使得许多研究得以成型。这一方面商业侨民在其中贡献斐然,研究领域涉及疾病研究、植物学研究、天文学研究等。在疾病研究方面,为跨国公司服务的部分医生身处热带,得以研究不为前人所知的热带疾病及治疗方案,对此伯克列举了联合东印度公司的十位杰出代表,他们或涉及疾病研究,或关注植物研究,或是对他国医学传统的传播推波助澜。一个世纪后为东印度公司效劳的英国人,同样对植物学研究、医学研究做出了贡献。此外,跨国贸易公司员工也为天文学、语言学、宗教学、钱币学、碑铭学等学科研究做出了相应贡献。与此同时,宗教侨民促进了最初的档案学、比较语言学的兴起。现代早期的一些宗教侨民认识到自己不但需要学习当地语言,还需熟悉当地文化,以一种更具吸引力的方式传教,这被伯克称之为"认知转向"。以耶稣会为例,这种认知转向使得耶稣会收集、传播知识的复杂程度急剧上升,耶稣会对复杂信息的汇编即为最初的档案学。同时,传教士对当地语言的研究成果,向对此感兴趣的欧洲学者提供了宝贵信息,最终帮助了比较语言学的兴起。

三

纵观全文,伯克以丰富的实例向读者展现出了流亡者与侨民在面对异国文化时的彷徨、冲突、融合,以及流亡者与侨民在母国与东道国之间作为知识传播桥梁的重要作用。在面对五百年间因种族、信仰、文化等因素的混合而呈现出的复杂局面时,伯克以其卓越的研究能力对流亡和知识之间的关系进行了分类和理解。正如马克·R.F.威廉姆斯(Mark R.F. Williams)所言,这本书最大的贡献在于,它在这些现代早期的例子和现代的平行之间牵线搭桥,以惊人的技巧和洞察力在年代和地区之间编织。①

---

① Mark R.F. Williams,"Exiles and Expatriates in the History of Knowledge,1500-2000,by Peter Burke",*The English Historical Review*,Vol.134(2019),p.477.

但我们在喟叹伯克宏大的视角与精湛的叙述能力之时,也需要看到本著中的些许瑕疵。首先,就证据本身而言,本书的证据来源多依赖于传记类的二手文献,对原始文献的引用甚少。这就导致证据本身的真实性需要推敲,论证的说服力也因此稍显逊色。同时,本书或许是囿于篇幅所限,绝大部分内容都以西方世界现代早期以及现代的移民为例,呈现一幅从欧洲向亚美两洲辐射的知识传播图景,这便与本著第二章中所强调的"全球性"龃龉不合。其次,本书的分析立足于"集体传记法",该方法使得对流亡学者的研究集中于有充分记录的杰出移民,但他们只是庞大流亡群体中的萤烛之光,无法代替更无法覆盖整个流亡者与侨民的巨大贡献。伯克虽已注意到这一点,但由于关键信息的缺失,本文也只得退而求次为杰出者做传。最后,本书虽关注到了女性流亡者这一群体,在谈论流亡学者的处境时,伯克也注意到了女性学者在流亡中所面临的困境,并在附录中对20世纪30年代100位女性流亡者做了简要传记,他指出女性流亡者较男性流亡者而言,更难找到长期工作,并且面临更少的职业选择,学术机会更是微乎其微。但也仅此而已,伯克并未深入探究女性移民在知识传播过程中所做的努力与贡献。既然如此,本著中对女性流亡者的特别强调便稍显空泛和多余。

总的来看,本书内容广博,极具启发性,既是一本知识史研究著作,也是对人类移民研究的一个宝贵补充,值得专业研究者阅读借鉴;又因承袭伯克撰文一以贯之的通俗性,适合业余爱好者闲暇一览。此外,伯克在本书最后评论脱欧所导致的知识多样性的丧失终将会使英国失去创造力这一警示,使得该书展现出了极强的现实关怀。

作者简介:李顺平,复旦大学历史学系博士研究生。

博学者的危与机
——彼得·伯克与他的《博学者》

朱联璧

2020年,彼得·伯克的新著《博学者:从达·芬奇到苏珊·桑塔格的文化史》出版。在序言里,伯克指出这本书是继两卷本《知识社会史》(2000—2012年)、介绍性读本《什么是知识史?》(2016年)和《知识史中的浪人》(2017年)之后,又一本关于知识史的文化史作品。读者读到这里,应该已经开始好奇:伯克将如何把知识史和文化史共冶一炉?然而,许多英语世界的读者却不客气地指出:这就是本人名录罢了。

2022年6月,《博学者》的繁体中文译本由麦田出版社出版。出版社或许是为了吸引更多读者,将书名改成了《博学者与他们的时代》,随后附以多层次级标题"通才是如何炼成的?从达芬奇到桑塔格,文艺复兴到当代最详尽的知识人文化史"。对不熟悉彼得·伯克的读者来说,说不定会把这本书当成是"成功学指南"买走。年逾八旬的著名历史学家彼得·伯克,真的有必要写一本全是人名的成功学教材,作为人生最后的几本(甚至有可能是最后一本)专著吗?耶鲁大学出版社为什么要出版一本正文近300页的人名录,还找了科学杂志的期刊编辑来背书?只是因为作者是享誉世界的历史学家吗?

伯克当然不是仗着自己的声名和地位草草交了本人名录给耶鲁大学出版社。《博学者》预期完成的工作,是用不到300页的篇幅给500年里500位西方博学者写一本集合传记。对于绝大多数当代研究者来说,都不会去挑战这样的工作。大概也只有伯克才愿意在晚年继续自我超越吧。

就同一个主题写四部相关却不相同的著作,能看出伯克对知识史的浓厚兴趣。《知识社会史》将欧洲近代以来知识生产的所有过程都纳入考察的范围,串联了与知识生产和传播有关的诸多截面,可以清晰看到社会学关切的问题和研究的路径,展现知识从整体走向专业化的图景。该书全面呈现了知识界的人、空间、媒介、机制、权力、实践等的内部网络与相互联系。《知识史中的浪人》和《博学家》则对知识人给予了更多关注,可算是前者的续作。《知识史中的浪人》以在文化边界游走的群体为主角,利用他们的视角发现身处一地的学者无法发现的问题,进而生成具有融合性的知识。《博学家》考察的群体规模更为庞大,且这个群体对西方知识的形成的重要性也相对更高。《什么是知识史?》是一本导论性质的作品,和伯克更早出版的《什么是文化史?》一样有工具书的功能,将知识史的概貌、核心概念、研究方法和问题等以较短篇幅呈现出来,便于后学快速了解这个领域。

在《知识社会史》中,伯克指出自己的思考源自知识社会学的启发。他为此列出一张长长的知识社会学学者的名单,并指出,在20世纪上半叶,历史学家中只有詹姆斯·哈威·鲁滨逊涉及了关于知识社会史的研究,因此这项研究还有极大的发展空间。他在写作时有意先将知识社会史陌生化,但对不太熟悉欧洲学术史的中文读者来说,这套百科全书式的书里光是人名都已经足够陌生了。因此,这套书既是在书写知识史,将学科、学者、学问之间的交互关系用复杂而非线形的方式呈现出来,也映照出了知识史本身错综缠绕的面貌。

《博学者》不仅是《知识社会史》的人物篇,亦可看作是伯克在晚年给自己写的思想传记。这部传记的主角并不是他本人,而是一直陪伴他的知识人。伯克在序言里自嘲,因为数学和科学成绩欠佳,他自己不可能成为一位博学者。但就作品而论,伯克的研究范围算得上十分广博。在牛津大学接受历史学本科教育之时,他还修习了哲学、经济学、中世纪文学、心理学和艺术史的课程。进入研究生阶段的学习之后，他开始阅读社会学和人类学作品，参加科学史方面的研讨班。用今天的标准来看，伯克无疑接受的是跨学科人才的培养方式，这也促成了他在毕业之后，投身新建不久的苏塞克斯大学，在欧洲研究院工作了17年。正是在苏塞克斯大学，他与同事共同讲授艺术史、社会学、英语和法语文学课程，出版了成名作《意大利文艺复兴时期的文化与社会》和《近代早期欧洲的流行文化》，萌生了写作一本讲述大时代中的学者个体和小圈子，如何参与转译不同学科之间的观点和实践的书。

初次听到伯克说起这项写作计划，是在2010年2月24日下午的讲座上。英格兰的冬季不常下雪，但那天是个例外。学术报告厅位于英语文学、历史学和现代语言学三个系共用多功能楼底层的公共区域，是一栋落成不久的宜家式建筑，与旁边的红砖校舍形成了鲜明对比，让原本分散在好几栋维多利亚时代建筑中的文科院系师生更容易接触。设计者默认文科院系需要的报告厅不用太大，因此即便当天使用的较大的报告厅也就放了30张椅子，还要放下堆满酒水和小食的冷餐桌，空间显得格外局促。面对涌入的听众，我的两位导师都去外面搬了椅子。报告厅里最后坐了大约五十来名听众，已经算是罕见的盛况了。如果不是因为彼得·伯克的名气大，在学科高度专业化的当下，一场普通的专业讲座，大概也就能吸引十来个听众。

正是在这样一个专业分工越来越细，细到关注不同时段、不同问题的历史学研究者甚至很少坐在一起听同一场报告的时代，伯克讲述一项围绕500年里500个博学者的课题显得不合时宜。他说自己和妻子已经在这个论题上共同讨论了相当长时间，希望在成书之前可以听到更多同行的意见。成文的著作总是需要用章节篇目来组织内容，受制于各种出版规则和学术规范。这也是当代知识构建的过程中无法脱离的困境。无论是听取同行意见，又或是由出版商提供选题建议，都让知识生产成为许多看得见和看不见的作者、编辑、同行、读者共同完成的过程。从出版物来看，伯克讲座中讲述的思考贯穿在《知识社会史》的下卷和《博学者》两本书中。

《博学者》的追溯从 12 世纪开始。当时欧洲的知识精英中有很多的博学者,但这个群体在 17 世纪之后规模不断缩小。究其原因,博学者为了创造新的学科而彼此竞争,越来越多地放弃了博学者的身份,转而追求在更小的学科领域里取得成就。学科的专业化进程便由此开启。随着大学在 19 世纪之后的不断发展,学校的功利性日渐增强,越来越强调对专业技能的培养,却越来越少鼓励学生成为博学者。在伯克的 500 人大名单里,1950 年之后出生的博学者已经屈指可数。因此,他呼吁在高校或者科研机构里为博学者留下一些生存空间,或许他们会和文艺复兴时代的前辈一样,给学术界带来新的生机。

伯克的呼吁是从大学教师的立场出发的。他演讲时语速平缓、口齿清楚、声音洪亮,不时穿插冷笑话,精细控制听众的注意力。教师的身份也让他在讲座的最后谈了自己对通才教育的看法。他比较了英美两国本科通识教育和跨学科培养上的差别,分析了不同的教育模式对于培养新的跨学科研究者有什么利弊,也举例了接受的学术训练和成名领域各异的学者是在怎样的背景下成长起来的。他认为,很多通识教育的做法就像搭售无关的产品:例如,给学生布置学习不同学科课程的要求,向学生提供和不同学科的学友共同完成作业的机会,又或是掌握其他学科的术语。在他看来,通识教育的关键,是怎么用其他学科认识世界的方式,来给自己的学科提供新的解读视角。把两个学科的内容分别装在脑袋里,却没有建立互通的知识系统,这样的学习方式无法达到让不同学科的知识相互融贯的目标。博学者的功能,恰恰就是完成不同学科知识的转译。无论当下的博学者能跨越多少个领域,学科知识转译的工作是不变的。这应该也是他觉得有必要为博学者书写集体传记的原因所在。

在听众提问的环节,我的副导师问起,为什么博学者群体出现之后,知识的发展是走向专门化而不是进一步融合?伯克的解释是为了竞争。当时很多学者试图发明新的学科来作为自己成功的标志,因此创造不同成为了目标,分裂就成为了结果。

回看当下,伯克所说的这种竞争依然存在。业内人士的经费竞争,不同专业毕业生的薪资比较,都把知识的竞争变成了易于比较的资源之争,让知识生产服务于功利的考虑。学者如果耗费大量时间去学习其他学科的知识,再要经过转译,在自己的研究作品上体现出来,不仅费时费力,失败率高,也很难找到合适的小圈子来讨论,更难找到合适的平台发表。餐叙时,我们聊到了普林斯顿大学一项失败的尝试。曾有一段时间,该校为了促进跨学科交流,强制文科和理科的研究者每天在茶水间碰头聊天。因为是强制的活动,最后就变成每个人进去端杯咖啡然后笑笑离开,交流最终只剩下点头之交。

伯克的学术生涯游走在不同的学科领域中,自然是深谙交流之难。餐叙时,有人问起历史学向人类学和民族志研究的借鉴是否要继续下去。在英国的学术语境中提出这个问题本来就很有趣,因为英国的文化史和社会史发展与这两个学科的关联相对美国要弱一些。伯克对于英国的现状提出了批评,认为这两个学科的学者现在甚至很少离开本土做田野调查,越来越靠近社会学,可借鉴的价值和意义也在不断降低。形式主义的跨学科交流确实不会带来什么效果。

也是在餐叙时,有人告知下周系里还有昆廷·斯金纳的讲座,主题是"自由的谱系",地点是系楼对面的高研院的大会议室。这是一栋由维多利亚时代的建筑改建的学术活动中心,外观上完美符合英国民居的刻板印象。当天的听众比伯克那次讲座还是略多一些。为了赶上这场讲座,我逃了15分钟的法语课。这大概也是所有尝试跨学科研究的人日常面临的一点点小挫折:有限的时间和无限的学问之间,总是要有取舍。

斯金纳和伯克有不少相似之处。他们都从"牛剑"毕业,长期在剑桥大学任教,是享誉全球的历史学家,对近代早期的历史有着浓厚的兴趣。相比伯克的研究以意大利文艺复兴为起点越走越远,斯金纳一直坚守政治思想史研究,打造了独有的学术品牌。在剑桥大学读本科的同门学姐说起,自己亲眼看到斯金纳在20世纪60年代刚留校任教那会儿如何深受追捧，并对斯金纳可以红50年这件事感到不可思议。

比起周身散发着"牛剑气"的斯金纳，伯克亲切得像一位认识多年的老前辈。如果他在系里有间办公室，我可能随时会去敲门和他寒暄两句，绝不会有顾虑或感到紧张。斯金纳和伯克的分别，正如专家和博学者的分别。一位将一种专门的研究极致推进，一位尽力融合更多的问题和讨论。他们以不同的方式呈现着历史的复杂性，共同讲述近代早期以来西方的知识和观念何以形成，又如何走到了今天。

伯克所盼望的博学者的生存空间可能出现吗？走向博学者的道路又在何方呢？时隔12年之后再来思考这些问题，我感到既乐观，也悲观。鼓励跨学科研究的声音在不同国家的高等教育界都属于主流，无论政策还是学科设置，都往往有利于培养跨学科人才的方向发展。而且，当代的大学生都接受过完整的基础教育，所掌握的基础知识的面非常宽广，并不输几个世纪之前的博学者。每个人走向不同学科的道路，看似都比几十年前的学者要更短一点。伯克在《博学者》的最后提到了脑科学的发展，这似乎也带来了希望。但人脑之外的机器学习和思考，同样要解决不同学科知识的转译的效率和效果的问题。人脑尚未解决的问题，机器真的可以快速给出答案吗？

现实中真正成为博学者的人数近年来似乎没有显著增加。这是因为每个学科的知识系统都在经历高速膨胀，带来了奔涌的信息洪流。学科专业化的进程非但不会被打断，程度还在不断加深，速度还会加快。学习和转译不同学科知识的难度相比一百年前和五百年前都要大得多。每个学科所使用的术语的意义、解释问题的方式和工具，需要毕多年之功方能入门。完全掌握几个学科的知识（甚至是一个学科内几个方向的知识），无疑会耗费相当长的时间。

学术界对于青年从业者的遴选和培育方式，在指标化管理的模式下追求更高影响因子和更高的产出效率。这和需要更多时间才能完成的跨学科研究相互矛盾。对关注引用数据和行业影响的学术出版从业人员来说,很可能不愿意给尚未完全成熟的跨学科研究以面世的机会。在赢者通吃的规则主导下,青年学人选择更难的跨学科研究课题,无疑面临更高的沉没成本,又如何能保证自己不会在中途就被所在机构淘汰呢。

在伯克 500 人名单的尾部,有佩里·安德森的名字。2016 年,安德森应邀访问中国。而在前一年,伯克的又一次中国之行因为身体原因取消。在和安德森餐叙时,他的好胃口让我第一时间想起了伯克。旺盛的生命力,对世界无穷的好奇心,不断搭建事物之间的联系,并用自己的方式向这个世界展现出来,是一代代博学者不变的特点。相信也会是新一代博学者需要传承下去的特质。

参考书目:

Peter Burke, *The Polymath: A Cultural History from Leonard da Vinci to Susan Sontag*, Yale University Press, 2020.

Peter Burke, *Exiles and Expatriates in the History of Knowledge*, Brandeis University Press, 2017.

Peter Burke, *What Is the History of Knowledge?*, Polity, 2016.

Peter Burke, *A Social History of Knowledge*, 2 vols., Polity, 2000-2012.

〔英〕彼得·伯克:《知识社会史》(上、下卷),陈志宏、王婉旎译,浙江大学出版社 2016 年版。

作者简介:朱联璧,复旦大学历史学系副教授。

专题论文

新文化运动的"五四"起源
——关于"五四"新文化运动研究的再思考*

张 仲 民

摘要:"五四"新文化运动史的研究成果虽然丰硕,但仍有三个面向值得关注和重视:第一是民国初年基督教会发起的反孔教运动,以及该运动的反孔教表述同之前章太炎及之后陈独秀、吴虞等的关联与异同;第二是当时的新旧之争激烈程度实际并不高,但胡适与新文化同人利用媒体制造话题,炒作、夸大了新旧之争的意义;第三是五四运动当事人在事后利用各种表述影响和重构了《新青年》及新文化运动的意义和影响等问题。

关键词:《圣教杂志》 林纾 胡适

近年来,学界关于"五四"新文化运动史的研究又取得了长足进展,然而关于"五四"新文化运动前史的研究,特别是"五四"新文化运动与基督教关系,以及五四运动对于塑造新文化运动历史的影响等相关问题,依旧较少为学者关注。① 十余年前,笔者在查阅新文化运动时期舒新城的资料时曾发现这一现象,一直想对此进行研究而力有未逮。此次利用纪念五四运动百周年的机会,不惮浅陋,特草此

---

* 本文曾蒙上海社科院徐佳贵、华中师范大学周月峰、上海大学杨卫华、中国社科院彭春凌等学者指教,复蒙复旦大学历史系博士生宫陈提供若干研究信息,特此说明和致谢。

① 曾有一些学者关注了"五四"发生后新文化运动同基督教的关系,特别是"五四"新文化运动对基督教的影响,还有个别论者关注到新文化运动要角对基督教的看法。参看杨剑龙《五四新文化运动与基督教文化思潮》,上海人民出版社 2012 年版;刘畅《"五四"语境中的基督教新文化运动》,《江西社会科学》2012 年第 6 期;陈志华《宗教视野中的文学变革(1915—1919)——以〈新青年〉为中心》,博士学位论文,山东师范大学中文系,2015 年 6 月 9 日;等等。

文，从阅读史的角度提出三个方面的问题和想法，算是笔者对前些年阅读有关史料和研究成果时的一点心得，其中难免存在自以为是或言不及义之处，敬乞读者谅解，也期待大家的指教。

一、天主教会的反孔教努力

第一是关于"五四"新文化运动中的反孔问题。以往大家最为熟知的是陈独秀、易白沙、吴虞、鲁迅等人的反孔论述，但对于发端更早、声势更大、影响更广的基督教会特别是天主教会发起的反尊孔教运动，除个别学者外，学界却少有关注。① 至于《新青年》反孔同天主教会反尊孔教之间的关联与异同，仍有待揭示。②

其实，天主教会的反尊孔教论述在其机关杂志《圣教杂志》上体现得非常明显。该杂志创刊于1912年1月，"专登教中信道学说、事实，凡不涉教事者，概不采入"③。早在1913年5月，面对一些民间团体与组织、个别媒体尊孔的言行以及呼吁定孔教为国教的声音，"非以孔教为国教，不足以正人心而维国本也"，"皖北曹司铎"特意撰文《论倡设孔教之非》④，对之进行反驳。但由于此时孔教是否能够成为国教一事尚未定论，故其反驳的方式更多的只是简单的类比归纳，认为孔教并无宗教性质，孔子也非宗教家，在当今"信仰自由之世"，"信仰乃个人之事"，作为"真正宗教"的罗马"公教"之吸引力早

---

① 惭愧的是，笔者最近才发现韩华的博士论文已经对此有所讨论。参看韩华《民初孔教会与国教运动研究》，北京图书馆出版社2007年版，第239—249页。
② 关于陈独秀等新文化运动派反孔论述与清末革命派及民初章太炎等人反教论述的关联与异同，陈万雄、杨华丽、彭春凌等学者曾进行过一些讨论。参看陈万雄《五四新文化的源流》，生活·读书·新知三联书店1997年版，第117—124页；杨华丽：《"打倒孔家店"研究》，人民出版社2014年版，第28—60页；彭春凌《陈独秀反孔批康的历史重探》，载中国社会科学院近代史研究所编《中国社会科学院近代史研究所青年学术论坛（2013年卷）》，社会科学文献出版社2014年版，第171—241页；彭春凌《儒学转型与文化新命：以康有为、章太炎为中心（1898—1927）》，北京大学出版社2014年版，第266—287页。
③ 《甲简章》，《圣教杂志》第1年第1期（1912年1月），第2页。2010年，线装书局影印出版了《圣教杂志》，以下会标注影印本页码。
④ 皖北曹司铎求是稿：《论倡孔教之非》，《圣教杂志》第2年第5期（1913年5月），第168—170页，影印本第1册第386—388页。

为无数信徒证明,"今者吾国凡百建设,尽以欧美为则效",于宗教信仰上当亦遵奉罗马公教会。

当袁世凯以大总统身份在1913年6月22日颁布崇祀孔子的命令后,孔教会会员陈焕章等人又借机上书参众两院,以信仰自由名义请愿,吁请国会制定新宪法时应该增加定孔教为国教的条文。相互关联的两件事情立即引发舆论的关注和讨论,一时之间,"风动全国而未有已"①。《圣教杂志》即对此特别关注,连续发表评论,认为袁世凯此令同约法中的信仰自由内容相悖,"而况命令中所引诸学说,悉出于康有为之《孔子改制考》,比附穿凿,久为名人所訾议,岂可定为孔教之定论耶?"②该论还认为,读孔子书和信奉孔子为教主者,仅仅是中国本部一部分人而已,周边民族则多信仰佛教、回教,即便中国本部的许多人,也多信仰佛教,如果强令这些人更改信仰,则有违信仰自由,假若不令更改,则失却孔教为国教本义;不惟如此,该评论还断言陈焕章等人请愿定孔教为国教的目的一旦达成后,"必至非奉孔教者不得为官吏,不得入学堂……阳以定国教为名,而阴以取消信教自由及任官考试之两大权利"③。当新约法草案公布后,其中第十九条规定"国民教育以孔子之道为修身大本",这让天主教会方面非常不满,认为所谓的"孔子之道"实际是偷换概念后的"孔子之教","特欲巧避一'教'字,而易以一'道'字","直借宪法以行其愚民政策也"。④

除了不断刊出类似内容的文章进行反驳外,各地天主教会还多次发起"天主教中华全体公民"请愿运动,通电通告大总统袁世凯、参众两院、宪法起草委员会、各媒体,并加派各地代表入京请愿,同时上书或谒见各地地方军民长官,据理力争,希望能阻止在正式的宪法条

---

① 南通张百禄司铎:《孔子非宗教家论》,《圣教杂志》第2年第12期(1913年12月),第441页,影印本第2册151页。

② 秉直:《崇祀孔子命令》,《圣教杂志》第2年第9期(1913年9月),第358页,影印本第2册第42页。

③ 秉直:《请定孔教为国教》,《圣教杂志》第2年第10期(1913年10月),第397页,影印本第2册第89页。

④ 《天主教中华全体公民二次请愿书》,《圣教杂志》第2年第12期,第454页,影印本第2册第164页。

文中增添此条款,切实保障信仰自由。像马相伯这样著名的天主教信徒也公开呼吁,要维护信仰自由,反对尊孔教为国教。① 可以看出,天主教会反对尊孔教为国教的立足点在于他们认为袁世凯政府将孔教定为国教,会影响信仰自由和有违于政教分离原则,有妨于中国民众信仰天主教,不便于天主教会势力的扩张。

最后,孔教入宪法一事归于失败,② 当不无包括天主教会及其会众在内的基督教势力的努力。③ 如《新青年》的一个读者刘竞夫在致陈独秀的信中所言:

> 虽举孔子之天经地义、尽纳于中华民国宪法中,亦不能使全社会胥蒙利益也。孔子毕生未尝与平民一接触,而亦未尝有是心。彼耶稣则何如?耶稣之所以思,即以其专爱贫民而与在高位者抗也。耶教之盛,其真因不外乎此?欧史具在,可以证之,固非吾之谰言矣。④

对此读者的来信,陈独秀也表赞同,认为:"吾之社会,倘必宗教,余虽非耶教徒,由良心判断之,敢曰推行耶教胜于崇奉孔子多矣。以其利益社会之量,视孔教为广也。"⑤

由上可知,到陈独秀、吴虞等人激烈倡导反孔论述之时,孔教和尊孔论者的势力实际已呈衰败之象,⑥ 表征之一即康有为当时请向

---

① 马相伯属草,英敛之校订:《书请定儒教为国教等书后》;马相伯:《保持约法上人民自由权》,《圣教杂志》第 6 年第 1 期(1917 年 1 月),第 355—371 页。
② 参看《专电》,《申报》1917 年 1 月 30 日,第 1 张第 3 页。
③ 有关天主教(公教)反对尊孔教的论述和实践,除了可以参考《圣教杂志》之外,也可以参考山西孔教会 1916 年 11 月编辑出版的《宗圣学报》,内中除收录尊孔者的言说外,还收录有天主教会和天主教徒诸多(也包括个别基督教青年会分会)反对尊孔的言论。
④ 刘竞夫来信,《新青年》第 3 卷第 3 号(1917 年 5 月 1 日),第 7—8 页。
⑤ 陈独秀:《通信》,《新青年》第 3 卷第 3 号(1917 年 5 月 1 日),第 8 页。
⑥ 萧公权教授也曾说胡适"未能见到'孔家店'已无多少顾客,要打倒它,无异是打一死老虎"。不过萧先生这里并没有讲出这样判断的依据何在。参看萧公权《康有为思想研究》,汪荣祖译,台北联经出版公司 1988 年版,第 374 页。罗志田教授认为萧先生这个看法太孩子气,新文化人"立新必须破旧,革命要有对象,哪里还管老虎是死是活呢!"参看罗志田《林纾的认同危机与民初的新旧之争》,载氏著《权势转移:近代中国的思想、社会与学术》,湖北人民出版社 1999 年版,第 272 页。

持"营业主义"的商务印书馆代售"《不忍》杂志及其所著书",为友人张元济婉拒,大概张是鉴于其难有销路,加之康氏参与张勋复辟之故。① 不但如此,康有为、陈焕章等人发起的孔教会运动在尊孔者内部也存在争议,某些自认为更为正统的尊孔者如昆山李传元完全不以康有为等人的孔教会为然:"近有人创建孔教会,其名甚美,而洰槃敦、执牛耳者,乃属之离经叛道之罪魁",因其说太过荒谬,太过误读孔孟等圣贤,"以孔教会之说为教,直是诬圣,岂云尊孔?"② 类似李传元,据胡适记载,辜鸿铭也是尊孔却反对孔教会,"他虽崇拜孔子,却极瞧不起孔教会中人,尤恨陈焕章,常说'陈焕章'当读作'陈混账'"③。

职是之故,正像最近学者从读者反应角度所做的研究显示的:《新青年》反孔的影响也为之后的支持者或批评者有意夸大了,支持者是为了强调其反孔功绩,反对者则是为了强调其激进面向,即造成的破坏。④ 可惜的是,当我们关注陈、吴、易(白沙)等人的反孔论述时,却忽略了之前基督教会特别是天主教会所做的类似铺垫工作及其影响。除了天主教会外,基督教青年会与"五四"新文化运动的关系也非常值得重视。陈独秀也好,胡适也好,《新青年》也好,他们倡导的新文化运动能够在青年中产生影响,跟之前基督教青年会提倡的道德教育和打下的读者基础有很大关系。有关内容,笔者有另文讨论,此处不再赘述。⑤

二、新旧之争的背后

关于新文化运动中新旧之争,为历来的研究者所关注。事实上,

---

① 参看张元济1918年2月23日日记,载张人凤编《张元济全集》第6卷《日记》,商务印书馆2008年版,第334页。
② 李传元致曹元弼函,崔燕南整理:《曹元弼友朋书札》,上海人民出版社2018年版,第41页。
③ 胡适1921年10月12日日记,载季羡林主编:《胡适全集》,安徽教育出版社2003年版,第29卷,第482页。
④ 参看李先明《五四批孔的影响及其限度(1916—1920)——以"〈新青年〉读者"的反应为切入点》,《复旦学报》2020年第1期,第44—54页。
⑤ 参看拙文《基督教青年会与五四新文化运动》,待刊。

当时所谓新旧两派之间的对立并没有多么严重,后来之所以被上升为新旧之争,同新派善于挑起话题、制造对手、利用大众传媒扩大自身影响很有关系。① 即便如此,《新青年》之销路仍难说多广。包括《新青年》《每周评论》《新潮》在内的各杂志品质在张奚若这样的留学生看来甚至是颇为拙劣,其议论是"一知半解、不生不熟","不但讨厌,而且危险",对于《新青年》采取的发言方式,张奚若认为是"好持一种挑战的态度——谩骂更无论了","又喜作一笔抹杀之论",这样的立论属"不通之论",并不容易获取读者的信任。张奚若这里还认为《新青年》的作者中只有胡适与陶孟和,"还属学有根底,其余强半皆蒋梦麟所谓'无源之水',李大钊好像是个新上台的……"进而,张奚若还对《新青年》因为"一战"协约国获胜便去鼓吹"公理战胜强权,以后世界将永远太平"的论调表示不满:

  令人叹其看事太不 critical(批判的)。德、奥之败,谓败于 Bolsheviki 之公理或威尔逊之公理则可,谓败于英、法、日、意之公理则不可,以英、法、日、意之公理与德、奥之公理无大别也。至于世界以后果能太平与否,全视此次平和条约之性质如何……《新青年》等报谓世界将永久太平,未免蹈混事实与希望为一之弊。②

不仅张奚若这样的留学生不满《新青年》的炒作式发言方式,另外一个曾留学日本的读者钱稻孙(钱玄同侄子)也曾当面向钱玄同表示他"颇不以《新青年》之偏重鼓吹为然",钱玄同认为其言"固亦有理",尽管他并不完全认同钱稻孙观点。③ 蓝公武则批评因为

---

① 王奇生教授则从传播学的视角讨论过陈独秀等人故意制造对手、利用炒作的方式激怒林纾以扩大《新青年》影响的问题。参看王奇生《新文化是如何"运动"起来的——以〈新青年〉为视点》,《近代史研究》2007 年第 1 期,第 21—40 页。
② 张奚若致胡适函(1919 年 3 月 13 日),载中国社科院近代史研究所中华民国史组编:《胡适来往书信选》上册,中华书局 1979 年版,第 30—32 页。
③ 参看钱玄同 1917 年 9 月 20 日日记,载杨天石主编《钱玄同日记》,北京大学出版社 2014 年版,上册,第 318 页。

《新青年》发表钱玄同的文章,让读者"革新的热心遂减去不少"①。严修(范孙)则认同《新青年》办得很好,但不赞成钱玄同骂"桐城谬种,选学妖孽"②。另外一个读者黄宗培也致信胡适表示《新青年》上的讨论应该以"合乎事理"为依归,"但若不从事理上研究,而徒肆口漫骂,如刘半农之言论,则弟实不敢领教也"。③ 再如任鸿隽通过好友胡适知道《新青年》编辑部伪造王敬轩之名制造论题炒作后,即来信提醒胡适道:"为保《新青年》信用计,亦不宜出此……然使外间知《新青年》中之来信有伪造者,其后即有真正好信,谁复信之?又君等文字之价值虽能如旧,而信用必且因之减省,此可为改良文学前途危者也。"④《时事新报》《学灯副刊》也有文章不点名批评《新青年》诸作者身为大学中人不足垂范教育界,为学生做"模范":

> 最近大学中有一班乱骂派读书人,其狂妄乃出人意表,所垂训于后学者,曰不虚心,曰乱说,曰轻薄,曰破坏。凡此恶德,有一于此,即足为研究学问之障,而况兼备之耶?以此为模范,诚不如其无也。⑤

稍后还有论者视钱玄同、刘半农等"新派诸君"也沾染了旧时文人"佻薄""积习",同其"以革除旧思想、旧恶习为己任"的标榜不符,与林纾之采取影射手段及借助"学术道理以外之势力相凌辱"的做法半斤八两,"实足以自作敌派反唇相讥之榜样也"。⑥ 不过也有留学生读者认可这样的做法有其必要性:

---

① 参看钱玄同 1919 年 1 月 7 日日记,载杨天石主编:《钱玄同日记》,上册,第 339 页。
② 参看钱玄同 1919 年 1 月 8 日日记,载杨天石主编:《钱玄同日记》,上册,第 340 页。
③ 黄宗培:《致胡适(1919 年 4 月 12 日)》,载中国社科院近代史研究所中华民国史组编:《胡适来往书信选》,上册,第 36 页。
④ 任鸿隽致胡适函(1918 年 9 月 5 日),载中国社科院近代史研究所中华民国史组编:《胡适来往书信选》上册,第 15 页。
⑤ 好学:《模范》,《时事新报》1918 年 10 月 31 日,第 3 张第 1 版。
⑥ 匡僧:《辩论者之态度》,《时事新报》1919 年 3 月 20 日,第 3 张第 3 版。

《新青年》《新潮》听说在内地各省奏效很大。此地的留学生都格外敬爱先生，因为先生所持的纯粹是学者的态度，不像钱先生（指钱玄同。——引者）他们常常怒骂。我以为钱先生们也是少不得的：他并不是喜欢骂，实际是不得不骂。①

由上可见，对于不管是《新青年》的批评者或是赞同者来说，较之《新青年》的内容，其激进的表态和发言方式更加引发关注。自然从传播效果上，这易吸引读者与受众的注意力，当然也更易招致或激怒反对者。

反观旧派，随着张勋复辟失败，以康有为为首的孔教会一派势力趋于式微，其他旧派多是暗中活动，处于守势，他们一般不愿意或不会采用在大众媒体上发言或宣示的方式。② 如为《新青年》中刘半农《复王敬轩书》一文所激怒的林纾借助媒体、小说对《新青年》、蔡元培等人展开攻击和回应的做法，③在旧派里面不太常见——被"王敬轩"（即钱玄同）点名的旧派文人不少，唯有"中了""文以载道""毒"的古文家林纾站出来进行了公开反击，这种情况颇值得注意。实际上，真正站出来批评《新青年》的多是被划入旧派行列的温和派，甚至是新派，如前引任鸿隽、张奚若之类，而旧派人物一般不太愿意借助大众媒体批评新思潮、白话文或进行辩论，他们对这种传播方式不够重视，反倒觉得有失身份与斯文，有什么不满和批评意见，私下里日记记录或相互间写信、聊天交流就可以了，不太倾向将之公诸于众。像

---

① 张黄致胡适函（1919年5月23日），载中国社科院近代史研究所中华民国史组编：《胡适来往书信选》上册，第49页。
② 有关当时旧派的一些反应和他们与林纾的关系，可以参看王桂妹《旧派的沉默及林纾的境遇：五四新旧文化论战在1919》，《武汉大学学报》第72卷第2期（2019年3月），第40—53页。有关旧派在民初的一些表现与对白话文的反应，还可参看林志宏：《民国乃敌国也：政治文化转型下的清遗民》，台北联经出版公司2009年版。
③ 有关刘半农、钱玄同该双簧以及林纾的反应情况，可参看罗志田《林纾的认同危机与民初的新旧之争》，载氏著《权势转移：近代中国的思想、社会与学术》，第262—289页。更详细的讨论，可参看江勇振《舍我其谁：胡适》第2部《日正当中（1917—1927）》上篇，浙江人民出版社2013年版，第225—243页；樽本照雄《林纾冤案事件簿》，李艳丽译，商务印书馆2018年版，第1—209页。

同样是《新青年》批评对象的严复1919年初夏写给熊纯如的信中就认为陈独秀、胡适、钱玄同等提倡白话文，是取径错误、误读西方，属于"退化"，任其自我被淘汰即可，林纾辈实在不必与之较真：

> 就令以此教育，易于普及，而斡弃周鼎，宝此康瓠，正无如退化何耳。须知此事，全属天演，革命时代，学说万千，然而施之人间，优者自存，劣者自败，虽千陈独秀，万胡适、钱玄同，岂能刦持其柄，则亦如春鸟秋虫，听其自鸣自止可耳。林琴南辈与之较论，亦可笑也。①

类似严复的心态在老辈中当比较普遍存在，他们采取的实际是一种旁观和听之任之的立场，仅在私下对关系亲密的人才有所评论。如自居为忠清遗老的张尔田自谓，他读到胡适的《墨子哲学》研究后大不以为然，在致好友王国维的信中率先进行批评之外，②后还接受夏曾佑的嘱托，代为审定该书，撰写了"洋洋数百言，痛驳其误"，此驳议稍后由夏曾佑公开交给胡适，"当面出鄙书大斥之"，此事经由张尔田面告"初交"的林纾后，让林纾非常激动，"急出席握余手曰"："'虽与君初交，今日之事，不可不一握手！'"③林纾此后向陈独秀、胡适等人公开发难不知道是否与受到张尔田做法的鼓励和刺激有关。更有趣的是，当林纾公开向新文化派发难后，原来同一阵营的老派学者却鲜有公开力挺者，只有个别如姚永概这样的林纾密友才站出来发文间接回应支持林纾。④

同样值得注意的是，张尔田在致王国维信中也曾痛骂北大新文

---

① 严复：《致熊纯如（八三）》，载王栻主编：《严复集》，中华书局1986年版，第3册，第699页。
② 张尔田：《与王国维（54）》，载梁颖等整理：《张尔田书札》，上海人民出版社2021年版，第197页。因张与王的信没有系年，编者所编排次序容易引起误会，从此信内容及另外一封信（编者所排之第2封）中所述胡适《墨子哲学》内容来看（见下文），此信之时间当在前。
③ 张尔田：《与王国维（2）》，载梁颖等整理：《张尔田书札》，第165页。
④ 参看王桂妹《旧派的沉默及林纾的境遇：五四新文化论战在1919》，《武汉大学学报》第72卷第2期（2019年3月），第40—53页。

化运动诸人:"新文学发始于北京大学,闻已实行,凡讲义皆用白话,其教授之书为《红楼梦》《水浒》《儒林外史》,闻之使人喷饭。蔡元培这厮,吾早料其无好把戏,今果然矣!"①但在公开场合,张尔田并未撰文批评新文化运动或表示对林纾的支持。非谓如此,他后来甚至还接受北大邀请,填补刘师培的空缺任教北大。故时论曾指出这一现象:"新派之主张多散见于新闻杂志之间,旧派之主张亦但见诸书函之内。"②以上如此大相径庭的发言和传播方式,自然使得颇有些危言耸听的新文化派论说较之于旧派私下的主张,更容易为读者所知,也更容易吸引读者的眼球。

当然,所谓旧派也不是没有去创办一些杂志发声,但其内容也多半是跟国粹、国故、诗文雅集之类有关,完全属于同人性质的刊物,发行量有限,影响力不大。饶是如此,这种举动也为新派异常注意和警惕。如当坊间传出刘师培即将纠合旧派创办《国粹丛编》杂志同新派抗衡之时,鲁迅即出恶言痛骂刘师培及其打算主编的《国粹丛编》:

> 中国国粹,虽然等于放屁,而一群坏种,要刊《丛编》,却也毫不足怪。该坏种等,不过还想吃人,而竟奉卖过人肉的侦心探龙做祭酒,大有自觉之意。即此一层,已足令敝人刮目相看。而猗欤羞哉,尚在其次也。敝人当袁朝时,曾戴了冕帽(出无名氏语录),献爵于至圣先师的老太爷之前,阅历已久,无论如何复古,如何国粹,都已不怕。但该坏种等之创刊屁志,系专对《新青年》而发,则略以为异,初不料《新青年》之于他们,竟如此其难过也。然既将刊之,则听其刊之,且看其刊之,看其如何国法,如何粹法,如何发昏,如何放屁,如何做梦,如何探龙,亦一大快事也。《国粹丛编》万岁!老小昏虫万岁!③

---

① 张尔田:《与王国维(57)》,载梁颖等整理:《张尔田书札》,第 200 页。
② 《新旧思想冲突平议》,《民治日报》,1919 年 4 月 1 日,第 2 版。
③ 参看鲁迅《致钱玄同(1918 年 7 月 5 日)》,载人民文学出版社编《鲁迅书信集》(上册),人民文学出版社 1976 年版,第 17 页。

最后刘师培、黄侃等人联合部分北大教员、学生成立了《国故月刊》社,准备出版《国故月刊》杂志——该杂志是经由蔡元培首肯、由北京大学提供经费资助和办公场地,计划1919年3月20日出版第一期。即将出版之时,林白水主持的北京《公言报》发表了一篇评论《请看北京学界思潮变迁之近状》,文中除了标举陈独秀、胡适和代表新学界的《新青年》《每周评论》《新潮》之外,还特意举出以刘师培为首的北大教员中的"旧文学一派"联合学生创办《国故月刊》,以与新派对垒,"二派杂志,旗鼓相当,互相争辩"。看到此报道后,刘师培马上致函《公言报》(且将此文同时送登校内《北京大学日刊》)辩白,并让《国故月刊》也致函《公言报》进行解释,表示该刊无意与新派争衡,只打算以保存国粹为宗旨:"鄙人虽主大学讲席,然抱疾岁余,闭关谢客,于校中教员迹鲜接洽,安有结合之事?又《国故》月刊由文科学生发起,虽以保存国粹为宗旨,亦非与《新潮》诸杂志互相争辩也。"①

较之刘师培及时的退却,早时被钱玄同、刘半农当作靶子的林纾却展示出另外一种文人意气。林纾面对《新青年》中的挑衅并未退却,不但进行反击,且以小说《荆生》《妖梦》影射北京大学和蔡元培、陈独秀、胡适、钱玄同等人以"禽兽自语"、为"无五伦之禽兽"。② 林纾这样的感情用事等于是主动授予新派把柄,在新派围击之下,林纾"名誉也一时扫地了",于是"人人都有了骂林先生的权利"。③ 特别是鲁迅,更是屡次发表评论挖苦林纾,讽刺其"走了暗路"、"用了小说盛行人身攻击"、"以为小说是一种泼秽水的器具",④稍后干脆称林纾(字琴南)为"禽男"。⑤ 陈独秀则回击林纾为"婢学夫人"。⑥ 甚至连林纾好友高梦旦都"极力劝阻"林纾与蔡元培论战,后更曾计划写

---

① 参看万仕国《刘师培年谱》,广陵书社2003年版,第270—272页。
② 参看林纾《荆生》《妖梦》,载薛绥之、张俊才编《林纾研究资料》,知识产权出版社2010年版,第69—70、71—73页。
③ 参看开明(周作人)《林琴南与罗振玉》,《语丝》第3期(1924年12月1日),第5版。
④ 参看鲁迅《孔乙己》,《新青年》第6卷第4号(1919年4月15日),第377—378页。
⑤ 参看鲁迅《致周作人(1919年4月19日)》,载人民文学出版社编《鲁迅书信集》(上册),第24页。
⑥ 参看只眼(陈独秀)《婢学夫人》,《每周评论》1919年4月6日,第4版。

信劝告林纾不要再攻击胡适、陈独秀,但因旋即两人于上海见面而未将信发出。①

概言之,被动应战的林纾不管如何立论,其言论不可避免会被放大,进而被视为旧派的代表负面化:

> 如最近林琴南先生所作之《荆生》小说,竟恃一武夫之蛮力与人狠斗,以逞忿快意。又称人之说为狗声,何其态度之佻薄乃尔耶?我儒教受数千年专制君主之侮弄,一般小儒规规然惟以排斥异己为能事,然未闻有假武力以相狠斗也……林先生立言之态度如此,不足以辱人,适足以自辱,不啻自辱,且为我先儒辱也。②

其实,林纾的反击方式对于当时的新旧文人来说,是一种司空见惯的书写策略和"游戏笔墨",只是这样做非但没有起到打击新派的效果,反而让新派获得了更多关注度和"正义的火气",成为其反动与守旧的证据。③ 在新派围击之下,④林纾自己不得不出面写信致各报馆,"承认他自己骂人的错处"⑤。饶是如此,此时的林纾业已被新派视为妨碍"学问独立、思想自由"的头号大敌,彻底被污名化,沦为"学术界之大敌、思想界之蟊贼"。⑥ 事实上,有点大言吓人的林纾并不能算守旧,只是在后来如鲁迅、陈独秀、胡适这样的新青年看起来已经落伍于时代罢了。

除了林纾,康有为也曾被胡适当作靶子拿出来批评,胡适讽刺"没有皇帝可保"的康有为可以效法叶德辉编《翼教丛编》,再做一部

---

① 《高梦旦致林纾函(1921)》,转见胡适1935年5月11日记,载季羡林主编:《胡适全集》第32卷,第443—445页。
② 匡僧:《辩论者之态度》,《时事新报》1919年3月20日,第3张第3版。
③ 参看陈平原《新文化运动中"偏师"的作用及价值——以林琴南、刘师培、张竞生为例》,《北京大学学报》第56卷第3期(2019年5月),第18页。
④ 各趋新报刊对林纾的批评可集中参看《每周评论》1919年4月13日、27日两期转载的评论。
⑤ 只眼(陈独秀):《林琴南很可佩服》,《每周评论》1919年4月13日,第2版。
⑥ 渊泉(陈溥贤):《警告守旧党》,《每周评论》,1919年4月13日,第1版。

《翼教续编》,"来骂陈独秀"①,然而康有为并未应战。事实上,处于敌对方的旧派不但处于被动地位,而且根本就未能组织起有效的反击,这殊出乎胡适等人预料,当时胡适给女友韦莲司的信,以及正在中国参访的杜威的观察和记载均提供了证据。② 面对新派的咄咄逼人,旧派中有人按照旧式思维请求当局采取武力方式介入或干涉新思潮的勃兴,"校外的反对党竟想利用安福部的武人政客来压制这种新运动"③。如视《新青年》《新潮》为"纲常名教之罪人"的旧官僚张元奇就曾请求北洋教育总长取缔这些出版物,并免去蔡元培北大校长、陈独秀文科学长职务。④ 只是其要求非但未被当局落实,反留下口实,造成新派更大的反弹。正像黄宗培在致胡适的信中所言:

> 弟非谓新党无可反对也,实以言论自由天经地义,旧党不循正当轨辙辩论真理,乃欲以黑暗手段取言论自由之原则而残之,此实世界之公敌,有血气者安可与之同日月耶?⑤

这也恰如胡适后来的回忆所言:"我必须指出,那时的反对派实在太差了。在1918和1919年间,这一反对派的主要领导人便是那位著名的翻译大师林纾(琴南)",他实在是"一个不堪一击的反对派,我们的声势便益发强大了"⑥。胡适这里的回忆大概属实,当时新旧之争的实际对立情形的确不高——新派想象中的"何种手段不敢使用"的旧派仅是在言论上有所表示而已⑦,被视为旧派后台的北洋政府实际也并未以武力方式阻遏新潮。反倒是新派咄咄逼人,掌握了话

---

① 胡适:《归国杂感》,《新青年》第4卷第1期(1918年1月15日),第26页。
② 参看江勇振《舍我其谁:胡适》第2部《日正当中(1917—1927)》上篇,第209、213—214页。
③ 胡适:《五十年来中国之文学》,载季羡林主编:《胡适全集》第2卷,第335页。
④ 《新旧思潮之冲突》,《时事新报》1919年4月1日,第2张第1版。
⑤ 黄宗培:《致胡适(1919年4月12日)》,载中国社科院近代史研究所中华民国史组编:《胡适来往书信选》,上册,第36页。
⑥ 唐德刚:《胡适口述自传》,载季羡林主编:《胡适全集》第18卷,第328页。
⑦ 黄宗培:《致胡适(1919年4月12日)》,载中国社科院近代史研究所中华民国史组编:《胡适来往书信选》(上册),第36页。

语权,连站出来批评《新青年》的北大学生张厚载也被围击,最后甚至因为涉嫌"造谣"被北大开除。① 难怪之后领导江苏教育会支持蔡元培复职北大校长的黄炎培会在"五四"后预估,"逆料旧派无组织之能力也"②。

"五四"后,新派声势更是大涨,新思潮和白话文日趋流行,京沪大众媒体及各地方报刊也随声附和。在这样的情况下,北洋政府愈加被媒体和知识精英视为反动与守旧,新旧矛盾才有所激化。如时论所言:"新旧之争,今已渐露其机矣。潮流所被,影响至大。"③尽管如此,如胡适所言,在1919年6月初陈独秀因为散发传单被捕后,当时营救陈独秀出狱的北京学界请愿签名人中,即有被陈独秀、钱玄同等人视为"桐城谬种"的桐城派古文家马其昶(通伯)和姚永概(叔节)。其中姚永概还专门致信友人徐树铮,为陈独秀说项,稍后姚永概又答应列名保释陈独秀出狱,最终在姚永概等人保释下,陈独秀在被拘禁三个月后被释放。④ 此事过去多年胡适还依然记得,曾写信提醒陈独秀要"容忍异己的意见与信仰":"我记得民国八年你被拘捕在警察厅的时候,署名营救你的人中有桐城派马通伯与姚书节","在那个反对白话文学最激烈的空气里,居然有几个古文老辈肯出名保你,这个社会还勉强够得上一个'人的社会',还有一点人味儿。"⑤

胡适日后曾别有所针对地说道:"今日所谓有主义的革命,大都是向壁虚造一些革命的对象,然后高喊打倒那个自造的革命对象。"⑥结合新文化运动时期的新旧之争的情况来看,胡适此语该是

---

① 参看江勇振《舍我其谁:胡适》第2部《日正当中(1917—1927)》上篇,第230—234页。
② 黄炎培、蒋梦麟:《致胡适(1919年5月22日)》,载中国社科院近代史研究所中华民国史组编:《胡适来往书信选》(上册),第48页,注释。
③ 知我:《新旧》,《新闻报》1919年12月28日,星期增刊,第2版。
④ 姚永概己未五月二十二日、二十四日(1919年6月19、21日)、闰七月二十一日(1919年9月14日)日记,姚永概:《慎宜轩日记》,沈寂等校点,黄山书社2010年版,下册,第1422、1427页。
⑤ 胡适:《致陈独秀(1925年12月)》,载季羡林主编:《胡适全集》第23卷,第476—477页。
⑥ 胡适:《我们走那条路》,载季羡林主编:《胡适全集》第4卷,第467—468页。

深有体会的"夫子自道",因为当时新派发起的文白之争、新旧之争、打倒孔家店、批评《东方杂志》与商务印书馆守旧,其真相又何尝不是如此? 如胡适在 20 世纪 20 年代初私下向好友高梦旦承认的,所谓新旧冲突——胡适这里主要指的当是新派围剿林纾的情况,"我等少年人,对于前辈态度,亦有太过之处"①。只是这样的立论方式,不但未能引起追随者的反省与警惕,还在后续的论战和发言中得到进一步的强化。如陈独秀倡导文学革命伊始之际所言的:"必不容反对者有讨论之余地,必以吾辈所主张者为绝对之是,而不容他人之匡正也。"②陈独秀这样一种近乎武断的态度,"在当日颇引起一般人的反对","反对即是注意的表示",如胡适所言,正是这样的极端态度,才让"文学革命的运动""引起那样大的注意"。③ 不过,在后世从"进步"角度撰写的新旧之争的历史中,旧派也被进一步负面化、符号化,成为不在场的当事人,由此遮蔽了"五四"新文化运动论争中各派为打造思想权威和争夺"文化霸权"的各种交锋。

三、"五四"如何再造新文化运动

从现有材料看,《新青年》及《新潮》和《每周评论》诸杂志在五四运动前已经得到许多知识精英的认可,甚至引发了梁启超及其追随者的重视与效法,④其销路"均渐畅旺"⑤,也如陈光甫所谓的"《新青年》将有极大势力于吾国之思想"⑥,但能够读过《新青年》或读过更为晚出的《新潮》和《每周评论》这些杂志的普通知识分子和青年学生

---

① 《高梦旦致林纾函(1921)》,转见胡适 1935 年 5 月 11 日日记,载季羡林主编:《胡适全集》第 32 卷,第 444 页。
② 陈独秀:《再答胡适之》,《新青年》第 3 卷第 3 期(1917 年 5 月 1 日),第 6 页。
③ 胡适:《五十年来中国之文学》,载季羡林主编:《胡适全集》第 2 卷,第 332 页。
④ 参看周月峰《另外一场新文化运动——梁启超诸人的文化努力与五四思想界》,《中研院近代史研究所集刊》第 105 期(2019 年 9 月),第 62—66 页。
⑤ 汪孟邹致胡适函(1919 年 4 月 23 日),载中国社科院近代史研究所中华民国史组编:《胡适来往书信选》(上册),第 40 页。
⑥ 陶孟和致胡适函(1919 年 3 月 16 日),载中国社科院近代史研究所中华民国史组编:《胡适来往书信选》(上册),第 32 页。

依然不多,即便是在读过的人中,很多是像舒新城那样是无意识的:

> 自民国五年起我便继续不断地阅读《新青年》——最初并不是知道这刊物的价值而订阅,是因为它是由湖南陈家在上海所开的群益书局所发行而订阅——对于陈氏(即陈独秀。——引者)的议论,当然是表同情的,不过因为知识的限制,不能有深切的表示。①

以上这种情况的改变在五四运动发生后发生了根本性的转变。所谓五四运动"算是中国学生的一个大觉悟"②。其后,《新青年》等新书报才逐渐成为各地趋新人士的首选读物。正如钟敬文回忆"五四"对其"旧式士人的候补者"生活的影响时之言:

> "五四"的轰雷惊醒了我的梦。在这之前,我虽然见过《新青年》这种刊物,但并没有放在心上。"五四"运动开始以后,情况突然改变了,它成为我不可缺少的心爱读物,我千方百计要弄到它。一卷到手,每每由第一页看到最后一页,一点不让遗漏。后来胃口更大了,订购《小说月报》,爱看《时事新报》的《学灯》。对于新诗,尤感兴味。③

类似钟敬文,舒新城也认为五四运动的爆发给予他"以重大的影响":"自'五四运动'以后,求知欲更为发展,各种刊物风起云涌,使我应接不暇,竟因读书过度而生胃病。我的教育学术研究及著作生活,也在此时植立较深的基础。"④为此他订阅了一年达九十多元的新思潮刊物——这对于普通工薪阶层的人来说是一笔巨大的开支:

---

① 舒新城:《舒新城自述》,第136页。
② 陈国钢:《我们学生应该怎样觉悟》,《滇潮》创刊号(1920年10月25日),第16页。
③ 钟敬文:《"五四"——我的启蒙老师》,载杨哲编:《钟敬文生平、思想及著作》,河北教育出版社1991年版,第154页。
④ 舒新城:《舒新城自述》,第132页。

> 那时的我,正当已醒未清之时,对于旧者几乎样样怀疑,对于新者几乎件件都好,所以不论什么东西,只要是白纸印黑字,只要可以买得到,无不详加阅读……而上海《时事新报》的附刊《学灯》,《民国日报》的副刊《觉悟》,北京《晨报》的附刊《晨报副刊》以及《每周评论》、《星期评论》、《新青年》、《新潮》、《解放与改造》、《少年中国》、《少年世界》等却成为我研习社会科学及文学艺术哲学等等的主要教本。——杜威的讲演尤看得仔细。同时写文章也由文言而改为语体。①

时人宫廷璋也曾谈起五四运动之于湖南人接受新思潮的意义:"新文化运动之酝酿,民国八年以前,鼓吹新文化之《新青年》杂志,在湖南虽得杨怀中等赞许,而销行极少。自五四运动,霹雳一声,惊破全国大梦,于是湘人亦群起研究新文化。"②具体"五四"后湖南地方知识分子的表现及各新思潮刊物在长沙的销售情况,当时报纸也有报道:

> 湖南近日以来,虽政府十分压迫,而生机勃勃,未尝少损。致此之因,以新杂志之流行为其主因,而学界之提倡、报界之鼓吹,亦与有力。现在贩卖新杂志处所,仅有群益书局、《体育周刊》社及袁胡两君。此间最欢迎者为《新青年》,次为《建设》、《解放与改造》、《新中国》。新书到湘一二日,即行销罄。据记者略事调查,《新青年》销至三百余份,《新中国》分销地方较多,销至二百余份,《建设》、《解放与改造》均有百余份。《新生活》因为价值甚低,销数亦广,将达二百份。《新青年》、《少年中国》、《民铎》、《太平洋》、《教育潮》、《法政学报》亦均得一部分人之欢迎,销至数十份或十余份。又《新潮》亦受人欢迎,惜久不至,故不能知其销数。大约各杂志在长沙城中已销至千余份。当此武力纵

---

① 舒新城:《舒新城自述》,第137页。
② 宫廷璋:《湖南近年来新文化运动》,原载1925年9月《大公报十周年纪念特刊》,转见李永春编:《湖南新文化运动史料》,湖南人民出版社2011年版,第1册,第41页。

横、民生凋敝时候,有此成绩,未必非可观也。近来新思想传播颇广,以教育界为最……至学生方面亦生机勃发,多本新思潮发行周刊,前仅二三种,兹已逐渐增加,如工业专门之《岳麓周刊》、甲种商业之《甲种商业周刊》、明德之《明德周刊》、雅礼之《雅礼周刊》、湘雅之《新湖南》、联合第一中学之《长沙(原文作郡)周刊》、岳云中学之《岳云周刊》、周南女校之《女界钟》,皆出版。尚有用缮写者多种。又近日有教育界中人组织《湖南教育月刊》,提倡新教育。①

可以说,正是因为"五四"的刺激,《新青年》的销量较之初创刊时的一千份猛增,但据杜威的描述,仍不过五千份,距此后汪原放所说巅峰时期的一万五六千份尚差距不小。② 同样《新潮》杂志的印量在1919年初时也才为一千册,且尚不确定能否销完。③ 当然销售数量并非评价书刊影响大小的唯一或最好标准,但从中至少可以管窥五四运动对于各种新思潮刊物销量的促进作用,乃至由此产生的对于年轻人的启蒙影响。④ 就像一个湖北襄阳读者1920年底自道其受到五四运动影响后阅读新思潮报刊的感受:

> 每月的进款稍为(微)充裕一点,才买了些报纸杂志看。像《新潮》、《新青年》、北京《晨报》、上海《时事新报》之类。谁知道这么一来,就生出极大的危险来了。二十四年以来的旧人生观,一旦完全破产。这时候,我很作了几篇悲观懊丧的文章,简单说来,就是:一,做官发财的鬼迷破产;二,妄自尊大的名士气破

---

① 《湖南新思潮之发展·新杂志之功》,《时事新报》1919年10月25日,第2张第1版。
② 参看江勇振《舍我其谁:胡适》第2部《日正当中(1917—1927)》上篇,第223页。
③ 参看顾颉刚1919年1月14日日记,载顾颉刚《顾颉刚日记》第1卷,台北联经事业出版社公司2007年版,第66页。
④ 据时人言,五四运动后,几乎每份新思潮刊物,其销量大多在千份以上,"我国自去年来文化运动,蓬蓬勃勃,一日千里,各种杂志周刊,出者日多,购者亦日众。差不多无论何种新杂志,他的销路,总在千份以上"。颖水:《文化运动与辞典》,《时事新报》1920年5月20日,第4张第2版。

产;三,对于以往的愧悔(悟);四对于将来的恐惧。在民国八年下半年、九年上半年,这一年之中,我倒很想在襄阳学校内来提倡新文化。①

正如"五四"当事人之一罗家伦的判断,"五四这个大刺激",让时人"不能不受影响":

> 譬如五四以前谈文学革命思想革命的不过《新青年》《新潮》《每周评论》和其他两三个日报,而到五四以后,新出版品骤然增至四百余种之多……又如五四以前,白话文章不过是几个谈学问的人写写,五四以后不但各报纸,大概都用白话,即全国教育会在山西开会,也都通过以国语为小学校的课本,现在已经一律实行采用……②

另外一当事人常乃惪也认为,"五四"之前,《新青年》的影响只是局限于一少部分精英人士,社会上大部分人对此并无感觉,但五四运动之后就形势大变:

> 全国的罢课、罢教、罢工、罢市种种风潮,层见叠出,全国的小刊物,用白话撰成的小刊物,风起云涌,普及于各地……新文化运动已经不是仅仅咬文嚼字的书生运动了,他成了一种潮流,一种猛烈无前的潮流,将旧社会的权威席卷而去。这是谁的功劳,是五四运动的功劳。③

因此常乃惪判断说,是"五四"催熟了新文化运动:"《新青年》时代,新

---

① 陆尚功:《读舒新城先生〈中国人依人的心理〉》,《时事新报》1920年11月25日,第3张第2版。
② 参看罗家伦《一年来我们学生运动底成功、失败和将来应取的方针》,《新潮》第2卷第4号(1920年5月),第848页。
③ 常乃惪:《中国思想小史》,中华书局1922年版,第185页。

文化运动只在酝酿,尚未成熟……直到民国八年的五四运动起后,春雷一声,才将新文化运动从摇篮中扶养成熟起来。"①舒新城也认为是五四运动的结果催生了"新文化运动",让"新文化运动"成为"当时社会上最流行的名词":

> 在外交上虽未成功,但思想的解放运动,则由此而爆发。一般青年惊醒之后,对于以往的种种,都要重新估价,而知识的钻研更成为一般的要求了。于是由政治运动发端,而逐渐蔚为"新文化运动"。②

"五四"时正在北大读书的陶希圣后来也回忆说:"这次爱国运动激起文学革命及新文化运动,扩大其影响于全国,促使全国青年知识分子个人的觉醒与思想的启发。"③

同样是认识到"五四"的巨大影响,孙中山从争取青年和扩大本党影响以及同商务印书馆进行竞争的角度指示国民党积极介入新文化运动,利用报章杂志与印刷所进行鼓吹宣传:

> 自北京大学学生发生五四运动以来,一般爱国青年,无不以革新思想为将来革新事业之预备。于是蓬蓬勃勃,抒发言论。国内各界舆论,一致同倡。各种新出版物,为热心青年所举办者,纷纷应时而出。扬葩吐艳,各极其致,社会遂蒙绝大之影响。虽以顽劣之伪政府,犹且不敢撄其锋。此种新文化运动,在我国今日,诚思想界空前之大变动……吾党欲收革命之成功,必有赖于思想之变化……④

---

① 常乃惪:《中国思想小史》,第184页。
② 舒新城:《舒新城自述》,第135页。
③ 陶希圣:《生物与施工编译所见闻记》,载高崧编选:《商务印书馆九十五年》,商务印书馆1992年版,第487页。
④ 孙中山:《致海外国民党同志函(1920年1月29日)》,载中山大学历史系孙中山研究室等合编:《孙中山全集》第5卷,中华书局1985年版,第209—210页。

此外，孙中山还视胡适为新文化运动之象征，指示手下积极同胡适发展关系，请胡适来指导国民党的文化运动。①

至于胡适本人，他也认为五四运动促成了文学革命（白话文运动）的成功，让人们意识到思想革命的重要性：

> 民国八年的学生运动与新文学运动虽是两回事，但学生运动的影响能使白话的传播遍于全国，这是一大关系；况且"五四"运动以后，国内明白的人渐渐觉悟"思想革新"的重要，所以他们对于新潮流，或采取欢迎的态度，或采取研究的态度，或采取容忍的态度，渐渐的把从前那种仇视的态度减少了，文学革命的运动因此得自由发展，这也是一大关系。②

1928年5月4日，在上海光华大学纪念"五四"的演讲中，胡适又更为具体地表示五四运动"间接方面的影响很多"：

> 一、引起学生界注意政事；二、学生界的出版物突然增加，白话文因之通行起来；三、提倡平民教育运动；四、提倡劳工运动；五、提倡妇女运动；六、政党信用学生，许多机关报的副刊都请学生去担任，于是新文化的思潮渐渐高涨起来。孙中山先生也开始注意到思想的革命的重要。③

再从所谓新文化运动的摇篮北京大学看，它也是随着"五四"后新思潮势力的与日俱增才开始对之前新文化出版品的意义有了新认识。如原本对此全无意识的北大图书馆才开始以"五四"为界留心收

---

① 关于孙中山和国民党与"五四"新文化运动的关系，可参看吕芳上《革命之再起：中国国民党改组前对新思潮的回应（1914—1924）》，中研院近代史研究所2015年版，第24—361页；周月峰《错位的"战场"：孙中山与胡适的"新文化运动"》，《广东社会科学》2021年第1期，第87—101页。
② 胡适：《五十年来中国之文学》，载季羡林主编：《胡适全集》第2卷，第339页。
③ 胡适1928年5月4日日记，载季羡林主编：《胡适全集》第31卷，第65页。

集"五四"前后有关的出版品,并打出广告向社会各界募集:

> "五四"前后各处刊行之定期出版物,骤然增加,为出版界开一新纪元。惜本馆所收甚少,且多不完全,不足供参考,而欲补购,又多苦于无从(下手)。本校同人或校外人士有以此类出版物慨捐本馆,俾供众览者,最受欢迎。如蒙随时代为蒐集,尤所感祷。敬告。①

再如舒新城很早就订阅了《青年杂志》(《新青年》),还曾在其上发表过通信,得到陈独秀的热情回应。② 饶是如此,他当时对在该杂志上也发表文章的胡适了解不多,直到"近来"(应该就是在"五四"后)才知道胡适是"思想界的一个明星",如他于1919年10月29日写给胡适的仰慕信中的表达:

> 年前我在《新青年》上看见先生的文章,我就羡慕异常,以为西洋留学生能肯在中国旧文化上去研究革新的方法,将来效果一定是很大。当那个时候,我虽然羡慕先生,但还不知先生是甚么人。近来在各杂志上时常读先生的文章,才晓得先生是思想界的一个明星。我这话不是恭维先生,因为以今日文学界、思想界革新的成绩来推论及于先生的。③

上述种种表达,均可见时人眼中五四运动的影响和意义如何。实际上,如近来论者所指出的:即便是"新文化运动"一词之流行,也是缘于五四运动的刺激,此后"自五四运动以来"之类句式更是成为时人的一种习惯性表达。④ 可以说,五四运动的影响,不但刺激了

---

① 参看《图书馆征求"五四"前后各处定期出版物启》,《北京大学日刊》1919年12月4日,第1版。
② 《新青年》第2卷第1号(1916年9月1日),第5—6页。
③ 舒新城函,载耿云志主编:《胡适遗稿及秘藏书信》第37册,第261页。
④ 参看章清《五四思想界:中心与边缘——〈新青年〉及新文化运动的阅读个案》,《近代史研究》2010年第3期,第54—72页;周月峰《五四后"新文化运动"一词的流行与早期含义演变》,《近代史研究》2017年第1期,第31—33页。

《新青年》等杂志在全国各地销量的增加，也放大了其知名度与影响力。① 这等于追认和证明《新青年》之前所倡导的内容及其矫枉过正的言说方式之合理性与预见性，相当于承认与强化了胡适、陈独秀等《新青年》主持者的导师与领袖地位。像一位读者"铁民"在致胡适的信中所言：

> 自来谈新文化的人，必要连带想到提倡的人，而阁下与陈君（独秀）之名，亦随借此发达。但新文化之胚胎虽在五四之前，而文化之进步确在五四之后，故数年以来，报章上亦常常看见阁下赞美五四之事……②

另外一位赞成新文化运的读者"李长义"所见略同。自谓"非迷信新文化"的他记录了章士钊于长沙反对新文化运动的演讲，此演讲在长沙《大公报》连载，他在文前加有按语评论道："吾人平心而论，近两年来青年思想之猛进，实不能不归功于胡陈等之提倡新文化。"③

抑有进者，如既有论者所揭示的，五四运动同时还引发了胡适、陈独秀等人关于新文化运动发展方向与定位的讨论，激进的学生、陈独秀和国民党等方面希望将五四运动引发的国民参与热潮继续扩大延伸，强调其以学生为主体的国民运动属性；而蔡元培、胡适等人希望新文化运动能继续保持在学院之内，强调其思想革命和学术努力的属性，淡化其政治性与激进特质。④

---

① 当然，对五四运动影响也不能过分高估，如据胡适1922年7月24日日记记载，北大当时出的预科招生考试国文题之一是《述五四以来青年所得的教训》，参加考试的有一千五百名学生，结果胡适监考的这场竟然有学生不知道五四运动是什么东西，是哪一年的事情。不仅如此，也同样有其他考场参加考试的十几位同学不知道五四运动是什么。参看胡适1922年7月24日日记，载季羡林主编《胡适全集》第29卷，第692—694页。

② 铁民：《致胡适（1922年2月17日）》，中国社科院近代史研究所中华民国史组编：《胡适来往书信选》上册，第141页。

③ 《记章行严先生演词（1922年10月21日）》，载章含之、白吉庵主编：《章士钊全集》，文汇出版社2000年版，第4册，第153页注释。

④ 参看张武军《五四新文化运动的"运动"逻辑》，《现代中文学刊》2020年第2期，第7—24页。

吊诡的是，胡适昔日对于新文化运动的认知却有故意标新立异之处。如在 1920 年 9 月 17 日，"暴得大名"后的胡适于北京大学开学典礼上发言时即公开拒绝承认自己过去从事的文化事业是"新文化运动"，"从来不曾敢说我做的是'新文化运动'"，拒绝别人恭维他为"'新文化运动'的领袖"，其原因是他认为"我们现在哪里有什么文化"，号称"新文化运动的中心"的"我们北京大学"表现乏善可陈，没有"什么颜面讲文化运动"，外面学界虽然有"一种新的动的现象"，但并没有真正动起来，"并没有他们所谓的新文化运动"，在胡适看来，"现在所谓的新文化运动……就是新名词运动"，"我们北大"要感到"惭愧"，要"回到一种'提高'的研究功夫"，求"高等学问"，"真提高"。① 胡适这里的演讲显然是对于当时人们滥用新文化运动的情形表示不满，同时也有面对新文化运动的批评者进行解释和回护之意，当然其中更有反躬自省与激励北大师生之意——也为其之后转向整理国故工作打下伏笔。② 但胡适此处的表达同样不无自我炒作、故作高论之嫌，欲擒故纵的他希望借此机会委婉向同人展示自己在新文化运动中的地位和受到的推崇情形，这非常能体现胡适好名与聪明的一面，③也显示其"炒作"技巧之熟练程度。其方式颇为类似 1922 年底他以"曲线救国"的做法介入在华英文媒体《密勒氏评论报》(The Weekly Review)发起的"中国今日的十二大人物"讨论与评选中，结果胡适从最初没有列名候选，到最终得以位居正榜第十二位——列正榜前十二名者除列第六位的蔡元培、第十位的余日章外，

---

① 胡适：《提高与普及(1920 年 9 月 17 日)》，载季羡林主编：《胡适全集》第 20 卷，第 66—70 页。

② 吊诡的是，当胡适开始大力倡导整理国故时，他对竞争对手章太炎主持的《华国》和吴宓主持的《学衡》均表示轻视——这两个杂志其实同样是在倡导保存整理旧学，他在致钱玄同的信中嘲笑道："《华国》、《学衡》都已读过。读了我实在忍不住要大笑。近来思想界昏谬的奇特，真是出人意表！……"胡适：《致钱玄同(1925 年 4 月 12 日)》，载季羡林主编：《胡适全集》第 23 卷，第 464—465 页。

③ 胡适当年在澄衷学堂读书时即已有"好名"之累，并屡屡出头与学校当局较真。为此其二哥特意写信规劝他："弟所以致此者，皆好名之心为之。"信中并劝胡适："当以圣贤自期，勿自域于庸人也。"胡适丙午年四月廿五日日记，载季羡林主编：《胡适全集》第 27 卷，第 32 页。

其余皆是当时政界人物(孙中山、冯玉祥、王宠惠、吴佩孚、王正廷、张謇、阎锡山、黎元洪),得票数(613)远高于第十四位的梁启超(474)、第十七位的章太炎(328)、第二十四位的康有为(155)。①

职是之故,为了强化新文化运动的成绩和自己的领导地位,此后胡适本人更是通过撰写和追忆新文化运动史或白话文文学史、国语运动史、近五十年来中国文学史之类的文本,以及诸多自传式、总结式的书写和批评性的回应文字,为新文化运动进行历史定位,也为竞争对手如章太炎、梁启超、章士钊、林纾等人定位,同时在新文化、新思潮的脉络里对之进行比较性批评,借此塑造和强化了自己及陈独秀等人在新文化运动和新文学运动中的先见之明与贡献,进而再造传统,将其视之为中国的文艺复兴运动,从而极大提升了新文化运动"再造文明"的创新意义与启蒙效果,由此也实现了自我历史的重塑。这不但掩盖了胡适自己当初自信不足的事实,也正当化了其自身早具有先见之明的新文化运动领导者形象与偶像作用,无形中遮蔽或贬低了当时其他派别或要角如梁启超派对于新文化运动的参与、修正和影响情况。②

四、结 语

法国文化史家夏蒂埃(Roger Chartier)在《法国大革命的文化起源》一书第四章讨论法国大革命同启蒙哲士的著作之间关系的时候曾指出,后来的研究者可能夸大或单一化了这些著作对法国大革命的影响。大革命前夕最为流行的作品中,多是色情书和八卦册子等"低俗作品",即便一些政治类书籍的确比较流行,但它们也多非启蒙

---

① 有关情况,可参看江勇振《舍我其谁:胡适》第二部《日正当中(1917—1927)》上篇,第270—279页。对此评选的研究还可参看杨天宏《密勒氏报"中国当今十二位大人物"问卷调查分析》,《历史研究》2002年第3期,第65—75页。
② 有关梁启超一系在新文化运动中的作为和影响及其后来如何淡出新文化运动历史记忆的情况,可参看周月峰《另外一场新文化运动——梁启超诸人的文化努力与五四思想界》,《中研院近代史研究所集刊》第105期(2019年9月),第49—89页;周月峰《五四后"新文化运动"一词的流行与早期含义演变》,《近代史研究》2017年第1期,第42—47页。

哲士表达哲学理念和政治关怀的经典文本,而是抨击国王、宫廷和贵族的通俗书籍,尽管这些文本确实如达恩顿(Robert Darnton)的研究所表明的那样,它们承载着启蒙理念,极大伤害了国王的形象,破坏了君主制的基础。不过在夏蒂埃看来,读者在阅读这些书籍过程中并没有将其中的言说和批评太当回事,读者往往是从休闲娱乐的角度来阅读,读后很快将之抛诸脑后,"阅读未必导致崇信";另外一方面,即便是阅读相似的读物,比如被视为同大革命关联密切的卢梭著作,读者的反应也是千差万别,很多读者均不赞成其激进的面向,同样情况亦发生在《百科全书》的读者那里。因为启蒙哲士的著作虽然提出了很多新的思想,然而读者在阅读接受过程中,并没有太在意与法国旧制度相对抗的内容,没有贸然相信书中的言说,更没有以同样一种(即导向革命)方式在阅读这些书籍,或者把这些书籍化约为同一种简单的意识形态论述。是故,启蒙运动或启蒙思想家的著作同法国大革命之间的关联可能并没有那么密切,之所以人们后来认为它们之间联系密切,乃是因为大革命成功后革命者对启蒙思想家进行"选择性重构"造成的,其标志即是把卢梭和伏尔泰视为大革命先驱选入先贤祠。在此意义上,是法国大革命"发明"了启蒙运动与启蒙哲士的著作:

> 在一定意义上,是大革命"造就"了书籍,而非相反。正是法国大革命赋予了某些特定书籍具有先见之明与可昭法式的意义,在事情发生之后将其精心结撰,追认为大革命的源头。①

夏蒂埃从阅读史角度得出的上述结论或可商,但其讨论问题的路径和方式,特别是对因果论历史学的反思,却颇值得我们效法与思考。反观过去这些年的"五四新文化运动"史研究,一些研究者已经认识到当事人如胡适等人事后对"五四"新文化运动经验的修改和再发

---

① Roger Chartier, *The Cultural Origins of the French Revolution*, translated by Lydia G. Cochrane, Cambridge: Polity Press, 1999, p.89.

明的问题,愈加重视当事人的追忆对于后世撰写"五四"新文化运动历史的影响,也注意到陈独秀、胡适、钱玄同、刘半农等人的"炒作"表现,注意到晚清民国的关联延续情况和梁启超、研究系乃至江苏教育会、寰球学生会、国民党在新文化运动和五四运动中的作用,认识到五四运动、商务印书馆等出版机构和北京大学对于新文化运动扩散的影响,以及"五四运动""新文化运动"等概念的形成和传播接受问题。不过,如果对比夏特里埃的思路,我们会发现关于五四新文化运动源流的讨论,仍然是在《新青年》一系的线性脉络中来讨论相关问题,即先有新文化运动,后有五四运动,先有《新青年》的宣传,然后才有新文化运动的开展。如此操作很容易将新文化运动的来源与影响单一化和线性化,不但会无视基督教会特别是青年会的先导作用与巨大影响,还会轻视其他派别和力量参与和塑造这个运动的情况与影响,进而忽略五四运动对新文化运动扩散的效果与对《新青年》地位的构建和追认情况,以及五四运动对新旧、新新之争的激化作用问题,乃至新文化运动的"运动逻辑"和胡适等人如何自我塑造的问题。

故此,我们固然要重视受《新青年》(包括此前的《甲寅》杂志)系刊物感染的趋新受众,但也不应该忽略受到其他渠道如青年会影响的"新青年",以及企图修正新文化运动、融合新旧的梁启超、吴宓和江苏教育会一类人士;同样,我们也不能不关注"新"如何建构"旧",乃至"旧派"或不那么新的新派的具体反应情况与回应方式等问题,尤需要留意五四运动及与之有关的后设追忆和书写对于新文化运动乃至之前历史的重塑和遮蔽效果问题。参考夏蒂埃的追问方式,从知识史角度来说,新文化运动是否该有一个"五四"起源?或模仿一下王德威教授的提问①:没有"五四",没有后来者的选择性重构,何来新文化运动?

作者简介:张仲民,复旦大学历史学系教授。

---

① 参看王德威《没有五四,何来晚清?》,载王德威、宋明炜编《五四@100:文化,思想,历史》,台北联经出版公司2019年版,第37—42页。

历史中的因果关系:一件事情比另一件事情更重要吗?[*]

S.H.里格比 著[①] 吴英 译

摘要:历史学家都同意需要对历史事件做出解释,诸如根据多方面的原因来解释英格兰农民起义为什么会在1381年爆发或波希米亚农民为什么会在17世纪变身农奴。他们一般也会同意需要根据它们的相对重要性来对这些原因做出排序,以创建一个有关原因的等级排序,尤其是将一些特定的原因确定为首要原因。一些历史学家将这种对原因的等级排序视为是普遍适用的,就像马克思有关社会的经济"基础"与政治和意识形态的"上层建筑"的著名隐喻那样,尽管承认两者之间的相互作用,但最终是基础享有首要原因的地位。另一种非马克思主义的方法则将原因按等级的排序视为是在不同历史条件下会有不同的排序:有时经济也许发挥着关键性的因果作用,在其他情况下也许是政治、意识形态或某种其他因素发挥着关键性的因果作用。不过,这两种方法都有一种共同的信念,那就是相信我们有可能按重要性程度对原因做出等级排序。正是这种信念受到约翰·斯图亚特·密尔的因果关系理论的质疑。密尔在一个事件发生的原因和我们对该事件的主观或实用性解释之间做出区分,前者被界定为为使事件发生所必需的多方面前提条件的总和。例如,

---

[*] 文章来源:S.H. Rigby, "Historical Causation: Is One Thing More Important Than Another?", *History*, June, Vol.80, No.259(June 1995), pp.227–242。——译者

[①] 我要特别感谢J.布勒伊、R.布朗-格兰特、G.P.伯顿、R.拉普斯利和R.C.纳什,他们对本文的初稿提出了许多修改意见;同样要感谢参加曼彻斯特大学主办的"马克思、韦伯和历史学"研讨班的成员,他们对本文的一个较早版本进行了评议。

如果将17世纪早期波希米亚农民共同体的相对软弱视为既定条件，那么我们也许会将该国在17世纪中期发生的人口的大规模减少视为农民随后变身农奴的首要原因。然而，如果认识到其他社会，诸如中世纪晚期的英格兰，那里的人口减少却导致相反的结果、导致农民获得自由，那么我们也许会因此将人口减少视为既定条件，代之强调农民共同体的优势地位和它利用新的人口状况的能力，将它们视为关键变量或关键性的区别因素，正如罗伯特·布伦纳对中世纪晚期和现代早期社会经济变迁所做的马克思主义解释那样。不过，用密尔的话来表述，两种因素——人口变化和农民共同体的相对强弱，也许还有许多其他因素——在解释农民获得自由或者变身农奴的最终结果上都应该被视为不可或缺的。如果这是事实的话，那么我们就不可能说一种原因比另一种原因"更不可或缺"。这里，所谓的因果首要性只是为我们分析的方便而做的区分，我们将什么视为既定条件或将哪一种因素视为关键性的区别因素都是主观所为，而不是客观地存在于事物本身之中的。从后结构主义的观点看，密尔对因果关系的解释似乎会导致对我们能否获得历史知识持怀疑态度，但这绝非密尔的初衷所在。原因是真实存在的，而且能够为历史学家所认知；正是对能否按重要性程度对原因做等级排序和能否确定首要原因的无休止争论有可能导致对我们解释过去的能力，而不是对密尔的因果关系理论本身持怀疑态度。

关键词：历史中的因果关系　按重要性程度对原因做出等级排序　历史唯物主义　约翰·斯图亚特·密尔　布伦纳争论

作为大学历史教师，我们经常会让学生解释某些事件或趋势发生的原因：农民起义为什么会在1381年爆发？波希米亚农民为什么会在17世纪变成农奴？战争为什么会在1914年的欧洲爆发？每当提出这些问题时，他们通常都是以列出事件或趋势发生的一系列原因的形式来回答的，并附上一个照例都会有的结束语："因此，必须考虑的因素很多。"不过，学生们很快就会发现，他们的老师可能未必会对这种罗列原因"清单"的做法感到满意,他们希望好的学生能按照重要程度来对这些原因做出排序。正如 E.H.卡尔所指出的,历史学家会提出多种原因,但"真正的历史学家"在面对这些多种原因时会有一种职业强迫症,他要在原因的重要程度上做出排序,由此确定被解释对象变化的终极或首要原因。因此,所有历史争论都是围绕由什么构成首要原因的问题展开的。①

我这里论述的目的是要表明,尽管卡尔的观点在历史学家中非常普遍,甚至成为该专业的正统观点,但它受到一系列问题的困扰;我认为,在解释历史事件时,我们所能做的仅仅是"必须将许多因素考虑在内"。这样做,我是希望表明,历史学家不能将诸如因果关系与解释等哲学问题降格归类到某种被称为"历史哲学"的不相关的辅助学科中去。更准确地说,许多看似是经验主义争论的中心问题其实是哲学问题。为了证明这一点,我将考察两种明显处于竞争状态的历史解释模式:马克思主义的方法(历史唯物主义),它假设一种因果关系的等级排序是普遍有效的;韦伯的社会学和正统历史学都赞同的方法,它假设多种原因的等级排序确实存在,但在不同的历史条件下,这种排序是不同的。我将论证,尽管看似对立,但这两种有关因果关系的解释事实上都有一个共同的弱点,即声称能够根据某种重要性的等级对原因做出排序。如果我们接受由约翰·斯图亚特·密尔提出的因果关系理论,就能克服这个弱点。最后,我将论证,虽然最近有人提出相反的观点,但密尔的理论并不意味着,我们必然会在历史因果关系的问题上堕入后现代怀疑主义的泥淖中。

一

马克思和恩格斯有关社会结构和历史变迁解释的核心观点是主

---

① E.H. Carr, *What is History?* Penguin Books, 1970, pp.89-90; R.F. Atkinson, *Knowledge and Explanation in History*, Macmillan, 1989, pp.142-143; N.Z. Davis, *Society and Culture in Early Modern France*, Stanford University Press, 1975, p.xvii.对卡尔的批判,见 G. Leff, *History and Social Theory*, Alabama University Presss, 1969, pp.66-67。

张,不同社会因素根据重要性的不同呈等级排序,而且这种排序并不是在不同背景下有不同排列,而是普遍适用于整个历史过程。这种社会因素按等级排序通常是以"基础和上层建筑"隐喻的形式来表述的,其中国家和意识形态被视为"上层建筑",它们同社会的"经济基础"相"对应","表现"或"反映"后者。不论对错,正是这种社会因素按等级排序赋予作为一种有关社会现实和历史的理论的马克思主义以鲜明特色。① 但马克思主义者由此直接面对的一个问题就在于,他们未能在下述问题上达成共识:是社会生产力(包括特定形式的工具、原材料、劳动力和技术知识),还是生产关系(包括阶级和财产关系)是最终起决定作用的社会因素。就我们论述要达成的目标而言,关键在于,不管是社会的生产力、生产关系,还是两者的某种结合被视为最主要的因素,社会结构的某种特定要素据说在解释社会变迁上居于普遍适用的首要地位。②

马克思主义有关不同原因呈等级排列的观点能够广泛地适用于

---

① T. Lovell, *Pictures of Reality*, British Film Institute, 1980, pp.27-28.见 K. Marx and F.Engels, *Collected Works*, 44 Vols., Lawrence & Wishart, 1975-1989[此后简写为 Marx and Engels, *Colleted Works*], V.32-35,53-54,63-74; K. Marx, *A Contribution to the Critique of Political Economy*, Penguin Books, 1971, pp. 20-21; G. A. Cohen, *Karl Marx's Theory of History:A Defence*, Oxford University Press,1978, ch.6. 进一步研究的书目,见 S.H.Rigbu, *Marxism and History:A Critical Introduction*, Manchester University Press, 1987[此后简写为 Rigby, *Marxism and History*], chs.2,3,9, 及 Friedrich Engels and the Formation of Marxism: *History,Dialectics and Revolution*, Manchester University Press,1992[此后简写为 Rigby, *History,Dialectics and Revolution*], chs.4,9. 也见 B. Croce, *Historical Materialism and the Economics of Karl Marx*, Nabu Press, 1981, pp.17, 77-78; C. Lloyd, *Explanation in Social History*, Basil Blackwell, 1986, pp.286-287; R.Williams, 'Base and Superstructure in Marxist Cultural Theory', *New Left Review*, Vol.82(1973), p.7; S.H. Rigby, "Making History", *History of European Ideas*, Vol. xii (1990), p. 829; G. Hellman, "Historical Materialism", *Issues in Marxist Philosophy*, ed.J. Mepham and D. Hillel-Ruben,3 Vols.The Harvester Press, 1979, pp.ii, 148-150, 161; V.Kiernan, "Problems of Marxtist History", *New Left Review*, Vol.161(1987), p.107; G. Mclennan, "Richard Johnson and his Critics: Towards a Constructive Debate", *History Workshop*, Vol.viii(1979), p.162.

② Rigby, *Marxism and History*, chs.3.4.8; R. Hilferding, "The Materialist Conception of History", *Modern Interpretations of Marx*, ed. T. Bottomore, Basil Blackwell, 1981, pp.125-137; R. Mishra, "Technology and Social Structure in Marx's Theory:An Exploratory Analysis", *Science and Society*, Vol.xliii(1979), p.132-157; R.H. Hilton, "Introduction" to T.H. Aston and C.H.E. Philipin, *The Brenner Debate: Agrarian Class Structure and Economic Development in Pre-Industrial Europe*, Cambridge University Press, 1985, pp.7-9.

一揽子特定社会历史情况的一个典型案例是由布伦纳提供的,他对英国、法国和东欧在中世纪晚期和近代早期不同的社会和经济演进路径做出解释。布伦纳拒绝接受新马尔萨斯/李嘉图学派的观点,他们试图根据人口的增减对这三个地区出现的特定阶级结构做出解释。布伦纳论证道,在解释经济发展上人口绝非居于首要地位,"我们甚至会问人口变化能否被合理地视为一种'原因',更别提主要原因"。① 布伦纳认为,正是特定的阶级结构造成了生产力发展的特定形式和速度,而且决定着社会的政治制度。② 因为特定的生产关系依次又是历史上特定阶级斗争所造成的特定结果(例如,在中世纪晚期和近代早期形成的领主-农奴关系是由于相对软弱的农民群体被领主阶级击败造成的),所以正是阶级斗争是历史变迁和经济发展的首要动力。正是造成特定阶级结构的社会斗争必须被置于解释中世纪晚期和近代早期长期经济发展的中心位置,因为它提供了理解这种发展的锁钥。③

但正如布伦纳自己已认识到的,根据阶级斗争的不同结果来解释特定所有权的产生所直接面临的一个问题就是,这种结果本身需要做出解释。④ 然而,为了能够对阶级斗争的结果做出解释,布伦纳被迫不断地援引一揽子现象,而这些现象并非简单地是生产关系的产物,而是有着自身存在理由的独立变量。结果,他的分析事实上包含了一种历史多元论,而这是在非马克思主义历史学中非常常见的观点。

---

① R. Brenner,"Agrarian Class Structure and Economic Development in Pre-Industrial Europe",*Past and Present*,Vol.70(1976)[此后简写为,"Agrarian Class Structure"],pp.32,39 and "The Agrarian Roots of European Capitalism",*Past and Present*,Vol.97(1982)[此后简写为 Brenner,"The Agarian Roots"],p.17.

② Brenner,"Agrarian Class Structure",p.31-32;R. Brenner,"Dobb on the Transition from Feudalism to Capitalism",*Cambridge Journal of Economics*,Vol.ii(1978),pp.131-139.

③ Brenner,"Agrarian Class Structure",p.47;R. Brenner,"The Origins of Capitalist Development",*New Left Review*,Vol.104(1977),pp.25-92;Brenner,"The Agrarian Roots",pp.16-18,78;R. Brenner,"The Social Basis of Economic Development",*Analytical Marxsim*,ed.J. Roemer,Cambridge University Press,1984,pp.23-53.

④ Brenner,"Agrarian Class Structure",p.52.

我们能够援引很多例证来说明这个问题。例如,布伦纳将 1400 年以后两个世纪中东欧农民的破产和重新变身农奴解释为他们相对软弱的结果,而这又是由于缺乏农村公用土地和强有力的公社制度造成的。这种情势依次又是"作为殖民社会"①的德国易北河以东地区演化的产物。这里,正是特定生产力(公共土地上农业生产中的劳动关系)和政治征服在解释这种特定阶级斗争的结果上居于首要地位。中世纪晚期欧洲黑死病的影响提供了第二个例证,即尽管它在布伦纳对经济发展的解释中居于中心地位,但并不能简单地视为是社会的所有权关系的产物、表现或反映。正如布伦纳自己的分析所揭示的,黑死病对中世纪晚期领主的收入产生了巨大影响,由此造成领主试图从农民那里榨取更多的封建地租,激化了阶级斗争。然而,尽管布伦纳试图论证,黑死病的影响同诸如营养不良等经济变量相联系,但他也不得不承认,在受黑死病打击严重的地区,其中一些地方似乎并没有表现出营养不良的迹象。很显然,正如英格兰的例子所证明的,黑死病打击了所有社会阶层,包括社会中最富裕的阶层,甚至在生活水平较高的地区对农民和劳工而言尤其致命。一旦承认黑死病是自主发挥作用的,我们就会再次面对一种解释上的多元论,它将对布伦纳有关阶级结构居于首要地位的明确判断提出挑战。②

隐含在布伦纳分析中的多因论的第三个,也是最明显的例子是他对绝对君主制国家兴起的分析。布伦纳指出,绝对君主制的兴起需根据内部社会变迁加以解释。他认为,绝对君主制国家是封建制度的一种变体,其中以前交给私人领主的封建地租现在由中央控制,以税收的形式交给国家。卡利尼克斯指出,布伦纳有关绝对君主制的研究提供了一种复杂的历史分析,它似乎证实了马克思和恩格斯

---

① Brenner,"Agrarian Class Structure",pp.57-58.
② Brenner,"The Agrarian Roots", p.63; J. Hatcher, *Plague, Population and the English Economy 1348-1530*, Palgrave Macmillan,1977,pp.21-26; J. Hatcher,"Mortality in the Fifteenth Century", *Economic History Review*, 2nd ser., Vol.xxxix(1986), pp.23-28; A.E. Nash,"The Population Pattern of Wiltshire Lords of the Manor 1242-1377", *Southern History*, Vol.ii(1980), pp.31-43.

有关社会的经济基础在解释历史上居于首要地位的命题的有效性。问题在于,布伦纳自己都强调,法国农民所享有的有保障的土地所有权——它为绝对君主制提供了社会基础,在很大程度上本身就是国家行为的产物。然而,如果这是事实所在,那么绝对君主制就并非简单地是社会关系之前变化的"表现";相反,正是一个积极的历史行为主体首先导致了这种变化。如果"稳固的农民土地所有权和绝对君主制国家是在彼此相互依赖中发展的",那么我们为什么应该将首要性赋予这些相互作用的力量中的某一个呢?①

举这些例子的目的并不是要表明,布伦纳错误地强调需要厘清所有权关系和阶级斗争在决定长期经济发展上的作用。问题仅仅在于,不管诸如所有权关系和阶级斗争等因素在历史解释中发挥什么样的作用,这些因素本身也需要解释。有人可能由此指责我们主张历史解释的多因论,甚至指责我们主张在寻找原因的原因上做一种无限的追溯,这就排除了赋予我们所列举的相互作用的诸种力量中的任何一种以终极的或普遍适用的首要地位的可能性。因此,在布伦纳明确提出的判断中所主张的生产关系在解释结构中居于首要地位与他在实际历史分析中所运用的多元论之间就存在着矛盾之处。这并不是从表象上批评布伦纳的观点,就像那些试图为基于人口变化对经济变革做出解释的观点辩护的历史学家所做的那样。相反,我们是要揭示隐含在他自己历史分析中的解释逻辑。正如基钦(Kitching)在谈到马克思主义历史研究时所指出的:"从事专业研究要比进行理论建构更为复杂,两者事实上很有可能共存于一位训练有素的学者身上,尽管他从未正式或明确地承认或表达过那种复杂性。"②

---

① Brenner,"The Agrarian Roots",pp. 68-72;Brenner,"The Agrarian Roots",p. 81;A. Callinicos,*Making History*,Brill Academic Publishers,1987,pp. 158-172(重点参看这部分)。其他马克思主义者更强调外交和战争在绝对君主制国家产生中的作用,见 P. Anderson,*Lineages of the Absolutist State*,Verso,1979,pp. 29-33,38-39,102,202;D. Parker,"French Absolutism,the English State and the Utility of the Base-Superstructure Model",*Social History*,Vol. xv(1990),pp. 287-301;Rigby,*Marxism and History*,pp. 264-268。

② G. Kitching,*Karl Marx and the Philosophy of Praxis*,Routledge,1988,p. 225.

对这种批评的一种可能回应在于,马克思主义在解释历史变迁时并不是单因论者或还原论者。马克思和恩格斯自己也充分认识到,在历史解释中技术、阶级、政治和意识形态之间的相互作用。正像其他学派的任何历史学家一样,马克思主义者当然有权利提出历史解释的多因论,而同时保留相信"一件事情比其他事情更重要"的信念。因此,尽管马克思主义历史学同正统的非马克思主义历史学乍看起来似乎是对立的,前者主张原因按等级排列的普遍适用性,后者则主张原因按等级的排列根据历史研究对象的不同而不同;但他们都面临着共同的问题,即如何评估多种原因的相对重要性。正统历史学是如何解决这个问题的呢?①

二

对历史唯物主义有关经济"基础"必然居于首要地位观点的一种有代表性的替代观点是由韦伯的社会学提出的。韦伯认为,建构有关社会的理论最好不要将组成社会的各种因素划分成居于不同层次的等级,而应该将它们视为权力和社会分层的不同"方面",它们中的任何一个方面都并不必然居于首要地位。因此,即使我们将自身局限于有关社会经济转型的研究,"也不可能提出任何普遍适用的公式,它将说明在这种转型中发挥作用的各种因素相比较而言实际发挥作用的大小,或将说明这些因素彼此适应的方式"。韦伯指出,"经济权力的产生很可能就是基于其他理由而存在的权力的后果"。②这种研究社会分层的方法最近得到曼和伦希曼的辩护,他们根据一揽子相互重叠和相互作用的社会权力来源(经济、政治、军事和意识

---

① Marx and Engels, *Collected Works*, V.53; K. Marx and F. Engels, *Selected Correspondence*, Foreign Languages Publishing House, 1975, pp. 390–401, 435, 441–443; N. Geras, "Seven Types of Obloquy: Travesties of Marxism", *The Socialist Register*(1990), ed. R. Miliband, L. Pantich and J. Saville, pp.9–11.

② R. Collins, *Weberian Social Theory*, Cambridge University Press, 1987, p.34; M. Weber, *Economy and Society*, 2 Vols., California University Press, 1978, pp.i.577, ii.926.

形态)来考察社会结构,其中没有任何一种权力来源必然居于首要地位。在任何特定的历史情势下,某种因素是否居于首要地位仅能通过经验研究来确定,而不能借助某种普遍适用的有关社会结构的模式来确定。①

正是这种原因按等级排列被视为在不同历史条件下不同的方法,是作为历史学家的我们经常介绍给学生的。因此,兰德(Lander)认为,不同于1381年农民起义的原因,凯德起义(Cade' rebellion,1450)的原因与其说是经济方面的、不如说是政治方面的。正如卡尔所指出的,试图确立此类原因按等级排列的做法肯定会引起历史学家的争论,这种争论肯定能够在解释1381年起义的例子中看到。例如,我们被告知,尽管起义无疑具有政治方面的原因,但它"大体上起源于经济方面的原因";正是农村的社会状况而不是政治和财政方面的强制要求,"引发起义者最强烈的不满"。但其他历史学家却论证,"过分强调经济原因是错误的",宗教和道德观念"本身"也是起义的一种原因,与此同时,没有长期的政治运转不良,"是否会爆发一次普遍的起义非常值得怀疑"。②

不过,尽管根据某种重要性的等级对原因做出排序的职责对许多历史学家而言似乎是"明显的"和"常识性的",但这种按等级对原因做出排序确实涉及许多哲学上的难题。毕竟,如果我们说,任何特定被解释的事物都是许多因素共同作用的产物,那么,这些因素(或同等重要的因素)中的每一个对被解释事物的发生而言都是不可或缺的。然而,如果这是事实的话,那么我们凭什么能够说起作用的各

---

① M. Mann,*The Sources of Social Power*,3 Vols.,Cambridge University Press,1986,p.i.ch.1;W.G. Runciman,*A Treatise on Social Theory*,3 Vols.,Cambridge University Press,1983[此后简写为 Runciman,*Treatise*],pp.ii.12-17.曼在政治权力和军事实力之间做出了区分,而伦希曼则用"强制权力"一词将两者合并。

② J.R. Lander,*Conflict and Stability in Fifteenth-Century England*,Hutchinson,1971,p.72;A. Harding,"The Revolt against the Justices",*The English Rising of 1381*,ed.R.H. Hilton and T.H. Aston,Cambridge University Press,1984,p.165;M. Mollat and P.Wolff,*The Popular Revolutions of the Late Middle Ages*,George Allen & Unwin Ltd.,1973,p.201;M.M. Postan,*The Medieval Economy and Society*,California University Press,1972,p.154;M. McKisack,*The Fourteenth Century*,Oxford University Press,1971,p.422.

种原因存在等级上的差异？我们又怎么能够说一种原因比另一种原因"更不可或缺"呢？正是针对这个问题，韦伯论证，不可能对各种原因的相对重要性进行量化分析，例如，我们不可能做出如下结论，即在解释资本主义兴起的问题上宗教改革比经济变革更具决定性，反之亦然。① 正如伦希曼所论证的，有可能选择某些特定历史因素作为在解释某一特定事物时最重要的原因，但"这仅仅是在一揽子因素被确定为初始条件和限制因素的意义上"②。例如，如果我们将百年战争中 1369 年以后时期英格兰人被逆转打败视为既定的、视为一种初始条件，那么我们也许会选择这种失败所导致的较高的税收水平作为解释 1381 年农民起义发生的"主要"原因。但如果换种角度，我们将较高的税收水平视为既定的、视为一种背景条件，那么既然中世纪晚期的战争是由税收提供经费的，我们很有可能将导致这种不得人心的税收征收的英格兰人被逆转打败视为起义发生的终极原因。③ 问题在于，在我们作为历史学家的日常生活和学术研究中，我们并没有任何获得一致认可的标准，由此能够将"原因"同被视为既定的背景"条件"区分开来，它将使我们能够解决诸如有关比较不同原因的相对重要性的争论。然而，如果这种不存在统一标准的观点被人们所接受，那么他们就不仅会对历史唯物主义有关存在普遍适用的能够对各种原因做等级排序的观点，而且会对任何试图确立一种客观的对不同原因进行等级排序的做法提出质疑，即使是那种由非马克思主义者所赞成的对不同历史研究对象有不同原因等级排序的主张也无法幸免。为了更充分地证明这种观点的正确性，我们需要考察一些哲学家的研究，他们讨论过将"原因"同"条件"区分开来的问题。

---

① E. Fischoff, "The Protestant Ethic and the Spirit of Capitalism", *Social Research*, Vol.ii(1944), p.63.
② Runciman, *Treatise*, pp. i.193.
③ 出于简化的目的，这个例子忽略了所有其他因素，但作为解释 1381 年起义爆发的原因，我们也需要对它们按重要性等级做出排序，这些因素包括：封建阶级关系、黑死病和继之发生的疫病、领主在 1349 年以后对他们庄园权力的强化、国家颁布劳工立法压低工资、14 世纪 70 年代的政治动荡、理查二世尚未成年、冈特(Gaunt)的不得人心、反教权运动，等等。

三

将原因同条件区分开来的问题——研究这个问题是为了对各种解释因素按等级进行排序——早在1843年就由约翰·斯图亚特·密尔在其著作《逻辑体系》中加以了探讨。密尔论证,从哲学角度看,任何现象发生的原因就是"各种条件的总和,正向的和反向的都包括在内;那些被认识到的必然会随之发生的所有各种类型的事情"。任何现象发生的真正原因"就是这些之前发生的各种事情的总和",因此,根据严格的逻辑关系,我们"没有权利赋予它们中的某些事情以原因的名称,而将其他事情排除在外"。所以,"在一种现象发生的原因和它存在的条件之间做出区分"并没有科学依据。如果这是事实所在的话,那么我们不可能认为这些条件中的任何一个在解释中居于首要地位,因为"根据我们目前研究的目的,它们中的任何条件都不可能获得那种首要地位"。[1]

事实上,我们当然不会(也不可能)通过列举对一种现象发生所必需的所有条件来解释该现象。因此,尽管我来到人世是我写作这篇文章的一个条件,但我一般不会把它视为我这样做的原因。在我们的日常生活中,我们确实倾向于"仅仅挑选出一件之前发生的事情冠以原因的名称,而称其他事情仅仅是条件"。柯林武德认为,密尔相信,被挑选出来作为原因的条件是任意选择的结果。事实上,尽管密尔确实将这种选择视为"任性的",但他同时论证,我们将哪一种"条件"称作"原因"取决于我们当前研究所要达成的目标。事实上,这种目标通常导致我们通过选择最后出现的一个条件作为现象发生

---

[1] J.S. Mill, *A System of Logic*, Routledge & Kegan Paul, 1970[此后简写为 Mill, *Logic*], pp.214-217. 对密尔理论的阐释,见 J. Hospers, *An Introduction to Philosophical Analysis*, Prentice Hall, 1973, pp.292-296; A. Ryan, J.S. Mill, Routledge & Kegan Paul, 1974, pp.74-79; J. Skorupski, *John Stuart Mill*, Routledge, 1989, pp.175-177; A.Ryan, *The Philosophy of John Stuart Mill*, MacMillan, 1987, pp.41-50; H.L.A. Hart and T. Honoré, *Causation in the Law*, Clarendon Press, 1985[此后简写为 Hart and Honoré, *Causation*], pp.15-22。

的原因而将原因同条件区别开来。我们由此倾向于"将对因果关系的认识同之前发生的在时间上最接近的事情相联系",而不会同任何之前一直存在的状态相联系。①

举一个最简单的仅包括两种因果要素的例子,我们一般会说,"瓶子之所以破碎,是因为用石头砸了它"。然而,正如赖尔(Ryle)所指出的,我们同样能够说,"当瓶子被石头砸时破碎,这是因为它是易碎的"②。在前一个例子中,正是石头砸瓶子被视为它破碎的原因,而它的易碎性仅仅被视为一种"条件";在后一个例子中,石头砸瓶子被降格为瓶子破碎的"必要条件",而它的易碎性被强调是"原因"。问题在于,我们并不拥有某种单一标准,它要求我们从这些对原因的不同等级排序中选择一种特定的排序:原因概念并不是只能做单一类型理解的概念。③

事实上,正如戈罗维茨(Gorovitz)所论证的,我们倾向于将在一种情势下构成"关键性的区别因素"的那些条件视为原因。但在这种情势下,将哪一种条件视为关键性的区别因素很自然地将取决于我们将这种情势同什么相比较。如果我们假设瓶子是易碎的,那么关键性的区别因素就是这个瓶子被一块石头砸;石头在这里之所以被视为瓶子破碎的"原因",不是因为它真的在因果关系上占据什么首要地位,而仅仅是因为我们将瓶子易碎视为既定的、视为一种初始条件;这个瓶子易碎,是我们将这个瓶子同另一个并没有被石头砸碎的瓶子做比较而言的。换个视角,如果我们将人们扔石头砸瓶子视为想当然会发生的(毕竟,似乎确实有这种情况存在),那么,当其他一些瓶子未被砸时,我们也许会将瓶子易碎视为关键性的区别因素来解释"这个瓶子为什么会碎"。换句话说,"这个瓶子为什么会碎"的

---

① R.G. Collingwood, "On the So-Called idea of Causation", *Proceedings of the Aristotelian Society*, Vol.xxxviii(1937-1938), p.91 and *An Essay on Metaphysics*, Clarendon Press, 1940[此后简写为 Collingwood, *Metaphysics*], pp.301-302; Mill, *Logic*, pp.214-216; Hart and Honoré, *Causation*, p.18.

② G. Ryle, *The Concept of Mind*, Chicago University Press, 1963, pp.50, 88-89, 113-114.

③ Hart and Honoré, *Causation*, pp.xxxiii, 28, 33-34.

问题能够以两种方式来加以解释:或者是"为什么是这个瓶子刚刚被砸碎?"(因为它是易碎的,不像那边那个瓶子);或者是"为什么是这个瓶子刚刚被砸碎?"(因为不像五分钟前,它刚刚被一块石头砸中)事实上,如果我们正试图解释的结果(瓶子被砸碎)将要发生的话,那么这两方面的条件(瓶子易碎和一块石头砸中它)都是不可或缺的。正如瑟诺博司所指出的,"所有原因都具有同等的价值"①。

由此可以推断出,我们将原因同背景条件区别开来所使用的区分标准并非任意的,但它也并非简单地是我们正在研究的历史进程的客观性质的产物。正如不仅由卡尔,而且由加德纳(Gardinar)、德雷(Dray)、哈特(Hart)和奥罗雷(Hororé)、普特南(Putnam)和加芬克尔(Garfinkel)所强调的,它是由"所涉及的研究领域与研究者的兴趣和目标决定的"②。我们是将瓶子易碎,还是将用石头砸它视为瓶子破碎的"首要"原因,并不是取决于事物本身(瓶子破碎既是它被石头砸、又是它易碎的结果),而是取决于我们的兴趣:例如,我们是真的想知道这个特定的瓶子为什么会碎(它已经被一块石头砸中),还是我们对一般而言瓶子为什么会碎感兴趣(因为它们易碎)?

在哲学层面,在下述两者之间做出区分也许是有用的,一方面是瓶子破碎的客观原因,另一方面是对它的主观解释。客观上讲,瓶子之所以破碎是众多条件所致,它们共同导致事情的发生。不过,事实

---

① 引自 P.Veyne, *Writing History*, Wesleyan University Press, 1984[此后简写为 Veyne, *Writing History*], pp.92-92,101。也见 S. Gorovitz, "Causal Judgements and Causal Explanations", *Journal of Philosophy*, Vol.lxii(1965), pp.701-702; Hart and Honoré, *Causation*, pp.33-35; F. Dretske, "Contrastive Statements", *Philosophical Review*, Vol.1xxxi(1972), pp.411-437。

② P. Gardiner, *The Nature of Historical Explanation*, Oxford University Press, 1961[此后简写为 Gardiner, *Historical Explanation*], pp.10-11,99-112。也见 W. Dray, *Laws and Explanation in History*, Oxford University Press, 1957[此后简写为 Dray, *Laws and Explanation*], pp.98-101; Hart and Honoré, *Causation*, pp.35-37; H. Putnam, *Meaning and the Moral Science*, Routledge & Kegan Paul, 1979, pp.41-44; H. Putnam, *Philosophical Papers*, 3 Vols., Cambridge University Press, 1975-1983[此后简写为 Putnam, *Philosophical Papers*], pp.iii.211-215; A. Garfinkel, *Forms of Explanation: Rethinking the Questions in Social Theory*, Yale University Press, 1981[此后简写为 Garfinkel, *Forms of Explanation*], pp.3-5, 21-34, 138-145, 156-174; R.J. Anderson, J.A. Hughes and W.W.Shrrock, *Philosophy and the Human Sciences*, Croom Helm, 1986, p.171; Collinwood, *Metaphysics*, p.304。

上,特定观察者的观点或"知识架构"将导致他们优先考虑他们提出解释的某些因素,将它们视为瓶子破碎的"原因",而将其他因素降格为背景"条件"。① 因此,我们能够想象,拥有不同"知识架构"的历史学家也许并不会简单地满足于提供一个原因"清单"来解释瓶子为什么破碎。代之,他们会听从卡尔的建议,努力确立一种有关各种原因的等级排序,由此发起一场围绕哪些原因具有首要性的大辩论,即使参与争论的人事实上就该实例所包含的各种"事实"(瓶子易碎;有石头砸它;它破碎)达成了完全一致的意见。②

事实上,密尔所谓的找出"全部原因"是一种不可能实现的解释理想,因为它会导致对解释因素的一种"无限追溯,而这无疑是问题多多的"。③ 毕竟,即使我们能够暂时就某种因素——例如扔石头砸——是瓶子破碎的"真正"原因达成一致,但我们又会依次被要求解释这种原因是如何形成的:石头是如何形成的,为什么会有人扔石头,等等。因此,我们选定首要原因就不再是简单地给出一种解释,依次地它本身又成为需要解释的对象。密尔自己甚至使这个问题进一步复杂化,他将所有"反向"条件都包括在解释一件事情所需条件的总和中,例如,扔石头的人前一天胳膊并未受伤,由此不会妨碍他扔石头;他的眼并不近视;等等。④

不过,虽然密尔的理论似乎迫使我们陷入一种对解释因素做无限追溯的困境,但事实上,正如密尔自己所提出的,我们在产生这每一个条件——导致一件特定事情发生所需的条件——的因果链条上追溯多远将取决于我们心照不宣持有的标准。⑤ 我们选择某些条件

---

① M.Brodbeck,"Explanation, Prediction and 'Imperfect' Knowledge", *Minnesota Studies in the Philosophy of Science*,ed.H. Feigl and G. Maxwell,Minnesota University Press,1962, pp.iii.239;Putnam,*Philosophical Papers*,p.215;F.L.Will,*Induction and Justification*,Cornell University Press,1974,pp.24,273-275.威尔的"知识架构"下的研究者要比库恩范式下的研究者较少受到约束;ibid.,pp.294-295。

② Carr,*What is Hisoty?*,pp.89-90.

③ Garfinkel,*Forms of Explanation*,p.143;K.R. Popper,*The Poverty of Historicism*,Routledge & Kegan Paul,1969[此后简写为 Popper,*Historicism*],p.150;Veyne,*Writing History*,pp.92,169-170.

④ Mill,*Logic*,pp.214-218.

⑤ Gardiner,*Historical Explanation*,pp.104-105;Popper,*Historicism*,p.151;Mill,*Logic*,p.215.

作为既定的,而选择其他条件作为"主要"原因并不取决于它们自身的内在特性。它取决于我们的研究目标和我们假设我们研究成果的受众所具有的知识水平。因此,我们经常会强调一种条件作为一件事情发生的"原因",因为它填补了我们知识的一个"空白点",而将我们和我们的受众都非常熟悉的其他原因降格为背景条件。我们的受众有可能都知道瓶子是易碎的,那么这个条件在我们的解释中就被赋予次要地位,但因为有鉴于一个特定的瓶子被一块石头砸中的事实对他们而言是新闻,所以它在我们的解释中被加以强调。① 因此,所有解释都是同研究兴趣相关联的,用加芬克尔的话来表述,"解释的艺术就是抛弃几乎所有结论和忘掉几乎所有条件的艺术"②。

四

在将"原因"同条件区别开来的问题上获得一致认同的标准是解决我们有关哪种因素在解释上具有首要性争论的关键,但在历史学家中可以很明显地看出并不存在公认的标准,如果我们将注意力从瓶子破碎这一仅能引起有限关注的论题转向布伦纳对中世纪晚期和近代早期欧洲社会变迁的更为丰富的分析上就更是如此。这种社会变迁传统上被视为人口变化的结果。例如,农奴制在中世纪晚期英格兰的终结通常被视为 14 和 15 世纪,尤其是在黑死病爆发之后时期人口大规模减少的结果。人口的减少导致佃农的严重短缺,这赋予农民在决定地租水平和庄园义务的讨价还价中相对于领主而言的优势地位。在这个例子中,人口变化被确定为"最新形成的条件",因

---

① Atkinson, *Knowledge and Explanation*, p.162; A. Heller, *A Theory of History*, Routledge & Kegan Paul, 1982, pp.159-160; Gardiner, *Historical Explanation*, p.112; C. Behan McCullagh, *Justifying Historical Descriptions*, Cambridge University Press, 1984, pp.208-211.

② Garfinkel, *Forms of Explanation*, p.172; Putnam, *Philosophical Papers*, pp.iii. 211-215; Dray, *Laws and Explanation*, p.98; Atkinson, *Knowledge and Explanation*, pp.159-164; M. Scriven, "Cause, Connection and Conditions in History", *Philosophical Analysis and History*, ed. W.H. Dray, Harper & Row, 1966, pp.254-258.

此被视为农民获得自由的"原因"。①

然而,如果我们考察一下 17 世纪波希米亚的例子,我们就会发现正如克里玛(Klima)所揭示的,由三十年战争所引起的人口下降这种非常相似的情况却导致领主发起一波攻势,最终致使农民变成农奴。② 布伦纳认为,如果同样的人口变化趋势却伴随着非常不同的社会结果(在英格兰农民获得自由,在波希米亚农民变成农奴),那就可以对人口变化能否被视为导致这些结果出现的首要历史原因提出质疑。是领主的逻辑(佃农短缺要求实行农奴制和榨取更多的剩余),还是农民的逻辑(佃农短缺应该降低租金和使农民获得自由)占据优势,取决于领主和农民在阶级斗争中谁拥有相对优势这一关键性的区别因素。人口变化发挥作用的程度受到现存所有权关系和源于这种关系的阶级斗争的调节。在这个例子中,正是农民力量的强弱被视为决定农民是获得自由还是变成农奴的主要原因。③

事实上,这些例子表明,仅当我们将许多条件视为既定的、视为(用密尔的话来说)"以心照不宣的方式所认识的",才有可能将某种特定的条件视为居于解释上的首要地位。因此,如果将英格兰农民共同体的力量和他们维护自身利益的能力视为既定的,那么我们就可以将人口减少这一新产生的条件作为关键性的区别因素来解释农民在同领主斗争中取得的胜利。换种角度,如果我们把三十年战争和随之发生的人口减少 40% 视为既定的,那么我们就可以合理地将波希米亚农民的弱势视为关键性的区别因素来解释它为什么会变成农奴。在任何特定的历史情势下,赋予某些因素以解释上的首要地位必然会将其他因素视为既定的、视为背景条件。正如卡尔坚持认

---

① M.M. Postan,"Medieval Agrarian Society in its Prime: England", *The Cambridge Economic History of Europe*, ed. M.M. Postan, H.J. Habakkuk, E.E. Rich et al., 8 Vols., Cambridge University Press, 1963-1989, pp.i.565-570, 587-591, 595-598, 608-610.

② A. Klima,"Agrarian Class Structure and Economic Development in Pre-Industrial Bohemis", *Past and Present*, Vol.85(1979), pp.52-53.

③ Brenner,"Agrarian Class Structure", p.39.

为的,如果绝大多数历史争论都是围绕按重要性等级对原因做出排序展开的,那么必然会得出如下结论:即使在就任何特定情势所涉及的"事实"达成完全一致意见的情况下,这种争论也是不可能解决的,因为缺乏将原因同条件区别开来的公认的标准。在这些例子中,争论并不是由于在历史事实上的任何真正分歧产生的,而是由未能确定哪些是我们应该视为既定的条件以将其他条件视为主要原因所致。

布伦纳指出,"比较"历史研究方法是至关重要的,因为正是借助这种方法我们才能确定关键性的区别因素,它在解释上居于首要地位。① 布伦纳观点的问题在于,正如我们上面看到的,在任何一种特定情势下,我们选择哪一种因素作为关键性的区别因素将取决于我们将那种情势同什么相对比。例如,如果我们问:"为什么波希米亚农民在 1600 年是自由的,但在 1700 年却变成农奴?"我们也许是将一个弱势群体的存在视为一种背景条件,由此像克里玛那样将人口减少视为关键因素,因为正是它将 1700 年的情势区别于 1600 年的情势。在历史上,正如在我们日常生活中那样,我们经常会将持续存在的状态视为既定的,而将那些改变这种状态的事件(在这个例子中是人口的迅速减少)确定为"原因"。②

换个角度,如果我们假设,我们的受众接受一种"知识架构",这种知识架构使他们更多地关注人口变化对历史进程的影响,那么我们有可能会问:"为什么在波希米亚人口的减少导致农民变为农奴,而在英格兰却导致农民获得自由?"由此,我们就有可能像布伦纳那样强调领主与农民之间的力量对比,将它视为决定两国之间差别的关键性的区别因素。③ 尽管如此,根据密尔所设定的逻辑,我们必须

---

① Brenner,"Agrarian Class Structure",pp.39,47.
② W.H. Dray,*Perspectives on History*,Routledge & Kegan Paul,1980,pp.80-81;Hart and Honoré,*Causation*,pp.16,29.
③ 出于"比较不同观点"的目的(见前文第 211 页注②),我们能够将克里玛的问题视作如下:"农民在 17 世纪晚期的波希米亚为什么会变成农奴?"——强调同 1600 年的对比;而布伦纳的问题是:"农民在 17 世纪晚期的波希米亚为什么会变成农奴?"——强调同中世纪晚期英格兰人口减少影响的对比。

指出,波希米亚的农民由于人口减少而变成农奴,这既是作为对由人口减少所引起的经济困难做出反应,领主发起攻势的结果,又是因为农民无力抵抗领主发起的这样一波攻势的结果。为了使这种农民变农奴的情况发生,这两方面的条件都是必需的;而且这两方面的条件都是真实的客观存在,即使历史学家此前未曾援引它们去做解释也是如此。克里玛和布伦纳之间之所以会产生明显的分歧,是因为克里玛用人口减少这件事情来解释农民变成农奴,他是在"用石头砸瓶子来解释它为什么会碎"的意义上这样做的;而布伦纳则是在"用瓶子易碎来解释当被石头砸时它破碎"的意义上,用此前存在一个弱势农民群体的状态来做出解释的。事实上,这种解释上存在分歧的难题之所以会产生,仅仅是因为我们将客观上在因果关系中居于首要地位(我们已经论证,它事实上并不存在)同出于主观分析的目的而赋予某些因素以解释上的首要地位相混淆。应该强调的是,这种解释上的首要地位并不是我们所讨论的作为原因的因素所固有的特性,而是历史学家兴趣和观点的产物。

有鉴于这种对因果关系和解释的说明,在有关"布伦纳命题"的两种不同解释版本之间做出区分是有益的:一种"较强"版本的解释和一种"较弱"版本的解释。对布伦纳命题"较强"的解释版本不合理地将首要原因归于阶级结构,它甚至基于相似的人口变化却产生不同的社会-经济结果的理由而否定人口变化是经济变革的一种真正"原因"。[①]"较弱"的解释版本令人印象深刻地证明,仅当同特定形式的阶级结构相联系时,才能看清楚人口变化趋势对长期经济变迁的重要作用。[②] 正是这后一种观点代表了布伦纳将我们有关中世纪和近代早期欧洲历史的认识向前推进的重要贡献。正是这种对历史"空白点"的填补——布伦纳做得非常成功,而不是对原因按等级排序的建构,是历史学家面临的真正任务所在。

---

① Brenner,"Agrarian Class Structure",p.39.
② Ibid.,p.16.

五

人们通常并不将约翰·斯图亚特·密尔视为后结构主义的一位先驱;然而,在凯斯·詹金斯(Keith Jenkins)最近的新书《再思历史》中,密尔对因果关系的解释尽管并不具有这方面的特征,但却被用来支持后现代主义对获得有关过去事实的历史知识的可能性持怀疑态度的怀疑论。事实上,詹金斯提出的不可能真正认知过去的观点的最重要理由依赖于将马克思有关意识形态的理论同库恩有关"不同范式之间不具可比性"的信念结合在一起,其中马克思将意识形态理解为相互冲突的物质利益的表现。但作为支持有关历史知识的怀疑论和获得有效历史解释的怀疑论的进一步理由,詹金斯援引了密尔提出的问题,即我们如何评估据说能够解释任何特定事件的各种因素的相对重要性。他正确地得出结论,即使我们能够赋予某种因素以解释上的首要地位——但这本身是不可能的,我们马上就会遇到下述问题,即任何一个特定事件,诸如1789年法国大革命或1381年农民起义,都是一个"无限因果链条"的产物,人们可以"向前和向外不断地进行追溯"。但对这种因果链条,我们却没有合乎逻辑的或明确的分界点,詹金斯由此对历史学家所提出的解释的有效性提出质疑。①

事实上,在历史学中就像在自然科学中那样,我们在产生一个特定历史事件的因果链条中追溯多远,将首先是我们在这个特定领域中现存知识储备的产物;其次是我们自身所具有的特定专业知识的产物;再次是就我们研究成果的受众而言,我们想当然地认为他们所具有的知识的产物。例如,我相信,1381年起义之所以爆发有许多原因,其中一些原因是经济方面的,但是因为我个人对中世纪的法律

---

① K. Jenkins, *Re-Thinking History*, Routledge, 1991, pp.19,51-53,64.对库恩的研究,见 A.F. Chalmers, *What is this Thing Called Science?* Open University Press, 1986, pp.96-97;对库恩的批判,见 I. Lakatos, *Philosophical Papers*, i: *The Methodology of Scientific Research Programmes*, Cambridge University Press, 1989, ch.4。

史比较熟悉,或者是因为我感到起义爆发在经济方面的根源已经被历史学家进行了较充分的研究,所以我倾向于考察民众对当时法律制度的敌视在导致起义爆发上所起的作用。类似地,如果我假设,我研究成果的受众拥有关于中世纪政治制度方面的知识,那我也许会主张,1381年起义是由国会在1380年批准征收人头税激起的;但是,如果我研究成果的受众是非专业人士,那我也许必须沿着因果链条做进一步追溯,解释一下英国国会是如何获得批准征税的权力的。对另一位受众,我甚至首先必须解释中世纪的国会是指什么,等等。但所有这些都并没有提供理由来支持对1381年起义发生的诸多事件或原因持一种认识论上的怀疑主义;像确实存在国会、批准和征收人头税是真实存在的事情而且能够被历史学家所认知。在解释1381年起义上遇到的真正问题并不是哲学上的,而是我们能够使用的原始资料的相对缺乏和其中存在的偏差这些实际研究中遇到的问题。

　　换句话说,密尔对解释的阐述事实上并不要求历史学家或科学家为了解释任何特定事件而必须在因果链条上追溯到宇宙大爆炸,它也并未包含那种认为任何解释都同其他解释一样好的虚无主义或者相对主义观点。因此,回到上面提到的例子,如果我们说,我们的瓶子真的碎了,因为扔石头砸它的人被称作"史密斯",或者1381年起义之所以发生主要是因为约翰·高尔(John Gower)最近已开始写作他的《呼号者的声音》(*Vox Clamantis*),那我们就是不合理地将甚至不构成导致这些事件发生的条件的因素赋予关键原因的地位。在导致事件发生的众多条件的意义上,原因客观地存在于现实世界中,而且能够被科学家和历史学家所认知。正如我们已经看到的,只是当我们决定必须根据重要性等级来对这些条件做出排序时,我们才会遇到哲学上的难题。

六

　　历史唯物主义者主张经济"基础"在解释事物中普遍地居于首要

地位的观点遭到它的绝大多数批评者的攻击,他们批评的理由在于,既然基础和上层建筑事实上是"相互依赖的"(即所谓的经济基础包括政治、法律和思想观念,它们都是它的构成要素),所以从前者推演出后者是不合理的。① 然而,正如戈德莱尔(Godelier)所揭示的,将所有那些发挥生产关系作用的因素都作为社会生产关系的组成部分来重新界定"基础",马克思主义成功地回应了这一挑战。诚然,在布伦纳的著作中,封建生产关系必然包括"经济之外"的强制形式,诸如领主在农奴制和庄园中被神圣化的政治-法律权力。②

事实上,不是被基础和上层建筑相互渗透的问题所击败,历史唯物主义实际上在它们之间的相互作用这一更直接的问题上就已经遇到麻烦。包括在这种相互作用中的对原因的无限追溯和存在众多历史原因必然会削弱按重要程度对原因进行等级排序做法的合理性,其中使用基础和上层建筑的隐喻就意在使我们相信其合理性。正如布伦纳高质量的历史研究所强调的,马克思主义者事实上很容易避免撞上还原论暗礁的危险,马克思主义的批评者通常将还原论视为错误的;然而,对这种危险的克服却仅是以堕入多元论的旋涡为代价才实现的。我这里已经论证,并不存在马克思主义能够在这两种命运之间成功避险航行的路线。

对历史唯物主义有关社会的生产力或它的阶级结构在解释中普遍居于这种首要地位的因素的观点通常的替代观点是认为,这种首

---

① H.B. Acton, *The Illusion of the Epoch*, Cohen & West, 1955, pp.164-168, 177, 258; J. Plamenatz, *Man and Society*, 2 Vols., Longman, 1963, pp.ii.283-289, 345. 对他们观点的讨论,见 G.A. Cohen, "On Some Criticisms of Historical Materialism", *Proceedings of the Aristotelian Society*, Vol.xliv(supplement, 1970), pp.121-124; S. Lukes, "Can the Base be Distinguished from the Superstructure?" *The Nature of Political Theory*, ed.D. Miller and L.Siedentop, Clarendon Press, 1983, pp.103-119; C. Lowe, "Cohen and Lukes on Rights and Powers", *Political Studies*, Vol. xxxiii (1985), pp. 296-303; Rigby, *Marxism and History*, pp.188-192。

② M. Godelier, "Infrastructures, Society and History", *New Left Review*, Vol.112 (1978), pp.88-90 and *The Mental and the Material*, Verso, 1988, p.208; Brenner, "Agrarian Class Structure", 35-36; K.Marx, *Capital*, 3 Vols., Lawrence & Wishart, 1981, pp.iii. 926-927; Rigby, *Marxism and History*, pp.192-194; Rigby, History, *Dialectics and Revolution*, pp.173-177。

要地位是随着特定历史背景的不同而变化的。不过,我这里已经论证,我们赋予某些因素在历史解释中以首要地位——不管是普遍如此还是随历史背景的不同而变化——并不是因为历史事实就是如此,而是取决于我们自身所处的特定历史背景和我们从事研究的目的。① 如果因果关系在现实世界中是客观存在的,那么我们认知这种因果关系的解释性阐述必然是更具偏向性的和出于更实用的目的,不管是在历史学中、在科学中,还是在日常生活中均是如此。

作者简介:S.H.里格比,曼彻斯特大学教授。
译者简介:吴英,中国社会科学院历史理论研究所研究员。

---

① Gardiner, *Historical Explanation*, p.105.

伽达默尔和柯林武德论时间距离与理解[*]

小林千夏、马蒂厄·马里昂 著

陈慧本 译 郑祥瑞 校

摘要：本文将从提出一种直觉的(intutitive)时间模型开始，该模型包含一种时间距离的概念，我们认为，这一概念在伽达默尔的解释学中发挥其效力，而在柯林武德的解释理论中遭到拒斥。为了证明这一点，在简要回顾柯林武德对伽达默尔的影响以及两人在复原作者意图可能性上的分歧之后，我们将依次考察他们对于换位问题的回答，通常认为，狄尔泰的哲学正是由此而破产。我们指出，伽达默尔在对该问题的解决中采纳了时间距离的概念，其解决方案在于：宣称来自过去的某作者与我们之间的距离是由传统所填充的，传统使得文本向我们开放；而柯林武德则考虑就文本的意向性或合理性方面达成对文本的进一步理解，从而说明历史行为者的行动。不仅如此，他认为这种说明并非因果性的，且包含于其中的思想并不流淌于物理时间之中，而物理时间之流内含在一切时间距离的概念中。因此，柯林武德认为自己有资格在复原作者意图的问题上得出反相对主义的结论，这一结论促使伽达默尔宣称柯林伍德错过了"贯穿在所有理解行为中的解释学中介维度"。接下来，我们讨论了在伽达默尔和柯林武德成果中潜在的有关时间的概念，并表明利科对时间问题

---

[*] 文章来源：Chinatsu Kobayashi and Mathieu Marion, "Gadamer and Collingwood on Temporal Distance and Understanding", *History and Theory*, Vol.50, Issue 4 (Dec., 2011), pp.81-103。——译者

有着更好的领会,因为他看到,在一定程度上,柯林武德的思路类似于海德格尔对"流俗时间"(vulgar time)的批判,尽管两者得到了完全不同的结果。我们还点出了柯林武德对于其"囊缩"(incapsulation)概念思考的重要性。

关键词:时间 距离 理解 意图 伽达默尔 柯林武德 狄尔泰 利科

一、作为问题的时间距离

根据我们所谓的直觉的时间模式,现在犹如一条没有厚度的线,将过去与未来分隔开来,还像一扇门,各种事件经此从未来流向过去。某个事件一旦穿过了这扇门就不复存在,而是在时间之流的承载下以某种方式向过去渐渐远逝,在它之后跟着的是有序经过现在的整齐堆叠的后续事件。因此,过去变成了"巨大的容器",这是阿瑟·丹图在《分析的历史哲学》第八章开篇处提到的说法,他在用他的方式*摧毁一种极为相似的模型。① 丹图并非首创者:柯林武德早在其"历史哲学讲稿"(1926年)中批判了这种直觉的时间模式,尽管与丹图的批评基于不同的基础。② 这种模式的确有着各种各样的困境,但我们不准备处理它们。我们希望在此聚焦于该模式里暗中发挥作用的空间隐喻:的确,某个遥远过去事件的图景,相较于另一个更加新近的事件的图景距离我们更远,这乃是一种空间隐喻。正如柯林武德所言,这种"将时间'空间化'的习惯"③,催生了我们可能

---

* 《叙述与认识》为《分析的历史哲学》加强三章内容之后的再版。在第八章"叙述句"中,丹图首先提出了类似于本节开头所讲的"时间(过去-现在-未来)-事件"模型,并将其中的过去维度称之为"巨大的容器",丹图认为,该模型的问题在于"把事件看作随时间伸展的宇宙中随时间渐行渐远(time-extended)存在",并暗示流于过去的事件和与之同时的事件具有严格的同时性,这一设定忽略了"事件"一词的含混性,流于过去的事件可能有与之同时发生的事件,却没有严格的同时性。丹图的驳斥基于对"事件"的分析。——校者

① 重印为A. Danto, *Narration and Knowledge*, New York: Columbia University Press, 2007, p.146。

② R.G. Collingwood, *The Idea of History*, rev. ed. [1946], Oxford: Clarendon Press, 1993, pp.363-367。

③ Ibid., 364.亨利·柏格森也因较早批判"空间化的时间"而闻名;ibid., pp.187—189中的讨论。

称之为"时间距离的问题":逝去的每一年都迫使我们距离过去事件越来越远,这一过程伴随着一种忧虑:它们越是逝入过去,我们就越是无法理解它们。某个事件越是在时间中远离我们,那么它所留下的痕迹(如果有的话)就更有可能将会消失,从而使我们越发难以弄清发生了什么,这种观念也进一步加重了上述的忧虑。

我们还应当注意这种忧虑如何暗中支持着怀疑论,因为实践的困难被偷偷地转变为原则性问题。因此,怀疑论者并不需要对过去持有强烈的建构主义观点,根据该观点,过去根本就不存在,抑或并非被充分决定了的,所以每个关于过去的叙事都是对过去纯粹的建构。只需有这样一种能模糊以下两方面界限的观点就足以支撑怀疑论者:一方面是我们在试图重构某个事件序列时所面临的现实的实践困难,另一方面则是如此做的不可能性。从许多没有充足证据来证明某种重构比另一种重构更好的情况中,我们可以归纳出普遍的断言,即在任何情况下都不会有充足的证据,从而模糊该界限。这种思路导致怀疑论的方式,就如同看到水中弯曲的棍子,就认为这证明了我们的感觉欺骗了我们,并据此归纳,达到对于所有感觉的怀疑论。(该思路类似于 J.L. 奥斯丁所批判的认识论。① 昆汀·斯金纳也批判了雅克·德里达的《马刺》中一种类似的思路,后者依据尼采的一句无法为其重构出任何语境的残片"我忘记了我的伞",笼统地概括道我们永远无法确实知道一个作者的意图。②)

---

① 有关幻想的论点,可参见 A.J. Ayer, *The Foundations of Empirical Knowledge*, London: Macmillan, 1940 的第一章,这是奥斯丁在 *Sense and Sensibilia*, Oxford: Oxford University Press, 1962 中的批判对象之一。

② 参见 Q. Skinner, "The Rise of, Challenge to and Prospects for a Collingwoodian Approach to the History of Political Thought", in *The History of Political Thought in National Context*, ed. D. Castiglione and I. Hampsher-Monk, Cambridge, UK: Cambridge University Press, 2001, p.179. 德里达的不正当思路是,从"我们无法确实知道当尼采写下这些字时他想说或做什么"(*Spurs: Nietzsche's Styles*, Chicago: University of Chicago Press, 1979, p.123),到更强烈的相应的普遍宣称。用他的话来说:"我们将永远无法知道。至少我们可能将永远无法知道,并且我们必须考虑到这种无能为力。这种考虑如同一个在非残片的遗存中被标记出的痕迹,它使痕迹摆脱解释学问题的一切确定视域。"(ibid., p.127). 当然,他的讨论围绕的是"我忘记了我的伞"这个残片,但是德里达的结论的本意并不是要局限于此或与之类似的情况;他显然希望从中得出一个普遍的结论——否则的话,他的讨论将变得无关紧要。我们应当注意到,德里达在此所批判的立场与伽达默尔的解

当论及理解过去的文化时,该问题更加复杂:不仅我们所研究的文化可能很久以前就消失了,几乎没有留下任何我们据以推论的痕迹,并且在这种情况下,我们还面临着理解异于我们的文化之可能性的相对主义论点,这种论点同样基于以下归纳,即根据某些情况下实践的困难,得出所有情况下(理解文化的)实践乃是原则上不可能的结论。因此,假如有人想要根据保留至今的作品,来理解一个曾属于某种早已消逝的文化的作者的思想:是否有望复原这个作者的意图呢?① 如果你同意怀疑论者,那么你的回答显然将是否定的。事实上,对该问题的否定回答乃是我们自己复杂的哲学文化中最根深蒂固的成见之一,所以任何旨在支持该观点的冠冕堂皇的(rococo)论据之被人相信,并不是因为这是正确的回答,而是因为它是人们所喜闻乐见的回答。历史哲学中所谓的"语言学转向"②还引入了另一种

(接上页)释学并不一致,而是更多地指诸如施莱尔马赫或狄尔泰等的传统的解释学,这是德里达通过阅读海德格尔所得知的。在整部《马刺》中,德里达将他的对手称为"解释学"(*l'herméneute*),但是他谈到"假设文本的真实意义的解释学方案"(*Spurs*, p.107)。当然,这并非是伽达默尔所持有的论点。我们没有发觉任何理由,比如通过阅读 *Dialogue and Deconstruction: The Gadamer-Derrida Encounter*, ed.D.P. Michelfelder and R.E. Palmer, Albany: State University of New York Press, 1989,从而相信在他们那广受报道的 1981 年巴黎会面之前,德里达就已经熟悉伽达默尔的哲学(而伽达默尔此前并不了解德里达的哲学)。

① 在本文中,我们将毫无征兆地从思考历史行为者的行动转向思考对过去文本的解释,从而处理柯林武德更多关注前者而伽达默尔更多关注后者这一事实;之所以这么做,也是依照有关解释理论之普遍性的一个根本性论题,而柯林武德本人也意识到了这一点:"如果说我们重行思想并且从而重新发现了汉谟拉比或者梭伦的思想,是通过历史的思维;那么我们发现一个朋友给我们写信的思想,或者是一个穿行街道的陌生人的思想,也是通过同样的方式。而且也没有必要说历史学家是一个人,而他所探讨的主体又是另一个人。都是由于历史的思维,我才能够靠阅读我当时所写的东西而发现十年前我在想什么,靠回想我当时所进行的活动而发现在五分钟前我在想什么;——而当我认识到我已经做了什么,那会使得我感到惊奇。在这种意义上,一切关于心灵的知识都是历史的。我能够认识我自己心灵的唯一方式就是通过完全这样的或那样的一些心灵活动,然后考虑我已经完成的是什么行动"(Collingwood, *Idea of History*, p.219)。(此处引文的翻译参考了〔英〕柯林武德著,杜森编,何兆武、张文杰、陈新译:《历史的观念》(增补版),北京大学出版社 2010 年版,第 216—217 页。——译者)

② 此处对"语言学转向"这个表述的使用并不是我们自创的(理查德·罗蒂编辑了一本同名著作: *The Linguistic Turn: Recent Essays in Philosophical Method*, Chicago: University of Chicago Press, 1967,他在该书中将语言学转向列举为分析哲学的关键特征之一),但是我们用它来指称英语世界历史哲学的转变,即从关注历史学所特有的"解释"概念转为关注作为文本的历史。在该语境中,这个表述是模棱两可的,因为它一方面涵盖了路易斯·明克、阿瑟·丹图的著作,乃至弗兰克·安克斯密特的"叙事逻辑",另一方面它也涵盖了由海登·怀特所发起的显然更加"文学性的转向";后者将源自文学理论的观念和关照引入历史哲学,而这些本身已然在很大程度上属于战后法国哲学影响下的产物。在由此导致的概念游戏(*jonglerie*)中,人们有可能会忽略更加困难重重的哲学问题。

话语层次,它主要源自于法国结构主义与后结构主义哲学以及文学理论,旨在为消极的回答提供强有力的支持。

这里存在着重大的问题,但我们无意于在此处解决它们。我们只想把它们作为本文讨论的背景来呈现。然而,如果你具有足够的哲学素养来质疑成见,那么你所必然质疑的将不仅仅是针对过去的怀疑论在基础上的融洽,而且一定会质疑潜在于该基础的时间模式之融洽。简而言之,我们认为直觉的时间模式仍是伽达默尔解释学中未受质疑的成见,柯林武德的解释理论和历史哲学则基于对该时间模式的明确拒斥。在表明这一点之前,我们首先需要彻底弄清伽达默尔与柯林武德在解释概念上的分歧。在柯林武德的解释理论中,并不存在伽达默尔的解释学理论所具有的相对主义蕴含;在第三至五节中,我们将阐述该分歧如何影响他们各自在时间距离问题上的立场,从而论证上述观点。

二、遥远的过去与意图的恢复: 伽达默尔 vs.柯林武德

自 20 世纪 30 年代中期起,考古学家、历史学者与哲学家 R.G. 柯林武德发展了一种解释理论,并将其应用于考古学与历史学、人类学、美学以及艺术史。[①] 令人惋惜的是,他在 53 岁时英年早逝,因而

---

① 在丹图《叙述与认识》的后记中,弗兰克·安克斯密特写道:"或许柯林武德从来都没有发展出一种历史意识,因为他更多的是一位考古学家而非历史学家";他甚至将《历史的观念》描述为"肤浅的"并且暴露了他"对于过去的真正兴趣缺乏敏锐感"(Danto, *Narration and Knowledge*, p.393)。这些严苛的评价令人难以接受。宣称柯林武德从来没有发展出一种"历史意识"是很奇怪的,毫不夸张地说,正是因为他想把哲学转变为一门历史的学科,他才会谴责分析哲学的先驱——牛津实在论者约翰·库克·威尔逊、H.A.普里查德、H.W.B. 约瑟夫——缺乏历史感。(关于牛津实在论,参见 M. Marion, "Oxford Realism:Knowledge and Perception", *British Journal for the History of Philosophy*, 8 [2000], pp.299-388 and 485-519, and M. Marion, "John Cook Wilson", in *The Stanford Encyclopedia of Philosophy*, ed.E.N. Zalta [Winter 2009 Edition], http://plato.stanford.edu/entries/wilson/[accessed August 17,2011])。认为可以用他是一位考古学家来解释这种缺乏,仿佛考古学是一种不需要"历史意识"便可从事的活动,这种说法也是奇怪的(尤其是就柯林武德的情况而言),但宣称他不是一位历史学家,这种说法明显是错误的。

没能提供一种充分完善的理论。他留给我们的只有两篇尝试讲清其原理的短篇讨论:在《自传》的第五章中,①他误导性地将自己的理论描述为"问答逻辑";在《形而上学论》第四章中,②他将其描述成在分析哲学中更为人熟知的"绝对预设"。汉斯-格奥尔格·伽达默尔是深受这些文本影响的人之一。伽达默尔本人承认,他的解释学最独特的概念中的两个,即"完全性的前把握"(Vorgriff der Vollkommenheit)和"视域融合"(Horizontsverschmelzung),已经隐含在柯林武德那里了。③ 后一个概念与柯林武德"重演"(re-enactment)的概念相关,④它涉及解释的结果而非公认的解释"方法";⑤前一个概念则在伽达默尔那里占据特殊的地位,他将其称作"一切解释学的一个公理"⑥,而在另一处,他称之为"解释学的原初现象":"没有哪个断言不能被理解为对某个问题的回答,也只能这样来理解各个断言。"⑦我们只需指出这个宣称乃是一种结合,其第一部分在《形而上学论》中已经得到表述:

(接上页)与许多他的诋毁者相反,柯林武德的的确确撰写历史作品,其内容远远超出了解释源自考古发掘的资料以及解释如恺撒跨过卢比孔河这样的个体的某个行为。参见,例如,他的 *Roman Britain*,Oxford:Clarendon Press,1932,或 R.G. Collingwood and J.N.L. Myres,*Roman Britain and the English Settlements*,Oxford:Clarendon Press,1936。当然,这完全取决于人们如何定义"历史意识",但如果它指的是对时间距离的敏锐感,那么我们希望这篇论文就此提出了反驳。不幸的是,安东斯密特历来做出有关柯林武德的荒谬宣称;可参见他早年的文章:"The Dilemma of Contemporary Anglo-Saxon Philosophy of History",*History and Theory*,Beihaft 25(1986),pp.1-27。

① R.G. Collingwood,*An Autobiography*,Oxford:Clarendon Press,1939,pp.29-43。
② R.G. Collingwood,*An Essay on Metaphysics*,Oxford:Clarendon Press,1940,pp.21-33。
③ H.-G. Gadamer,*Truth and Method*,2nd ed.,New York:Continuum,1989,pp.370 and 375。"完全性的前把握"是在《真理与方法》第 293—294 页引入的,而"视域融合"是在第 306 页。(本文中凡是出自《真理与方法》的引文,相应的翻译基本上都参考了〔德〕汉斯-格奥尔格·伽达默尔著、洪汉鼎译:《诠释学 I:真理与方法》,商务印书馆 2010 年版。此处引文分别参见中译本第 399、416 页。——译者)
④ "重演"首次被引入是在 1928 年(Collingwood,*Idea of History*,pp.439-450)。更详细的讨论,可另参见 Collingwood,*Idea of History*,pp.293-294 and 282 f.的著名段落。
⑤ 然而,伽达默尔的"视域融合"与柯林武德的"重演"之间的差异是实质性的,不过我们无法在本文中讨论这一点。参见 Karsten R. Stueber,"The Psychological Basis of Historical Explanation:Reenactment, Simulation, and the Fusion of Horizons",*History and Theory*,41(2002),pp.25-42。
⑥ Gadamer,*Truth and Method*,p.370。
⑦ H.-G. Gadamer,*Philosophical Hermeneutics*,Berkeley:University of California Press,1976,p.11。

"任何人所做出的每一个陈述都是在回答一个问题时做出的"①,第二部分则表述于一年前出版的《自传》中:"不可能仅仅依据一个人说的或写的陈述句子弄清他的意思,即便他是以对语言的完美把控和完全真诚的意图来说或写的。为了弄清他的意思,你还必须知道他的问题是什么……因为他所说的或写的正是对该问题的回答。"②两者之间的相似性不限于此,但此处不宜赘述。不过,上述讨论足以表明这两位哲学家是多么相近。

类似于柯林武德的大多数赞赏者,伽达默尔为推广柯林武德的观念尽了一份力:他翻译了后者的《自传》,并于20世纪50年代以《思想:一部自传》(Denken: Eine Autobiographie)为书名出版,③他为该译著撰写了导言。在《真理与方法》的一个关键章节"问题在解释学里的优先性"的下半部分中,④他还用大量篇幅讨论了柯林武德;在该部分的开头,他宣称"精神科学的逻辑是一种问题的逻辑",并立即补充道"尽管有柏拉图,我们仍然谈不上有这样一种逻辑。我们在这方面能够援引的几乎是唯一的人,乃是 R.G. 柯林武德"。⑤在《思想》的导言中,伽达默尔还写道:

> 对于德国读者而言,柯林武德迄今仍是个完全陌生的名字,《自传》德文译本的问世意味深远。以一种令人惊奇和费解的方式,这位外国作者不再是外国人,而当他用德语向我们诉说时,他几乎就像是某个回到家乡的人,仿佛是某个尽管在国外生活

---

① Collingwood, *Essays on Metaphysics*, p.23.

② Collingwood, *Autobiography*, p.31.这个观念还更早地出现在柯林武德的《精神镜像》中:"断言只是对问题的回答"(R.G. Collingwood, *Speculum Mentis*〔Oxford: Clarendon Press, 1924〕, p.77).(此处引文的翻译参考了〔英〕柯林武德著、陈静译:《柯林武德自传》,北京大学出版社 2005 年版,第 34 页。——译者)

③ R.G. Collingwood, *Denken: Eine Autobiographie*, Stuttgart: K.F. Koehler Verlag, 1955.伽达默尔在《真理与方法》第 370 页注释 315 中提到了他在该著作出版过程中所发挥的作用。

④ Gadamer, *Truth and Method*, pp.369-379.

⑤ Ibid., p.370.任何知道柏拉图对伽达默尔思想的重要性的人,都将认识到这是对柯林武德的极高赞赏。

和工作，但却从未忘记自己的精神故乡的人。他的故乡是宽广的德国浪漫派和历史学派——黑格尔、谢林、洪堡、兰克、德罗伊森、施莱尔马赫和狄尔泰……在这个传统中，柯林武德就像在家里一样……①

伽达默尔在此列举的德国解释学传统中的学者们有其一脉相承的准则，我们可以把该段落理解为他试图将柯林武德纳入到这个准则中来。遗憾的是，假如这真是他的意图，那么我们必须断定他失败了；在伽达默尔的读者中，几乎没人对柯林武德予以重视。部分的原因在于伽达默尔本人对柯林武德在该准则中所处位置的评价。在同一个文本中，他将柯林武德的哲学描述为一种"历史主义的奇怪和异国的形式"②。换而言之，伽达默尔简单地把柯林武德划分为浪漫历史主义者中的一员，或许在他看来柯林伍德最接近于狄尔泰。在这种对号入座的基础上，他还提出论据来反对他所认为的柯林武德所持立场的弱点，此处不作展开。③

这一切都掩盖了柯林武德的"问答逻辑"对伽达默尔的影响，而更糟糕的是，伽达默尔经过深思熟虑后对这位英国人所做的评判是不可变更的："他忽略了贯穿在所有理解行为中的解释学中介维度。"④要厘清他如此宣称的各种理由是困难的，在下文中，我们将完全抛开柯林武德的所谓历史主义这个问题，转而聚焦于一个显而易见的理由，即复原某个行为者（agent）或作者之意图的可能性。根据伽达默尔的观点，这非但是不可能的，以试图这么做的方式来构想"理解"甚至还是一种错误，因为"文本的意义超越它的作者，这并不

---

① H.-G. Gadamer, "Einleitung", in Collingwood, *Denken*, vii. 英译版参见 H.-G. Gadamer, "Introduction to *Denken*, the German Translation of An Autobiography", *The Collingwood Journal* (Spring 1992), pp.9–14。

② "*eine seltsam fremdartige Gestalt des Historismus*", Gadamer, "Einleitung", p.xiv.

③ 两个论据出现在 Gadamer, *Truth and Method*, pp.371–372 and 515–516。我们将在即将发表的论文"Revisiting Gadamer's Critique of Collingwood's 'Logic of Questions and Answers'"中讨论这些论据。

④ Gadamer, *Truth and Method*, p.516.

只是暂时的,而是永远如此的。所以,理解就不只是一种复制的行为,而始终是一种创造性的行为"。① 伽达默尔用简洁的措辞来表达这一点,即"理解"总是"以不同的方式去理解"。② 所以解释者应该仅仅着力于弄清文本的意思,而非作者意欲表达的意思:"我们对于以文字形式传承下来的东西本身的理解并不具有这样一种性质,即我们能够在我们于这种文字传承物里所认识的意义和它的原作者曾经想到的意义之间简单地假定一种符合关系……一般而言,文本的意义倾向远远超出原作者最初的意图。理解的任务首先是关注文本自身的意义。"③

不出意料,伽达默尔把这个结论拓展至历史行为者之意图的问题:"以原作者的意思为目标的解释学还原正如把历史事件还原为当事人的意图一样不适当。"④然而,伽达默尔这么做是需要付出代价的,因为他似乎犯了一个错误,混淆了事件的历史性含义或"世界历史的意义"与对行动者之行动之意图的理性或实践的说明;前者伴随着行动者自己通常所无法预见的后果而随着时间展开,后者则是根据行动者的意图以及他们对于不得不在其中做出行动的情境的理解;说明某个行为者所做行动的原因,与他/她没有预见到部分或全部意外的历史后果是毫无关系的。⑤

我们不希望进一步深究这一点,而是仅需指出,就柯林武德而言,他相信人们可以捕获历史行为者的概念,并因此把这个任务指派给历史学家:"历史学家必须能够重新仔细思想他正努力解释其表述的思想……这里的重要之处在于,具有某个思想的历史学家必须为他自己思想那同一个思想,而不是与之相似的另一个思想。"⑥柯林武德的意思很明确。当他论及纳尔逊在特拉法加海战期间所说的名

---

① Gadamer, *Truth and Method*, p.296.(我们加的着重号)。
② Ibid., p.297.关于任何解释的该创造性层面,另参见 pp.329 and 473。
③ Ibid., p.372.另见 p.186。
④ Ibid., p.373。
⑤ 这种混淆出现在 ibid., pp.371-372,伽达默尔在其中一个段落中批评柯林武德;本文不再就此展开详细讨论,不过我们将在前文第 229 页注③所提及的论文中探讨该问题。
⑥ Collingwood, *Autobiography*, p.111。

言"我曾经为了荣誉战胜过他们,我如今将光荣地与他们共归于尽"时,他写道,"纳尔逊的思想,当他思想它时和当我重新思想它时,无疑是同一个思想。"①我们将在后文中回到这个重要的论点上来;就目前而言,我们只需认识到这就是为何伽达默尔最终宣称柯林武德忽略了"贯穿在所有理解行为中的解释学中介维度"②,便足够了。

带着这样的认识,我们将重新探讨先前所描述过的最根深蒂固的哲学成见之一,即认为无法发现过去人们的意图。伽达默尔的阐述表达并巩固了这种成见,而人们在弄清柯林武德是否持有充分理由之前,通常就已经因为他反对该成见而立即将他排除在讨论范围之外了。如前所述,我们应当考察直觉的时间模式如何影响了该成见在伽达默尔思想中的形成,以及柯林武德如何试图通过消解这种模式来对抗该成见。我们所说的"换位的问题"(problem of tansposition)将是讨论该问题的最佳切入点。

三、换位的问题

我们也许只需直接援引直觉的时间模式,便可激发出这个问题。假设我们被指派的任务是去理解,比如说,柏拉图的思想,我们知道他生活于大约 2400 年前的古希腊,他用一种早已绝迹的语言来写作。根据上述那种直觉的模式,柏拉图的语境与我们的语境之间相隔着如此巨大的时间距离,以至于要复原他所写的意思,即便称不上不可能,也是极度困难的。怎样才可以弥合我们与柏拉图之间的鸿沟呢?根据威廉·狄尔泰在其《论个体性研究》(*Beiträge zum Studium der Individualität*,1895—1896)中的著名格言,"重构即再体验"③,因此他的回答是历史学家应当自我"换位"从而真正地"再体

---

① Collingwood,*Autobiography*,p.112.
② Ibid.,p.516.
③ "Nachbilden ist eben ein Nacherleben",W. Dilthey,*Die Geistige Welt:Einleitung in die Philosophie des Lebens.Gesammelte Schriften*,Vol.5,Leipzig and Berlin:B.G. Teubner,1924,p.277.

验"柏拉图的思想:"通过换位,外在于我们的体验将从我们自己丰盈的体验中得到重构和理解。"① 然而,狄尔泰对该回答的满意态度并没有保持多久,其显而易见的问题是,它需要历史学家将自己换位到过去之中,或者将过去换位到现在之中,而这两个选项似乎都不正确。说历史学家能够使自己换位,这是极为可疑的,因为要让一个人完全摆脱自己的成见是不可能的(这是伽达默尔强烈坚持的观点),而如果过去正发生在历史学家的现在之中,那么她/他就陷入了自己实际上正在重新体验的过去的幻想中:毋宁说,被重构的过去实际上只是源自现在的一种投射。通常认为,狄尔泰无法避开这种二难推论。我们无意于在此提出该批评是否公正的问题;我们想指出的是,这种论点是如何涉及时间距离的:恰恰是因为在历史学家与柏拉图之间存在着一种需要弥合的时间距离,人们不得不像狄尔泰那样谈到"换位"。换而言之,如果不存在距离,换位就无从谈起。用尤尔根·哈贝马斯的话来说,就这种"解释学的单子论"而言,② 二难推论因此产生:要么历史学家最终能设身处地地为柏拉图着想,要么柏拉图只是历史学家心灵中的思想。哪个是对的呢? 似乎没有令人满意的回答。这便是我们所称的"换位的问题"。现在我们将简要地看看伽达默尔和柯林武德如何处理这个问题。

在《真理与方法》第二部分介绍学术史的章节中,伽达默尔提出了对于"浪漫主义解释学"的批判,将其描绘为跳出了对黑格尔的"反思哲学"的充分运用,一种迫使整个(解释学)传统陷入不可避免的二难推论的回溯:人们要么依靠个体心理学,要么诉诸历史的意义。换而言之,人们要么退回到心理主义,要么需要黑格尔的历史哲学。对伽达默尔而言,这个传统不可避免地求助于黑格尔,因为整个传统无法超越"黑格尔的观念论所阐明的框架"。③ 根据他的说法,只有凭

---

① Dilthey, *Die Geistige Welt*, 263; quoted in J. Habermas, *Knowledge and Human Interests*, 2nd ed., New York: Beacon Press, 1978, p.146.
② Habermas, *Knowledge and Human Interests*, p.146.
③ H.-G. Gadamer, "The Problem of Historical Consciousness", in *Interpretive Social Science: A Second Look*, ed. P. Rabinow and W.M. Sullivan, Berkeley: University of California Press, 1987, p.93. 另见 Gadamer, *Truth and Method*, pp.341-342。

借海德格尔对黑格尔的经验概念的批判,我们才能最终克服"反思哲学的界限"。① 用《真理与方法》中一个章节的标题来解释,*狄尔泰显然仍旧"陷入"了历史主义的"困境";②根据伽达默尔的描述,他摇摆于自己早年著作中的心理主义与晚年手稿里出现的对黑格尔"客观精神"的援引之间;他的早年著作是我们刚刚引用过的,晚年手稿则包括《精神科学中历史世界的建构》(Der Aufbau der geschichtlichen Welt in den Geisteswissenschaften,1910)。③ 我们不想在此提出任何有关在历史哲学中运用诸如此类的宏大叙事是否恰当的问题。只需指出,根据伽达默尔的说法,尽管狄尔泰最初的困难与他依赖心理学有关,但是,根据他后来的做法来谈论"重构一个精神的客观化"以反对"再体验完整的心理结构",仔细想来,这种说法实际上并不能让我们更加接近于找到换位问题的解答。

在宏观策略层面,伽达默尔的解答与他对启蒙运动之诋毁"成见"(prejudices)——"前见"(Voruteile),在伽达默尔那里,该词更接近于"预设"(presuppositions)——的长篇批判有关。④ 伽达默尔的观点是,我们不应该把传统仅仅视作贬义的成见来源而丢弃,而应当将其视作开放文本的意义之物来接纳它,从而重新确立权威和传统。如果一个诸如柏拉图这样的声音从过去向我们诉说,那么它是通过解释其文本的传统达成的。对伽达默尔而言,此处的关键是海德格尔对传统的积极看法,后者将传统视作传承一种构成某人的历史现实的"债责"(Schuld)。在此处暗指兰克名言的伽达默尔,的确在很大程度上依赖海德格尔来为他的宣称奠定基础:

"隶属性"(Belonging)并不是因为主题的选择和探究隶属

---

① Gadamer,*Truth and Method*,p.341f.

* 在《真理与方法》中,第二部分第一章第二节的标题为"狄尔泰陷入历史主义困境"。——校者

② Ibid.,p.218.

③ W. Dilthey,*Der Aufbau der geschichtlichen Welt in den Geisteswissenschaften. Gesammelte Schriften*,Vol.7,Leipzig and Berlin:B.G. Teubner,1927,p.146f.

④ Gadamer,*Truth and Method*,p.271f.

于科学之外的主观动机而成为历史兴趣的原始意义的条件……而是因为对传统的隶属性完全像此在对自身未来可能性的筹划一样,乃是此在的历史有限性的原始的本质的部分。……所以根本不存在那种使得这种存在论结构整体不起作用的理解和解释——即使认识者的意图只是想读出"哪里存在着什么",并且想从其根源推知"它本来就是怎样的"。①

所以,传承自传统的成见构成了历史学家自身的历史现实,②并且它们必须如此得到接受,因为未被意识到的成见有可能导致某人理解文本时的歪曲。

在论"解释学基本问题的重新发现"的一个重要章节中,伽达默尔以神学和法学解释学传统的方式提出了他对自己称之为"应用问题"的解答。概而言之,伽达默尔的核心宣称是:每当某项现存的法律得到应用时,其文本重新得到判决的再解释,因而每次新的应用从文本中引发某种新的意义,当这种意义得到贯彻时,它将对历史产生某种效果,如此等等。我们因而被导向了已在前文中引用过的那些观念,根据这些观念,对文本的每一次解释都是"生产性的",它创造了一层意义,以至于不可能恢复作者的意图,因为它愈发被掩埋在这些意义层次之下,譬喻地说。当然,这个过程是开放式的,无限的,③但用一个数学的隐喻来说,它并不向一个可能是法律的预期意义的极限收敛(converging)。另一个推论是,文本随着时间的推移获得

---

① Gadamer, *Truth and Method*, p.262.
② Ibid., pp.270-271.
③ 正如伽达默尔提到:"对一个文本或一部艺术作品里的真正意义的汲яют(Ausschöpfung, discovery)是永无止境的;它实际上是一种无限的过程。"(*Ibid.*, p.298)我们应当再次注意到他与柯林武德的相似之处,后者也持有这种关于历史的论点(Collingwood, *Idea of History*, p.248),这也是后者对艺术和语言的看法:"(一个观众)不必……认为他抽取了作品的'那种'意义,因为并不存在这种东西。多义理论在原则上是完全正确的,它在圣书的场合已经为圣托马斯·阿奎纳所详细阐明。正如他所论述的,唯一的麻烦在于这一理论还不够完善。只要采取某种方式,它对于一切语言就都是适用的。"(R.G. Collingwood, *The Principles of Art*, Oxford:Clarendon Press,1938,p.311)。最后一句宣称乍看似乎与柯林武德关于以同样方式重演某个历史行为者的思想之可能性的宣称相矛盾,但是我们无意就此展开讨论。

其意义,类似于特拉法加海战这种事件的历史含义,不能说它已经被那些卷入其中的人们所预见到了,而是通过随后的几十年或几个世纪来展开的。但伽达默尔没有把传统视作我们与文本之间的障碍;他反而积极地将其视作我们与文本之间的一种管道(conduit):

> 所以,"隶属性"的意义,亦即在我们的历史的诠释学的行为中的传统因素,是通过共有基本的主要的前见而得以实现的。诠释学必须从这种立场出发,即试图去理解某物的人与在流传物中得到语言表达的东西是联系在一起的,并且与流传物得以讲述的传统具有或获得某种联系。①

在此之上,加入对海德格尔的"本真"(authentic)时间或"时间性"(下文第五节将对此涉及更多)的关键性援引,我们就拥有了伽达默尔本人解决换位问题的所有元素:

> 时间不再主要是一种由于其分开和远离而必须被沟通的鸿沟;时间其实乃是现在根植于其中的事件的根本基础。因此,时间距离并不是某种必须被克服的东西。这种看法其实是历史主义的幼稚假定,即我们必须置身于当时的精神中,我们应当以它的概念和观念,而不是以我们自己的概念和观念来进行思考,并从而确保历史的客观性。事实上,重要的问题在于把时间距离看成是理解的一种积极的、创造性的可能性。②

在本文的语境中,我们需要看到,伽达默尔远没有拒绝我们所说的直觉的时间模式。恰相反,他明确地接纳它,因为他把"时间距离"看成是他解决换位问题的关键。

根据他对该问题的看法,自柏拉图著述以来,存在着一系列按时

---

① Gadamer, *Truth and Method*, p.295.
② Ibid., p.297.

间先后顺序排列的解释，每一个解释引发了一层新的意义，回应着当时生效的成见，而这些成见充当着我们得以通达文本的管道，我们从而凭借着我们自身不可避免的成见提出对文本的疑问，即便在废弃某些成见之后也是如此。然而我们看到，尽管文本作者的最初意图处在某种距离之中，处在那个解释系列的另一端，它并非不可恢复的，伽达默尔甚至还暗示道，解释学的目的实际上并不是要努力恢复作者的意图。人们很自然地想弄明白，恢复作者的意图是否仅仅在例如柏拉图文本的情况下是成问题的，而在传承给我们的传统中则不成问题。然而，假如对整个（直到伽达默尔本人的）传统而言它都是成问题的，那么我们所拥有的将是一个无限回溯论证，并且将很难看到在何种情况下传统能够被如此积极地看待。我们并不知道伽达默尔会就该问题给出什么可能的解答，但我们注意到直觉的时间模式和时间距离问题引发了一种趋势，即认为某个文本在时间中越是遥远，我们就认为越难以理解其作者的意思；如今我们被告知，甚至尝试这么做都是毫无意义的。但是，在其他条件相同的情况下——暂时不考虑关于语言和文化的关键问题：理解柏拉图真的比理解海德格尔更难吗？时间距离真的是此处的关键因素吗？它还应该发挥作用吗？

通过阅读包括狄尔泰、格奥尔格·齐美尔以及同时代的迈克尔·奥克肖特在内的各位作者，柯林武德充分意识到了换位的问题。① 的确，我们在柯林武德《历史的观念》论狄尔泰那一节中读到如下这段值得全部引用的段落：

> 狄尔泰和齐美尔事实上是选择了同一个虚假的二难推论中的两个相反的牛角尖。他们两人每一个都认识到，历史的过去——也就是历史学家正在研究其行为的那些行为者的经验和

---

① 通过阅读 M.J. Oakeshott, *Experience and its Modes*, Cambridge, UK: Cambridge University Press, 1933, 柯林武德敏锐地意识到了包含在齐美尔那里的该二难推论的第一声号角，参见我们即将在下文引用的段落，见 Collingwood, *Idea of History*, pp.174-175。这在本质上也是奥克肖特所采取的立场。有关柯林武德对后者的批判，参见 Collingwood, *Idea of History*, pp.151-159。

思想——必须成为历史学家自己个人经验的一部分。他们每一个人都论证说,这种经验因为是他自己的,所以纯粹是他私人的和个人的,是他自己心灵之中一种直接的经验而不是什么客观的东西。他们每一个人都看出,如果它要成为历史知识的对象,它就必须是某种客观的东西。但是当它是纯粹主观的东西的时候,它又怎么能成为客观的呢?而如果它仅仅是他自己心灵的一种状态,它又怎么能是某种可知的东西呢?齐美尔说,那就要靠把它投射到过去里去;结果是历史就纯粹变成了我们自己的心灵状态在不可知的过去的空白屏幕之上的虚幻投影。狄尔泰说,那就要靠它变成为心理分析的对象;结果是历史学就完全消失了,而被心理学所取而代之。对这两种学说的回答都是,因为过去并不是死去的过去而是活在现在之中,所以历史学家的知识就根本没有面临着这种二难推论;它既不是有关过去的知识,因而也就不是有关现在的知识,或者说,它既不是有关现在的知识,因而也就不是有关过去的知识;它是有关在现在之中的过去的知识,是历史学家自己心灵的自我知识之作为过去的经验而在现在的复活和再生。①

尽管措辞的差异相当大,我们很容易认识到柯林武德所说的"二难推论"中的换位问题。我们不能因此就解读说,他无意中如狄尔泰那样在同一个二难推论上失败了。在解释他对该问题的解答可能会是什么之前,有必要指出不遵循伽达默尔并且不轻率地把柯林武德的哲学归入"浪漫主义解释学"的其他理由。就不混淆两者而言,的确存在着其他的,或许是更出名的理由。

第一个理由,柯林武德的"重演"概念不同于伽达默尔的"再体验"(*Nacherleben*)以及诸如"移情"(*Einfühlung*)等其他同类的心理学概念,恰恰就在于它不是一个消极的而是积极的、批判的活动:

---

① Collingwood, *Idea of History*, pp.174–175.

它并不是消极屈服于别人心灵的魅力之下;它是积极的,因而也就是批评的思维的一种努力。历史学家不仅是重演过去的思想,而且是在他自己的知识结构之中重演它;因此在重演它时,也就批判了它,并形成了他自己对它的价值的判断,纠正了他在其中所能识别的任何错误。这种对他正在探索其历史的那种思想的批判,对于探索它的历史来说绝不是某种次要的东西。它是历史知识本身所必不可少的一种条件。对于思想史来说,最完全的错误莫过于假定,历史学家之作为历史学家仅只是确定"某某人思想着什么",……①

其更深层次的理由在于,柯林武德用诸如夏洛克·福尔摩斯的侦探模式,②将历史学家的活动看成是从留下的痕迹中推断究竟发生了什么。这种推断很显然总是具有一个批判的维度。举个很简单的例子,公元前55年,沃卢森纳斯为了给恺撒的军队找到一个合适的登陆地点,迅速侦查多佛尔附近的不列颠海岸,从而导致他选择迪尔附近的一个坡度平缓的海滩;柯林武德在讨论此事时指出,沃卢森纳斯因此错过了几公里外位于里奇伯勒的隐蔽港湾,并导致了近乎灾难性的后果(一场风暴随后几乎彻底摧毁了恺撒那毫无保护的舰队,因而暂时切断了任何退路);之所以能做出批判性的评论,只因为历史学家有着后见之明的好处,在这个例子中,即有着比历史行为者们更好的地理知识。③

第二个理由,柯林武德发展了一种从纯粹的感觉之流(和随之而来的情感)到理性选择的分层次的心灵模式,它引导人们履行自己的责任,其简化版本应该是这样的:④

---

① Collingwood, *Idea of History*, p.215.
② 例如"是谁杀死了约翰·道埃?"及其分析,参见 Collingwood, *Idea of History*, pp.266-282。
③ Collingwood and Myres, *Roman Britain*, pp.35-36.
④ 柯林武德对该心灵模式的最终且最有趣的描述出现在《新利维坦》的开篇章节中,参见 R.G. Collingwood, *The New Leviathan*, rev.ed.[1942], Oxford:Clarendon Press, 1992, pp.1-46。相关评注可参见 L.O. Mink, *Mind, History, and Dialectic:The Philosophy of R.G. Collingwood*, Bloomington:Indiana University Press, 1989, pp.92-118。

选择
(从心血来潮到理性的选择)
|
二级意识
(高阶情感和欲望)
|
一级意识或"觉知"(awareness)
|
感觉和情感之流

根据他的观点,在底层——对他而言是心理学的恰当层次——所发生的一切绝不会再次发生,并因此不能被"重演"。仅当某人(通过语言)觉察到某种感觉或情感,即只有在"一级意识"的层次,思想在原则上才是公开的和可理解的(即使某人不与他人分享自己的思想),因而在原则上是"可重演的"。① 因此,"重演"的关键,并不是要完全地在心理学的意义上"再体验"柏拉图写作《泰阿泰德篇》时他心里在想些什么,所以狄尔泰早期作品中所表现出的那种心理主义在这里完全没有余地。② 姑且抛开柯林武德在其论证中所使用的独特的心灵模式,对于来自现象学和分析传统的读者们而言,这种思路是熟悉的,正如迈克尔·达米特爵士在《分析哲学的起源》(*Origins of Analytical Philosophy*)第四章中曾描绘的"从心灵驱逐思想",③ 弗

---

① 柯林武德因此明确表示,感觉之流和随之而来的情感构成了任何人意识的基础,"重演"并不包含对感觉之流的完全重构,这是因为它一旦消逝,就无法被恢复。他所举的例子是"伊壁鸠鲁的花园里的花卉气味如何""尼采在山中散步时风吹拂他的头发,他的感觉如何"(Collingwood, *Idea of History*, p.296)、"阿基米德的身体在浴盆里的浮力"(Collingwood, *Idea of History*, p.298)。

② 实际上,柯林武德严厉批判了心理学这门学科,正是因为他相信,由于运用自然科学的方法,心理学仅限于对意识之流的基础层次的研究,并且如果它企图研究更高层次的思想,它将趋近于一门伪科学,而科学必须是"规范性的",或者如他所说是"标准厘定的"(Collingwood, *Principles of Art*, p.171n.)。柯林武德在《形而上学论》(*An Essay on Metaphysics*)第9—13章和《史学原论》(R.G. Collingwood, *The Principles of History and other Writings in the Philosophy of History*, Oxford: Clarendon Press, 1991, p.86f.)中进一步阐发了对心理学的批判,相关研究参见 J. Connelly and A. Costall, "R.G. Collingwood and the Idea of a Historical Psychology", *Theory and Psychology*, 10(2000), pp.147-170。

③ M.A.E. Dummet, *Origins of Analytical Philosophy*, London: Duckworth, 1993, pp.22-27。

雷格和胡塞尔因这种思路而更加闻名。①

上述两个要点应当足以说明不能混淆柯林武德与狄尔泰的立场,但是伽达默尔似乎忽略了这两个要点,他对《历史的观念》中论狄尔泰的部分提出了严厉批评,将其描述成"最令人失望的"和"对另一个民族的读者而言几乎是不可理解的"。② 正如我们将看到的,这第二个要点是一个相当关键的思路。

四、拒绝直觉的时间模式

柯林武德用以表达其观点的语言往往使得这些语言难以理解。在此举两个例子。第一个例子,柯林武德区分了过去事件的"内部"和"外部",在他看来,"行动"——真正意义上的历史学的研究对象——乃是具有"内部"的事件:

> 研究过去任何事件的历史学家,就在可以称之为一个事件的外部和内部之间划出了一条界限。所谓事件的外部,我是指属于可以用身体和它们的运动来加以描述的一切事物;如恺撒带着某些人在某个时刻渡过了一条叫作卢比孔的河流,或者恺

---

① 这种关联可能令不止一个读者感到惊讶,因为弗雷格和胡塞尔通常被包括达米特(参见前一条脚注)在内的学者们解释成遵循着博尔扎诺的脚步。如果我们考虑到赫尔曼·洛采的历史地位,这也就不那么令人惊讶了:类似的思路出现在他的《逻辑学》(*Logic*, Oxford: Clarendon Press, 1884, pp.433-459)第三册第二章中对柏拉图理论的陈述中,这影响了胡塞尔,后者本人在多处承认这一点,例如《逻辑研究》第六章(*Introduction to the Logical Investigations: A Draft of a Preface to the Logical Investigations 1913*, The Hague: Martinus Nijhoff, 1975)。此外,比如说,如果我们同意戈特弗里德·加布里埃尔在其《弗雷格作为新康德主义者》("Frege als Neukantianer", *Kantstudien*, 77 [1986], pp.84-101)中的观点,那么弗雷格也是受惠于洛采的:F.H.布莱德雷亦如此,他的"客观观念论"(objective idealism)或许更多地源于洛采而非黑格尔,而他的确影响了柯林武德思想背景的形成。有关最后这个论点,参见 M. Marion, "Theory of Knowledge in Britain 1850—1950: A Non-Revolutionary Account", *The Baltic International Yearbook of Cognition, Logic And Communication*, 4, 2009, http://thebalticyearbook.org/journals/Baltic/article/view/129/67(访问于 2011 年 8 月 18 日)。

② Gadamer, *Truth and Method*, p.514. 尽管如此,伽达默尔的反应是情有可原的,因为柯林武德没有讨论狄尔泰在胡塞尔的影响下晚年观念有所演变,而这是诠释学传统的一个重要篇章。

撒的血在另一个时刻流在了元老院的地面上。所谓事件的内部，我是指其中智能用思想来加以描述的东西：如恺撒对共和国法律的蔑视，或者他本人和他的谋杀者之间有关宪法政策的冲突。……他（历史学家）的工作可以由发现一个事件的外部而开始，但绝不能在那里结束；他必须经常牢记事件就是行动，而他的主要任务就是要把自己放到这个行动中去思想，去辨识出其行动者的思想。①

他在此处将事件的"外部"定义成其物理描述，而"内部"则是从我们如今可称之为"意向性的"（intentional）观点（尽管他几乎从不使用这个术语）看到的对同一个事件的描述。柯林武德被指责引入了一种值得怀疑的笛卡尔心物二元论的形式，②但他此处的宣称仅仅是，仅当一个事件（至少）具有两种对它的描述和可能的分析时，它才存在，这有点像是自 G.E.M. 安斯康姆以来人们谈论一个行动"在一个描述下"是意向性的。③ 正如他在《新利维坦》（*The New Leviathan*）中写道："因为一个人的身体和一个人的心灵并不是两个不同的东西。它们是某人自己以两种不同的方式知道的同一个东西。"④

第二个例子，柯林武德还隐晦地写道："在历史学家已经确定了事实之后，并不存在再进一步去探讨它们的原因的这一过程。当他知道发生了什么的时候，他就已经知道它何以要发生了。"⑤然而结果是，阿瑟·丹托在一个著名的格言中提出了同样的观点："历史是浑然一体的。"⑥这个观念简而言之就是，在历史学中不存在缺乏从"内部"的角度，即根据意向性立场所做的解释，对某事件"外部"的单纯描述。对同一个事件的两个描述必然伴随着它们各自的预设。⑦

---

① Collingwood, *Idea of History*, p.213.
② 例如，Patrick Gardiner, "The Object of Historical Knowledge", *Philosophy*, 27 (1952), p.213.
③ G.E.M. Anscombe, *Intention*, Oxford: Blackwell, 1957.
④ Collingwood, *New Leviathan*, 2.43.
⑤ Collingwood, *Idea of History*, p.214.
⑥ Danto, *Narration*, p.115.
⑦ 参见 Collingwood, *New Leviathan*, 2.41-2.45。

柯林武德也坚决强调他所说的"历史的观念性"。① 他仅仅用此来意指正在发生的事件是"实际的"(actual),而已然发生的事件并非如此;鉴于此,他将后者称为"观念的"(ideal)。柯林武德的"观念论"(idealist)背景影响了这一用词的选择:毕竟,正是在我们于"我们的心灵中"推断发生了什么的意义上,过去的事件被说成是"观念的"。所以在他看来,不仅"一切历史都是思想史",② 它也"在思想之中",甚至"在现在的思想之中"。然而,把柯林武德的立场归结为"观念论"的一种形式,必然是对其观点的严重歪曲:我们现在谈论的是在两个描述之下的同一个事件,并且柯林武德不是在对事件本身的物理实在做出形而上学的宣称,根据这种宣称,事件将仅仅存在于"历史学家的心灵之中"。这是保罗·利科犯的一个错误,在下文第五节将要讨论的段落中,他认为柯林武德宣称过去在"重演"的行为之外是不存留的。③ 柯林武德仅仅是在宣称,历史学家据以研究"观念性"事件的意向性描述预设了一个不同于一般"物理的"时间概念。

这个宣称的理由不难发现。"物理的"时间之流被预设在因果解释的情况中,而根据意向性描述对事件所做的解释近似于我们所谓的理性解释,在理性解释中,解释项(explannans)将不会在时间上先于行动;它是后者的"根据"(Grund)。④ 柯林武德对该思想

---

① Collingwood, *Idea of History*, p.214.
② Ibid., p.215.
③ 参见 P. Ricœur, *The Reality of the Historical Past*, Milwaukee, WI: Marquette University Press, 1984, p.11, and P. Ricœur, *Time and Narrative*, Chicago: University of Chicago Press, 1988, pp.iii, 146。
④ 这提出了区分原因(causes)与理由(reasons)、因果解释与理性解释各自的伴随物的问题。柯林武德似乎致力于严格区分——理性解释不可能是因果解释,但公认的说法是,唐纳德·戴维森在他 1963 年的论文《行动、理由与原因》("Actions, Reasons and Cause", reprinted in D. Davidson, *Essays on Actions and Events*, Oxford: Clarendon Press, 2001, pp.3-19.)中提出了反对该观点的决定性论据。参见 G. D'Oro, "Two Dogmas of Contemporary Philosophy of Action", *Journal of the Philosophy of History*, 1(2007), pp.10-24。我们无意在此讨论这串复杂的问题,我们只希望指出,我们刚才所谓关于戴维森的"公认的说法"已经包含了对其观点的某种歪曲。(关于这一点,参见 F. Stoutland, "Reasons and Cause", in *Wittgenstein: Mind, Meaning and Metaphilosophy*, ed. P. Frascolla, D. Marconi, and A. Voltolini, Basingstoke, UK: Palgrave MacMillan, 2011, pp.46-66。)此外,我们应当注意到,支持严格区分的学者们,诸如认为人类行动因而不能被说成具有原因的格奥尔格-亨里克·冯·赖特,将他们的宣称限制在"原因"这个词的狭义上,参见,例如,G.-H. von Wright, *Explanation and Understanding*, London: Routledge and Kegan Paul, 1971, p.viii。而柯林武德在《形而上学论》第 29—32 章中区分了"原因"的三种意义,

的表述如下：

> 在某种意义上，这些思想无疑地其本身就是在时间中发生着的事件；但是既然历史学家用以辨别它们的唯一方式就是为他自己来重行思想它们，于是这里就有了另外一种意义，并且对于历史学家是一种非常重要的意义，而在这种意义上它们却根本就不在时间之中。……使它（一种思想）成为了历史的那种特性，并不是它是在时间之中发生的这一事实，而是由于这一事实，——即我们只是通过重行思想创造出了我们正在研究的那种局势的那个思想，因而它才为我们所知，所以我们就能理解那种局势。①

为了理解他的观点，我们需要在此回顾"从心灵驱逐思想"，我们之前认为柯林武德具有这种思路：当理由、意图或行动的动机被嵌入一个理性说明时，它们并不属于心灵，如果我们在此用"心灵"来意指当某人经历那个说明的步骤时，在一个具有精确时空位置的容器，比如某人的脑袋中的实际状况；因果说明预设了某人将逗留在"物理的"时间之流中。弗雷格和胡塞尔两人都提出了一个标准论点：如果情况是这样的话，即如果思想处于"物理的"时间之流中，那么，举例来说，将会存在许多的二项式定理（binomial theorems），因为在不同时间的不同心灵中存在着二项式定理的诸多单个证据。② 柯林武德持有相同的论点，③甚至还为它做了补充：

（接上页）从而界定其特定的"历史的"意义，在这种"历史的"意义上，人们可以合理地说人类行动是被导致的（caused）。因此，根据正确的理解，柯林武德和戴维森在该问题上的观点差异远没有通常所认为的那么大。

① Collingwood, *Idea of History*, pp.217-218.
② 参见 G. Frege, *Collected Papers on Mathematics, Logic and Philosophy*, Oxford: Blackwell, 1984, p.362, and E. Husserl, *Logical Investigations*, London: Routledge, 1970, I, pp.329-330。有关弗雷格与柯林武德之间更多的相似之处，参见 Jan van der Dussen, "The Philosophical Context of Collingwood's Re-Enactment Theory", *International Studies in Philosophy*, 27(1995), pp.81-99.
③ 有个耐人寻味的差异值得进一步讨论，它一方面是关于弗雷格与胡塞尔之间的，另一方面是弗雷格与柯林武德之间的，即当另外两人谈及对某个"思想对象"（object of thought）的领会时，柯林武德将谈及"思想行动"（acts of thought），例如在如下段落中："如

有些重演是可能的……如果反对者认为没有哪种重演是可能的,这只是因为他认为没有什么事情会第二次发生,我们对这种反对意见就不那么恭敬了……如他所了解的二项式定理,我们就会问,该定理是不是牛顿发明的呢?如果他说是,那么他就承认了所有我们想要的结论,如果说不是,我们能够轻而易举地证明他自相矛盾,因为他假定在我们彼此的话语中,我们有些共同的观念,而这是与他的看法相矛盾的。①

对于历史行动者的思想以及历史学家心灵中对它的重演,人们可能会宣称,它们是两个仅具有数字区别的精确摹本。柯林武德拒绝这个观点,即使仅仅因为它将令人陷入"摹本论"的困境,这种理论"通过'内在于'我们心灵中的图像,即精神图像是复制的'外在于'我们心灵的对象的形象这个假设,装模作样地来解释我们是如何认识事物的"②他认为这种理论已经明确地受到 F.H. 布莱德雷的《表象与实在》(Appearance and Reality)*的质疑。③ 在柯林武德提出的

(接上页)果他(欧几里得)思想过'两个角相等',我现在也在思想'两个角相等';假定时间间隔并不成为否定这两个行动就是同一个行动的原因,是不是欧几里得与我本人之间的不同就成为否定它的根据呢?现在还没有关于个人同一性的可靠理论,可以证明这样一种学说。欧几里得和我并不(就好像)是两台不同的打字机,正因为他们不是同一台打字机,所以就永远也不能完成同一个行动,而只能完成同类的行动。心灵并不是一架具有各种功能的机器,而是各种活动的一个复合体;但要论证欧几里得的一个行动不可能和我自己的一个行动一样,因为它构成另一个不同的活动复合体的一部分;那么这种论证就仅只是在用未经证明的假定来论辩而已。假设同一个活动在我自己活动的复合体中,在不同组合中可以出现两次;那么为什么在两种不同的复合体中,它就不可以出现两次呢?"(Collingwood, *Idea of History*, pp.287-288)。

① Collingwood, *Idea of History*, p.446.
② Ibid., pp.449-450.
* 柯林伍德在1928年《历史哲学纲要》中提出上述论断,旨在说明历史的观念性本质,因为,"摹本论"的认识论预设了一个不变的实在,而过去的存在却是观念的,这也是柯林伍德在《历史的观念》中提及《表象与实在》时对布莱德雷的解读,柯林伍德将布莱德雷的"实在"解读为人的精神活动,并认为这种认识论造成了布莱德雷在历史认识上所谓"二难的牛角尖";但柯林伍德并未提及布莱德雷在《表象与实在》中如何反对"摹本论",事实上,布莱德雷曾在《批判历史学的前提假设》一书中提到过"摹本论",并认为"摹本论"是缺乏批判的朴素认识论。——校者
③ F.H. Bradley, Appearance and Reality, 2nd ed., Oxford: Oxford University Press, 1897.关于这些问题,参见 Marion, "Theory of Knowledge"。

诸多论点中包括以下观点,认为历史行动者的思想和历史学家的思想以某种方式局限于他们各自的脑袋,它们因而必然至少具有数字区别,因为它们处于时空中的不同点上,这种想法将最终导致某人——如同知识论中的主观观念论——走向对其他心灵的怀疑论和唯我主义。① 我们无法给出对这个论点和柯林武德其他论点的详细分析;② 但我们应到提到,柯林武德意识到他在此再度面对着换位问题:

> 如果我现在重行思想柏拉图的一个思想,是否我的思想行动与柏拉图的是同一个呢,还是与之不同呢?除非它是同一个,否则我所声称关于柏拉图的哲学的知识便是彻底错误的。但是除非它是不同的,否则我对柏拉图的哲学的知识便蕴涵着我自己的哲学的泯没。如果我一定要知道柏拉图的哲学,那么所需要的就是既要在我自己的心灵里重新思想它,又要从我能对它进行判断的角度思想其他事物。③

如果我们忘记了柯林武德令人误解的表达方式,"在我自己的心灵中重行思想",我们可以从这个段落中看到,柯林武德的解答同时包含两点,一是必须存在同一的"重演",二是它必须同样地是"批判性思维"。

本文认为,利科清楚解释了这个关键点:"在使思维的行动重新陷入时间之流的过程中,这个优秀的解答(历史行动者和历史学家的思想是两个仅具有数字区别的摹本这个观念)遭到了误解,然而它们通过重演摆脱了时间的约束。"④ 这就是为何原来的思想及其重演能

---

① 参见 Collingwood, *Idea of History*, pp.288-289。诺曼·马尔科姆提出了类似的论点,参见 Norman Malcolm, *Thought and Knowledge*, Ithaca, NY: Cornell University Press, 1977, pp.120-121。
② 有关对柯林武德"思想同一性"的深入研究,参见 H. Saari, *Re-enactment: A Study in R.G. Collingwood's Philosophy of History*, Åbo, Finland: Åbo Akademi, 1984, ch.4; H.Saari, "R.G. Collingwood on Re-Enactment and the Identity of Thought", *Journal of the History of Philosophy*, 38(2000), pp.87-101。
③ Collingwood, *Idea of History*, pp.300-301。
④ Ricœur, *The Reality of the Historical Past*, p.13。

够合理地被看成是同一个东西;这也很符合我们正在此处谈论与因果解释相对的理性解释这一事实。因此,若不考虑"时间距离",说某人可以恢复一个作者的意图是合理的,当然这并不是说存在着为何在有足够把握的情况下这种行动通常不可能的诸多实际理由。因此,认为历史行动者和历史学家的思想具有数字区别,这种想法乃是一个为怀疑论打开大门的哲学错误,人们在伽达默尔的解释学中发现了这种关于作者意图的怀疑论,这是他接受"时间距离"而非拒绝它的结果。

当然,历史学家所拥有的"重演"的基础,仅仅是这些事件在他们自己的当下的痕迹,他们必须解释和使用这些痕迹来推断发生了什么,也就是提供"所以然",或者用亚里士多德《后分析篇》(*Posterior Analytics*)第一卷第13章中的表述来说,"因为"($\delta\iota\sigma\tau\iota$)。来自过去的思想之所以能为我们所理解,这不仅是因为它们导致了留下我们现在能找到的物理痕迹的行动,柯林武德会宣称,这也是因为它们以某种方式"囊缩"在现在之中。为了理解他这么说是什么意思,我们必须回到,尽管如我们所见,柯林武德在"行动"和"事件"的层面谈及历史,但是他还在"历程"的层面谈及历史。根据他的说法,

> 如果历程 P_1 转化成历程 P_2,两者之间并没有一条明确的界限标明 P_1 的结束和 P_2 的开始……如果 P_1 在 P_2 中留下了自己的痕迹,生活在 P_2 阶段的历史学家通过解释证据便能发现,眼下的 P_2 一度曾是 P_1,因此,现时世界中 P_1 的"痕迹"并不是死去了的 P_1 的残骸,而是在活生生地发挥作用的 P_1 本身,只不过被囊缩入了另一种形式 P_2 之中。①

虽然"囊缩"这个概念非常有趣,但它从未在二手文献中被真正

---

① Collingwood, *Autobiography*, p.98.

研究过。它与柯林武德通过他在人类学领域的工作所熟识的"遗留"（survival）概念有相似之处，但在根本上不同于后者。① 根据这个段落，及其他在《自传》中所举的关于如何理解纳尔逊的思想"我曾经为了荣誉战胜过他们，我如今将光荣地与他们共归于尽"的例子，② 我们可以推想，"囊缩着的"思想的关键点在于，只有通过从现在可找到的痕迹出发并且导向相应的句子得以表达的语境之重构的一系列问题和回答（有点像通过重构其情境来理解一场国际象棋比赛中一着的要点），我们才能够重演它。这提出了大量的问题，有些可能与柯林武德再一次用令人误解的方式表达其思想有关，但我们无意在此充分考察这个非常有趣的概念。③

五、根本的时间概念

就换位问题而言，柯林武德的立场比他的解答具有更重要的意义，在适当的解读下，诸如前文中所引的那些评论将提供为何柯林武德在伽达默尔的后历史主义，因而在海德格尔之后的语境中仍旧值得关注的原因。伽达默尔没有看到这一点，而利科看到了。我们在此援引利科《记忆，历史，遗忘》的第二部分第二章，④ 该章节持续评

---

① 的确，柯林武德在《新利维坦》中谈到了一种"原始遗留的法则"（Law of primitive survivals）："当 A 被修改成 B 时，在任何 B 的实例中，与函数 B 这个 A 的修改形式并肩存留着的是一个处于其原始或未修改状态的 A 的元素。"（Collingwood, *New Leviathan*, 9.51）这让人们想起 E.B. 泰勒在《原始文化》（*Primitive Culture*）中引入的"遗留"概念："在那些帮助我们按迹探求世界文明的实际进程的证据中，有一广泛的事实阶梯。我认为可用'遗留'这个术语来标示这些事实。仪式、习俗、观点等从一个初级文化阶段转移到另一个较晚的阶段，它们是初级文化阶段的生动的见证或活的文献。"（E.B. Taylor, *Primitive Culture*, 4th ed., London: John Murray, 1913, I, p.16）柯林武德对泰勒的作品很熟悉，他对后者的批判性讨论参见 R.G. Collingwood, *The Philosophy of Enchantment*, Oxford: Clarendon Press, 2005, p.141f.

② Collingwood, *Autobiography*, pp.113-114.

③ 正如扬·冯·德·杜森所指出的，至少应当注意到柯林武德在两个不同的语境中使用"囊缩"，其一是讨论历史过程或客观性历史（history *a parte objecti*）时（参见本页注释①），另一个则是相当不同的重演或主观性历史（history *a parte subjecti*）的语境。有关更多信息，参见 van der Dussen, "The Philosophical Context of Collingwood's Re-Enactment Theory".

④ Paul, Ricœuer, *Memory, History, Forgetting*, Chicago: University of Chicago Press, 2004, pp.343-411.

判性地处理海德格尔在《存在与时间》第二篇第六章中所阐述的时间概念。① 在这个章节中,利科发展了许多论点来表明历史学家的工作的重要性,以此反对海德格尔对历史学科所表现出的相当头脑简单的成见。在利科看来,该问题部分地关乎海德格尔对"本真"时间,亦所谓"源始时间性"(primordial temporality)或仅仅"时间性",与"非本真"时间,亦所谓"在时间之中"或"流俗时间"的区分。② 在后一个概念下,时间是由一连串分离的此刻或者海德格尔所谓的"现在"构成的,未来在其中经由现在流逝入过去,所以当下的"现在"变成"逝去"(elapsed)。我们应当在此注意到这种时间概念与直觉的时间模式的强烈相似性。众所周知,海德格尔用一种更加原始的"本真时间"来反对这种"非本真"时间,对于"本真时间"而言,过去不仅仅是"不复存在"(no longer, *Vergangenheit*),它也是一种"曾在"(having been, *Gewesenheit*),并且他试图从后者"推导"出前者(他实际上是否成功了完全是另一件事)。其原因与如下宣称有关,即此在(*Dasein*)之所以是时间性的,并不是因为恰巧在"历史之中",而是因为"只因为它在其存在的根据处是时间性的,所以它才存在着并能够历史性地生存"。③ 我们无需在此评价诸如此类的宣称。

我们在第三节中看到,伽达默尔对换位问题的解答依赖于这种"本真的"时间概念,换言之,依赖于此在的"时间性"。海德格尔认为,他自己出于同样的原因表明了:"对历史的时间性质的流俗解释在自己的限度内也不无道理。"④因此,他是带着哲学上狂妄(*hubris*)的口吻说这些话的,仿佛他处在一个为历史这门学科设定限度的位置上,因为它显然局限于"非本真"的领域,仅仅是"不复存在"或"逝去"了的次要的过去。利科明确地反对这个观点,他在整个章节中为

---

① M. Heidegger, *Being and Time*, transl. Joan Stambaugh [1927], Albany: State University of New York Press, 1996.
② 有关海德格尔在《存在与时间》中如何讨论时间的简要导论,参见 F. Dastur, *Heidegger and the Question of Time*, Atlantic Highlands, NJ: Humanities Press, 1990.
③ Heidegger, *Being and Time*, p.345.
④ Ibid.

"一种哲学和历史学之间的批判性对话"据理力争。① 他所提出的富有洞见的论点之一,是他特别提到海德格尔从未真正地对质"历史学家的职业",而是抨击"'历史'问题的科学-理论的处理方式",②这是他在当时的文德尔班或李凯尔特等新康德主义哲学家那里发现的。③ 正是在这个语境下,柯林武德的观念变得耐人寻味。

正如我们看到的,柯林武德区分了过去事件的"内部"和"外部",并且论证了历史学家根据前者,即在一个"意向性"描述下,来寻求对事件的说明。这将他导向了如下观点,即尽管事件发生在"物理"时间之流之中,但这与承认它们的"意向性"说明无关。他因而被进一步导向了如下观念,即此处所需的那种特别的解释,将会是对与历史行动者相同的那些思想的"重演",因为在"物理"时间流之外,并不存在任何需要沟通的时间(或空间)鸿沟。柯林武德在著作中长篇大论、众所周知地批判了那些实践"剪刀加浆糊"式历史编纂学的历史学家,④他批判这些历史学家将自己限制于"物理"时间的概念、仅仅编纂过去事件的证词、从不设法把这种编纂转化成提供理性或意向性说明的叙事。在其晚年作品中,他详细地据理反对如下观点,即认为历史学与他所谓自然进程如生物学中的进化那样的"死掉的过去"有关,这与"囊缩"在现在之中的"活着的过去"是相反的。⑤ 例如,他指责斯宾格勒在根据自然过程来研究文化时使用错误的时间概念,最终谈论文化的"生命周期"(life cycle),仿佛它们是有机体,诸如此类。⑥ 因此我们可以看到,柯林武德对时间的态度是多么敏锐。用海德格尔的术语来说,实际上他在"剪刀加浆糊"历史学家的"流俗时间"之外引入了另一种时间概念,他认为在任何对过去事件

---

① Ricœur, *Memory*, p.376.
② Heidegger, *Being and Time*, p.344.
③ Ricœur, *Memory*, p.375.有关这一点的更多讨论,参见 C.R. Bambach, *Heidegger, Dilthey, and the Crisis of Historicism*, Ithaca, Ny: Cornell University Press, 1995。
④ 有关详细的批判,参见 Collingwood, *Idea of History*, pp.257-266。
⑤ Collingwood, *Autobiography*, p.106.
⑥ Collingwood, *Idea of History*, pp.181-183.

的"内部"的理性或意向性说明中都预设了这种时间概念。更确切地说,柯林武德主张包含在这种说明中的思想处在"流俗时间"之外。

早在《时间与叙事》(Time and Narrative)第三卷中,利科就在这一点上赞同柯林伍德:"我毫无保留地(同意)柯林武德区分变化和进化与历史的概念的论点。"① 我们应当注意到利科对柯林武德的解读是多么的敏锐,因为他清楚地看到,柯林武德对"剪刀加浆糊"历史学的批判与它预设了错误的"物理"时间的概念这个宣称有关。柯林武德的确认为,"剪刀加浆糊"历史学家的作品受损于他们运用错误的时间概念这一事实,换言之,他们运用的是我们在本文开篇处表述过的那种体现在直觉的时间模式中的时间概念。坦白地说,优秀的历史编纂学从物理学时间层面向另一个时间层面运动,并且这意味着历史说明具有另一种形式。利科在《记忆,历史,遗忘》中大致上提出了相同的观点:

> 半个世纪以后,柯林武德用一个更加温和的主题响应米什莱,即过去在当下"重演"的主题。根据这个概念,历史编纂活动表现为与过往所是的东西去距离化——同一化。但代价是在物理事件之外,抽出可以称之为"思想"的"内在"一面。在发挥历史想象力的重建结束时,历史学家的思想可以被视作重新思考以前被思考过的东西的一种方式。在某种意义上,柯林武德预示了海德格尔:"过去在自然过程中是一个被替代的和死去的过去"(《历史的观念》,第 225 页)。而在自然中,诸瞬间转瞬即逝,其他瞬间接踵而至。相反,同一个从历史上得到认识的事件"存活在当下"(同上)。它的存活是它在思想中重演的完成。很明显,这个和同一性有关的概念缺少"重复"的观念具有的他异性环节;……②

---

① Ricœur,*Time and Narrative*,p.91.英文译本错译成"归因于"(ascribe),因此错误地把"je me rallie sans reserve à la these de Collingwood"解读成"我毫无保留地归因于柯林武德"。

② Ricœur,*Memory*,pp.380-381.

这些言论需要两个评论。第一个评论与利科的批判有关："这个和同一性有关的概念缺少'重复'的观念具有的他异性环节"，这让人联想起前文引用过的伽达默尔的评论，即"（柯林武德）忽略了贯穿在所有理解行为中的解释学中介维度"。这些评论的明显困境在于，伽达默尔和利科仅仅陈述柯林武德持有一种他们所拒绝的观点；仅仅说明观点差异的陈述本身并不是一个论点。然而，我们在利科论《历史过去的现实》的讲稿中发现了一个这样的论点，该讲稿重印在《时间与叙事》第三卷时，其中有关柯林武德的部分得到了实质性的修改。① 利科在该部分意外地使用柏拉图《智者篇》254b-259d 中的"主导种类"（leading kinds）理论，选取相同、相异和相似，并分别将它们与柯林武德、米歇尔·德塞尔托和海登·怀特的历史哲学联系起来。这个思路使他得以批评柯林武德怀有一种"基于同一性"的历史观，而不是"辩证"的历史观，这种历史观保持"我"和"你"（Thou）的明确分开和自立。因此，针对柯林武德的宣称，即成功的"重演"导致历史学家正在思考的思想与历史行为者的思想是同一的，而不仅仅是摹本，利科在此写道："为了让（'想象的过去图景'）变得相同，它必须与过去在数字上同一。重新思考必须成为一种取消时间距离的方式。这种销毁构成了重演的哲学的（超认识论的）意义。"② 利科在这段引文中错误地表现了柯林武德：正如我们所看到的，柯林武德所宣称的同一性不是数字上的同一性，此外，如果我们的理解是正确的，他的意图从来都不是取消时间距离，而是否认任何时间距离的存在，这并不是一回事。无论如何，我们可以针对利科脱离语境地使用柏拉图的"主导种类"——该论证结构的特殊本质是引人注目的——来提出问题，但我们无意强调这一点并且只想指出，尽管利科对这个问题感觉敏锐，令人遗憾的是他没有发现柯林武德的"问答逻辑"这个导向"重演"的过程是非常耐人寻味的，恰因为它是"对话的"（*dia*logical）

---

① Ricœur, *Time and Narrative*, pp.142-156.
② Ibid., p.146. 另参见 Ricœur, *Reality*, p.10。

而非"独白的"(monological)。① 换言之,尽管柯林武德没有夸大这么做的困难,他所构想的历史推论不是一个内心的过程;用一个他所陌生的术语来说,它是一个"我"与"你"之间的互动过程。可以说,历史推论可能导致有关那里有什么的真实结论,或者导致原来的思想与被重演的思想是相同的意义上的思想的重演,这并没有取消历史推论的互动特性。

我们的第二个评论与利科建立柯林武德与海德格尔的友好关系有关。受限于本文的主题,这一点无法充分展开。当然,在柯林武德那里,不可能存在任何概念真正相称于海德格尔的存在论概念"源始时间性",但是考虑到利科是如何使用海德格尔的概念来试图述说历史编纂中被称为"记忆"(mémoire)的现象的多样性,我们想要提议柯林武德的"囊缩"概念是可能的对应概念。在他的《自传》中,他试图借助于一个停止吸烟但仍保留吸烟欲望的吸烟者的例子来表达这个观念:

> 囊缩并不是"神秘的存在",而是一些人人都很熟悉的事实:一个改变了习惯、观念的人进入了第二个阶段,这个阶段保留了第一阶段的某些残余。例如,某人放弃了抽烟,但他抽烟的欲望并没有随即消失。在他往后的生活中,这种欲望就是我称为囊缩的东西。它保存下来并产生结果,但这些结果并不是他戒烟以前的那些东西,它们并不存在于抽烟之中。这种欲望是未能获得满足的欲望,它就是以这样的形式保存下来了。如果过了一段时间,人们发现此人又在抽烟,那也不必去证明他从来没有戒过烟;这很可能是因为他从来没有丧失抽烟的欲望,当禁止满足这种欲望的原因消失时,他又重新开始满足它了。②

---

① "对话的"与如今作为标准的"独白的"推论观之间的区分可追溯到柏拉图和亚里士多德,有关两者间的区分,参见 M. Marion, "Game Semantics and The Manifestation Thesis", in *The Realism-Antirealism Debate in the Age of Alternative Logics*, ed. M. Marion, G. Primiero, and S. Rahman, Dordrecht, The Netherlands: Springer, 2011. 有关"你"在辩证博弈中不可磨灭的作用,另参见 B. Castelnérac and M. Marion, "Arguing for Inconsistency: Dialectical Games in the Academy", in *Acts of Knowledge: History, Philosophy and Logic*, ed. G. Primiero and S. Rahman, London, College Publication, 2009, pp.37-76。

② Collingwood, *Autobiography*, pp.140-141.

正如利科所宣称的,柯林武德的观点并非某些东西遗留至今是因为它得到了重演,而是说正因为一个思想"囊缩着"遗留在现在之中,所以它是可重演的。前吸烟者的例子可能不太恰当,但是"囊缩"或许正好提供了述说"记忆"(la mémoire)所需的概念资源,因为这恰恰是"囊缩"在现在之中的东西,而它的"重演"需要一个"问答逻辑"的过程,反过来说,它的"重演"没有预设我们的直觉的时间模式。

六、结 论

伽达默尔对时间距离的理解深受神学和法学解释学即"文本"解释学传统的浸淫,与之相反,柯林伍德是一个实践者,一个名副其实的考古学家和历史学家,并且他坦言自己的解释理论之原理来自于他作为一位考古学家的活动。① 伽达默尔的背景将他导向了一种绝不旨在恢复作者意图的更加相对主义的理解观,而柯林武德的论点大致意思是,原则上,没有理由认为:成功的"重演"准许我们恢复作者的意图;他不想给那种助长一种"相对主义"的形式的怀疑论留有任何余地,作为一位考古学家或历史学家,他会发现这种"相对主义"是无法接受的。②

柯林武德被导向强调一种"侦探式"探究模式,在这种模式中,我们可以知道关于过去的事实,包括某个作者的意图。③ 这种模式在历史哲学领域所谓的"语言学转向"后并不流行,这是另一个问题了。

---

① Collingwood, *Autobiography*, pp.30 and 122.
② 值得注意的是,当伽达默尔讨论一种认为相对主义是自我驳斥的著名批评时,他变得明显不悦:他将这个论点描述为"诡辩的"(Gadamer, *Truth and Method*, pp.344-345)。事实证明,用柯林武德的术语来说,我们正在接近他所谓的"绝对预设"(Collingwood, *Essay on Metaphysics*, p.31)。另一方面,柯林武德相信历史学中的一些推论是如此地具有强有力支撑,以至于它们简直是不可废除的(Collingwood, *Idea of History*, pp.262-263)。这或许是有争议的,但是谁会认为某人"从来不能绝对确定"他的生日这个结果是一个怀疑论的观点呢? 在如此语境中,"确定性"将意味着什么呢?
③ 在一篇提交给 2007 年 10 月于魁北克大学蒙特利尔分校举办的"柯林武德与 20 世纪哲学"(*Collingwood et la philosophie du vingtième siècle/Collingwood and Twentieth-Century Philosophy*)国际学术研讨会的论文中,扬·冯·德·杜森对比了这种"侦探模式"和皮尔士的溯因推理。

在本文中,我们仅仅致力于提供一个理由来说明为何在恰当的理解下,柯林武德的观念仍是耐人寻味的。我们从一种直觉的时间模式出发,说明它如何为那种根植于相对主义意义观的怀疑论提供支持,接着表明伽达默尔在他自己对困扰着狄尔泰的换位问题的解答中,采纳了体现在这种模式里的"时间距离"概念。柯林武德并非像那些只读过迦达默尔对他的论述所可能认为的那样,远未受到换位问题的困扰,我们随后表明柯林伍德是如何切实地意识到换位问题并且提出了一个彻底的解答,根据这个解答,根本不存在"时间距离",换言之,不存在待沟通的鸿沟,正因如此我们能够感觉到,我们不仅可以知道(在该词的强烈意义上)关于过去的事实,也可以知道历史行为者或过去作者的意图。

我们没有装作在此解决了我们于本文开篇处所提出的任何更大的问题。我们的观点是适度的。柯林武德的解释理论无疑不符合我们当前时代的哲学成见,尽管它可能与沉默的大多数历史学家们观点一致,但是我们希望自己已经表明它更富有哲学上的趣味,因为它废除了仍保留在伽达默尔的作品中的一种天真的"时间距离"观。①

作者简介:小林千夏,魁北克大学蒙特利尔分校艺术史博士;马蒂厄·马里昂,魁北克大学蒙特利尔分校哲学系教授。

译者简介:陈慧本,上海师范大学人文学院世界史系讲师。

校者简介:郑祥瑞,根特大学艺术与哲学学院博士生。

---

① 本文的论点源自于马蒂厄·马里昂与贝努瓦·卡斯戴内拉共同在舍布鲁克大学开设的一个研讨班,第五节的内容则源自小林千夏在魁北克大学蒙特利尔分校所开设的艺术史初级研讨班的一次展示,两者都是在 2010 年。然后本文的最初版本充当了 2010 年 R.G. 柯林武德学会会议的一个讲座的基础,该会议于 2010 年 6 月在(意大利)普拉托的达提尼宫举办,会议组织者是蒙纳士大学的马尼·休斯-沃林顿和伊安·特里根萨。我们想要感谢詹姆斯·康奈利、朱赛平纳·多洛、卡斯滕·施蒂贝尔,尤其是扬·冯·德·杜森,他们对早先的版本提供了有益的谈话和评论,另外还要感谢里克·皮特斯的评论和耐心,他还建议我们应该修改后再发表论文。

古奇、汤普森论说梯叶里浪漫主义史学渊源疏证[*]

李 勇

摘要：古奇、汤普森征引梯叶里的言论，将其浪漫主义史学溯源至夏多勃里昂、司各特，但是并未说明出处；据研究，他们的依据是梯叶里《墨洛温王朝纪事》的序言、《历史研究的十年》的序言、《法兰克人、勃艮第人和西哥特人的特性》中的言论。两位史学史家关于史学家例如休谟、基佐影响梯叶里的论说，还未能坐实，有待深入探究。至于思想家对于梯叶里的影响，汤普森找出圣西门，与普列汉诺夫强调的重点不同，可是并没有展开充分的论证；特别是汤普森的意见与普列汉诺夫之间的差异较大，引发学界在这个问题上的意见分歧，因此，圣西门和梯叶里的学术交谊也是有待继续讨论且非常有趣味的话题。

关键词：古奇 汤普森 普列汉诺夫 梯叶里 浪漫主义史学

梯叶里（Augustin Thierry，1795—1856），法国历史学家，曾就读巴黎高师，执教于瓦兹省的贡比涅中学，担任过圣西门（Claude-Henri de Rouvwy，Comte de Saint-Sirmon，1760-1825）的秘书，加入过《欧洲审查者》（*Le Censeur Européep*）和《法国通讯》（*Le Courrier Francais*）的工作。他积极参与七月革命，反对封建专制政体，要求建立共和制，从而实现资产阶级的民主自由。其主要史著有《法国史信札》（*letters*

---

[*] 本文系国家社会科学基金重大项目"20世纪的历史学与历史学家"（项目号：19ZDA235）阶段性成果。

Sur L'historie de France)①、《诺曼人征服英国史》(Historie De La Conquête De L' Angleterre Par Les Normands)②、《历史研究的十年》(Dix Ans D'études historiques)③、《墨洛温王朝纪事》(Récits Des Temps Mérouwingiens)④、《第三等级的形成和发展》(Essai Sur L'historie De La Formation Et Des Progries Du Tiers Etat)⑤。

  学术界对于梯叶里史学的研究，涉及其人生经历与史学贡献；⑥关注其思想来源、阶级属性等；⑦此外，还探讨其重构法国民族记忆的努力和影响。⑧ 事实上，中国学界关于梯叶里史学的论说，主要受普列汉诺夫（Плеханов Г.В.）、古奇（G.P.Gooch）和汤普森（J.W.Thompson）的影响。然而，普列汉诺夫将梯叶里的阶级斗争观点归结于圣西门的影响，现在看来因证据的时间错位而遭到学界质疑；古奇、汤普森则征引梯叶里言论以拱卫己说，不过多未说明语出何处；且汤普森的意见似乎也与普列汉诺夫互有轩轾。鉴于这些问题，本

---

  ① 1820 年在《法国通讯》(Le Courrier Francais，也译《法国信使》或《法国邮报》)上发表，1827 年结集出版为《法国史信札》(letters Sur L'historie de France)，英译为 Letters on the History of France，许樾汉译为《法国史信札》，上海社会科学院出版社 2019 年版。
  ② 1825 年出版 Historie De La Conquête de L' Angleterre Par Les Normands，同时出版英译本 History of Conquest of England by the Normans，祝安利、文琳汉译成《诺曼人征服英格兰史》，上海社会科学院出版社 2019 年版。
  ③ 此书亦可译为《史学随笔》。梯叶里 1834 年出版 Dix Ans D'études historiques，1845 年出版英文版，名为 The Historical Essays。
  ④ 1845 年出版法文本 Récits Des Temps Mérouwingiens 和英文本 Narratives of the Merouingian Era，黄广凌汉译为《墨洛温王朝年代记》，大象出版社 2018 年版。
  ⑤ 1853 年，出版为 Essai Sur L'historie De La Formation Et Des Progries Du Tiers Etat，1855 年出版英译本 Formation and Progress of the Tiers Etat。
  ⑥ 乐启良《介入史学的意义与局限——奥古斯丁·梯叶里对法兰西民族史的重构》之相关部分，详见《世界历史评论》2019 年第 3 期。
  ⑦ 论其思想渊源者，有古奇《十九世纪史学与历史学家》、汤普森《历史著作史》；论其阶级属性者，有普列汉诺夫《奥古斯丹·梯叶里和唯物史观》，见普列汉诺夫《论一元论历史观的发展问题》之附录和科斯敏斯基《中世纪史学史》之"奥·梯叶里及复辟时期的资产阶级自由主义学派"，东北师大历史系译，1986 年出版。另外，郭圣铭在《西方史学史概要》里，从历史时序角度，视他为法国复辟时期的史学家。因马克思称梯叶里为"法国历史编纂学中的'阶级斗争'之父"(〔德〕马克思：《1854 年 7 月 27 日马克思致恩格斯》，载《马克思恩格斯全集》第 28 卷，人民出版社 1973 年版，第 381 页)，故张广智《克丽奥之路》，以及宋瑞芝、安庆征《西方史学史纲》，都把他纳入"阶级斗争学派"。徐正、侯振彤《西方史学的源流与现状》，则视梯叶里为自由主义的浪漫主义史学家。
  ⑧ 乐启良《介入史学的意义与局限——奥古斯丁·梯叶里对法兰西民族史的重构》之相关部分，详见《世界历史评论》2019 年第 3 期。

文拟对古奇《十九纪历史学与历史学家》(History and Historians in the Nineteenth Century)、①汤普森《历史著作史》(A History of Historical Writing)②论梯叶里浪漫主义史学的渊源进行注疏,从而完善其相关意见,同时明示相关问题研究的新走向。

一、梯叶里受夏多勃里昂的影响而研究中世纪法国史

梯叶里受夏多勃里昂(Francois-René, Vicomte de Chateaubriand, 1768-1848)的影响,确有事实依据。

夏多勃里昂,法国伟大的浪漫主义作家,研究19世纪西方史学的古奇,评论他对读者的影响道:"夏多勃里昂的写作,打开了情感的源泉,扩大了想象的天地,激发了历史感。"③

从思想脉络上说,夏多勃里昂继承了卢梭及其信徒圣皮埃尔④的思想传统,反对激进的法国革命,赞美中世纪的基督教。他著有《论革命》(Essai sur les Revolutions)、《基督教真髓》(Le Génie du Christianisme)、《殉道者》(Les Martyrs)等。梯叶里在《墨洛温王朝纪事》一书的序言里,这样评价夏多勃里昂:"没有人不该对他说,就像但丁说维吉尔那样:'你是魁首,你是尊长,你是大师'。"⑤ 1913年,古奇出版《十九世纪历史学与历史学家》,其第九章"法国史学的文艺复兴"就用了这段文字来说明梯叶里对夏多勃里昂的崇敬,不过他仅仅指出梯

---

① 汉译本有耿淡如译、卢继祖、高健校,谭英华校注的《十九世纪历史学与历史学家》,商务印书馆1989年版。
② 汉译本有孙秉莹、谢德风译,李活校的《历史著作史》下卷,商务印书馆1996年版。
③ G.P. Gooch, History and Historians in the Nineteenth Century, Longman, Green And Co., 1935, P.161. 本段译文参考了耿淡如译本《十九世纪历史学与历史学家》上册,商务印书馆1989年版中的相关部分。
④ 圣皮埃尔(Bernardin de Saint Pierrs, 1783-1814),法国小说家,以擅长描绘大自然景色著称。
⑤ M. Agustin. Thierry, The Historical Essays, and Narrative of Merovingian Era, Carey and Hart, 1845, p.112.

叶里的这番话是 1840 年说的，但并未交代文字的出处。① 经查证，这段话出自梯叶里《墨洛温王朝纪事》一书的序言，上文已经说明。

至于夏多勃里昂对自己的具体影响，梯叶里回忆其 15 岁情形时说：

"1810 年，我即将结束在布鲁瓦学院的学业，一本《殉道者》在学院里被传阅开来。在我们这些热爱美好与荣誉的人当中，这可是一件大事。我们为此书争执，于是大家约定轮流阅读。等轮到我的时候，正好赶上一个外出徒步的假日。那天我假装脚受了伤，得以独自待在家中，在拱状的房间里，坐在桌子前，我读着它，确切地说贪婪地读着它……随着野蛮的战士同文明的士兵的戏剧性对照一点点展开，我越来越受到震撼。法兰克人的战歌使得我像触电一样。我离开座位，在房间里大踏步走来走去，连脚步都在地板上作响，大声重复着：'法拉蒙德，法拉蒙德，我们已经在拔剑作战了'。……这个激动人心的时刻，对我未来人生的选择或许是有决定意义的。那时我没意识到对于我而言发生了什么，也没有在意，甚至几年之中都忘记此事了。但是，经过职业选择上不可避免的忧郁之后，决定专攻历史，我想起生命中那独特而确切的偶然和细节。甚至到现在，那令我震撼的一页，假如有人向我强烈读起的话，我还是能够体会到三十年前的那种感受。我得益于那位揭开并支配本世纪的天才作家的情况，就是这个样子。"②

古奇在《十九世纪历史学与历史学家》一书中引了这段话，表明夏多勃里昂对于梯叶里走向史学之路的影响，问题是古奇也没有指出梯叶里言论之出处。经查证，这段话也出自《墨洛温王朝纪事》的序言。对于夏多勃里昂影响梯叶里选择史学为职业，汤普森在未加引证情况下，得出相同结论，不过仅仅指出："夏多勃里昂的《殉道者》引起他对历史的兴趣。"③想来，汤普森的依据与古奇的证据当为同

---

① G.P. Gooch, *History and Historians in the Nineteenth Century*, second edition, Longman, Green, And Co., 1913, p.162.

② M. Agustin. Thierry, *The Historical Essays, and Narrative of Merovingian Era*, Carey and Hart, 1845, p.112.

③ James Westfall Thompson, *A History of Historical Writing*, Vol.2, the Macmillan Company, 1942, p.230.

一条材料。

古奇上引梯叶里所云文字,描述了夏多勃里昂《殉道者》刻画法兰克战士和罗马士兵激战的情景,以及自己阅读《殉道者》的激动情形。文中"法拉蒙德"(Faramund,又作 Pharamond),是法兰克人早期首领,其玄孙就是墨洛温王朝的开国君主克洛维一世。梯叶里就是受夏多勃里昂的影响,从而写出关于中世纪的历史著作,其中包括《墨洛温王朝纪事》。

总之,古奇、汤普森认为夏多勃里昂影响了梯叶里走向史学的人生道路,但是,汤普森未加引证。根据古奇的引证,可推论出其所引文字出自梯叶里的自述;经查证,梯叶里的自述,具体说来就是《墨洛温王朝纪事》的序言。

二、梯叶里受司各特和休谟的影响而研究诺曼人征服英国史

梯叶里受到司各特(Walter Scott,1771-1832)的影响,同样有确凿的事实为依据。古奇《十九世纪历史学与历史学家》有关论述是这样的:"假若夏多勃里昂激发了少年梯叶里的想象力,那么正是司各特对其思想发生了最为深刻的影响。"[①]接着引证梯叶里的话:"我极为景仰这位伟大的作家;当我把他对于过去的惊人理解同最受欢迎的狭隘而枯燥的博学的作家加以对照之时,这种景仰之情就随之增长起来。我对杰作《艾凡赫》(*Ivanhoe*)的出版报以热情的欢迎。"[②]汤普森《历史著作史》也有两段文字涉及这个问题。第一段是,汤普森提到梯叶里在《法国史信札》里指出:"许多人读沃尔特·司各特的小说,就把思想转入中世纪,不久前他们还腻味中世纪呢。在我们的时代,假若有一次历史阅读和写作的革命的话,那么他的这些作品虽

---

① G.P. Gooch, *History and Historians in the Nineteenth Century*, second edition, Longman, Green, And Co., 1913, p.170.
② Ibid.

然表面琐屑轻薄,但是将以独特的方式作出贡献。"①第二段是,汤普森提到梯叶里的《诺曼人征服英国史》说:"无可否认他是受了沃尔特·司各特的影响",引证了梯叶里的一句话"我对这位伟大作家敬仰深厚"。②

经查证,这两位研究史学史的英、美学者,都征引过的梯叶里敬仰司各特的话,来自梯叶里为《历史研究的十年》所写的序言,也就是《历史研究的十年》和《墨洛温王朝纪事》合订本的自传性序言。③汤普森引用的另一段话,他坦言出自《法国史信札》。是的,具体说出自后人编辑的《梯叶里全集》第三卷中《法国史信札》中的第六札《法兰克人、勃艮第人和西哥特人的特性》,④不过《法国史信札》最初本子未收此札。

古奇、汤普森两人都提到的司各特,是英国著名历史小说家,欧洲历史小说创始人,其代表作有《威弗利》(*Waverly*)、《盖伊·曼纳令》(*Guy Mannering*)、《古董家》(*The Antiquary*)、《罗布·罗伊》(*Rob Roy*)、《米德罗西恩监狱》(*The Heart of Midlothian*)和《艾凡赫》等。有西方学者这样评价司各特的历史小说:"在司各特遗留给世人的作品中,交织着其前贤的历史思虑。"⑤

《艾凡赫》是司各特的历史小说中的杰作。书中主人公艾凡赫,

---

① James Westfall Thompson, *A History of Historical Writing*, Vol. 2, Macmillan Company, 1942, p. 229. 汤普森的这段原话是这样的:"The reading of the romances of Walter Scott has turned many thoughts towards the Middle Ages from which not long ago one turned away with disdain", 孙秉莹、谢德风译为:"许多人读了沃尔特·斯各脱的小说,就把思想转到中世纪,不久以前,他们又腻了,不在理睬中世纪了。"(见商务印书馆 1996 年版《历史著作史》下卷第三分册第 310 页)据孙、谢之译文,似乎是人们读了司各特的书而厌恶中世纪,实际上汤普森引用梯叶里的话,是想说人们在没读司各特之前是腻味中世纪的,意思正好弄反了。

② James Westfall Thompson, *A History of Historical Writing*, Vol. 2, Macmillan Company, 1942, p. 231.

③ Augustin Thierry, "Autobiographical Preface", *The Historical Essays, and Narrative of Merovingian Era*, Carey and Hart, 1845, p. xi. "Préface", Dix ans d'études historiques, 1835, p. 294.

④ Augustin Thierry, *Lettres sur l'histoire de France dix ans d'études historiques*, Paris: 1851, p. 49.

⑤ Fiona Price, *Reinventing Liberty*, Edinburgh University Press, p. 202, 引自 https://www.jstor.org/stable/10.3366/j.ctt1bh2jss.9/downloaded, 20220501。

是被诺曼人征服的撒克逊人，因违背父意与异族统治者交往，并参加了"狮心王"理查一世率领的十字军，被逐出家门。后来他借助绿林好汉罗宾汉的帮助，挫败了理查一世的弟弟发动的政变。理查一世重登王位，成全了艾凡赫与贵族小姐罗文娜的婚姻。小说生动再现了 12 世纪英国的民族矛盾、民族风尚和各阶层的生活，同情被征服的撒克逊人，贬斥傲慢凶残的诺曼贵族。在西方，它曾被誉为"具有一种魔力——从历史中引出故事；具有一种品质——激发热切的高贵冒险；具有一种优点——杰作的风格"①。

梯叶里就是在司各特的《艾凡赫》引导下，写出了《诺曼人征服英国史》，关注中世纪英国的民族矛盾、阶级矛盾，描写人民大众的社会生活。

当然，古奇还提到休谟(David Hume,1711-1776)对于梯叶里的启发，他说"梯叶里从休谟那里理解到，英国的体制所包含的贵族精神多于自由精神"，并引梯叶里的话"有种观念震撼了我，休谟所言的情况是从一次征服开始的"。② 关于这一情况，汤普森也引了梯叶里的话："我专注地读完休谟著作的一些章节，却被一种观念震撼了，这种观念对我来说就是一束光，在合上书的那一刻，我惊呼道：'这一切出自征服，征服是一切的底蕴。'"③

休谟是苏格兰启蒙运动领袖，著有《英国史》(*The History of England*)，反响颇为广泛，深受读者赞赏。④ 梯叶里读休谟《英国史》，发现英国的阶级代表着种族，征服者保持其特权阶级地位，越往前追述这种情况就越明显。他为《历史研究的十年》和《墨洛温王朝纪事》合订本写了自传性序言，在这里梯叶里回忆道：

"因为憎恨军事专制主义，对反威严政府的一般精神的反应，结

---

① William D. Lewis,"Scott's Ivanhoe",*The Journal of Education*,Vol.84,No.24,(December 28,1916),p.665.
② G.P. Gooch,*History and Historians in the Nineteenth Century*,second edition,Longman,Green,and Co.,1913,p.171.
③ James Westfall Thompson,*A History of Historical Writing*,Vol.2,Macmillan Company,1942,p.230.
④ 详见李勇主著《启蒙时期苏格兰历史学派》之第二章，上海三联书店 2017 年版。

果是我陷入对革命暴政的反感,没有偏爱任何一种政府的形式,感到了对英国制度的厌恶,而那时我们只是对其进行令人作呕且荒谬的模仿。有一天,为了建立这种想法,就去历史中加以检验。我专注地读完休谟著作的一些章节,却被一种观念震撼了,这种观念对我来说就是一束光,在合上书的那一刻,我惊呼道:'这一切出自征服,征服是一切的底蕴。'我立即设想重写英国革命史的计划。"①

这就是上述古奇、汤普森所引的出处。梯叶里原本就有从征服角度写中世纪史的打算,是休谟的著作加剧了他的构想和实施。

三、梯叶里受到基佐的影响转向第三等级历史的研究

古奇还说过:"这个历史学家在晚年受到基佐所创学派的影响。"②引文中的基佐(François Pierre Guillaume Guizot,1787-1874),是法国复辟时期的政治家和历史学家,曾参加第一次波旁王朝复辟,著有《英国革命史》(*Histoire De La Révolution D'Angleterre*)、《近代史教程》(*Cours D' Histoire Modern*)。后者又分为《欧洲文明通史》(*Histoire Général de La Civilisation En Europe*)、《法国文明史》(*Histoire de La Civilisation En France*)和《欧洲代议制起源史》(*Histoire des Origines Du Gouvernement Réprésentatif En Europe*)。此外,还著有《华盛顿的生平、书信和著作》(*Vie, Correspondance Et Les Écrits De Washington*)。他创办法国史学会,组织人力编纂原始资料。1836 年,梯叶里受邀参与其中,编写城市公社发展的文献,完成之后写了篇导论,这就是今日所见的《第三等级的形成和进展》,标志着他从中世纪史研究走向城市宪章史研究。

---

① Augustin Thierry,"Autobiographical Preface",*The Historical Essays, and Narrative of Merovingian Era*,Carey and Hart,1845,p.vii. Augustin Thierry,"Préface",*Dix Ans D'études historiques*,Paris:1834,pp.ii-iii.

② G.P. Gooch,*History and Historians in the Nineteenth Century*,second edition,Longman,Green,And Co.,1913,p.173.

早年的梯叶里受到晚辈基佐的推崇,晚年却加入基佐组织的学术活动,两人有着类似的社会倾向,他们之间的学术关系是个颇不简单的问题。

无论如何,马克思对《第三等级的形成和进展》中关于资产阶级的论述评价甚高:"我认为,任何著作也没有把这个阶级在它成为统治阶级以前的这一系列演变作过这样好的描述,至少就材料的丰富而言如此。"①

梯叶里研究第三等级的历史,机缘是受到基佐邀请而编纂史料,因此,认为他受到基佐的影响,可以行得通。他在书中谈到日耳曼人征服高卢对高卢-罗马贵族的影响说:"高卢-罗马贵族模仿日耳曼人风俗,把他们许多家内奴隶从城市转到乡村,从家庭服务变成田地里的劳工。这样,按照八世纪和九世纪的法律,定下他们的身份,同时把他们的情况变成日耳曼的利达(lidus)和罗马的卡罗奴(colonus)的同义语,而实际上却低于这两类人。"他接着同情这些家内奴隶道:"家内奴隶使人变成动产,仅仅是一项可以移动的财富。奴隶定居在土地上,从那时候起就成为实际财富的一个分支。……用农奴名之,恰如其分。"②他的这一观点,与之前纯粹从征服的角度看待历史截然不同,具体说来与之前简单地把征服者等同于剥削者、把被征服者等同于被剥削者不同。这个时候他发现征服者和被征服者都存在社会分化现象,不是简单地使用征服和被征服就能说清楚的,促使他从阶级的角度去思考历史问题,正像普列汉诺夫指出的那样:"可以毫不夸大地说,正是奥古斯丹·梯叶里处心积虑地通过自己的历史研究推翻了他本人对征服在历史上的作用的观点。"③尽管如此,还是可以把《第三等级的形成和进展》视为浪漫主义史学著作,因为他符

---

① 〔德〕马克思:《1854年7月27日致恩格斯》,载《马克思恩格斯全集》第28卷,人民出版社1973年版,第383页。
② Augustin Thierry, *The Formation and Progress of the Tiers Etat in France*, Vol. 1, Henry G. Bohn, 1859, p.22.
③ 〔俄〕普列汉诺夫:《论一元论历史观的发展问题》,王荫庭译,商务印书馆2017年版,第29页。

合浪漫主义史学同情人民的特征,古奇评论《第三等级的形成和发展》道:"他的主要成绩,在于导出一个新的形象,即人民,并把这个新的形象放置在它应当占据的画面前景的地位。"① 不管怎样,古奇说基佐影响了梯叶里的浪漫主义史学,实在合乎情理。

四、梯叶里从圣西门那里接受了怎样的社会思想

梯叶里的史著,尤其是《第三等级的形成和进展》充斥着阶级斗争的意识。加之,梯叶里又做过圣西门的助手,很容易让学界联想到这与圣西门之间的相关性。

圣西门是法国空想社会主义者,著有《论文学、哲学和实业》(*Opinions littéraires, philosophigues et industrielles*)、《实业家问答》(*Catéchisme politique des industriels*)等。

毋庸置疑,梯叶里受到圣西门的影响。尽管古奇对此未置一词,而汤普森在《历史著作史》中却是这样说的:

"他是圣西门的学生,其历史著作充满强烈的社会正义的感情。……他在历史过程中看到弱者和强者之间的斗争。不应该把他的这个看法与马克思主义者的'阶级斗争'的概念相混淆。"②

从汤普森上下文的脉络来看,他所谓的社会正义感,在梯叶里那里就表现为对弱者的同情。事实的确如此。梯叶里在征服者和被征服者之间,选择同情被征服者,例如,梯叶里描写被诺曼人征服后的英国人说:"从最伟大者到最渺小者,每一个被征服的人,其地位都比之前变低了:长官失去权力,富人失去财富,自由人失去独立;糟糕的惯例使得他们生就为别人的家奴,成为陌生人的农奴,再也不享有

---

① G.P. Gooch, *History and Historians in the Nineteenth Century*, second edition, Longman, Green, And Co., 1913, p.173.

② James Westfall Thompson, *A History of Historical Writing*, Vol.2, the Macmillan Company, 1942, p.231.

或多或少的照顾,以往一起生活的习惯和语言共同体使他们站在从前主人的一边。"①这段文字间流露出对被征服的英国人的同情。至于在剥削者、压迫者和被剥削者、被压迫者之间,他选择同情被压迫者和被剥削者,这类例子上文已及,不再赘述。

以凿凿之言谓梯叶里阶级斗争观点受之于圣西门者,当以普列汉诺夫为典型。早在 19 世纪末,普列汉诺夫就认为梯叶里史著中的阶级斗争观点受之于圣西门。1895 年 11 月,他在法文杂志《社会变化》上发表《奥古斯丹·梯叶里和唯物史观》,文中指出:"圣西门——奥古斯丹·梯叶里应当把自己的全部历史观念归功于他"②,或曰"奥古斯丹·梯叶里应当把自己的全部历史观念归功于圣西门"③。1898 年,普列汉诺夫发表《阶级斗争学说的最初阶段——〈共产党宣言〉俄文第二版序言》,说:"圣西门的历史观点差不多全部被他的'义子'奥古斯丹·梯叶里承继过来了。"④1901 年,他又在《唯物主义历史》中道:"圣西门的历史观点,对法国最卓越的历史学家之一——奥古斯丹·梯叶里发生了决定性的影响。"⑤普列汉诺夫早期宣传马克思主义唯物史观,意欲建立阶级斗争学说的谱系,把法国大革命复辟时期史学家的阶级斗争观点归于圣西门。

普列汉诺夫的这一观点,被叶·阿·科斯敏斯基(Е. А. Костинский)在《中世纪史学史》(История Средних Веков)⑥中接受并细化。后者认为:"梯叶里基本上在重复圣·西门的观点",⑦像圣西门一样"梯叶里在他的历史学说中也是从两个阶级的思想出发,

---

① Augustin Thierry, History of the Conquest of England by the Normans, Vol.1, tran. by William Hazlit, Bavill and Edwards, Printers, 1825, p.317.
② 〔俄〕普列汉诺夫:《论一元论历史观的发展问题》,王荫庭译,第 359 页。
③ 同上书,第 366 页。
④ 《普列汉诺夫哲学著作选集》第二卷,汝信等译,生活·读书·新知三联书店 1961 年版,第 517 页。
⑤ 同上书,第 735 页。
⑥ 汉译本有郭守田等译的 1986 年的内部资料本,2017 年由商务印书馆正式出版。
⑦ 〔俄〕叶·阿·科斯敏斯基:《中世纪史学史》,郭守田等译,商务印书馆 2017 年版,第 585 页。

斗争的一方是享有特权的贵族阶级,另一方是广义的第三等级"。①科斯敏斯基说:梯叶里所隶属的法国历史学家"全部主要思想是圣·西门已奠定了的"。② 他还认为,圣西门肯定天主教对于文化保护起到重要作用,天主教教士不仅保护了教育机构和文物古迹,并且保护了中世纪的教育;圣西门肯定基督教还使剥削减轻,在基督教影响之下,奴隶制为较缓和的剥削方式即农奴制所代替。③ 这些社会思想倾向在梯叶里那里表现突出。按照科斯敏斯基的说法,圣西门认为十字军远征以来的历史的主要内容就是阶级斗争,斗争的一方是封建主,另一方是他称之为企业家的那些人。④ 事实上,圣西门称之为企业家的就属于第三等级。科斯敏斯基对普列汉诺夫的观点有细化之处,例如,他曾经指出:"十九岁时,年轻的梯叶里便追随圣·西门,成了他最亲密的合作者和共同著作人。在这一时期,梯叶里的著作主要是政治性质。梯叶里先是在报纸上发表文章为捍卫圣·西门的思想而斗争,后来他决心致力于为他从圣·西门那里因袭而来的政治理想寻找证据。"⑤梯叶里颇为聪明的是,以历史著作来体现圣西门的社会思想。可以说,在圣西门是否影响梯叶里的阶级斗争学说问题上,科斯敏斯基继承和发展了普列汉诺夫的学说。

普列汉诺夫的观点,在中国影响巨大,在改革开放前就被大陆学者普遍接受。不过,也有不同的声音。中国学者刘平撰文称,普列汉诺夫误解了马克思、恩格斯的相关论述,错误推出圣西门的历史观点影响了梯叶里这一结论。他逐条分析马克思主义经典作家相关论述的语境,考察梯叶里与圣西门的关系演变,又从年代学角度梳理了圣西门的相关著作的文字,得出这样的结论:"在1814年圣西门与梯叶里合作之前(波旁王朝复辟之前),圣西门并没有关于法国中世纪以来阶级斗争的历史发展的论述,而后来关于这方面的论述,又恰恰与

---

① 〔俄〕叶·阿·科斯敏斯基:《中世纪史学史》,郭守田等译,第585页。
② 同上书,第598页。
③ 详见〔俄〕叶·阿·科斯敏斯基:《中世纪史学史》,郭守田等译,第580页。
④ 同上书,第582页。第581页。
⑤ 〔俄〕叶·阿·科斯敏斯基:《中世纪史学史》,郭守田等译,第584页。

梯叶里的影响有联系。"①他还具体指出：与梯叶里合作之前，圣西门主要做思想史、科学史研究，并且是以整个人类社会为对象的；而合作之后，在圣西门后期的一些具体历史观点上，也有受梯叶里影响的痕迹，例如"把资产者、商人和工人阶级统称为实业阶级，即所谓的'第三等级'，这显然是接受了梯叶里等资产阶级思想家的影响"。②

无疑，刘平与普列汉诺夫或者说与他发文之前的大陆学者唱了一个大大的反调，可是他的观点没有得到足够的关注，1983年以后直到20世纪末的大陆学者的西方史学史著作，大多还在遵循普列汉诺夫的说法。需要指出的是，刘平没有直接证据证实这样的情况：绝对是梯叶里影响了圣西门；而不是相反，圣西门影响了梯叶里。无论如何，普列汉诺夫、科斯敏斯基的说法，还得继续受到商榷。

现在回到汤普森那里，可以发现他在这个问题上很慎重，只是说梯叶里受到圣西门社会正义观点的影响，而没有说圣西门影响了梯叶里的阶级斗争观点。在这点上汤普森与普列汉诺夫不同；然而，普列汉诺夫还说过："复辟时代法国历史学家鼓吹的阶级斗争不同于社会主义者宣扬的阶级斗争的地方……他们捍卫的仍然是民族中间小部分人的利益，即资产阶级的利益。"③而汤普森提出"不应该把他的这个看法与马克思主义者的'阶级斗争'的概念相混淆"，可见他们在这个问题上意见完全一致。

五、余论

通常说来影响一位史学家成长者当不止一两名学者；同样，影响梯叶里史学的西方作家、学者也是一群人。

古奇《十九世纪历史学与历史学家》、汤普森《历史著作史》为梯

---

① 刘平：《从最初的阶级斗争学说渊源于圣西门辨析看圣西门思想发展中的一个转折》，《赤峰学院学报（汉文哲学社会科学版）》1983年第1期，第16—24页，《科学社会主义》1984第5期，第118—126页。
② 上引文，第118—126页。
③ 〔俄〕普列汉诺夫：《论一元论历史观的发展问题》，王荫庭译，第357—358页。

叶里的浪漫主义史学,首先溯源到夏多勃里昂、司各特。这后面两位作家的历史题材作品写得激情澎湃,打动了梯叶里,并引导他对中世纪史情有独钟,以类似夏多勃里昂、司各特的风格写出《墨洛温王朝纪事》和《诺曼人征服英国史》。前两位史学史家以梯叶里《墨洛温王朝纪事》的序言、《历史研究的十年》的序言、《法兰克人、勃艮第人和西哥特人的特性》中的言论为证据,他们在这个问题上的具体说法,至今仍是经典之论。还有,史学家对于梯叶里的影响,古奇、汤普森追溯到休谟,认为休谟加剧了梯叶里对专制政府的厌恶,启发他从征服的角度解读历史,这一说法确有梯叶里替《历史研究的十年》和《墨洛温王朝纪事》合订本写的自传性序言为证。然而,有研究成果提出梯叶里这一解史角度是受了兰维利耶(Boulainvilliers)和蒙洛西耶(Francois-Dominique de Reynaud Montlosier)的影响。① 这不同说法如何实现圆融,是有待深究的问题。古奇还指出基佐影响了梯叶里史学的转型,正如上文所言,梯叶里和基佐之间的学术关系颇为复杂,非三言两语所能了事。总体上,古奇、汤普森关于史学家影响梯叶里的论说,还未能坐实。至于思想家对于梯叶里的影响,汤普森找出圣西门,与普列汉诺夫强调的重点不同,可是并没有展开充分的论证,好在当今有学者指出梯叶里接受了圣西门关于劳动与实业推动社会发展的论断;② 特别是汤普森的意见与普列汉诺夫之间的差异较大,引发学界在这个问题上的意见分歧,因此圣西门和梯叶里的学术交谊也是有待继续讨论且非常有趣味的话题。

上述古奇、汤普森论梯叶里浪漫主义史学渊源的一些说法,或为不刊之论,或有原始缺陷。原始缺陷及其所引发的问题,若能得到圆满克服和解决,当是学界责任,亦为学界之幸。

作者简介:李勇,淮北师范大学史学理论与史学史研究中心教授。

---

① 乐启良《介入史学的意义与局限——奥古斯丁·梯叶里对法兰西民族史的重构》之相关部分,详见《世界历史评论》2019 年第 3 期。

② 同上。

作为一种历史书写形式的西方史家自传
——兼谈历史知识的建构问题*

邓京力　佟文宇

摘要：由于历史学家身处时代、社会的大变局与自我人生继替流转的复杂交织间，使得他们逐渐将自我的历史有意识地融会到整体历史之中，开创了一种既古老又新鲜的历史书写形式——史家自传，同时也开启了对历史知识建构问题的反思。爱德华·吉本以第一人称完成的回忆录被公认为西方现代史家自传的典范。尽管随后的历史学专业化进程竭力将史家个人剥离出历史话语，但仍旧不乏一些有价值的史家自传问世。至 20 世纪 20 年代，德国出版商费利克斯·梅因编辑出版 28 卷本的《自画像中的当代科学》其中前两卷为历史学家自传，可以视作现代西方史家自传兴起的一个具有标志性的成果。20 世纪 80 年代后，以法国年鉴史家皮埃尔·诺拉主编的《自我史文集》为代表，形成所谓"自传转向"。史家自传作为一种历史书写的形式及其反思历史知识建构的学术趋势，在一定程度上得到当代西方史家越来越多的认同和实践。近二十年来《反思历史》杂志组织了一批针对史家自传的相关讨论，为我们进一步探究史家自身与历史书写、历史知识建构之间的关系提供了新的可能。

关键词：史家自传　历史书写　历史知识

---

* 本文是北京市社会科学基金项目"史学理论话语体系与学科体系研究"（项目号：22LSA002）的阶段性成果。

当代历史学家不可避免地要直面布罗代尔当年给自己提出的设问:"我是如何走向历史研究的职业生涯的?"① 这类问题实质上是要求史家对自我与历史书写的关系,乃至历史知识的建构之间进行理性的反思,审视笔下形成的历史在多大程度上受到自身现实生活与生存状态的激发、改变及其影响。② 也正是由于历史学家身处时代、社会的大变局与自我人生继替流转的复杂交织之中,使得他们逐渐开始利用自传这一介于文学和历史之间的文体,将自我的历史有意识地融会到整体历史之中,开创了一种既古老又新鲜的历史书写形式,同时也开启了对历史知识建构问题的反思。③

一、西方史家自传的产生及其演变

一般意义上,自传是一种用来"探索私人空间、刺探隐私、计算消费与财产、分析遗嘱、探知情绪、叙述过错,试图完整地寻找人类最内在的行为动因"的写作体裁,也可以称为回忆录。④ 而所谓史家自传,

---

① Fernand Braudel, "Personal Testimony", *The Journal of Modern History*, Vol. 44, No.4(Dec.,1972), p.448.
② 可参见陈新《史家与读者——论历史认识中的主体》,《复旦学报》(社会科学版),2018 年第 2 期,第 21—24 页。
③ 近年来史家自传的问题也得到史学界的一定关注,主要集中于对一些史家自传的介绍、分析、对比和对这种书写形式的合法性的讨论。其中《反思历史》(*Rethinking History*)杂志 2009 年第十三卷第一期集中对史家自传问题进行了讨论,刊出的十篇文章分别从史家自传的理论、写法、关键概念、史学史和具体作者或作品的释读等方面探讨了当代史家自传的研究状况。已出版的专著研究比较有代表性的如美国史家杰里米·D. 波普金(Jeremy D. Popkin)所著 *History, Historians and Autobiography*, University of Chicago Press,2005。该书从自传与历史的关系入手,探讨了自传的本质和史家自传的特征,并将之与历史学职业化、历史经验、大屠杀等议题联系起来,揭示了历史学家个人、家庭及其历史书写之间的关系,提出自传作为一种合法的书写形式可以平衡历史与虚构之间的对立关系。另外,西班牙中世纪史家豪梅·奥雷尔(Jaume Aurell)所著 *Theoretical Perspectives on Historians' Autobiographies:From Documentation to Intervention*, Routledge,2015。该书通过考察 20 世纪以来的史家自传,区分了六种自传形式,即人本主义的(humanistic)、传记体的(biographic)、自我史的(ego-historical)、专题式的(monographic)、后现代式的(postmodern)和介入式的(interventional),并分别探讨其各自表达历史的特定概念,及其历史书写的原则、方法和实践所表现的不同之处,进而认为这种非传统史学的知识形式为理解历史和历史书写提供了一种新的维度。
④ 〔德〕斯特凡·约尔丹主编:《历史科学基本概念辞典》,孟钟捷译,北京大学出版社 2012 年版,第 17 页。

即历史学家所写的自传,大致可以追溯到公元前 5 世纪。不过,那时对历史学家而言,他们的自传与其所书写的历史之间似乎并没有本质的区别。当希罗多德和修昔底德在记录所处的希腊当代史的过程中,也就很自然地涉及他们个人的生活经历与感受,提及自己在历史中扮演的角色。以修昔底德为例,正因为他是历史的见证者和实际参与者,他所写下的文字才得到读者的信赖,故对作为历史学家的修昔底德来说,历史就是他的自传。① 到公元前 4 世纪,色诺芬写出具有某些自传特征的作品,但却仍然保持了历史叙事的惯常形式,坚持使用第三人称写作,目的是尽量避免如《长征记》那样被视作文学化的自传作品。② 这种风格也影响到后来恺撒写作《高卢战记》《内战记》的方式。此类情形至 17 世纪的维柯依然没有本质的改变,其自传的第一句仍是"扬姆巴蒂斯塔·维柯在 1670 年出生于那不勒斯……"③

尽管维柯并没有以第一人称去写作他的自传,但他与爱德华·吉本,以及美国史家亨利·亚当斯④的回忆录,共同为现代西方史家自传的写作奠定了基本模式。按照豪梅·奥雷尔的史家自传分类法,维柯启发了欧洲人本主义式的自传写作,而吉本和亚当斯则是美国式自传的先驱。⑤ 其中特别是吉本,他以第一人称完成的回忆录被公认为现代西方史家自传的典范。他以文学化的笔触记录了自己的人生经历,其中不乏诗文的引用,还间或出现对所熟识的人与事的大量评述和私人生活的琐碎记忆。吉本自传的意义在西方史学史上是比较重大的,他应该是少有的在 18—19 世纪写下自传并最终发表的历史学家。而且,他在字里行间流露出史家自传写作的必要性,即

---

① 关于这方面的讨论,参见 Jeremy D. Popkin, *History, Historians and Autobiography*, pp.14-15。
② 〔意〕阿纳尔多·莫米利亚诺:《古希腊传记的嬗变》,孙文栋译,华夏出版社 2021 年版,第 65—66 页。
③ 〔意〕维柯:《新科学》,朱光潜译,商务印书馆 1989 年版,第 642—643 页。
④ 亨利·布鲁克斯·亚当斯(Henry Brooks Adams,1838—1918),美国历史学家,曾任美国历史协会主席,其回忆录作品为《亨利·亚当斯的教育》(*The Education of Henry Adams*,1918)。
⑤ 参见 Jaume Aurell, *Theoretical Perspectives on Historians' Autobiographies: From Documentation to Intervention*, p.30。

自我对历史认识、历史知识的建构将产生不可避免的影响。①

随着 19 世纪历史学的专业化进程，客观性成为历史学家群体共同追求的目标。史家自传因其主观性的本质，尽管仍可与回忆录类材料一样成为历史研究的基本史料，但它更多被视作一种文学形式而被逐步剥离出专业化史学的范围。这种情况所导致的自传与历史的分离使得专业史家大多不愿再主动写作自传，或者仅仅将其视作自我学术生涯的告别形式。这在布罗代尔的自述中仍旧可以发现，他对麦克尼尔的邀请一度拒绝，因为在他看来"以某种方式把自己当作历史的对象……乍一看，似乎是自我满足和虚荣的迹象"②。

尽管史家自传对历史书写、历史知识建构的意义在很大程度上被专业化史学一度忽视，但仍有许多著名西方史家留下了他们自我的历史，如卡莱尔、克罗齐、柯林伍德、梅涅克等。其中特别值得注意的是，20 世纪 20 年代德国出版商费利克斯·梅因（Felix Meiner，1883—1965）编辑出版的 28 卷本的《自画像中的当代科学》(Die Wissenschaft der Gegenwart in Selbstdarstellungen)。这显然是一套规模巨大且雄心勃勃的学术出版计划，包含历史、哲学、医学、经济学等多个学科的学者参与的自传系列，每个系列都以责任编辑的简短序言为特色，其中前两卷为历史学家自传。③ 这套书大概可以视作现代西方史家自传兴起的一个具有标志性的成果，其重大意义主要在于它出版和写作的形式。④ 就其内容而言，这两卷自传更加偏

---

① 吉本在生前将他的自传交由他的挚友谢菲尔德勋爵保管并修订，首次出版于 1796 年。参见 Betty Radice,"EDITOR'S INTRODUCTION", in Edward Gibbon, *Memoirs of My Life*, Penguin Classics, 2006。

② Fernand Braudel,"Personal Testimony", *The Journal of Modern History*, Vol. 44, No.4(Dec.,1972), p.448.

③ 这套 28 卷本的文集是由梅因于 1921—1929 年间，在莱比锡的费利克斯·梅因出版社出版的，在保持其学术性的同时也是一套面向公众的商业化文集，其中关于历史学家的两卷为 S. Steinberg, ed., *Die Geschichtswissenschaft der Gegenwart in Selbstdarstellungen*, Vol.1&2, Felix Meiner, 1925。

④ 这套丛书开创的集体性史家自传的出版和写作形式显然影响了下文论及的皮埃尔·诺拉主持文集，尽管他并未直接提及这套丛书。可参见 Jaume Aurell, *Theoretical Perspectives on Historians' Autobiographies: From Documentation to Intervention*, p.98。关于该自传类型的相关研究，可参见 Jeremy D. Popkin, "Coordinated Lives: Between Scholarship and Autobiography", *Biography*, Vol.24, No.4(Fall, 2001), pp.781-805。

向于史家的职业生涯而非私人生活,也更关注学术问题的讨论。其写作模式除去少数学者外,几乎所有文章都受到德国统一和兰克式档案研究的影响,但也部分透露出对实证主义和西方传统史学的反思。这套自传相对于此前的一些名人自传或回忆录而言,由于其降低了这类出版物作者的门槛,明显带有一种公共服务和学术研究的性质。同时,对于我们了解史家自传的发展史,以及史家转向第一人称写作的普遍性具有较强的说服力。另一方面,在主持这两卷史家自传的编辑西格弗里德·斯坦伯格(Sigfrid Steinberg)的努力下,这些提交自传的史家身份较为多元化,其中有些历史学家的个人经历和历史书写、历史知识建构之间的关系也充分地表现出来。① 例如,其中一位作者雷蒙·凯因德尔(Raimund Kaindl)就坦然承认,其作为奥地利的局外人身份和对德国的认同感乃至种族主义的历史解释之间的关联性。② 由此,史家通过自传形式对历史书写、历史知识的反思渐趋成为现代西方史家工作的重要一部分,这也在一定程度上反映出现代历史学科的自觉性成长和理性成熟度。

二、"自传转向"与"自我史"的书写

尽管梅因的这套丛书开启了新的西方史家自传的写作形式,但

---

① 参与这两卷写作的十三位历史学家为 George von Below, Alfons Dopsch, Heinrich Finke, Walter Goetz, Raimund Friedrich Kaindl, Max Lehmann, George Steinberg, Karl Julius Beloch, Harry Bresslau, Victor Gardthausen, George Peabody Gooch, Nicolaas Japikse, Ludwig Freiher von Pastor, Felix Rachfahl,其中当今最为知名的就只有乔治·古奇(George Peabody Gooch)。另外,著名宗教史家恩斯特·特勒尔奇(Ernst Troeltsch)受邀参加了哲学系列的自传。

② 德国著名历史学家弗里德里希·梅涅克(Friedrich Meinecke)虽然没有参与这一项目,但与凯因德尔类似,他在20世纪40年代出版的两卷长篇的自传中,也具体描述了他的个人经历及其职业生涯之间的联系。可参见 Meinecke F, *Erlebtes 1862-1901*, Koehler and Amelang, 1941; Meinecke F, *Straßburg, Freiburg, Berlin, 1901-1919*: *Erinnerungen*, K.F. Koehler, 1949; Kaindl, R.F, "Raimund Friedrich Kaindl", in S. Steinberg, ed., *Die Geschichtswissenschaft der Gegenwart in Selbstdarstellungen*, Vol.1, pp.183-195。相关研究参见 Jeremy D. Popkin, "The Origins of Modern Academic Autobiography: Felix Meiner's Die Wissenschaft der Gegenwart in Selbstdarstellungen, 1921-1929", *Rethinking History*, Vol.13, No.1 (March, 2009), pp.33-39。

当时并未引起史学界的重视。直至 20 世纪 80 年代,更多新的史家自传文本出版,才促成西方史学界产生所谓"自传转向"(Autobiographical Turn)。其中最具代表性的是皮埃尔·诺拉(Pierre Nora)主编的《自我史文集》①。作为一位思想敏锐的历史学家,诺拉似乎总能看到时人所未见的历史中的另一面,不论是自我史还是历史记忆问题的提出。该文集集结了法国当代七位著名历史学家的自传写作,包括莫里斯·阿格伦(Maurice Agulhon)、皮埃尔·肖努(Pierre Chaunu)、乔治·杜比(Georges Duby)、拉乌尔·吉拉德(Raoul Girardet)、雅克·勒高夫(Jacques Le Goff)、米歇尔·佩罗(Michelle Perrot)和雷内·雷蒙德(René Rémond)。他们分别比较详细地书写了自己的生平和经历,用以表现他们作为个体的自我和法兰西民族历史之间的关联性。

在诺拉看来,这本文集是历史学家研究自我的一个实验,寄托了他对历史学家自身、时代记忆(包含社会、民族)和历史学科发展的多重反思。② 诺拉的《自我史文集》不同于一般意义上的史家自传。首先其蕴含了对西方传统史学的客观主义的反思和批判,指明历史学家的工作及其历史书写在何种程度上再现了过去,历史学家的自我成长及其个体经验在何种程度上映射在其历史知识的建构之中。其次,这一史家自我史的研究与其说是一篇篇史家自传的合集,不如说是一部集体性的史家记忆。两者的区别在于,后者显然是基于对这些历史学家个人经历的可通约性比较,更加突显出他们经历的共同性、普遍性,强有力地反映出 20 世纪法国历史变迁对历史学家集体记忆的塑造。这很容易使人联想起诺拉所主编的另一部巨著《记忆

---

① 这一"自传转向"开始主要发生在法国,代表性著述有 Pierre Nora, ed., *Essais d'ego-histoire*, Gallimard, 1987; Carolyn Steedman, *Landscape for a Good Woman: A Story of Two Lives*, Rutgers University Press, 1986; Luisa Passerini, *Autobiography of a Generation: Italy*, 1968, Giunti, 1988, 等等。相关研究可参见 Richard Vinen, "The Poisoned Madeleine: The Autobiographical Turn in Historical Writing", *Journal of Contemporary History*, Vol.46, No.3 (2001), pp.531-535。

② Pierre Nora, "Appendix Is 'Ego-histoire' Possible?" trans. Stephen Muecke, in Vanessa Castejon, Anna Cole, Oliver Haag, Karen Hughes, eds., *Ngapartji Ngapartji, In Turn, In Turn: Ego-histoire, Europe and Indigenous Australia*, ANU Press, 2014, pp.287-296.

之场》,其对法国国民意识的研究,更有可能与诺拉作为年鉴学派学者的身份联系起来。①

但另一方面,同样非常明显的是,诺拉的《自我史文集》在时代、个人与历史三者之间选择性忽略了个人生活的维度。这主要表现在,参与自我史书写的历史学家较少涉及他们个人经历中独特的部分。例如,虽然文集中有三位历史学家承认他们参加过共产党,但这部分经历与其历史研究的关系却并未能充分地在文集中反映出来。② 当我们翻看那一代历史学家单独撰写的个人回忆录时,却发现情况并非完全如此。如女性史家安妮·克里格尔③,她本来也要提交自传给诺拉,但因为其篇幅过长且延期完成,因此最后只好以个人自传的形式出版。与《自我史文集》不同的是,克里格尔的书写包含大量对于其作为前共产党员身份和共产党历史研究细节的叙述,她有意识地表现了其个人生活和学术之间的相互关联,将其在历史研究中未展现的自我通过自我史的书写较为全面地释放出来。④

在诺拉的推动下,集体性史家自传作为一种重要的书写形式得

---

① 实际上,对于诺拉的年鉴学派身份是否对《自我史文集》中的各位作者造成某些限制值得关注。首先,诺拉显然超越了当时年鉴学派的各类范式,诺拉自己也认为"自我史"的工作旨在"将他们自己变成历史",这超越了自传和历史的二分法,以至于杰里米·D. 波普金直接将诺拉视为一个后现代主义者。其次,《自我史文集》中的历史学家相较于诺拉的思想不会更为激进,诺拉将他们视为"中间的一代"——新的拓荒者和先驱者的继承人。可参见 Pierre Nora, "Appendix Is 'Ego-histoire' Possible?"trans. Stephen Muecke, in Vanessa Castejon, Anna Cole, Oliver Haag, Karen Hughes, eds., *Ngapartji Ngapartji, In Turn, In Turn: Ego-histoire, Europe and Indigenous Australia*, pp. 289; Jeremy D. Popkin, "Ego-histoire and Beyond: Contemporary French Historian-Autobiographers", *French Historical Studies*, Vol. 19, No. 4, Special Issue: Biography (Autumn, 1996), p.1148,1154。

② 当然这七位历史学家的文本并非高度一致,例如,其中唯一的一位女性历史学家米歇尔·佩罗的作品就注入了更加私人和个人化的内容。与之相关讨论,可参见 Jeremy D. Popkin, "Ego-histoire and Beyond: Contemporary French Historian-Autobiographers", *French Historical Studies*, Vol. 19, No. 4, Special Issue: Biography (Autumn, 1996), p. 1146。

③ 安妮·克里格尔(Annie Kriegel,1926—1995),法国历史学家、共产主义和共产主义历史的研究者,前共产党员,1956 年匈牙利革命后脱党。她出版的自传为 *Ce Que J'ai Cru Comprendre*,Robert Laffont,1991。

④ 可参见 Jeremy D. Popkin, "Ego-histoire and Beyond: Contemporary French Historian-Autobiographers", *French Historical Studies*, Vol. 19, No. 4, Special Issue: Biography(Autumn, 1996), pp.1147-1162。

到推广,但他最重要的贡献还是在于提出了"自我史"这一概念。"自我史"既是自传,又是历史,它将史家自传和历史书写、历史知识的关系重新建立起来,更新了历史学家的自传书写实践。① 在这一概念的推动下,史家自传也不再被称为回忆录,而是作为一种学术资源用以反思历史书写和历史知识建构的问题。除去诺拉的《自我史文集》,这一时期出现的另一些史家自传也都试图探寻个人的自我经历在何种程度上诉诸于其历史研究,甚而发现自身即是历史书写的一部分或历史知识建构的途径。无论史家对这种书写模式内心充满怎样的考量,也无论他们在多大范围里强调时代变迁、历史学科发展和自我史之间具有怎样的紧密程度,我们都能够比较清晰地洞察到——史家自传作为一种历史书写的形式,及由此反思历史知识的建构途径的学术趋势已经逐渐形成,并且在一定程度上得到了当代历史学家的越来越多的认同和实践。

三、围绕《反思历史》杂志的史家自传研究

西方史学的"自传转向"以来,历史学家虽然进行了众多的自我史书写的实践,但却未能从理论上深入反思这种历史书写的存在和发展在历史知识建构方面的普遍价值与现实意义。在这个问题上,英国史学理论家艾伦·穆斯洛(Alun Munslow)和美国史家罗伯特·A. 罗森斯通(Robert A. Rosenstone)于 1997 年创办的《反思历史:理论与实践杂志》(*Rethinking History*:*The Journal of Theory and Practice*)做出了大量史家自传的专门探讨。他们所提出的实验史学的构想也为我们进一步探究史家自身与历史书写、历史知识建构之间的关系提供了新的可能。

首先,由于实验史学所代表的后现代主义理论立场,使其更加重

---

① 参见 Jaume Aurell, *Theoretical Perspectives on Historians' Autobiographies*: *From Documentation to Intervention*, p.98。

视对历史学家的主体性、历史化和文本化过程的解构,这为史家自传的研究带来了新的理论转变。正如安克斯密特在其《历史表现》一书中专门以"褒扬主体性"为标题进行过专门论述,①穆斯洛则进一步提出历史编纂在本质上依靠作者某种程度上的创造(author creation)。其次,他们还强调不仅要研究过去是什么,更要研究文本为什么会以这样的方式呈现。这为历史知识建构论超越内容与形式的二元对立,走向更深层的联结性思考提供了某些方向。从《反思历史》杂志创办开始,穆斯洛就致力于推进史家自传的书写实践,如在1995年5月伦敦新费特巷(New Fetter Lane)的劳特里奇出版社召开的会议上,穆斯洛就提出"为什么不把社论写成自传性?"的建议。② 另外,穆斯洛和罗森斯通希望通过尝试一种自我反思(Self-reflexive)式的实验史学,推进历史学家对史学实践的反思。③ 在他们2004年所编著的《反思历史的实验》一书中,就将这种设想进行了整体性的实施,而这与史家自传对自我和历史关系的反思具有一致性,都试图反思历史知识的建构问题。之后在《反思历史》杂志2003年第1期以"历史和传记"为主题的专刊中,穆斯洛在编者按中也具体论及自传问题。他提出,过去将作为一种不断自我反思的传记形式来加以书写,甚至表现为自传与历史合流的未来似乎已在从幻想变为现实。④ 2009年在该刊第1期关于学术自传专题的编者按中,R.G.戴维斯也宣称,在实验史学逐渐兴起、各个领域学术自传写作繁荣的今天,将自我与历史的联系主题化的可能且必要的时刻已经到来。⑤

于是,我们看到《反思历史》杂志一经创刊,穆斯洛就开始尝试要求刊物的作者——某些历史学家和理论家——详加阐释他们为何会

---

① 〔荷〕F.R. 安克斯密特:《历史表现》,周建漳译,北京大学出版社2011年版,第75—104页。
② Robert A.Rosenstone,"Editorial",*Rethinking History*,Vol.1,Issue 3(1997),p.227.
③ Alun Munslow,Robert A. Rosenstone,eds.,*Experiments in Rethinking History*,Routledge,2004,p.13.
④ Alun Munslow,"History and Biography:An Editorial Comment",*Rethinking History*,Vol.7,No.1(2003),p.2.
⑤ R.G. Davis,"Introduction:Academic Autobiography and/in the Discourses of History",*Rethinking History*,Vol.13,No.1(March,2009),p.1.

以现在这样的方式来书写历史。① 从 1998 年第 1 期开始直到 2014 年,先后共有 17 位学者接受了该刊的这一邀请。穆斯洛将其中的 15 篇史家自传编为专门性文集《创作过去——书写和反思历史》出版。② 这部文集的主体内容大致反映出这些史家是如何看待自我与其历史书写、历史知识建构之间的关联性,而这也明显成为实验史学的重要组成部分。

相比于诺拉的《自我史文集》,穆斯洛所编的《创作过去》更能清晰地反映史家自传的学术状况以及历史学家如何看待自我与历史之间的联系。其一,无论是这些史家的国别身份还是其观点,《创作过去》所邀请的史家更为多元。尽管仍以欧美史家为主,但在自传观点上不乏与穆斯洛相左者。如 C. 贝汉·麦卡拉(C. Behan McCullagh)作为逻辑实证主义的历史哲学家,就直接在文章中表达了对詹金斯(Keith Jenkins)观点的异议。③ 而《自我史文集》只以法国史家为主,其个人经历差别较小。④ 其次,穆斯洛只要求各位史家反思自我是如何对历史进行研究和书写的,除此之外并未为《创作过去》设立任何方向和程序性结构,因为他"不认为有可能从这些并不相同的文本中建立任何兼具集体性和自我意识的历史理解……所以本书只是由 15 位历史学家的思想组成,他们用自己的语言回应了穆斯洛提

---

① Alun Munslow,"Editorial",*Rethinking History*,Vol.1,Issue 1(1997),p.16.
② 参见 Alun Munslow,ed.,*Authoring the Past:Writing and Rethinking History*,Routledge,2013,Acknowledgements. 其余两篇未收录的自传文章 Douglas Booth,"Invitation to Historians:The Historiographical Turn of a Practicing(sport)Historian",*Rethinking History*,Vol.18,No.4(2014),pp.583-598 和 Jerome de Groot,"Invitation to Historians,"*Rethinking History*,Vol.18,No.4(2014),pp.599-612。均发表在 2011 年之后。此外多米尼克·拉卡普拉(Dominick LaCapra)的思想自传发表在 2011 年之前,但并没有被收录其中。参见 LaCapra,Dominick,"Tropisms of Intellectual History",*Rethinking History*,Vol.8,Issue 4(Dec.,2004),pp.499-529。
③ C. Behan McCullagh,"Invitation to Historians",in Alun Munslow,ed.,*Authoring the Past:Writing and Rethinking History*,pp.168-169.有关詹金斯的观点及其讨论,参见拙著《近二十年西方史学理论与历史书写》第五章,中国社会科学出版社 2018 年版,第 83—97 页。
④ 在理查德·维宁看来,那一代法国历史学家都关注一些特定的事件,如 20 世纪 50 年代中期发生的大规模的对共产主义的幻灭,以及 1954 年到 1962 年的阿尔及利亚战争。因此在那些事件之后,法国也没有出现类似英美世界年轻历史学家撰写自传的热潮。参见 Richard Vinen,"The Poisoned Madeleine:The Autobiographical Turn in Historical Writing",*Journal of Contemporary History*,Vol.46,No.3(2001),pp.548-554。

出的邀请"①。这也就为诸位史家展现自己内心最真实的想法提供了条件,也可以最大限度地将史家自传与历史书写、历史知识之间某些隐蔽而潜在的关系表现出来。

还有一点需要说明的是,由于继承了海登·怀特对历史学和历史哲学不加区分的看法,《创作过去》中的作者也并非只有历史学家,也包括一些纯粹的史学理论家或历史哲学家。其中确有部分理论家专注于理论建构,并未在其文本中构建自我和历史之间的关联。比如,安克斯密特着重从当代思想界的分析和批评来突出其历史哲学思想,对个人经历着墨甚少。这类学者的自我以思想的形式呈现在文本中,但较少涉及其历史研究的过程和对历史书写的影响,这可能是穆斯洛未为文集设置任何集体性议程的弊端吧。

四、现实与自我:历史知识建构中的史家自传

众所周知,史家自传是历史学家对自身经验的描述,透露出其对时代、国家、家庭、学术机构和同行的认知、态度和情感,蕴涵着历史学家自我与现实之间的关系。而历史学家的个体经验无疑对其历史作品的书写有着至关重要的影响,这也促发穆斯洛试图借助史家自传更进一步反思历史知识的建构问题。当历史学家意识到史家自传在历史书写和历史知识建构中的价值时,普遍蕴含着两种基本态度。其一,基于历史学家对现实生活的经验或者体验,可以说是现实生活在某种程度上决定了历史学家的性格、态度、思维方式和意识形态,并最终塑造了他的历史书写和对历史知识的建构。其二,在历史研究中,历史学家凭借其自身性格、偏好、特长选择了某种理论思潮、书写模式、建构途径,最终以一些独特的方式完成了他的历史研究工作。

---

① Alun Munslow, ed., *Authoring the Past: Writing and Rethinking History*, pp.1-2.

克罗齐所说的"一切真历史都是当代史"是对第一种态度最好的概括。过去并非像传统史家想象的那样可以从证据中自然得出,现实的历史书写与历史知识必然怀有史家主体的认识因素,而这些因素则是在历史学家对当下现实的经验中得来的。这里强调的是个体的现实性一面,历史学家归根到底是被其社会现实所塑造的产物,是现实生活再现于历史中的媒介。应该说,这在认识论上是一种融贯论。对于持这种观点的历史学家来说,史家自传在其中所充当的主要是记录上述的经验和体验的产物,以说明通过这种经验,历史学家的书写本质上是其个体与时代变迁和现实生活整体的融贯性。在这方面,如霍布斯鲍姆、格奥尔格·伊格尔斯都有发言权。比如,伊格尔斯与妻子写作的双人自传,翔实地说明其在德国和美国的社会变迁中乃至全球化浪潮中如何体验人生的过往,并最终塑造了其自我的文化身份,也塑造了他的历史书写面貌,展现出其历史知识建构的基本途径。[①]

在《创作过去》中,伊丽莎白·厄尔玛斯(Elizabeth Deeds Ermarth)、理查德·普莱斯(Richard Price)、爱丽丝·凯斯勒-哈利斯(Alice Kessler-Harris)和帕特里克·乔伊斯(Patrick Joyce)都表现出这种认识倾向。以前两人为例,思想史家厄尔玛斯在文章中对自我和自传的态度有一番简要说明:"自传式地解释这些探索是很诱人的,但还是不够的。这是因为个人不产生观念或文化系统;观念和系统已经存在了,个人包括我自己,生活在其中,就像他们生活在一种语言中,进入一套关于身份、行为和事情如何工作的假设一样。"[②]他将自己对历史和艺术的兴趣归结为家庭的影响和基因遗传,将历史的本质定性为"文化遗产"(the cultural inheritance)。一方面,这可能显现出厄尔玛斯较为看重历史学家所处的客观实际

[①] 参见〔美〕威尔玛·伊格尔斯、格奥尔格·伊格尔斯《历史的两面:动荡岁月的生活记录》,孙立新、蒋锐等译,山东大学出版社2014年版,第214—217页。

[②] Elizabeth Deeds Ermarth, "Beyond History", in Alun Munslow, ed., *Authoring the Past: Writing and Rethinking History*, p.67.

以及宏达叙事的取向;另一方面也表明他将个体视为一种在文化层面上解释"现代状况"的媒介。历史学家和人类学家普莱斯①则自陈,其在20世纪六七十年代"文化转向"的影响下,被巴尔加斯·洛萨(Vargas Llosa)的叙事实验和克利福德·格尔茨(Clifford Geertz)的新文化史的解释所吸引,从而开始进行他自己的人类学叙事实验。如他所说:"自己这部分的变化是基于学科地位与写作的政治和道德的背景。"②这意味着他主张,正是现实的学术转向决定了他的方法论选择,从而使他的历史书写和历史知识的建构呈现出新文化史的面貌。由此我们看到,这类史家在承认史家自传合法性的基础上,更多强调在个人经验中当下状况的作用,包括时代、社会、学术的现实条件与变化的趋向对个体自我的塑造能力。而这些有可能以不同的形式直接或间接地投射到其历史研究与历史书写之中。

而第二种态度是将自我置于历史书写和历史知识建构的基础之上,更多强调史家自身作为核心机制的推动作用。这其中包含了历史学家自信本身拥有一种自我反思的自觉性,通过内省式反思过程,历史书写并非只是对过去与现实经验的简单再现或投射,而是为其注入一种史家自身的独特属性。在这里,经验或体验现实生活的个体是一个有血有肉的人,而同时怀有某种自我和超我的意识结构,它们可能共同形成隐藏于文本之中却决定着历史书写走向的所谓"隐含作者"(implied author)。依据文学理论家韦恩·布思(Wayne Booth)的看法,"隐含作者"是处于历史文本的观念结构背后的对历史本质的阐释,它并不完全等同于实际的历史学家本身,而可能具有

---

① 理查德·普莱斯(Richard Price,1941—),美国人类学家和历史学家,毕业于哈佛大学,在约翰·霍普金斯大学创建人类学系,并在欧美多所大学任教,以其对加勒比地区的研究和人种学书写实验而闻名。代表作有 The Convict and The Colonel,Beacon Press,1998;Travels with Tooy:History,Memory,and the African American Imagination,Chicago Press,2008。

② Richard Price,"Practices of Historical Narrative",in Alun Munslow, ed., Authoring the Past:Writing and Rethinking History,p.84.

某些超越自我的意识结构。①

在《创作过去》中,第二种态度也是穆斯洛想要体现的,其中代表性的学者有詹金斯、罗森斯通和贝弗利·索斯盖特(Beverley Southgate)等人。这里仅以詹金斯和罗森斯通为例来加以分析说明。英国史学理论家詹金斯与众不同的人生经历固然为其激进的思想提供了视野和条件,不过在他看来,自己的"过去"如同过去本身一样,都是不可得的。他在奇切斯特大学的就职演讲中,也围绕其思想自传这样说道:"当然,在某种意义上,无论是我还是其他任何人都不可能离开自己的'过去'。我的过去永远在我的体内驻留;我八岁、九岁、十岁时的那个曾经的我无处可寻,除了在现在的这个我的身上——那个我仍旧是我,除了变老了之外。然而我无法真的重新变成那个我,就像一个只留存在记忆中的文化无法按照记忆的模样重现。我们——有意或无意地——记忆、遗忘、撷取,这种方式确保了我们对过去的所有重现都只能是局部的,甚至是失败的。"②但如果说詹金斯并未表明这种自我反思具体意味着我们到底应该如何做,那么也可以参考罗森斯通的自传。罗森斯通作为一位新闻学出身的历史学家,他并非受到怀特或是哪种思潮的启发而走上后现代研究道路,他的一切研究都是基于他对文学和历史的理解,基于他在研究中遇到的困难和疑问。他所经历的现实不仅仅离不开其家庭、学校和时代,更源自于他个人的创造。以他对自己其中一项研究《神龛里的镜子》的自陈为例,此书写作的主体内容是西方人在日本旅行的故事。最初罗森斯通定名为《东方之旅》(*The Journey East*),以探讨西方人从这样的旅行中可以学到的东西,但他在日本福冈的旅行和九州大学任教的经历彻底改变了他这本书的写作。在反复的修改中,他从

---

① 参见〔美〕韦恩·布思《隐含作者的复活:为何要操心?》,载〔美〕詹姆斯·费伦、彼得·J. 拉比诺维茨编《当代叙事理论指南》,申丹等译,北京大学出版社 2007 年版,第 63—80 页;〔美〕W.C. 布思《小说修辞学》,华明等译,北京大学出版社 1987 年版,第 70—71 页;Alun Munslow, *Narrative and History*, Palgrave Macmillan, 2007, p.46.

② 〔英〕基思·詹金斯《"曾经":论历史》,李任之译,载彭刚主编:《后现代史学理论读本》,北京大学出版社 2015 年版,第 197 页。

自身对日本文化的体验出发,将三个相互关联的象征性人物——传教士、科学家和作家的传记整合为一个更加宏大的想象的历史,以展示更多的美国人是如何努力生活在外国文化中并尝试理解它的。①罗森斯通自觉地运用现在时态和第一人称的视角,将个人经验和过去的历史交织在一起,以至于《神龛里的镜子》被一些批评家视为第一部后现代历史作品。其间,罗森斯通似乎通过运用自我主导式的认识,使历史书写具有了某种新的意义,为当代读者提供了一种理解两百年前故事的可能途径。可见,在这类史家看来,史家自我是历史书写与历史知识建构中所具有的本质内涵的一部分,而史家自传也就成为他们最为看重的书写模式和知识建构的途径。

很容易发现,上述两种态度都具有某些合理的成分,但同时也含有极端或决定论的意味。因而,西方史学界对该问题的态度明显存在争议。例如,专门从事史家自传研究的杰里米·D.波普金就既承认家庭和环境对其从事历史书写的影响,也关注自我选择在历史知识建构过程中的价值。②但是彼得·伯克虽受邀写下自己的回忆,然而如其所钦佩的布罗代尔一样,他首先担心自传的真实性,"我们有时会'记住'我们想要发生的事情,而且更常见的是,忘记我们希望没有发生的事情"③。此外,尽管"每一部历史著作都有些作者个人经历的背景",但伯克并"不觉得自己的著作像福柯那样是自传性的",④在他看来,史家自传只能作为挖掘历史知识建构之本质的辅助性工具。

上述讨论为我们展现了当代西方历史学家对于史家自传用于反

---

① 参见 Robert A. Rosenstone,"Confessions of a Postmodern(?)Historian",in Alun Munslow,ed., *Authoring the Past:Writing and Rethinking History*, pp.127-141;Robert A. Rosenstone, *Mirror in the Shrine:American Encounters in Meiji Japan*, Harvard,1988.

② Jeremy D. Popkin,"History,the Historian,and an Autobiography",in Alun Munslow,ed., *Authoring the Past:Writing and Rethinking History*, p.194.

③ Peter Burke,"An Intellectual Self-Portrait,or the History of a Historian",in Alun Munslow,ed., *Authoring the Past:Writing and Rethinking History*, p.181.

④ 〔波〕埃娃·多曼斯卡:《邂逅:后现代主义之后的历史哲学》,彭刚译,北京大学出版社2007年版,第257页。

思历史书写、历史知识建构问题的基本状况。尽管情况还相当复杂，但在诺拉、穆斯洛等学者的努力下，史家自传在当前历史研究中的应用越来越广泛。除去前文提到的内容以外，史家自传也被运用于历史学职业化、大屠杀、集体记忆等专题的研究中，①还有一些史家尝试运用其分析国际史和外交政治问题的历史书写。② 另外，澳大利亚史家通过书写自传反映其国家的两代人从殖民到后殖民的演变过程，用以理解本国的历史和个人与国家之间的关系。③ 例如，澳大利亚裔学者安娜·科尔（Anna Cole）就借此反思英国与澳大利亚之间的殖民与被殖民的关系，以及殖民主义与后殖民主义在这两个国家的发展史。④ 这些情形都从不同层面说明，史家自传在当代历史和史学研究中得到的广泛运用。

早在 20 世纪 60 年代，爱德华·卡尔就曾提出："当研究一部历史著作时，在开始研究事实之前，必须先研究历史学家"⑤，这一路径为我们理解历史知识何以成为可能提供了方向。总体而言，在史学理论和史学史研究的视域中，史家自传不仅仅是历史学家的自我传记，也是一种历史书写形式和历史知识建构的途径，更可能是史家在现实与历史之间的联结。它是基于史家自身进行历史书写和知识探求的一种自我反思的结果，更可能真实或曲折地反映出时代、现实、社会、文化等多重维度下史家生存的状态，以及历史书写何以形成知识资源的最为重要的因素。

作者简介：邓京力，历史学博士，首都师范大学历史学院教授，博士生导师；佟文宇，首都师范大学历史学院博士研究生。

---

① 参见 Jeremy D. Popkin, *History*, *Historians and Autobiography*, pp.120-150, 151-183, 221-245.

② Robert J. Young, "Formation and Foreign Policy: Biography and Ego-histoire", *French History*, Vol.24, No.2(May 2010), pp.144-163.

③ 参见 Jeremy D. Popkin, "Ego-histoire Down Under: Australian Historian-Autobiographers", *Australian Historical Studies*, Vol.38, No.129(Sep. 2007), pp.106-123.

④ Anna Cole, "'The History That Has Made You'. Ego-histoire, Autobiography and Postcolonial History", *Life Writing*, Vol.16, No.4(Oct., 2019), pp.527-538.

⑤ E.H. Carr, *What is History?*, Palgrave, 2001, pp.17-18.

"萨尔普遍史"的出版史
——一个知识史的视角

张 一 博

摘要：新航路开辟后，大量异域知识传到欧洲，冲击了传统的世界历史书写模式。如何将这些异域知识纳入世界历史书写框架之中，成为当时学界热议的话题，其中英国学者乔治·萨尔主编的《普遍史》便是这一思潮中最具代表性的一部著作。该书作为一部历经半个多世纪的集体工程，不是乔治·萨尔一人意志的体现，而是编者群互相妥协的结果。编者、读者和出版商的互动最终塑造了"萨尔普遍史"的形成。从知识史的角度考察"萨尔普遍史"的出版也可以折射出18世纪英国的社会环境与学术生态。

关键词："萨尔普遍史"　知识史　乌瑟尔编年　《圣经》

早在16世纪，现代意义上的史学史已经出现，如法国学者朗瑟罗·拉波佩利尼埃尔（Lancelot Voisin de la Popelinière）在其《史学史》中总结历来历史著作的演变，被视为最早的史学史著作。[①] 之后也出现了一些相关的史学史作品，如德意志史家路德里希·瓦赫勒（Ludwig Wachler）的《历史研究与艺术的历史》总结了自文艺复兴以来欧洲史学发展变迁，被视为德语世界第一部史学史著作。[②] 19世纪随着西方史学专业化的发展，史学史成为一门独立的研究领域，在这一背景下一些学者开始关注近代西方史学模式的形成与发

---

① Lancelot Voisin de la Popelinière, *L'histoire des histoires*, Iean Hovzé au Palais, 1599.
② Ludwig Wachler, *Geschichte der historischen Forschung und Kunst, seit der Wiederherstellung der litterärischen Cultur in Europa*, Johann Friedrich Römer, 1813.

展,爱德华·富艾特(Eduard Fueter)、乔治·古奇(George Peabody Gooch)的著作便是其中的代表。① 这些作品不仅形塑了人们对近代史学的认识,而且也塑造了近代史学史的研究路径,即通过考察经典史家经典作品来总结史学发展趋向。近二十年来,受后现代思潮的冲击,史学史研究呈现"去经典化"趋势,一方面人们不再仅关注经典史家经典作品;开始关注那些被传统史学史边缘化的作品;另一方面,经典的史学史研究路径也遭受批判,社会史、书籍史、知识史等新的研究路径被史学史研究所吸收,史学作品不再仅被视为一种静态的史学思想文本,而是一种承载历史知识的载体。② "作为一种知识史的史学史"开始受到学者们的关注,人们开始从动态的视角研究历史知识的生成和流动。

在这一背景下,一些史学史研究者开始关注史学文本的动态生成,近代早期集体编纂的一些作品受到学者们的关注,如达恩顿对《百科全书》编纂的研究便是其中一例。③ 除《百科全书》外,在18世纪由英国学者乔治·萨尔(George Sale)主编的《普遍史》(以下称为"萨尔普遍史")也是一部历经半个多世纪众手修成的大部头著作。早期研究该书的学者多关注该书的文本内容,近年来受书籍史、知识史的影响,一些学者开始讨论该书的出版过程。④ 知识史关注知识的生产与消费,知识不再是静态的,而是流动的。"萨尔普遍史"作为

---

① 〔英〕乔治·皮博迪·古奇:《十九世纪历史学与历史学家》,耿淡如译,商务印书馆1998年版;Eduard Fueter, *Geschichte der neueren Historiographie*, Druck und Verlag von R. Oldenbourg, 1911.

② 关于当下史学史研究的新趋向,可参见邓京力《史学史研究的当代趋向:史学比较与全球视野》,《学术研究》2008年第3期,第119—122页;范丁梁《近二十年德国史学史研究之新气象》,《史学理论研究》2015年第4期,第105—115页;张一博《方法·材料·视野:当代西方史学史研究的新趋向》,《史学理论研究》2019年第4期,第137—145页;王晴佳《史学史研究的性质、演变和未来:一个全球的视角》,《河北学刊》2021年第5期,第78—89页。

③ 〔美〕罗伯特·达恩顿:《启蒙运动的生意:〈百科全书〉出版史(1775—1880)》,叶桐、顾杭译,生活·读书·新知三联书店2005年版。

④ Guido Abbattista, "The Business of Paternoster Row: Towards a Publishing History of The Universal History (1736-1765)", *Publishing History*, Vol.17 (1985); Marcus Conrad, *Geschichte(n) und Geschäft: Die Publikation der "Allgemeinen Welthistorie" im Verlag Gebauer in Halle(1744-1814)*, Harrassowitz Verlag, 2010.

一部多人所做的多卷本著作，并不是一个静态的文本，而是处于流动之中，文本的生产与编者、作者和出版商的互动密切相关。本文将从知识史的视角讨论该书的动态生成过程以及作者、读者和编者的互动如何塑造该书的最终形成。

在讨论这一问题之前，笔者首先将简要介绍"萨尔普遍史"这部著作产生的背景及其主要内容。自新航路开辟以来，大量异域知识传到欧洲，冲击了欧洲基于《圣经》的传统世界观，如何将异域知识纳入传统知识框架之中成为当时学者们所关切的问题。在这一背景下，一种新的百科全书式的历史书写形式应运而生。这一历史书写形式不同于传统中世纪的普遍史书写，它并不再把焦点聚焦于传统的"六大时代""四大帝国"，而是力图面面俱到展现世界诸民族的历史。[①] 其中"萨尔普遍史"便是这一书写的代表。该书素来以内容广博著称，它不同于传统的世界史，也不同于我们今天理解的世界史著作。首先，它在内容上突破了传统的四大帝国书写框架，将其他非西方的历史纳入其中；其次，它并非一人完成，而是耗时近半个世纪的集体工程。因此该书并不只是乔治·萨尔个人意志的体现，而是编者群互相协调妥协的结果。笔者以编纂过程中所出现的一些插曲为例，讨论该书内部编者、读者与出版商之间的互动如何塑造了该书的最终形成。

在讨论三方互动之前，笔者将首先简要介绍"萨尔普遍史"的出版形式。提到出版，或许人们会想到当下的出版形式，即每本书都有固定的出版社，出版社和作者签订合同购买版权。在17—18世纪的欧洲，却存在另一种类型的出版形式，书籍并非由单一出版社出版，

---

① "六大时代"和"四大帝国"是基督教普遍史书写的主要框架。"六大时代"主要指上帝创世六天，人类历史也将历经六个阶段，最终历史终将结于世界末日，这构成今后普遍史书写的"圣史"基础。普遍史书写的"俗史"部分以"四大帝国"为中心，根据但以理的预言，人类历史将历经四大帝国的统治，对于四大帝国在早期说法不一，后来基本确立为巴比伦、波斯、希腊和罗马。具体可参见 Werner Goez, *Translatio Imperii, Ein Beitrag zur Geschichte des Geschichtsdenkens und der politischen Theorien im Mittelalter und in der frühen Neuzeit*, J.C.B. Mohr, 1958; Uwe Neddermeyer, *Das Mittelalter in der deutschen Historiographie vom 15. bis zum 18. Jahrhundert, Geschichtsgliederung und Epochenverständnis in der frühen Neuzeit*, Böhlau Verlag, 1988, S.13-15。

几个出版商自认股权合资出版,所得利润根据股权分红,"萨尔普遍史"便采用这样一种出版模式。在这一过程中,有的出版商退出项目,有的出版商加入其中,通过出版商的变化也可以窥探该书当时的销售情况。在1729年10月,《每月编年》上刊登了一份普遍史的研究大纲出版信息,其中提到该书由八位出版商联合出版①,他们是罗伯特·高斯林(Robert Gosling)、本杰明·莫特(Benjamin Motte)、詹姆斯·克罗卡特(James Crokatt)、萨缪尔·伯特(Samuel Birt)、杰里米亚·巴特利(Jeremiah Batley)、托马斯·阿斯特雷(Thomas Astley)、乔治·斯特拉汉(George Strahan)和爱德华·塞蒙(Edward Symon),其中克罗卡特在这一项目中居主导地位。② 但是,后来在该书出版之前,一些出版商出于各种原因退出了这一项目。1730年5月有五位出版商参与这一项目,除了先前参与其中的巴特利、克罗卡特和塞蒙外,托马斯·奥斯伯讷(Thomas Osborne)和托马斯·佩恩(Thomas Payne)也参与到这一项目之中。后来该书正式出版时,只出现了托马斯·奥斯伯讷的名字,并加入了詹姆斯·奥斯伯讷和安德鲁·米勒(Andrew Millar)。在古代史的新版③中,萨缪尔·理查德森(Samuel Richardson)也加入出版项目中。相比于古代卷部分,近现代卷部分出版商的变化并没有那么复杂。除了古代史中的四位出版商外,托马斯·朗曼(Thomas Longman)、约翰·利维顿(John Rivington)也参与其中。

由于"萨尔普遍史"是多名出版商联合出版,且在出版过程中人员发生多次变动,因此也涉及股权的认购和分配的变化。认购股权主要可以分为两类,一类是直接购买股份,如1740年9月,安德鲁·米勒花费100英镑购买该书1/6的股权。另一类是从别人手中购买

---

① *Monthly Chronicle*, Vol.2(Oct., 1729), p.225.

② *Memoirs of* * * * *, *Commonly known by the Name of GEORGE PSALMA-NAZAR A Reputed Native of FORMOSA*, London: 1764, p.291.

③《萨尔普遍史》出版不久,在爱尔兰便出现了盗版。为应对盗版,编者和出版商将该书再版,并改对开本为八开本。

股份,如塞蒙去世后,1741年托马斯·奥斯伯讷认购了他的股份。①在每一卷中不同出版商认购的股份也有所不同,以新版古代史第一卷为例,其中版权米勒占1/3,托马斯·奥斯伯讷占1/3,詹姆斯·奥斯伯讷和萨缪尔·理查德森各占1/6。②

"萨尔普世史"由出版商设计选题,组织相关学者编纂。在这一过程中,出版商并不只是承担提供资金、组织出版、负责销售这些外围工作,而且也直接介入该书内容的编纂过程中。由于该书是一部面向市场的历史读物,所以市场需求和读者的反馈在该书编纂过程中扮演重要角色。在"萨尔普遍史"的出版过程中,曾发生过两次重要的内容调整,这两次调整与出版商、读者的关系密不可分。

其中一次是为挽救销售颓势增添了中国、美洲等相关内容,并修正中国古史纪年。由于"萨尔普遍史"一开始定位偏高,虽然制作精良但售价不菲,对于当时大多数人来说购买一部14几尼的书籍是一件极为奢侈的事情。③ 因此在都柏林出现了该书的盗版,都柏林盗版书采用八开本,价格低廉,很快占领了部分市场。为应对盗版,出版商和编者们一方面获得了王家许可证,以保证自己的版权,改对开本为八开本,降低书籍的价格。④ 另一方面,对内容也做了一些调整。增加了一些能够吸引读者的新内容,如美洲人起源、中国古史真实性等学界热议的话题。⑤ 这些内容的调整是为了适应于当时的市场需求,以得到更好的收益。除此以外,在处理中国古史的问题上,"萨尔普遍史"的前后也有所不同。在第一卷中,编者们并不认可中

---

① 这类现象在萨尔普遍史出版过程中比比皆是,如理查德森后来以262英镑10便士的价格出售自己现代史的一半的股份给利维顿,朗曼后来也认购了1/3的股份。参见Guido Abbattista,"The Business of Paternoster Row: Towards A Publishing History of The Universal History(1736-1765)", *Publishing History*, Vol.17(1985), p.16, 20。

② Guido Abbattista, "The Business of Paternoster Row: Towards A Publishing History of The Universal History(1736-1765)", *Publishing History*, Vol.17(1985), p.17。

③ Guido Abbattista, "The Business of Paternoster Row: Towards A Publishing History of the *Universal History*", *Publishing History*, Vol.17(1985), p.17。

④ Ibid.

⑤ 1746年出版商和编辑出版了新的研究大纲,其中详细提及增添的内容。参见 *Proposals for Printing by Subscription, in Twenty Volumes Octavo, An Universal History, From the Earliest Account of Time*, London: 1746, p.6。

国古史的真实性,对于当时颇为流行的将中国古史比附《圣经》的做法也是嗤之以鼻。到了第七卷的增补版,编者们开始正视这一问题,但并没有完全承认中国古史的真实性,但是在近现代史部分,编者们则开始花费大量篇幅讨论中国的古史,甚至承认中国古史比附《圣经》的合理性。这一变动除了与当时学术界的新研究有关,与该书读者的反馈也是密不可分。① 根据编者所言,正是由于许多读者的来信,提供给了他们一些新的证据,让他们改变了自己的想法。②

如果说中国古史的调整是一次编者、出版商和读者的友好互动,那么编年的调整所反映的三者互动,则并不那么和谐。在"萨尔普遍史"的第一卷中,编者将创世的时间定在基督诞生前的4305年,大洪水发生的时间则被视为基督诞生前2997年。③ 但是,在现代史部分涉及大洪水时,时间却变成了基督诞生前2114年。④ 前者采用的是撒玛利亚编年,而后者则采用了当时通行的乌瑟尔编年。为何会出现同一部书采用不同的编年? 这一现象反映了在出版商和编者看似友好关系背后的冲突与争斗。

该书第一卷的创世论部分为萨尔所做,萨尔并未采用当时通行的乌瑟尔编年,而是采用了撒玛利亚编年,除此之外他还在《圣经》解释上过于激进。这些做法引起了当时的极大争议,不仅神学界,连编者团体中的其他成员也对这一做法表示不满。比如撒马纳扎在回忆录中曾提到,自己的一个好友瑞丁先生⑤曾对这部书赞赏有加,但只对没有采用乌瑟尔编年这一点表示不满。瑞丁的评价并非孤例,该

---

① 关于"萨尔普遍史"编者对中国古史态度的变化,可参见张一博《"萨尔普遍史"的中国历史建构与欧洲近代学术转型》,《江海学刊》2022年第2期,第172—184页。

② *The Modern Part of an Universal History, From the Earliest Account of Time*, Vol.8, London, 1784, p.320.

③ *An Universal History from the Earliest Account of Time to the Present: compiled from Original Authors and illustrated with Maps, Cuts, Notes, Chronological and other Tables*, Vol.1, p.53, 114.

④ *The Modern Part of an Universal History, From the Earliest Account of Time*, Vol.8, p.362.

⑤ 由于瑞丁曾允许撒马纳扎借阅自己的私人藏书,为表示感谢,该书出版后撒马纳扎便赠予了瑞丁。参见 *Memoirs of * * * *, Commonly known by the Name of GEORGE PSALMANAZAR A Reputed Native of FORMOSA*, pp.304-305。

书的第一卷出版以后,也引起了许多读者的不满,进而影响了销量。对此出版商与萨尔之间爆发了一场不愉快的争论,甚至导致出版延误。后来,迫于压力编者在后面将其改为乌瑟尔编年。撒马纳扎在给瑞丁的回信中也提到了这件事情:"我告诉他(瑞丁)我完全同意你的观点,并为萨尔先生的这一做法表示歉意,但在我着手进行这项工作之前书已经出版了,至少是第一版现在已经无法召回,但是读者们可以自己去算出两个编年的差异。我有理由相信,如果这部书再版,我们将调换成乌瑟尔主教的编年,我们也正是这样做的。"①

通过以上两个例子可以看出,"萨尔普遍史"作为一部面向市场的商业性著作,作品销量是出版商首先考虑的因素,从增添新的内容到撒玛利亚编年改为乌瑟尔编年虽然是由出版商最后与编者协商解决,但背后却反映了读者的阅读取向。读者,也是"萨尔普遍史"出版过程中的重要一环。1967年法国著名思想家罗兰·巴特(Roland Barthes)提出"作者已死",他宣称一旦作者将作品交给公共领域,作者自己便不复存在了。这一惊世骇俗的观点一经抛出,引起学界轩然大波,许多学者围绕这一命题展开讨论。这一讨论也影响了书籍史研究,人们开始从以作者为中心的探究转向以读者为基础的分析。② 从"萨尔普遍史"的出版中也可以看到读者在其中扮演的角色,这一过程中读者并非只是一个被动接受知识的客体,而是积极参与到该书出版中的主体。

对此,笔者将首先简要讨论"萨尔普遍史"读者的构成,并进一步讨论他们如何介入该书的出版过程中。"萨尔普遍史"的出版形式不同于现代,它采用预定出售的方式,即由读者先预定然后分册寄给他们。为了吸引顾客,出版商和编者们将订阅者的名字刊登在出版的书上。阿巴蒂斯塔通过量化分析这些订阅者名单了解到,在订阅者

---

① *Memoirs of* * * * * ,*Commonly known by the Name of GEORGE PSALMA-NAZAR A Reputed Native of FORMOSA* ,p.305.
② 〔英〕戴维·芬克尔斯坦、阿里斯泰尔·麦克利里:《书史导论》,何朝辉译,商务印书馆2012年版,第138页。

中，中产阶级所占比重最大。在第一版中约有 57.9% 的订阅者来自中产阶级，贵族占 13.8%①，教士只占 10.3%，而其中大学和公共图书馆以及大学教授只占 1.8%。这些中产阶级主要包括银行家、律师、书记员、会计、秘书、药剂师、士兵、教师、外科医生、店主和手工业者。到了第二版中，订阅者的人数大大增加，从之前的 571 人上升至 2819 人。但中产阶级仍占据主导地位，甚至高达 74.6%，其次是教士占 21.9%，贵族只占其中的 21.9%。从地理分布上，则主要集中在城市尤其是在伦敦最为流行。与第一版相比，第二版中非伦敦的订阅客户从 20% 上升到了 40%，销售范围遍及整个英国。②

根据阿巴蒂斯塔对订阅者的量化分析可知，该书的主要受众是中产阶级而非专业历史学家，这与该书的定位相符。在"萨尔普遍史"的第一卷的开端中编者们便提到"毫无疑问，历史是最有教育意义和有用的，作为一种文学，它还能使人愉悦"③。读者所获得的这种愉悦并非一种单向的灌输，而是读者和编者双方的互动。这种互动可以表现在两个方面，第一方面是该书出版后，许多读者纷纷来信与编者讨论其中有争议的问题，编者们结合这些讨论做出回应，并对原有内容进行修正。除了上文提到的调整中国古史态度外，读者的意见在其他变动相关章节中也扮演重要角色。由于该书过于冗长，编者们想删除部分民族的历史，但却遭致读者们的反对。读者们来信抱怨这一删减，提到他们对这些被删减的内容抱有好奇，而且认为能从中获取教益，希望去了解这些历史。最后编者们结合读者的需

---

① 在当时的英国拥有贵族头衔的人绝对数值较中产阶级低，但在当时许多贵族都是萨尔普遍史的订阅者，如贝德福德公爵、肯特公爵、里奇蒙公爵、马尔伯勒公爵、蒙太古公爵、诺福克公爵、罗金厄姆侯爵、卡莱尔伯爵、莱斯特伯爵、牛津伯爵、切斯特菲尔德勋爵和巴瑟斯特勋爵。参见 Guido Abbattista, "The Business of Paternoster Row: Towards A Publishing History of The Universal History (1736-1765)," *Publishing History*, Vol.17 (1985), p.24.

② Guido Abbattista, "The Business of Paternoster Row: Towards A Publishing History of The Universal History (1736-1765)," *Publishing History*, Vol.17 (1985), pp.23-27.

③ *An Universal History from the Earliest Account of Time to the Present: compiled from Original Authors and illustrated with Maps, Cuts, Notes, Chronological and other Tables*, Vol.1, Dublin: 1736, p.v.

求,没有进行删减。①

除此以外,读者与编者的互动还表现在搜集史料上。从类型上看,"萨尔普遍史"是一部汇编类的世界史,在编纂过程中编者们对于图书馆的依赖程度很高。如前文提到的撒马纳扎便是依靠瑞丁提供的图书资源得以编撰犹太史部分。在史料搜集过程中读者们也扮演着重要角色,一些珍稀史料便是由读者所提供。撒马纳扎曾经回忆道,自己由于史料所限,无法去讨论北欧古代的历史。但是一次偶然的机会,自己结识了一位挪威大学的历史教授。这位教授每年夏天都来伦敦为达官显贵们订购书籍,他也订购了"萨尔普遍史"。并且在出版商塞蒙的引荐下结识了撒马纳扎,两人相谈甚欢。撒马纳扎曾向这个教授请求帮忙寻找一些关于北方民族古代史的相关记载和碑文,征得出版商和其他编者同意后,聘请这位教授专门负责收集北方民族古代史的相关史料。每次教授来伦敦都会与撒马纳扎交流搜集史料的进展。后来教授带来了大量关于北方民族起源、定居的记载以及与古代史相关的记载、古物等史料。这些史料成为北欧古代史的重要材料。② 在"萨尔普遍史"古代史的第七卷也提到了一些学者为该书的编纂提供相关的建议和史料,"许多饱学之士,他们不仅来自那两所声名显赫的大学(代指牛津、剑桥)和不列颠的南方和北方,而且还来自欧洲其他地区,甚至是遥远的瑞典和挪威。他们通过通信往来支持我们,并且提供给我们一些有用的意见,甚至是一些有趣的材料,这些材料被纳入该书之中,而且在现代卷部分也将使用这些材料。"③ 由此可见,史料搜集并非只是编者自己的任务,而是编者与读者共同完成的一项事业,在编者与读者的互动中"萨尔普遍史"最终形成。

---

① *Memoirs of* ****, *Commonly known by the Name of GEORGE PSALMANAZAR A Reputed Native of FORMOSA*, pp.321-322.

② Ibid., pp.336-337.

③ *An Universal History from the Earliest Account of Time to the Present: compiled from Original Authors and illustrated with Maps, Cuts, Notes, Chronological and other Tables*, Vol.7, London: 1744, p.iii.

作为一种知识史的史学史，所关注的不仅是史学作品及其史学思想，而且也关注历史知识的传播。因此对"萨尔普遍史"的研究也应该采用一种动态的视角，这部书并非完全由编者所主导，而是在编者、读者和出版商互动商议的过程中最终形成了今天看到的文本。这一文本看似通贯一致，但在生成过程中却经历了诸多的变动与挫折。正是这些生成过程中的不平坦的部分折射出了当时的社会环境与学术生态。

作者简介：张一博，中国社会科学院历史理论研究所。

书　评

汤因比:新史学潮流中的弄潮儿
——《人类的明天会怎样？——汤因比回思录》的思维方式与叙事风格

邹 兆 辰

摘要:英国著名历史学家阿诺德·汤因比在他即将八十岁时撰写了回忆和反思他生平经历的回忆录。在这个回忆录中,他不仅回忆了有关他自己的求学、工作、学术研究的经历,而且对他一生中见到的若干重要问题进行了观察和反思。他亲历了两次世界大战后世界秩序的重组,对20世纪以来的世界格局的变化由衷地感到焦虑,进而他思考了人类的明天将会怎样的问题。他从历史看到今天,又从今天看到未来。几十年后,他的思考对于当代人仍然具有启发性,他的某些预见在今天甚至也得到一定的验证。作为一位享誉世界的历史学家,他的特殊的叙事风格,值得我们中国史学工作者关注。

关键词:汤因比 回思 展望

汤因比是一位西方最有影响的史学家,一生的著作多达几十部。其中,最有代表性、最富影响力的是他长达12卷的《历史研究》。何兆武、陈启能主编的《当代西方史学理论》指出:"汤因比是一个涉足学术界与政界的'两栖学者'。他不仅具有广泛的兴趣和渊博的知识,而且积极关注现实生活,参与社会政治事务。可以说,赋予历史研究以强烈的现实感和时代感,乃是汤因比的学术创造活动的主要特点。"[①]张

---

① 何兆武、陈启能主编:《当代西方史学理论》,中国社会科学出版社1996年版,第96页。

广智针对汤因比对西方史学的影响指出:在"在现当代西方史学发展史上,汤因比是西方史学现代转型中的弄潮儿,他树起了以兰克为代表的 19 世纪西方传统史学反叛的旗帜,传统的国别史或民族史元素被打破了,而以单个文明(或文化)作为历史研究的基本单位,继承并发展了斯宾格勒的文化形态史观,秉持'各个文明价值等同论''文明发展的同时代论'(或平行论)、'文明之间相互比较论'等新见,为批判旧史学、创建新史学立下了汗马功劳。"①

《人类的明天会怎样?——汤因比回思录》②(以下简称《回思录》)一书,是英国著名历史学家阿诺德·汤因比在年近八旬时所撰写的回忆录。牛津大学出版社将汤因比的回忆录书稿拆成两部分出版。1967 年,出版了第一部分 Acquaintances,中文版称《交游录》③;1969 年出版第二部分 Experiences,中文版称《人类的明天会怎样?——汤因比回思录》。在本书的"作者序"中汤因比说,《交游录》一书的主角是其他人,我只是把我的熟人们呈现在读者面前;在这本书中我一方面扮演着主角和叙述者的双重身份,另一方面我也对自己所经历过的时事变迁进行概述和评论。这就意味着,这本汤因比回思录不仅仅是汤因比对他个人经历的回忆和叙述,更包括对他所经历的社会变迁所进行的概述和评论,通过这本书,我们可以看到经历了两次世界大战,20 世纪的人类社会都发生了哪些值得关注的新情况、新变化。

很显然,这本《回思录》不同于一般的"自传"类著作,它是作者把对个人经历的叙述和对当代时事的评论结合在一起的一部反思性著作。本文的目的在试图说明汤因比是如何能把这两方面结合在一起的,说明这种结合对我们有何启发。

一、一位具有深刻现实关怀的历史学家

阿诺德·汤因比 1889 年 4 月出生于伦敦。自幼在母亲的影响

---

① 张广智:《人类的明天会怎样?》,《中国社会科学报》2022 年 3 月 30 日。
② 〔英〕阿诺德·汤因比著,刘冰晶译,上海人民出版社 2022 年版。
③ 〔英〕阿诺德·汤因比著,李娟译,上海人民出版社 2020 年版。

下开始养成对历史的兴趣。1907年从温彻斯特公学毕业,进入牛津大学巴利奥尔学院,在这期间开始展露他对史学的志趣和抱负。1911年成为该校巴利奥尔学院的教师。1915年出版处女作《民族性与战争》。同年,离开巴利奥尔学院,为英国外交部的情报部门工作。1919年,成为伦敦大学国王学院科拉伊斯教授。1925年,就任英国皇家国际事务研究所研究部主任,伦敦大学教授。一方面为研究所撰写年度国际事务报告;一方面准备自己的写作。1934年,《历史研究》第1—3卷出版。1939年开始为外交部工作。同年《历史研究》第4—6卷出版。1954年,《历史研究》第7—10卷出版。1961年,《历史研究》最终卷《反思》出版。此后,汤因比一直在孜孜不倦地从事写作,1973年出版《人类与大地母亲》。1975年10月逝世,享年86岁。

汤因比是个历史学家,但他不同于19世纪以来那些沉溺于史料中一心研究过去而不问天下事的学者。他曾经在不同领域工作过,参加过重要的国际会议,亲历过一些曾影响过历史的事件。特别是他从1927年到1954年间有21年一边为英国皇家国际事务研究所编写《国际事务报告》,一边进行他的《历史研究》的编著。这样,他就把历史研究和当代国际事务研究结合了起来。他认为,这两者的结合是非常必要的。如他所说:"无论一个历史学家专攻的领域是维多利亚时代还是金字塔时代,抑或是旧石器时代早期,他都必须对当代历史略知一二。无论他追溯到了过去的什么时候,他也同样需要通过联想当前人类的生活才能让他的研究栩栩如生。"①

汤因比是一位具有强烈的责任感的历史学家,主张研究历史首先要对历史有兴趣。他说,如果我被问及为什么毕生研究历史,我的答案是"好玩儿"。我觉得这个答案就够了,并且也很真诚。倘若他继续追问如果生命还有重来一次的机会,我是否会做出同样的选择。我会斩钉截铁地告诉他,我会。但是,汤因比对历史的兴趣不仅仅是

---

① 《回思录》,第92页。

对历史事实感兴趣,重要的是那些历史事实背后的东西。他说:历史事实是一个历史学家的知识储备,必须大量摄入。我也对历史事实感兴趣,但并非对它们本身感兴趣,而是把它们当成线索来探究其背后的东西,探索神秘宇宙的本质和意义。他说:"我非常确定,对人类事物的研究之所以能够吸引我,是因为它就是宇宙为我开启的那扇窗户。"①他把研究历史,看成是"一种追求",无论一路多么满布荆棘,他都会勇往直前地走下去。

确实,汤因比一生的活动和著述显示了他对历史的这种态度,就是他生前对自己一生的回忆和阐述,也体现了这种态度。这部《回思录》不是一部编年体的自传,全书分为三个部分:第一部分"个人事务",是汤因比关于求学、工作、学术研究等经历的回忆;第二部分"生平见闻"(1889年至今),则是汤因比对近八十年来世界性的战争、科技、教育等很多重要议题的观察与思考;第三部分"反思",是汤因比以希腊文、拉丁文、英文创作的32首诗歌。从这个结构来看,可以看出汤因比是把阐述个人经历与论述社会事务看得是同样重要的。

书中汤因比回忆了自己读书求学的情况。1899年,10岁的汤因比离开了走读的华威学校,被父母送到寄宿制的伍顿法律学校。1902年,以奖学金考试第三名的成绩进入温彻斯特公学。1907年,从温彻斯特公学毕业,进入了牛津大学巴利奥尔学院。四年以后的1911年毕业,成为巴利奥尔学院的教师,学院任命他为古希腊罗马历史教师及研究员。为了胜任这项工作,学校允许他在1911—1912年度去希腊游学。在书中他详细回顾了这一年游学的很多细节,认为这一年的经历对他的一生都有影响。

"一战"以后的工作经历给他提供了研究国际事务的机会。当时,英国成立了皇家国际事务研究所(俗称查塔姆楼)进行国际事务的研究,为政府提供一个了解民众对国际事务意见的平台。由于汤因比曾被该所委托编撰国际事务报告,后来便成为该所的一员。他

---

① 《回思录》,第96页。

去查塔姆楼时是35岁,正是"雄心勃勃"的时候,而在这里他一干就是33年,直到他退休。在这里,他始终就是一个"雇员",没有表决权。他放弃了大学的职位,在这里专心编写《国际事务报告》。从1927年至1954年,汤因比在他的助手维罗妮卡的帮助下,一边编撰《国际事务报告》,一边经营着自己的"私人"项目——《历史研究》。他认为,这两项工作并无冲突,反而还能互相促进。他认为,做研究工作永远都充满挑战,绝不会单调乏味。他说:"无论是过去还是现在,我都一心一意地相信研究人类事务一定要尽力达到科学的标准。"①

这样的经历,给了汤因比研究历史和研究国际事务的绝好机会,他就是在这样的机会中实现了对自己人生抱负的追求。

二、对20世纪的反思

汤因比给我们留下了丰赡的文化遗产。汤因比的学术身份,首先是历史学家,他留下的文化遗产,主要显示在史学文化上。而史学,居于文化的中枢和核心部分,乃是文化中的文化。正如张广智在《回思录》的序言中所说:"的确,汤氏不无史才,著作等身,从12卷本的皇皇巨著《历史研究》到晚年写就的史诗性的《人类与大地母亲》,两书前为思辨,后为叙事,笔法不一,但旨趣归一,都有一个共同的特点,那就是史家的宏观视野。"②

在《回思录》中,虽然可以读到汤因比在学生时代和工作过程中的诸多细节,但是对这个时代的反思一直是该书的主题。从汤因比对20世纪历史的回顾中可以明显地看到这种"宏观视野"。

1914年8月,第一次世界大战爆发。汤因比说,战争爆发对我们和一代人感受十分强烈,"当时的世界就像一口丧钟",半个多世纪以后,英国人一提起这个时间"仍然心有余悸"。而1939年9月第二

---

① 《回思录》,第86页。
② 张广智:《人类的明天会怎样?》,《中国社会科学报》2022年3月30日。

次世界大战爆发,对我们来说,已经不是什么新鲜事。尽管这次经历更加折磨人,但是人们早早地就预见到战争的逼近,"并非像晴天霹雳一样"。1919年和1946年,汤因比两次参加战后的巴黎和会,他说这是个"离奇而闹心的经历"。他说,1919年的会议气氛激烈,1946年的会议气氛沉闷。两次会议他都坐在会场后排的长椅上,有了更多的观察的机会。他说:"我在两场会议上所度过的旁听时光成了我这一生受到的教育中的无价之宝。"①

在汤因比看来,能从两次世界大战中幸存下来,看到原子武器的发明,自然能体会到研究国际事务对自己的思想、行为所带来的影响。那么这些影响中最深刻的内容是什么呢?换句话说,他的"回思"中最突出的话题是什么呢?

战争是犯罪,必须反对战争

战争在汤因比的灵魂深处刻下了深深的烙印,也引起他对战争的强烈反思。他说:我生长在那个地方,成长在那个时代,所受教育、所见所闻无不指引着我自1914年8月以来都要以终结战争为毕生目标。战争是人类最邪恶的发明,可是人类又固执地不愿离开它。在1914年,战争夺去的生命数以百万计,而自从1945年8月6日起,战争开始变得足以摧毁整个人类,踏平我们的星球,让任何生物都难以生存。

为什么要反对战争?汤因比说:炸弹从本质上来说是不分青红皂白的。即使炸弹的目标是合法的军事目标(比如敌军、要塞、通信设备、为敌军制造武器或其他设备和必需品的工厂),但这个合法的军事目标根本不可能因为是炸弹唯一袭击的地方而善意地避开平民,不侵害他们的财产和人身安全。

正因为战争的这些危害,汤因比成为一位坚决反对战争的人士。他表示:只要我还活着,还有力气,就一定要为废除这种邪恶的发明

---

① 《回思录》,第58页。

而努力。因为是它造成了这种可怕的痛苦。他警告人们:"我自己之所以能在1969年还活着是因为一场意外。因此,我从以前默许战争转变成坚决反对战争。1914年,我变得相信战争并非一种值得推崇的制度,也不是可以轻描淡写的罪过,而是犯罪。自1945年开始,我相信,如果人类仍然对这种犯罪执迷不悟,迟早将自我灭亡。"①

汤因比虽然谴责战争的罪恶,但他不是反对一切战争的"和平主义者"。他说:我的目标是彻底废除战争,对其零容忍,但不等于我主张绝对的和平。例如,1931年以来中国人民反抗日本侵略的战争、1935年埃塞俄比亚反抗意大利的战争、1938年捷克斯洛伐克反抗德国的战争,也就是说为反对侵略所进行的战争他都是支持的。

"欧洲中心"将会终结

回望20世纪人类走过的历程,1914年8月是个重要的时间节点,这是第一次世界大战爆发的日子,也是改变很多人命运的日子。作为1889年在英国出生并在英国长大的汤因比,对此感受颇深。他回忆道:当我的父母还未成年时,英国已失去"世界工厂"这个拥有了整整一个世纪的盈利头衔。1865年后,美国已然成为英国强劲的工业竞争对手,1871年之后的对手则变成了德国。等到我长大后不再只关注个人而转眼关注整个人类事务时,英国工业只能感叹时光飞逝。

为什么1914年是一个关键的时间节点呢?汤因比认为,1914年之前的西方人,尤其是英国人,都觉得自己和其他人不一样。西方人从不怀疑,他们的文明才是无懈可击的。但在1914年8月以后,英国人这种优越感毁于一旦。他说:我未曾料到的灾难降临才让我看到事实真相,犹如醍醐灌顶。我曾以为自己就是太平盛世中享有优待的臣民,这样的假象现在被晴天霹雳劈得粉碎。从那一刻起,我改变了看待这个世界的眼光,发现这并不是我曾经天真以为的那个世界。总结两次世界大战以来世界局势的变化,汤因比说:"我猜想

---

① 《回思录》,第213页。

欧洲很快就会失去自己的霸权地位,进而失去维持了将近四个世纪的世界中心的位置。"① 应该说,汤因比这种猜想是有道理的,今天世界历史的发展正显示了这样一种趋势。

美国正走向"军国主义"

汤因比在《回思录》中用大量篇幅谴责战争的罪行,特别是谴责了在两次世界大战中对战争负有主要责任的德国和日本的军国主义,但是他也特别具有预见性地关注了美国对待战争的态度,指出美国正在走向"军国主义"。

他指出,"自从日本袭击珍珠港后,美国的政策发生了翻天覆地的变化,由从前的孤立主义演变为干涉主义,因而正慢慢走向'军国主义'"。② 汤因比的这个论断是有事实根据的。他从历史的角度做了分析,指出美国的军事历史,就是一部"成功史"。美国自立国到1969年以来的这193年里,共发起过十次战争。第一场战争对手是英国,由于战争的胜利美国获得了独立。1812年到1815年之间,英国试图占领新奥尔良,美国再次获胜。1846年到1848年,美国战胜墨西哥,获得很多土地。1898年的美西战争,美国又获胜,解放了古巴。两次世界大战,美国都是在后期参战,给了对手决定性的打击。因此,美国绝不愿意在以后的战争中丢掉"常胜将军"的头衔。

由于在之前这些战争中美国的战无不胜的记录,使美国人的"民族自豪感"得以高涨。美国人的狂热也起到了推波助澜的作用。美国国会给军队的拨款已经占了美国国民收入的相当大的份额。军队随心所欲对工业公司下的军事订单,成为这些公司主要生意和赚取利益的来源。对美国商业的经济控制,让五角大楼对美国民众有了政治上的控制。因此,"美国目前发起战争的能力,在当今任何主权国家政府中当属最为强大"。③

---

① 《回思录》,第81页。
② 同上书,第238页。
③ 同上书,第239页。

汤因比非常深刻地预见到,美国人民选择屈服于军国主义,即使后来这种过失被证明就像在日本和德国一样只是暂时的,但这也向全世界揭露了美国那令人惊惶的一面。他甚至指出,即使美国人挽回了过失,美国的国际"形象"也不复从前。汤因比所预见到的这一点,21世纪的今天不是可以用很多事实来证明吗?

三、对未来的展望

在《回思录》中,汤因比深刻地分析了20世纪人类所取得的巨大进步,特别是科学技术的发展、生产水平的提高、文化教育的进步都为20世纪的人类带来了巨大的利好。但是,伴随着这些发展也产生了诸多的社会问题。战争的危险并没有完全消除。科技的进步,也给人类带来诸多危害。社会的不公平、种族歧视的扩大、地球生态的破坏都是前所未有的。地球上还有很多地区的人们面临着饥饿。对于20世纪以来人类所面临的这一系列社会问题他都感到十分的焦虑。但这位一生关注人类命运的老人并没有丧失信心,他对于人类在21世纪的前途充满着希望。

人类生活将重新成为一个整体

汤因比一向试图将人类史当作一个整体来加以考察。在1972年为修订插图本《历史研究》所写的序言中说:"为什么要从整体上研究历史呢?为什么要关照我们所处的时代以及所在地域之外的事物呢?这是因为现实要求我们具有这种较为宽广的目光。"[①]汤因比在《回思录》中强调,他一直都在关注着人类的命运。他说:不管是我的潜意识中还是自立的目标中,我都一心成为一个把人类事务看作一个整体来研究的学者。我相信过去的传统也是"未来的潮流"。我们现在正翻开人类历史的新篇章。我相信人类会选择生命与美好而不

---

① 〔英〕阿诺德·汤因比:《历史研究》,刘北成、郭小凌译,上海人民出版社2000年版,序言,第1页。

是死亡与恶魔。因为我相信另一个世界将会来临,我相信 21 世纪,人类生活在各个方面、各个活动中重新成为一个整体。① 汤因比满怀信心地指出:我们正向人类历史的下一个阶段迈进,这个世界即将合为一个整体,无论好坏地变成一个社会,现在自诩分隔的地理地区将会紧密相连,相互影响作用。

这位八十岁的老人表示,趁着他还活着,脑子还能用,基于对未来的观察,提前给予后辈一些自己认为可行的建议。例如,他认为迄今为止,海洋还有许多未被开发的潜能,它可以作为人类食物的来源。如今的地球上,仅有三分之一的人能够吃饱。因此,需要在未来的一百年里能生产相当现在三十倍之多的营养食品。这不能仅仅指望地球上仅有的陆地的生产能力,未来的农业和畜牧业不在陆地上而在海上。他说,大海的广阔水域能够提供足够的食物以养活这个星球正在激增的人口。在广阔水域下面还有一片海底,比地球表面的陆地广阔得多,可开采的矿藏比陆地所采的矿藏要多得多。所以,海洋就好比是一个"理想黄金国"。特别是这个理想黄金国不在地球上任何一个主权国家的领海范围内,它可以作为人类的共同财产,等待世界政府未来的开采利用。

他设想,人类进入了原子时代,战争制度就一定要被废除,建立一个有效的世界政府,就可以劝说人类放弃战争。但人类充满竞争与冒险,总让人热血沸腾,如何来宣泄人们的这种天性呢?汤因比提出可以用运动、登山、太空探险、深海探索来实现,其中深海探索是物质上、心理上唯一能让人获益的方式。

除这些外,改变人类好战天性的更新目标就是建立一个"美丽新世界",这是一个由于科技进步而带来的环绕人类的人造环境。这个环境很好、很先进,但它又能一步步地奴役人类,并磨灭他们的个性。但是人类个性也要在这个"美丽新世界"中"独善其身",缓解由于科技进步所造成的压力。他说,这是我死后,后辈们要解决的最重要的

---

① 《回思录》,第 116—117 页。

问题。这就要靠废除战争的产物——"世界政府"采取措施来缓解这种压力。只有从内心做出彻底的改变才能克服"美丽新世界"给人类个性造成的压力。

这里,汤因比关于21世纪人类生活在各个方面、各个活动中重新成为一个整体的设想并不是毫无根据的奇思妙想。今天,中国领导人关于构建人类命运共同体的设想正是基于这样一种理念。人类命运共同体,就是每个民族、每个国家的前途命运都紧紧联系在一起,努力把我们的这个星球建成一个和睦的大家庭,把世界各国人民对美好生活的向往变成现实。习近平指出:"两次世界大战的惨痛教训,让各国人民痛定思痛,建立了以联合国为主体,包括国际货币基金组织、世界银行、世界贸易组织等机制的全球治理框架。虽然这个框架并不完美,却是人类社会迈出的重要一步,为过去几十年世界和平与发展发挥了重要作用。"①相信有了人类命运共同体的理念和各国人民的实践,汤因比当年的设想就不再是空想并会一步步地向前推进。

希望在中国

汤因比在书中曾多次提到了中国,特别是"中国如今这股硬气"的说法,很值得我们关注和思考。他说:"如果没有意识到从1839年到1945年中国受尽英法俄和日本的摧残,又怎能理解中国如今这股硬气?1839年之前,在中国人自己的眼中,他们就是'中央王国'或'天下',也就是说他们认为自己是文明世界的中心。如果对此一概不知,就很难理解'蛮族'给中国人带来的冲击和耻辱。"②他还说:"中国太大,中国人太有毅力。他们有效的游击战让第二次中日战争于1940年陷于僵局。"③

汤因比这里提到中国只是就他的论点举一个例子,并非专论中

---

① 《习近平论治国理政》第三卷,外文出版社2020年版,第459页。
② 《回思录》,第91页。
③ 同上书,第231页。

国。他说这话的意思是告诉人们,看待当今所发生的一切事物必须要考虑它的历史背景,不把历史背景纳入其中以通观全局,就不能充分理解当前所发生的一切。比如,当今中国人所以很"硬气",就是由于 1839 年以来英国用武力打开了中国的大门,以后除英国人外,法国人、俄国人和日本人这些"蛮族"都侵略过中国,给中国人带来了巨大的"冲击和耻辱",饱受欺凌的中国人民开始了反对外来侵略者的斗争,特别是在中国共产党领导下反对日本侵略的斗争中,中国人民显示了"太有毅力",他们用游击战争拖住了日本侵略的攻势,在 1940 年以后形成了持久战。汤因比是一个英国人,他没有讳言他的国家曾经在 19 世纪 40 年代发动了侵略中国的鸦片战争,而且由此英国带了一个头,接着法国人、俄国人、日本人都曾经侵略过中国。正是由于这个历史,给中国人造成了"落后就要挨打"的意识,同时也激起了中国人民为实现"中华民族伟大复兴"而奋斗的共同意识和决心,形成了自 1840 年以来的反帝反封建的革命斗争史。这也就是"中国如今这股硬气"的历史背景。

关于中国的论述贯穿在他后来的一些著作中。在 1973 年出版的《人类与大地母亲》一书中,"他不畏浮云遮望眼,从中国'文革'的内乱中,还能看出中国显示出的'良好的征兆',这个在他心目中的'一个伟大的国家',前景灿然"。① 后来汤因比在去世前的 1974 年与日本学者池田大作的对话《展望二十一世纪》中,曾有一节谈到中国与世界。在这里他们讨论了未来世界的统一问题,认为在人类历史上曾经出现过某些强大的国家试图用武力统一世界的情况,但是现在不行了。汤因比说:"在原子能时代的今天,这种统一靠武力征服——过去把地球上的广大部分统一起来的传统方法——已经难以做到。同时,我所预见的和平统一,一定是以地理和文化主轴为中心,不断结晶扩大起来的。我预感到这个主轴不在美国、欧洲和苏联,而是在东亚。""就中国人来说,几千年来,比世界任何民族都成功

---

① 张广智:《汤因比给我们留下了什么?》,《中国社会科学报》2022 年 3 月 30 日。

地把几亿民众,从政治文化上团结起来。他们显示出这种在政治、文化上统一的本领,具有无与伦比的成功经验。这样的统一正是今天世界的绝对要求。中国人和东亚各民族合作,在被人们认为是不可缺少和不可避免的人类统一的过程中,可能要发挥主导作用,其理由就在这里。"①汤因比这里所说的虽然只是个人的预见,但他的这种预见是在对人类历史发展总体状况与规律的梳理中得出的。他从中国的历史中看到了中国的今天,又从中国的今天预见到中国的未来。这就是他的历史思维方式所造成的结果。

这里还要交代一下,汤因比说这些话的时候中国是什么状况。他说"中国如今这股硬气"是在20世纪60年代末,当时中国已经开始了"文化大革命",正是社会动乱之时,但他没有改变对中国人的基本看法。他说中国人会在人类统一过程中"发挥主导作用"是在1974年,那时中国的"文化大革命"还没有结束,但是他仍然对中国充满信心,并且寄予厚望。他并没有看到今天中国的改革开放的伟大成就,也不知道中国人的"两个百年"奋斗目标是怎么回事,但他仍能做出这样的预言只能说明他对人类历史过程的了解及对历史规律的把握。他没有特意要赞扬中国人的意思,只是凭一位历史学家的良心说出了自己心里想说出来的话而已。

四、从《回思录》的叙事看汤因比的"良史之才"

探讨中外史学在"叙事"方面的丰富遗产是史学工作者的一项重要任务。瞿林东说:"史学工作者有责任阐述中国史学'叙事'的成就与传统及特点与风格,以推进关于'叙事'的讨论和研究。"②并且认

---

① 《展望二十一世纪——汤因比与池田大作对话录》,荀春生等译,国际文化出版公司1985年版,第294页。
② 瞿林东:《中国古代史书"叙事"传统与风格值得关注》,《光明日报》2022年4月18日。

为,在这个研究中进行"中外参照"是有意义的。张广智也用中国史学史的语言评论了汤因比著作中的"良史之才"。他说:"在我看来,具思辨之长,备叙事之才,合二而一,乃良史之求也。"①他还曾具体分析说:"汤因比《历史研究》的文脉与上述《人类与大地母亲》是相互贯通的,虽则两者述史体例与风格不一,一为分析比较的思辨型(《历史研究》),一为编年体的叙事型(《人类与大地母亲》),这不仅充分显示出他具有互为补充的两种编史之才,而且其笔调都涌动着他那一以贯之的史学旨趣和人文情怀。进言之,他继承与发展了由德国历史学家斯宾格勒所奠立的文化形态说,无疑他是挑战兰克史学、推进西方新史学潮流的弄潮儿。"②

的确,我们如果以中国史学的史学批评史的眼光来看汤因比的历史叙事,他确实是一位具有"良史之才"的大师级的史家。

"不虚美、不隐恶",充分体现一位史学家的良心

汉代史家班固在评论司马迁的《史记》时说:"自刘向、扬雄博极群书,皆称迁有良史之才,服其善序事理,辨而不华,质而不俚,其文直,其事核,不虚美,不隐恶,故谓之实录。"③近见有研究者以史学批评的眼光来解释"不虚美,不隐恶"的内涵,指出能否做到这一点是衡量一位史学家能否作为"良史"的重要条件。认为"不虚美,不隐恶"是要求史家以事实陈述为史书叙事的基础,以阐述事实作为第一要义。在阐述历史事实或历史人物时,不应有虚妄的美化,也不因其"恶"而隐晦。"史书叙事如果缺少了价值判断上的'不虚美,不隐恶',就不能构成'实录',也就不能成为'良史'。"④

在"战争:战争性质及人们对其态度的转变"一章中,汤因比围绕战争这一主题回顾了历史。他回顾了1914年"一战"爆发之后的战

---

① 张广智:《同生共荣,让大地母亲重返青春》,《解放日报》2020年5月16日。
② 张广智:《1973年:一位智者的最后呐喊》,《社会科学报》2017年3月31日。
③ 班固:《汉书》卷六十二《司马迁传》,中华书局1962年版,第2738页。
④ 朱露川:《中国古代史书叙事的风格》,社会科学文献出版社2022年版,第13页。

争史,也追溯了"一战"前的战争史。这里涉及德国、日本、法国、美国、俄国(及苏联)、奥地利、以色列等国家,也涉及各个国家对战争的责任,这里也必然涉及他自己的国家——英国。

汤因比指出,在1914年到1918年之间的这场战争之前,英国人并不好战也并非从原则上反对战争(除了贵格会)。在当时的舆论中,英国的殖民战争被认为是"小战";但汤因比认为,从战争受害者的角度看,这些战争并不"小"。他说:"在1914年之前的那个世纪里,英国参与的殖民战争比当时任何一个大国都多。在英国,这些殖民战争被弱化成为了'小战'。这样的委婉用语和其他国家发动的'大战'对比起来,似乎总是有优势的。当然,对于这些战争的受害者来说,这些战争并不'小',至少1839年到1841年的'鸦片战争'以及1899年到1902年间的南非战争就被几乎整个世界谴责为不道德,即使在那个年代,战争本身被普遍认为是合法可接受的。"①汤因比还提到1812年4月,英国军队在西班牙武装城市巴达霍斯大获全胜,随后英军对巴达霍斯城进行了大规模的屠杀。在19世纪,英国和法国竞争,在亚洲和非洲恣意侵犯他国领土。英国和俄国则在阿富汗、奥斯曼帝国的残余欧洲领土上比拼政治影响力、控制力和占领区域。汤因比说:"这些臭名昭著的历史事实证明,在我出生的1889年,英国对战争的态度还是一如既往、顽固不化。"②他说,我的同胞们让自己相信,英国的海上霸权在强权政治中是唯一且完全仁慈的力量。

汤因比谈到的这些英国在19世纪的战争问题上的观点与当时英国社会的主流舆论不同,与多数英国人的见解也不同。在多数英国人看来,像鸦片战争这样的战争只是一场"小战",是合法可接受的,但汤因比却主张站在战争"受害者"的立场上看问题,这样这场战争就不是"小战"了。这正表明一个历史学家的历史主义精神,是在历史叙事中"不虚美,不隐恶"的表现。

---

① 《回思录》,第216页。
② 同上书,第217页。

从回忆到回思,善于从自身阶层地位出发反思历史

在"维多利亚时代稳定幻觉的破灭"一章中,汤因比叙述了他所生活的时代变迁,他的家庭的社会地位,1914年"一战"爆发所引起的社会动荡等情况。1897年,汤因比八岁,正是维多利亚女王登基60周年,当时隆重的庆祝典礼给少年汤因比留下了深刻的印象。在英国人看来,这一天"就象征着维多利亚时代的鼎盛"。从滑铁卢战役英国获胜以后到1914年8月之前的一百年里,对于英国小部分的中产阶级来说,"整个世界仿佛波澜不惊,生活顺风顺水"。他说,如果用维多利亚后期的中产阶级的标准来说,他的父母是贫穷的,但他们和这个阶级的家庭一样,可以给孩子提供当时在英国的最好的教育。当时,汤因比是牛津大学巴利奥尔学院的优秀毕业生,这个学院的本科毕业生起码也能到英印政府机构中当公务员,这就象征着是在英国的"中产阶级美好稳定的生活"。而他在毕业前就被确定留校当教师了,这就意味他比其他人更幸运。

说到这里,汤因比对自己的命运分析道:"我生在一个权力、财富、机会的分配不公已经令人瞠目结舌的社会。我对这一点的认识,一开始只是蒙懂模糊,后来渐渐地,这种认识变得清晰。小时候,每当看到我和我同龄的孩子衣衫褴褛,并且从面相来看,也应该食不果腹或者营养不良时,我总会感到痛心。进入大学,每当遇到拉斯金学院的学生也总会感到良心不安。拉斯金学院的学生都来自勤劳的工人阶级。""和他们相反,我却拥有很多机会,能够享受大学生活带来的快乐。这一部分是靠我自己的努力和能力获得。但若不是因为家庭的收入和社会等级并非'工人阶级',而是'中产阶级',即使同样的能力和努力,也不能为我赢得同样的机会和享受。我和其他少部分的同胞一样,拥有这样的特权,享受着原本拥有相同能力的人都该享受的特权。而这些少数人中的大多数并不具备这样的能力。他们拥有这样的特权只是因为他们的父母能够支付全部的花销,全额支付大学学费。"①这

---

① 《回思录》,第198—199页。

里,汤因比依据自己的家庭在英国的社会地位,提出了有关阶级分化的认识是很深刻的。

同样在这一章里,汤因比还回忆了"一战"前的整个世界局势以及他对这个局势的看法。他认为,1914年以前,社会景观以及整个世界和人类活动的特征是稳定而不是暴动。到1914年8月,政治上的稳定和平已经持续了四十三年之久,与之前1848年到1871年的动荡不安形成鲜明的对比。世界政治掌握在伦敦、柏林、巴黎、维也纳、罗马、圣彼得堡、华盛顿和东京少数人手中。当时仍处于动荡状态的国家不是非西方国家就是被西方强国统治但仍然保持独立而并非真正西化的国家。这些动荡不安的国家中最突出的当属俄国、土耳其、伊朗和中国。日本并非西方国家,也未曾被哪个西方国家统治过,但自从1868年起,日本刻意西化,比俄国成功得多。

在对世界局势进行这样分析的基础上,汤因比联系到自己和其他英国人对此的感觉。他说:"我就是在这样的世界局势中长大的。安全和稳定正呈大势所趋,似乎我们这代人有机会看到安全和稳定在全世界盛行。几乎所有的西方人,还有很多非西方人,包括那些并不愿意承认西方文明已成定局的人,都认为新的世界秩序以西方文明为主导是理所当然的。1914年之前的西方人,尤其是英国人,都觉得自己和其他人不一样。西方人是'文明人',其他人都是'原住民',后者没有人权,他们仅仅是碰巧先于西方人居住在了各自地盘上的人而已。""其他文明此起彼伏,存在过也没落过,但西方人从不怀疑,他们的文明才是无懈可击的。"[①]汤因比的这些论述,同样是基于自身经验而得到的认识,他的这种自我反思的精神显然比那些自认为"高尚"的西方人高明很多。

总之,由于有这些议论性的文字,使这本书不同于一般的回忆录或自传,而是在事实回忆的基础上不断进行事实分析和历史反思,因而它是一本真正的"回思录",是汤因比的历史叙事的一个突出特点。

---

① 《回思录》,第204页。

文史结合，不拘一格

张广智在《回思录》的序中指出："汤因比继承与发扬了文史合一不分家的优良传统，并是这个传统的践行者。汤因比不但是大史家，而且也是出色的散文作家。他以笔写意，字如流水，挥洒自如，风趣幽默，这集中体现在其游记作品中，也充分体现在这部自传体的散文佳作中，尤其是该书第三部分"反思"的32首诗歌，与其说是'诗'，不如说是'散文诗'，是一位史家在60年间（1907—1966）的创作，亦可以结集题为《反思散文诗》。"①

确实，汤因比这位大家，一生著作甚多，他善于在不同的著作中运用不同的叙事办法。如《历史研究》是善于运用分析比较的思辨型，而1973年完成的《人类与大地母亲》，则为编年体的叙事型，这就充分显示出他具有互为补充的两种编史之才。而《回思录》一书则是思辨与叙事有机结合的灵活体裁。他虽然以"经历"（Experiences）为书名，但是并没有按照编年体来逐年叙述自己的经历。在全书的第一部分"个人事务"中，用九章来回顾他个人经历中的重要环节。在第二部分"生平见闻（1889年至今）"中则分别论述战争、人性、科学、教育、宗教等重要社会问题。第三部分的"反思"中，则收录了32首不同时代写的诗，分别是希腊组诗、爱情组诗、哀悼组诗、友情组诗、合作组诗、竞赛组诗、历史学家的多舛人生、休止、作者的信仰等十组。这种完全以诗歌的形式来对生活中的不同内容进行"反思"，抒发作者的情感，在一般历史著作中是十分少见的。《回思录》这种结构充分显示出作者文史结合、不拘一格的历史叙事风格。

除了这种编撰结构上的文史结合外，全书在叙事过程中以带有文学风格的语言来叙事则比比皆是。如前面提到在叙述第一次世界大战爆发时说："在1914年8月，'那时的世界就像一口丧钟'，丧钟为谁而鸣？为那个国家的人民，交战双方前线的人们。"② 汤因比在

---

① 张广智：《汤因比给我们留下了什么？》，《中国社会科学报》2022年3月31日。
② 《回思录》，第50页。

叙述他从20世纪20—50年代在他的助手的帮助下,一边编撰《国际事务报告》,一边创作《历史研究》取得了成绩,他的视野得到开拓,目标得以实现时,引用了诗句:"我在和死神赛跑。它迟疑,我加速,终获胜利。我战胜了懒惰嗜睡的死亡。我所做终不容其毁。"更增强了叙述的生动性。

既反思过去,也展望未来

作为一位历史学家,他的最高使命就是"究天人之际,通古今之变",也就是说他所关注的终点就是他所生活的时代。但是,汤因比却把他关注的终点延长到他死后,延长到未来。本文前面已经对汤因比对未来展望的内容进行了一定的论述,这里我们要探究一下汤因比这样做是出于什么目的。

对未来的展望主要集中在本书第二部分的最后一章"死后议题"中。在这一章的开头汤因比尖锐地提出:在前面的章节中我谈到了如今人们所面对的一系列问题。我现在已年逾八十,就不需要履行自己的责任了吗?我现在不是应该退出让后辈来解决这些我都清楚认识到的问题吗?答案是否定的。"因为我本身是一个好奇的历史学者,着迷于观察当前发生的人类事务,并且只要我还有一口气在,我也乐意参与其中。""确实,我毫无保留地投入人类事务中。我义无反顾地参与其中,因为我非常关心下一代的未来,还有我的孙辈、曾孙辈的未来。"①

为什么汤因比会对未来如此关注呢?汤因比指出:"我对人类的关注实际上是对人类同胞和自己展示的自我精神层面的关注。""如果我关注人类事务,我便是在关注爱。对爱无限的忠诚便是爱的本质。""对爱的忠诚能让一个人摆脱有限寿命的限制,给他无限的自由。在这剩下的时间里,在我还能活着的时间里,无论这段时间是长是短,我都会响应爱的号召,同时保持好奇心。我好奇地想要看到目前人类历史这场戏的结局将会是怎样。"②

---

① 《回思录》,第365—366页。
② 同上书,第366—367页。

确实,年逾八十的汤因比这时已经退休,他没有责任再去编写国际事务年度报告。但是,几十年的职业习惯让他忘不了对国际事务的关注,也忘不了在这样一个国际环境下生活的亿万民众的命运,不论是欧洲人、亚洲人还是生活在地球各个角落的民众。对他们生活命运的关注就是对这个世界的爱,这种爱心驱使他不仅要关注他们的今天,还要关注他们的明天,看一看人类的明天会怎样,人类历史这场大戏的结局会如何。这种好奇心驱使他不论自己活到哪一天,都不会停止关注人类的命运,这就是他的"对爱的忠诚"。这位耄耋老人对人类命运的这种深厚感情确实是值得我们尊敬的。即使过了半个世纪的今天,重读这位老人的亲切话语,我们仍然能感觉到他的宽广胸怀和深厚善意。

一千两百年前,中国唐代的一位老人杜甫发出"安得广厦千万间,大庇天下寒士俱欢颜"的呼喊,这体现出一种仁者情怀,至今还在感动着亿万中国人。汤因比在对"明天"的展望中,对于如何增加地球人食物的来源,如何增加人们需要的资源,如何消除战争的危险并使他们得到精神上的解放,以及如何实现统一等方面的种种设想,也体现了这种宽广的仁者情怀。"汤因比的人文情怀,其核心理念是:尊重人,维护人的尊严,敬畏生命。这如同一根红线,贯穿在他的学术生涯中,也贯穿在他的全部生命中。"[①]毫无疑问,汤因比所释放出的这些善意,值得世界各国人民深深的怀念和尊敬。

张广智先生为《回思录》撰写的题为《汤因比给我们留下了什么?》的序言指出:"人类的明天会怎样?这是撞击每位读者心灵的叩问,促使奔走在喧嚣的现代社会中的人们,是不是也应该放慢脚步,回看一下自己的足印,抚慰那躁动不安的心灵,认真地去思考一下:人类的明天会怎样?"[②]我们相信,每一位深情关切人类命运的善良之人都会从汤因比的真诚善意和美好设想中受到无尽的启发。

作者简介:邹兆辰,首都师范大学历史学院教授。

---

① 张广智:《汤因比给我们留下了什么?》,《中国社会科学报》2022 年 3 月 31 日。
② 《回思录》,序,第 2 页。

民族国家与史学转型的交缠
——评刘龙心《知识生产与传播》

张 翼

民族国家的建立以及与之共起的民族主义可以说是影响中国近代史走向最为深远的力量之一,其影响力远超政治-外交之限,在文化-学术领域的近代转型中也留下了难以磨灭的印迹。这种意识形态上无处不在的特性,一方面凸显了民族主义在近代史研究领域中不可忽视的重要性,但也从另一方面妨碍了学者在具体研究中所应保持的客观性立场。正如刘禾在《世界秩序与文明等级:全球史研究的新路径》的序言中针对"文明等级论"所发的议论那样,文明等级论"在许多学科里充当着'政治无意识'的角色。长期以来,这个角色独特的泛学科属性,可能是造成文明论研究被学科的藩篱挡在门外的直接原因,但忽略和遗忘,恰恰突出了文明等级的意识形态作为'政治无意识'的强大功能。它像空气一样,虽然看不见,摸不着,但无处不在"。①

当然,民族主义很难说是一种"政治无意识",但的确就像"文明等级论"那样"看不见,摸不着,但无处不在"。至少在近代中国的历史学研究领域,民族主义和民族国家的建立无疑始终是学人们念兹在兹的议题。然而,民族国家的建立与民族主义究竟在何种程度上,以何种方式形塑了近代中国历史学的转型,却并非一个不言自明的问题。刘龙心近期出版的新书《知识生产与传播:近代中国史学的转型》②

---

① 刘禾主编:《世界秩序与文明等级:全球史研究的新路径》,生活·读书·新知三联书店2016年版,第5页。
② 刘龙心:《知识生产与传播:近代中国史学的转型》,生活·读书·新知三联书店2021年版。

便以民族国家的建立与近代中国史学转型之间的关系为切入点,将上述设问转化为扎实而具有启发性的专题研究。

刘龙心长期深耕中国近代史学史、思想史。她的博士论文《学术与制度:学科体制与现代中国史学的建立》就已经关注到学术思想背后的制度性、社会性因素,该书从近代历史的教育系统化、新史学的学院化设置以及历史学科培训的专业化三个层面,重新描绘了中国近代历史学科演进中的制度建设的努力。① 在此基础上,刘龙心这本新著《知识生产与传播》进一步将研究视野拓展至历史学科本身的研究对象,探讨在诸如中国上古史、中国近代史领域中,民族国家以及民族主义思想是如何塑造了该领域的问题意识与学科方法。同时刘龙心的视角不仅限于学科研究的内容,还试图追寻学科内知识生产过程的场域与人际关系。因此,《知识生产与传播》这本书可以说是刘龙心对其过去研究的总结,亦体现了她在问题意识与方法论上的突破。

《知识生产与传播》全书分为两大部分。上篇以"历史书写与国族认同"为主题,分两章分别介绍了民族国家与民族主义如何参与并"型塑"了中国上古史领域和中国近代史领域的转型。下篇以"社群、网络与传播"为线索,分为四章。首先以傅斯年为例,探讨了这位在近代史学领域内的"旗手"人物如何利用自己在学术与政治场域内的双重影响力,主导了历史研究向窄而深的专业化方向进化。其次,刘龙心以书评这一学术文章体裁为线索,探讨近代中国的学术评论、争鸣的产生和运作,以及在此过程中逐渐得以确立的近代历史学学术规范。再次,刘龙心以中国的社会经济史起源为议题,讨论了 20 世纪 30 年代社会史论战前的社会调查运动与学术社群的建立,弥补了前人在这一领域内尚未深入讨论的"史前史"源流。最后,刘龙心把视角投向更为广阔的历史与社会的联结,探讨抗战前后的中国知识分子在空前的民族危机之下,试图用"旧瓶装新酒"的方式改造旧有

---

① 刘龙心:《学术与制度:学科体制与现代中国史学的建立》,远流出版社 2002 年版。

通俗读物,以便在底层群众中传播抗日主张和现代性的努力。这些章节尽管彼此之间并无直接的逻辑联系,但都有机地统一在历史学的知识生产与传播这一主题之下,并透过"民族国家型塑近代史学"的桥梁建立了内在的关联,融汇近代历史学的学科规范重整、学术社群建立、学术争鸣平台的产生,以及学术对社会广大群体的影响于一体,极大地拓宽了知识传播史的研究深度与广度。

一

民族国家作为一种意识形态,必须要向国民回答的两个问题是,"我们"从哪里来,以及"我们"为什么要向那个方向去。历史研究无疑与这两个问题密切相关。中国上古史的建构无疑就是要回答"我们",或者说"我族"的源流问题,若搞不清"我族"之源流,那么民族国家书写的主体与范围便无从谈起。然而,我们今日所熟知的"中华民族多元一体"的概念却并非一蹴而就,而是经历了一番相当的曲折。刘龙心在第一章中就为我们揭示了这一回答"我们从何处来"之大哉问的答案本身是从何而来的。

受到西方近代人种学的启发,近代中国思想家开始在所谓的"上古史"框架下用人种的观点讨论民族起源问题,尽管西人所谓"中国人种西来说"遭到了梁启超的质疑,但梁启超亦承认中华文化可能并非如传统所言的那样"由东西渐",也存在着自西而东的可能。梁启超的论证固然相当粗糙,但是却成为了质疑"世系年代一元观念"的号角。[①] 对于既有上古史论述的质疑继而发展为"疑古"思潮,大大颠覆了人们原本对古史所持的信念。尽管疑古派寄希望于"寓立于破",但也不断遭受今文经学和"人种西来说"的影响。正如刘龙心精彩的总结:"前者像一根细线,始终牵引着民国以后的学人朝这个方向思索,而后者则像一根隐隐在背的芒刺,不断刺激中国上古史研究

---

① 刘龙心:《知识生产与传播》,第 24—26 页。

者回应这个假说,而这两个问题最终汇为一渠,成为民国学人建构国族起源的潜流,引导中国古代起源走向本土多元的解释格局。"① 在这样的趋势下,蒙文通的江汉、河洛、海岱三系民族渐融为"诸夏"说,傅斯年的"夷夏东西说"以及徐炳昶的炎黄、风偃和苗蛮三大集团说,借由当时不断新发现的出土文物,逐渐将原本时间序列的王朝转化为了民族国家所需要的地域范畴,这些理论所组成的全新民族史初步完成了上古史转型的目标。② 新的理论与证据也促使诸多学者重新审视业已流传的上古神话。徐炳昶借助人类学的观点为神话寻找合理的解释,将其纳入信史的一部,而顾颉刚和杨宽则继续"疑古"的思路将神话排除于信史之外,进而将中国民族的起源定格于殷周之际。但无论他们对于神话的态度如何,刘龙心认为,这些学者均以信史为"中国上古史最基本的信仰",而视殷商为"民族起源的最大公约数"。③

然而民族的起源问题从来都不是单纯的学术问题,刘龙心指出,上古的多元民族论并没有发展成为杜赞奇所谓的"复线的历史",而是将国史导向了大一统的方向。究其原因,无疑是救亡图存与反对民族分裂的时代要求使学者不得不在自己的理论之上,发表"中华民族是一个"的政治性宣言,并最终被定调为"统一多民族国家"。④ 由建构民族国家需求所产生的上古史研究,最终还是以此方式落实为塑造民族国家的理论根基,进而为"我们从哪里来"的问题留下了一个事实与"神话"掺杂的答案。

刘龙心对中国上古史如何转向的论证是细密而有说服力的,然而她却忽视了一个极重要的前提,即转向始自何处的问题。转型的本质乃是从一个范式向另一范式的转变,若不清楚前一范式的性质,则范式转向的意义也就折损了大半。本章径直从梁启超呼吁"民史"

---

① 刘龙心:《知识生产与传播》,第41页。
② 同上书,第75页。
③ 同上书,第94页。
④ 同上书,第94—99页。

及"新史学"开始,不仅直接略过了晚清今文经学思潮的叙述,更遑论述及帝制时代中国古史观的演变。事实上,作为史学"革命"之对象的"传统史学",并非消极的客体,无论是占据人数主体的汉族还是后来居上的蒙古或满洲,都有自己独特的援用历史塑造本民族共同体的方式。遭到梁启超怀疑的"世系年代一元论"以及杨宽激烈批判的"殷周神话"的存在本身,就意味着古人已经有意识地在用自己掌握的历史资源努力支撑统一与制造认同的知识谱系。在其统治期间,乾隆对满洲的"古史"进行的编纂工作,同样也有族群认同建构的意味。① 尽管这些例证和近代民族国家的目标不同,但利用历史形塑认同的手段却具有连贯性。因此刘龙心在叙述转型中因未曾讨论近代之前的范式而隐去了转型中的连续性,甚为遗憾。

二

为"我们从哪里来"提供了解释之后,就轮到回答"我们为什么要朝那个方向去"的问题了。《知识生产与传播》第二章有关中国近代史学科的产生的论述,围绕着分期、大学中的学科设置和主要思想流派展开讨论。近代史的分期问题与民族意识和内忧外患的现实紧密相连,傅斯年和雷海宗均以汉民族的兴衰作为分期讨论的基点,将种族与民族国家论述的主体性问题交缠在一起。但更多的学者还是将来自欧洲的影响作为划分近代起始的标准。于是第一次鸦片战争就成为分期问题的关键,这一点在各高校纷纷建立起中国近代史的课程之后被不断地强调。② 在此基础上,西方成为了近代史建构过程中最大的"他者",甚至是牵动中国近代发展的唯一动因,这几乎成为当时学人的共识。但如何应对这一外来压力,却产生了两种针锋相对的论述。

---

① Pamela Kyle Crossley, *A Translucent Mirror: History and Identity in Qing Imperial Ideology*, University of California Press, 1999, pp. 281-337; Mark C. Elliot, *The Manchu Way: The Eight Banners and Ethnic Identity in Late Imperial China*, Stanford University Press, 2001, pp. 39-89.

② 刘龙心:《知识生产与传播》,第 120 页。

以张奚若、陶孟和以及蒋廷黻等人为代表的"现代化派"将现代化看作是每一个国家发展的必由之路,在此论述下,西方一方面确实"是造成中国百年耻辱与忧患的敌体",但另一方面同样"是可以激励中国走向'现代'的模本"。① 只要中国能矢志不渝地沿着这段线性之历史不断前进,那么它就迟早能摆脱目前落后的局面。这一思维正如刘龙心总结的那样,更多的是"以历史为载体,用以表述他们对现实的焦虑和未来的期许"②,以至于西方与日本所带来的现实威胁也被掩盖在对于未来复兴的展望之中了。

不满于"现代化派"主张的左翼历史学者则以阶级立场重新论述近代史,将反侵略及其代表性人物作为近代史的主体加以强调乃至歌颂。于是,现代化史观中被赋予进步意义的人物与事件在左翼史观中的评价被颠倒了过来。如琦善、李鸿章等人被视作投降派,而非具有现代外交视野的"先锋人物"。两派学者鲜明的政治立场差异逐渐将近代史的叙述带入意识形态的争论之中,尤其是双方皆在援引革命及革命力量为己背书,在此过程中,后来居上的左翼知识分子迅速掌控了有关中国近代史叙述模式的"文化霸权"。③

尽管现代化论者与左翼学者的立场在刘龙心看来势不两立,但笔者却认为他们在本质上共享着一种共同话语。现代化史观与左翼学者都站在进步主义的立场上否认清朝抵抗的价值。现代化史观从根本上否认清朝试图保卫的东西为"国家之利益",如清廷在列强驻京权上的抗争,被认为是在现代国家视为"理所应当"的问题上冥顽不化,而把关税与司法主权这样"真正"攸关主权的国家利益拱手送人。然而这一观点事实上却是无意中假设了一种超越时间、地域和主体的永恒"国家利益"存在,关于主权与利益的范畴是在欧洲国家

---

① 刘龙心:《知识生产与传播》,第 140 页。
② 同上书,第 143 页。
③ 很可惜的是,刘龙心并未继续讨论 1949 年之后的变迁,就这一点而言,李怀印的研究极好地补充了刘龙心的论述,尤其是在揭示意识形态书写背后的现实因素方面,李怀印显然比刘龙心的分析用力更深。参见〔美〕李怀印《重构近代中国:中国历史写作中的想象与真实》,岁有生、王传奇译,中华书局 2013 年版。

发展的历史语境中起源,同时在这些欧洲国家的殖民活动中与非欧洲国家的互动关系中得到发展。① 但是现代化主义者显然是将欧洲式的主权观点加以"自然化"进而上升为普遍的公理,于是清廷的所作所为自然就被视为与浩浩汤汤的天下大势相违背的行为。同样,左翼史学亦试图垄断表达进步的话语权,借以证明用革命推翻清王朝统治的合理性。因此他们在批判"帝国主义带来的"现代性的同时,却也毫不犹豫地拥抱"自发的现代性",试图寻找中国自己的"资本主义萌芽"。因此在本质上,现代化主义者和左翼史学都可以看作是"辉格史"(Whig history)笼罩下的孪生兄弟。这一隐藏在二者表面冲突下的共性是刘龙心所未能指出的。

在此章的结论中,刘龙心进一步指出,现代化史观在新中国建立之后完全被左派史学取代,仅在台湾地区才继续受到关注,而在新的左翼史学中看不到任何杜赞奇所谓"复线历史"展开的可能。② 诚然在新中国建立后的历史时期内,这一论断是成立的,但是在此前的民国时期中,左翼史学和现代化史观并非中国近代史书写的全部,还存在其他一些对抗性表述,如清代遗民对于近代史的书写,③边疆各民族独特的近代史叙事,④乃至于下层群体自身留下的不同于左翼史学或现代化史观这样的宏观叙事的文本,⑤这些皆可被视为"复线的历史"。汉族本位和学院派学者本位的研究视角自然会将关注的重心主要放在有关近代史的宏观叙事之中,从而忽略地方的、局部的乃至个人性的多元感受。随着后现代史学对于宏大叙事的解构,这些以往"被压抑的知识"渐渐得以浮出水面,笔者认为,这些继起的多元叙述虽然并不能真正地将知识生产"去权力化",但是却有助于形成

---

① Turan Kayaoglu,*Legal Imperialism:Sovereignty and Extraterritoriality in Japan,the Ottoman Empire,and China*,Cambridge University Press,2010,p.23.
② 刘龙心:《知识生产与传播》,第 159—166 页。
③ 如林志宏在《民国乃敌国也》一书中对遗民编纂历史与自我认同的书写的论述。参见林志宏《民国乃敌国也:政治文化转型下的清遗民》,中华书局 2013 年版,第 119—163 页。
④ 王柯:《消失的"国民":近代中国的"民族"话语与少数民族的国家认同》,香港中文大学出版社 2017 年版。
⑤ 高王凌:《中国农民反行为研究(1950—1980)》,香港中文大学出版社 2013 年版。

一种多元的"知识市场",自由的"知识市场"拒斥单一宏观叙事的排他性而拥抱一种势均力敌的权力关系,进而避免"利维坦"宰制一切的局面出现。这也是追求多元或者"复线历史"的现实意义所在。

三

《知识生产与传播》的第二部分由四个相互独立,但具有内在联系的章节组成。刘龙心从历史知识的生产转向传播,讨论学者的人际网络、学术社群和学术与大众之间的关系。虽然同样也可以看作是广义上的学术建制研究,但相对于刘龙心在《学术与制度》中偏向教育系统和学院建设等较为"硬核"的制度设置而言,《知识生产与传播》中所关注的内容更具有灵活多变的特征。正是由于这种流变性,才能够真正帮助读者理解制度落在实处的情形,而非罗列空洞的规范条文。同样也正是在这种流变性之中,民族国家的影响力才能以最具历史性的方式得以呈现出来。这使这本书相较于单纯思想史的讨论而言,更具有启发意义。

第三章以傅斯年为中心的讨论,在笔者看来或许是全书最为精彩的一章。刘龙心利用傅斯年档案,着力探讨了傅斯年如何在战时培养学术人才、筹措学术经费以及维持战时学术社群的运作。相较于其他学者,傅斯年最大的优势在于他兼具学术声望与行政权力,这使他能够动用学术以外的资源影响干涉学术风气。这些资源中最为关键的,无疑就是经费。傅斯年与中英庚款会的总干事杭立武交情匪浅,在战时资金紧张之际,依旧能够为部分历史学者申请到充足经费。在有这样较为充足的经费保障下,傅斯年得以在战时帮助具有重要学术价值的事业继续进行,例如为了能够夺回居延汉简这一关键性史料的"学术主权",傅斯年不惜背负"学霸"之名义,以庚款之经费,促成第二次西北科学考察团,①成为战时学术界难得的壮举。

傅斯年发挥其影响力的第二种方式是以专业审查人的身份延揽

---

① 刘龙心:《知识生产与传播》,第 186—196 页。

人才,促进学术风气之转向。早在20世纪20—30年代傅斯年主导北大历史系时,他就利用各种方式招来可造之人才,并想方设法为这些优秀毕业生寻找出路。傅斯年不仅尤其善于为学生寻找与其研究路线相近的导师,同时也把导师在学术上遇到的问题甚至生活困难放在心上,努力为他们排忧解难。傅斯年这样做固然有与旧派学者"抢夺地盘"的成分在,但傅斯年认真负责的态度也确实为同他亲近的一些师生争取到资源。如傅斯年作为战时的"科学研究补助金"项目审查员,曾积极地帮助"窄而深"的专题研究者获得资助,①试图将常识性的史学研究转向具有现代史学专业化、精深化的研究。用题目审查与调整经费浇注方向的方式促成学术风气的转变,这确实是一种"润物细无声"的操作,同时也可以视作是权力与知识良性互动的最佳例证。

　　除了上述工作外,刘龙心还谈及了傅斯年帮助扩大中国史学界在国际上的影响力,以及为战时研究保存珍贵参考书籍等的贡献。这些例证都充分说明了由为人正派且具有学术眼光及影响力的学者来掌握学术资源的分配,对于一个学科的良性发展十分必要。傅斯年可以说几乎是以一己之力,在中国史学转向的关键时刻中做出了独特贡献。刘龙心这里的研究确实有助于填补傅斯年研究中的有关空缺。不过傅斯年之所以能够有如此重要之贡献,也同此时现代历史学科尚属草创,建制化不深有关。书中提到傅斯年在做审查人时,把吴晗语焉不详附件缺失的申请直接列为上等,原因就在于傅斯年非常清楚吴晗的研究路数是符合专业化路线的。② 这种情形在学术圈较小,人际关系紧密的时代尚可理解,但是在学术圈极大地扩展,专业化使得学者彼此疏远的时候,又该如何正确地评判学者的水准和能力呢?评审人固然可以通过"文献的引用数目"来判断学者的文章价值,但其中的弊病也是显而易见的。③ 无论是官僚治理还是学

---

　　① 刘龙心:《知识生产与传播》,第197—200页。
　　② 同上书,第199页。
　　③ 人类学家詹姆斯·斯科特就在他关于无政府主义的小书《六论自发性》中非常生动展示了这种单纯数字评价体系的荒谬性,所谓"一旦一种测量标准成为了目的,它便不再是一种好的策略标准"。参见〔美〕詹姆斯·斯科特《六论自发性:自主、尊严,以及有意义的工作和游戏》,袁子奇译,社会科学文献出版社2019年版,第164—181页。

人自治，都难以避免官僚主义本身的侵蚀，而这种侵蚀对于学术活力本身的损害无法估量。因此，傅斯年的例子对于今日的启示意义其实不大，对于当下掌握了行政权力的大量学术官僚来说，傅斯年的先例其实是高不可攀。

四

第四章和第五章分别以书评和社会经济史为主题探讨近代学术社群的产生与发展。晚清以来，新式书评的出现为学者们的学术争鸣提供了一个具有活力的场域。刘龙心以《大公报·文学副刊》和《学衡》等刊物作为具体事例，探讨当时学者所著新书在学界引发的反响与争鸣现象。刘龙心注意到，在针对这些学人的新书探讨中，评论者不约而同地将焦点放在了史料的运用和诠释之上，这种就事论事而不带意气之争的对话，无论是对于学术内容的深化还是对于学术规范的打造，都具有正面意义。[①] 随着诸如此类的学术平台数量渐多，其风格与受众逐渐走向两个方向，其一是高度专业化的社群性刊物，如《中国近代经济史研究集刊》这样的刊物，多刊载评介史料性书籍的书评，这对于学者而言大有裨益，但对于一般读者而言则过于艰涩。其二，《大公报·史地周刊》这样的刊物则走向大众，参与到向普罗宣传史地知识的工程之中，希望借此塑造或影响大众的历史认知。[②]

不过笔者认为，正如谈及上古史研究转型时我们不能忽略转型前的知识谱系，而在讨论近代书评和学术争鸣时，也不应对中国古代，尤其是晚明至清代学术领域内的书籍评论与由此而生的学术争鸣置而不谈。[③] 这样一种学术传统和争鸣方式，在近代中国如

[①] 刘龙心：《知识生产与传播》，第 224—225 页。
[②] 同上书，第 236—245 页。
[③] 〔美〕艾尔曼：《从理学到朴学：中华帝国晚期思想与社会变化面面观》，赵刚译，江苏人民出版社 1995 年版，第 136—137 页。

何被继承,又得到了怎样的改进,尤其是在民初如王国维、罗振玉、张尔田那样的学术遗老那里,或许也是值得探讨的问题。再有,刘龙心在文中提到了这些刊物的运行中,编辑群体所起到的重要作用。编辑一方面需要把控讨论的方向与尺度;另一方面还要在缺少稿件的时候自己动手写稿。这意味着编辑本身也要具有相当的学术水准,才能够胜任这项工作。那么这些编辑的身份与来源为何?他们为什么会参与到学术编辑工作中来?是兼职抑或是专职?他们的薪资与待遇情况如何?或许从社会史和学术思想史交叉的观点来看,对这样的"批发商"进行的社会学视角考察,也值得关注和尝试。

在"学术社群与中国社会经济史研究的兴起"一章中,刘龙心将中国社会经济史的源头回溯至30年代的社会史论战之前,清华史学研究会等学术社群的开创性工作。刘龙心认为,中国社会学、经济学的兴起一方面直接来自19—20世纪西方相应学科渐次展开的冲击;另一方面也是"受了中国社会崩坏民生痛苦的刺激来的"。[①] 而社会学科的兴起对于史学的影响,则主要在于田野资料受到重视,以及观察旧有史料的新视角。诸如故宫档案中的报销册、估价单被视为研究皇室经费的最好材料,[②] 刑部的案件记录、企业的簿记则被发掘用以构建帝王将相故事之外的全新历史图景。

除了为历史学提供新的视角之外,清华史学研究会还代表着高质量学术社群的萌芽。刘龙心认为这一学术社群中已经产生了"成熟而自主的方法意识",彼此之间能够有效地分工合作推动研究,同时自觉与其他学科领域内的专家交流意见。这样的学术社群的出现推动了学术的专业化和分科化,也渐次确立了经济史和社会史本身的学科分野。[③]

---

① 刘龙心:《知识生产与传播》,第263页。
② 同上书,第281页。
③ 同上书,第295—300页。

五

　　无论是学术刊物还是学术社群的出现，都是从知识传播角度探讨近代中国历史研究转型的实践与特征。然而上述的内容所关注的主题几乎都围绕着学院派史学而展开讨论，极少涉及历史学与大众之间的联系。到了全书的最后一章，刘龙心终于将视角转向了通俗刊物与大众文化，以顾颉刚的"通俗读物编刊社"为例子讨论战时的历史书写与民族主义的关系。

　　学者关注起通俗刊物的编纂自然与民族危亡时试图用这种方式唤起民众的抱负有关。但是这一理想却受到两方面的阻击，一是直接宣传抗日与当时的外交政策相抵触，容易招致政府压力，另一方面是主导下层的文化模式依旧是传统的唱本、鼓词、弹词和平话小说这些旧文类。于是顾颉刚等人就想"旧瓶装新酒"，将新的启蒙与救亡思想注入进旧有的文化形式当中，借此影响和改造一般大众。尽管他们遇到不熟悉大众读物的行销渠道与方式等困难，也错估了民众购买力导致定价过高，以及面对受众本身的模糊性等问题，顾颉刚的策略还是在一定程度上取得了成功。这些新的通俗读物一方面从历史故事中选材，用抗金、抗元、抗清的故事去影射不便明言的抗日诉求；另一方面，他们也注重在形式上保留传统艺术形式风貌的基础上再添加进新内容。诸如用《新王二姐思夫》《新小寡妇上坟》以及《抗战时令歌》这样形式上够传统，但内容上够新鲜的作品，获得了一定的民众认可度。[①]

　　这些添加了新内容的传统表达方式不仅承担着唤起救亡的目标，也兼具有启蒙的职责。如《打虎》和《白面客叹五更》这样的作品就把推广现代卫生意识和禁毒思想纳入到宣传之中，[②]借机推动民众接受现代社会所要求的行为方式。而《武训讨饭兴学》和《赛金花》

[①] 刘龙心：《知识生产与传播》，第 322—323、330—331 页。
[②] 同上书，第 336 页。

这样的作品则进一步强调学习现代知识和了解国际大势的重要性,①这一方面有助于现代民族国家的理念深入人心,另一方面也同知识分子所提倡的现代化主义思潮遥相呼应。

然而归根结底,这些通俗读物的创造者依旧是知识精英,而这些知识精英创造这些文本的目的,则依然与传统上的"教化"并无本质区别。换句话说,史碧娃克(Gayatri Chakravorty Spivak)"底层究竟能否发声"的大哉问至此仍有意义。

纵观刘龙心全书的脉络,近代中国知识生产、传播的主体毫无疑问都是知识精英,而其传播对象是名义上为国家"主人"的民众,那么民众对于此类的知识生产与文化转换活动的态度如何?他们如何消费?如何接受?在哪里接受?诸如此类的问题,同样值得重视。就此而言,刘龙心的工作仍有有待后续研究的补充完善,依然有待更多研究者一起努力。

作者简介:张翼,复旦大学历史系博士生,研究领域为近代中英关系与英帝国在东亚的扩张研究。

---

① 刘龙心:《知识生产与传播》,第337—340页。

札　记

知识的定义、特点以及知识分类的方法

杨 瑞

一、"知识"的定义与特点

什么是知识？这是一个极难回答的问题。在传统知识论中，"知识"(knowledge)被定义为"得到辩护的真实信念"(justified true belief)，缩写为"JTB"，其源头可以追溯到柏拉图《泰阿泰德》(*Theaetetus*)篇①。JTB 理论给出了"知识"定义的三个条件，包括"真实条件"(the truth condition)、"信念条件"(the belief condition)和"辩护条件"(the justification condition)，只有当此三个条件满足时才构成知识成立的充分必要条件。JTB 可表达为：如果知识的命题为 P，S 知道 P，当且仅当：

(1) P 是真的；

(2) S 相信 P；

(3) S 的这一信念得到辩护；

三个条件成立时，P 为 S 的知识才成立。② 但是这一定义在 20 世纪 60 年代遭到来自美国哲学家爱德蒙德·葛梯尔(Edmund Gettier)的质疑，他在论文中举出两个对于传统知识定义的反例③，被称为

---

① 参见〔古希腊〕柏拉图《泰阿泰德》，詹文杰译注，商务印书馆 2018 年版。
② 对于传统知识论和葛梯尔问题的回应梳理，可参见胡星铭《Gettier 问题与认知价值》，《自然辩证法研究》2018 年第 2 期，第 9—13 页；詹文杰《柏拉图知识论研究》第 7 章，北京大学出版社 2020 年版，第 269—331 页。
③ 参见 Edmund Gettier, "Is Justified True Belief Knowledge?" *Analysis*, Vol. 23, No.6(1963), pp.121-123。

"葛梯尔问题"(the Gettier problem)。这一问题一经提出就引发了学界关于知识论的大讨论,出现了德性知识论(virtue epistemology)、认识的语境主义(epistemic contextualism)、认知运气(epistemic luck)①等对此问题的回应,至今仍然充满争议。

历史学界对于"知识"的掘进,可以回溯到20世纪早期对知识社会史的关注。然而20世纪初的知识社会史研究在经历了起始时的辉煌之后迅速走向低潮,直至20世纪中叶以降,知识社会学才逐渐走出黯淡,出现了复兴的趋势。②根据彼得·伯克的总结,知识社会史第二次浪潮所强调的重点与第一次有所不同,主要在四个方面呈现差异。第一方面,其重心已经从知识的获取、传播转移到知识的"建构""生产"乃至"制造"上,强调"知识政治学"。第二方面则体现为,数量庞大而多样化的知识拥有者群体更受重视,实用的、地方性的或日常的知识被严肃对待。第三个不同之处在于,知识社会史更加关注微观社会学,关注小群体、关系网或"认识论共同体"(epistemological communities)的身份与日常知识生活。第四,主张知识具有社会情境,需要还原其使用的场域。③ 据此,知识社会史的研究方法与取向可简要概括为:不仅关注知识传播的方式,更侧重其"建构"和"生产"的各个环节。在具体的研究过程中,也不再局限于经济和社会层面,而应广泛关注到政治、宗教、民俗等因素产生的影响,例如政治文化、民间信仰与知识演进的互动,以及知识拥有者的多样性,和知识传统的不同取向。

正因为"知识"定义的复杂性和历史学界对于"知识"本身关注点的变换,在对于"知识"一词的使用和分类方面,历史学家们往往各执

---

① 相关研究可参见 Linda Zagzebski, *Virtues of the Mind: An Inquiry into the Nature of Virtue and the Ethical Foundations of Knowledge*, Cambridge University Press, 1996; David Lewis, "Elusive Knowledge", *Australasian Journal of Philosophy*, Vol. 74, No.4(1996), pp.549-567; Duncan Pritchard and Lee John Whittington eds., *The Philosophy of Luck*, Wiley-Blackwell, 2015.

② 参见〔英〕彼得·伯克《知识社会史》上卷"从古登堡到狄德罗",陈志宏、王婉旎译,浙江大学出版社2016年版,第3页。

③ 同上书,第9页。

一词。罗伯特·达恩顿(Robert Darnton)在《屠猫狂欢》(The Great Cat Massacre:and Other Episodes in French Cultural History)一书中讨论到知识分类的问题。他列举了狄德罗(Denis Diderot)与达朗伯(Jean le Rond d'Alembert)、培根(Francis Bacon)、钱伯斯(Ephraim Chambers)的"知识树"(人类知识体系图表)分类,发现他们分别将知识(或"理解"或"人类的学识")分为"记忆、理性、想象"/"记忆、想象、理智以及神圣的知识"/"自然的与科学的、人为的与技术的"三大类。① 能够看出即便分类方式和定义不同,但是他们在认为知识有出于自然和出于记忆、想象的区别上是一致的。彼得·伯克在《知识社会史》一书中则对"信息"(message)与"知识"(knowledge)加以区别。他认为"'信息'一词特指相对'原始的'、特殊的和实际的,而以'知识'一词表示通过深思'熟虑的'、处理过的或系统化的"②。实际上,这是在引导我们思考:信息,尤其是在当下资讯膨胀的时代,泥沙俱下、真假难辨的"信息"如何经过处理而能够转化为"知识"并为人所用。以上诸种说法,已经点出了历史学领域所关注的"知识"的特点:一方面是来源的特殊性,不仅有源于自然与实践,同样可以来自于想象与情感;另一方面则是"知识"处理的复杂性,如"知识"何以成为"知识","知识"又当如何分类、使用等。在具体的知识社会史研究课题中,对于以上两个问题的限定与解读,则显得至关重要。

二、百科全书与类书中的知识分类

美国历史学家哈斯金斯(Charles Homer Haskins)在讨论欧洲12世纪的文艺复兴时认为,这场文艺复兴在科学领域外现最为明显,尤其是在百科全书(encyclopedia)的编纂方面。③ 在7世纪塞维

---

① 参见〔美〕罗伯特·达恩顿《屠猫狂欢:法国文化史勾陈》,吕健忠译,商务印书馆2014年版,第235—257页。
② 〔英〕彼得·伯克:《知识社会史》上卷"从古登堡到狄德罗",陈志宏、王婉旎译,第12页。
③ 参见〔美〕查尔斯·霍默·哈斯金斯《12世纪的文艺复兴》,夏继果译,上海人民出版社2005年版,第244页。

利亚的伊西多尔(Isidore of Seville)《词源学》(*Etymology*)基础上，12、13 世纪的欧洲出现了巴塞洛缪(Bartholomew)撰写的《事物的特性》(*On the Properties of Things*)、博韦的樊尚(Vincent of Beauvais)编著的《知识宝鉴》(*Speculum maius*)等富有见解的百科全书式著作，体现了这一时期在数学、物理学、气象学、地理学、占星术、炼金术、医学、动物学、植物学等方面的一系列成就。哈斯金斯的研究表明，有关这些特定知识集合的探讨，对于了解当时知识的分类具有显著意义，而从收录内容、编纂方式和"把事实与传说结合起来"①的局限来看，这些"百科全书"与中国同时期的类书有异曲同工之妙。那么以"类书"形式出现的文献，是否可以帮助我们了解时人知识水平的一般状况乃至知识分类的具体情形呢？

　　西方的文艺复兴在知识分类领域有鲜明的变化，东方的"文艺复兴"亦具备相似性。宫崎市定(Miyazaki Ichisada)曾在对比东西方的"文艺复兴"时，将公元 11 世纪北宋时期作为东洋的"文艺复兴"时期，并从哲学、文体、印刷术、科学和艺术五个方面概括了两个"文艺复兴"所囊括的最重要之因素。② 虽然这种平行的比附无论在时段选取还是原因揭示方面尚存在各种各样的问题，但是宫崎氏无疑较早注意到了自北宋开始的这场社会文化变动，揭示了中国社会自汉唐以降不同的历史走向。而其中知识的丰富、更新和与之相应的知识记载、传播方式的更化，是这场"文艺复兴"不可忽视的一环，这与哈斯金斯对于 12 世纪欧洲文艺复兴的看法不谋而合。作为当时承载一般知识、思想最为集中的史料，同时亦是直观表达知识分类的载体，类书对于考察知识结构的作用不言而喻。

　　福柯(Michel Foucault)在研究欧洲中世纪知识社会史的过程中，同样注意到"百科全书"以及由此生发的知识分类之重要性。实际上，他编写《词与物》(*Les Mots et les choses*)一书的缘起，即是在

---

① 〔美〕查尔斯·霍默·哈斯金斯:《12 世纪的文艺复兴》，夏继果译，第 270 页。
② 参见〔日〕宫崎市定《东洋的文艺复兴和西洋的文艺复兴》，载中国科学院历史研究所翻译组编译《宫崎市定论文选集》下卷，商务印书馆 1965 年版，第 37—42 页。

博尔赫斯(Jorge Luis Borges)的作品中看到其引用的某本"中国百科全书"(即类书。——引者)对于动物的分类法。① 这种独树一帜的分类方式引起了他关于同一性与差异性以及知识如何被形构的思考,并由此提出了认识型(épistémè)的概念。他十分重视分类学在认识自然物中的作用,认为"当人们论及给复杂自然物以秩序时,人们必须构造一个分类学"②,并且提出了分类学实践中必备之要素。"这些符号(知觉、思想等。——引者)必定具有一种作为特性的价值,就是说,它们必须把整个表象连接成有区别的小区域,这些小区域因可确定的特征而相分隔开来(即差异性。——引者);这些符号还准许确立一个同时性体系……使得符号的亲缘性显示出来(即同一性。——引者),并恢复符号在永久空间中的秩序关系。"③实际上这一段拗口的翻译试图传达的是分类学中差异性与同一性的问题,即事物以何种标准相区分又以何种关联相类属。事实上,变化多端的分类准则几乎贯穿了所有古代类书的编纂过程,对于这些标准的考察,能够无限逼近彼时彼处知识体系的构造形式。

　　源于上述研究的启发,笔者认为,如果要考察中国古代某一时期知识体系的构造和知识分类的方式,作为知识集合的类书无疑是极其重要的凭借。在一部类书中,不同部类的分次代表各事物的差异性,而同一部类之下的内容,则带有某种意义上的同一性,这种异、同相辅相成的状况,构成了认知事物的多元秩序。葛兆光曾指出,"各类中无意识地堆垛的各种通常共享的文献,恰恰就是我们测定一般知识、思想与信仰水准的材料"④,而关于这些材料的分类方式,即是探察时人知识体系的一种途径。时贤曾在研究中利用类书的分类,

---

　　① 参见〔法〕福柯《词与物:人文科学考古学》,莫伟民译,上海三联书店2002年版,前言,第1页。关于这部"中国的百科全书",出自《约翰·威尔金斯的分析语言》一文,原文为"使人想起弗朗茨·科恩博士对一部名为《天朝仁学广览》的中国百科全书的评价"。实际上这本书是杜撰的,博尔赫斯在这里是要表达对于事物分类和语言符号的思考。参见〔阿根廷〕豪·路·博尔赫斯《约翰·威尔金斯的分析语言》,黄锦炎译,载林一安编《博尔赫斯全集·散文卷》上,浙江文艺出版社1999年版,第426—430页。
　　② 〔法〕福柯:《词与物:人文科学考古学》,莫伟民译,第96页。
　　③ 同上书,第98页。
　　④ 葛兆光:《中国思想史·导论》(第2版),复旦大学出版社2013年版,第18页。

尤其是明代日用类书的丰富材料探讨当时农学、艺术、医学等知识和理念①；或是利用类书考察某一具体问题在特定时期的争论，比如刘静贞对于墓志起源知识的梳理②等，已经做出了良好的示范。借助类书这一集中展现特定时段知识分类的材料，可以深刻把握当时一般的知识体系状况，这不仅是从知识角度拓展中国古代史研究的一个较新进路，同时也大大开阔了知识社会史的研究场域。

三、举隅：唐宋时期"草木"知识体系的考察

笔者曾尝试借助类书中"草木"知识分类范围演变这一剖面，来探讨唐宋时期知识生成、传播和侧重点的变化。③ 在唐宋时期的文献中，像"草木"这类恒常所见的语词，其内涵和外延却是在不断变动的，尤其是在"草木"知识体系初成之时。唐代确立了以《艺文类聚》草、谷、果、木为基础的"草木"分类体系，不断扩充至北宋前期的《太平御览》《太平广记》中达到最大范畴，此后则在知识专门化的影响下出现了分类细化。北宋中期以降的类书中，药、香、茶逐步剥离，至南宋时大致形成了不含特殊药、香等效用的草、木、竹、花卉以及包含水果、菜蔬的"草木"分类范畴。正是随着对"草木"知识的深入认知，南宋出现了专门记载"草木"知识的类书——《全芳备祖》。借由分析该书"草木"分部、排次和引书情况，揭橥以《全芳备祖》为中心的相关类书中"花部"地位跃升、"草木"知识互相传抄和大量引用植物谱录的特点。宋代涌现了为数众多的植物谱录，而它们又为类书提供了丰

---

① 相关研究可参见魏志远、李园《明代日用类书中的养生思想》，《延安大学学报》（社会科学版）2020 年第 1 期，第 11—18 页；杜新豪《地域转移、读者变更与晚明日用类书农桑知识的书写》，《中国农史》2020 年第 4 期，第 10—17 页；熊天涵《晚明民间书法知识建构与阶层审美的区隔——以民间日用类书为例》，《书法教育》2020 年第 4 期，第 14—20 页；刘耀《从日用类书看晚明民间社会的医疗理念——以"医学门""养生门"为中心》，《西南大学学报》（社会科学版）2020 年第 5 期，第 176—182 页。

② 参见刘静贞《唐宋类书中墓志起源知识试析》，载包伟民、刘后滨主编《唐宋历史评论》第六辑，社会科学出版社 2019 年版，第 81—94 页。

③ 参见杨瑞《唐宋时期"草木"知识体系的渊源、变动与呈现》，复旦大学中国史博士学位论文，2022 年，第 18—54 页。

富的"草木"知识来源。通过征引、借鉴等方式,类书从植物谱录中获得的"草木"知识不断流转,形成了一个以综合性类书、植物类书、植物谱录为载体的"草木知识网络"。在集结前代记述优长的基础上,"草木"知识体系渐趋形成,并进一步将重点转向"草木"的鉴赏层面。

在探究唐宋"草木"知识体系建立与变动的进程中,笔者关注的视线从综合性类书聚焦到专门记载"草木"的植物类书,接下来又引出具体记录某一种或某几种"草木"的植物谱录,是一个由一般知识逐步走向专门知识的过程。知识分类的细化、内容的"提纯"包括专门知识与文献的产生,都是这一进程的表现。如果我们一开始即从专门知识入手,比如"药"中的"本草"部分,则会发现其专门化的过程很早就完成了。南朝梁陶弘景《本草经集注》中即将药物分为玉石、草木、虫兽、果、菜、米食、有名无实七大类,"草木"和"果、菜、米"已经分为不同部类[1];唐代《新修本草》中将"草木""虫兽"细绎为草、木、兽禽、虫鱼四类,连同玉石、果、菜、米、有名无用共九类[2],其分类更趋细致。可见,本草文献中对于"草木"范畴和分类的认知,要遥遥领先于代表一般知识水准的类书中的水平。当然,这并不奇怪,本草作为一门极具专业性和技术性的专门之学,其对于"草木"认知的精度是人命关天的大事,严谨的分类、命名与描述是其能够在后世成为独立知识门类的势所必然。但我们却不宜认为唐代已经完成了"草木"范畴和分类方式的变动,毕竟专门之学不能为当时大多数人所接触乃至接受。

以上通过探查唐宋时期"草木"一词内涵和外延的演变,我们能够看出类书在反映知识体系变动过程中的作用。不仅如此,不同领域中知识"博"与"专"的相对性及其复杂的传播方式,也是需要关注

---

[1] 参见〔梁〕陶弘景编,尚志均、尚元胜辑校《本草经集注》(辑校本)目录,人民卫生出版社1994年版,第1—14页。此处是依据敦煌出土《集注》序录中七情畏恶药物的记载,按照药物自然属性分为七类。参见〔梁〕陶弘景撰《本草经集注·序录》,载范行准主编:《中国古典医学丛刊》,群联出版社1955年版,第81—90页。

[2] 参见〔唐〕苏敬等撰、尚志均辑校《新修本草》总目次(辑复本第二版),安徽科学技术出版社2004年版,第1—2页。

的方面。正如笔者在上文中所总结的,"知识"的来源广泛而其处理方式又十分复杂,对于知识分类、传播以及接受过程的考察,应是知识社会史讨论中不可回避的部分,亦是中国古代史研究可以参照的新视角。

作者简介:杨瑞,历史学博士,华中师范大学历史文化学院讲师,研究方向为中古史,知识社会史。

前沿动态

知识史新书两种

何　炜

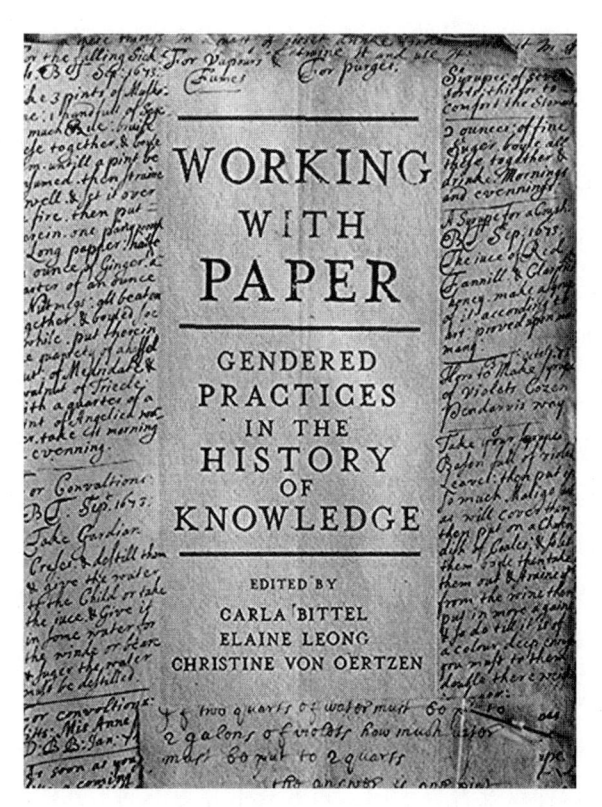

一

Carla Bittel, Elaine Leong and Christine von Oertzen eds. *Working with Paper: Gendered Practices in the History of Knowledge*. Pittsburg, PA: University of Pittsburgh Press, 2019. 376 pp. ISBN: 0822945592.

当性别史与知识史这两大话题碰撞在一起,会绽放出怎样的火花?美国的女性史学者卡拉·比特尔(Carla Bittel)于2016年访问柏林的马克斯·普朗克科学史研究所(Max Planck Institute for the History of Science,MPIWG),在她和MPIWG的两位同事伊莱恩·梁(Elaine Leong)及克里斯蒂娜·冯·奥尔岑(Christine von Oertzen)闲聊时,三人灵机一动,决定开启一项同时连接这两个话题的跨界项目,而连接这两个话题的则是一种再常见不过的材料——纸张。作为这一项目的最终成果,论文集《以纸工作:知识史中的性别化实践》提出:人们对纸张的使用不仅体现了其职业在社会中的位置,同时也体现了其性别认知;知识工作总是在日常生活的权力结构中进行的,而性别无疑是最重要的权力结构之一。来自不同研究领域的学者们在《以纸工作》中展现了纸张如何在日常生活中参与构建关于性别的知识。不过,稍显遗憾的是,文章的讨论对象全部集中在近现代的欧洲和北美地区,只有雅各布·艾弗斯(Jacob Eyferth)撰写的后记试图进行中国传统社会和欧美社会的比较。

《以纸工作》的第一部分关注纸的社会物质史,即作为物质的纸如何帮助人们获得自己的社会身份和社会关系。例如,西蒙·韦雷特(Simon Werrett)发现,18世纪英格兰的男性学者们把女性纸的使用(例如卷发和烹饪)斥为浪费,以此来凸显他们以纸进行的知识活动的高贵;加布里埃拉·萨莱(Gabriella Szalay)则关注了18世纪德国的造纸方式之争,学者和工匠就造纸原料争执不下,而这一争执也可以被解读为他们对男子气概归属的争夺:学者将其归于智力活动,工匠则将其归于体力劳动。第二部分的论文旨在开拓我们对纸作为工具或技术的认知,学者们讨论了西班牙的儿童登记簿、颅相学的图表和信件以及普鲁士的人口普查卡片等不同形式的纸质产品,并关注它们如何在知识创造和管理的过程中参与性别认同的塑造和讨论。第三部分"知识、权力与日常"在主题上似乎和前两个部分没有本质差别，其中的四篇文章揭示了知识实践和性别权力结构密不可分的关系，比如伊丽莎白·耶尔（Elizabeth Yale）通过检查近代博物学家及其家人的信件，证明了在日常工作、通信的程式化语句与遗作发表的过程中，男性学者的家人们始终在对知识的生产和流通做出贡献。

《以纸工作》最大的特色是将知识史和性别史连接起来，从而使读者能够同时运用两种新兴的视角来分析近现代欧美社会的历史。单从知识史的视角来看，《以纸工作》中的一些文章（例如希瑟·沃尔夫（Heather Wolfe）关于近代早期英国书信文化的文章）关心的主要是某种以纸为基础的技术和文化形式，和知识史的关系可能不那么大。然而，贯穿《以纸工作》的一个重要信念正是知识绝不局限于象牙塔中。许多文章的主题都是日常生活中的知识，例如编者之一伊莱恩·梁的文章就着眼于英格兰家庭主妇们的食谱和药方：当她们依据当时的生理学知识对这些方子进行分类和检索时，事实上是在和男性学者一样进行着知识活动。阅读《以纸工作》无疑有助于我们反思知识的定义与知识史的研究范围。

内容目录

Introduction

Paper, Gender, and the History of Knowledge (Carla Bittel, Elaine Leong, and Christine von Oertzen)

PART I Beyond the Page: The Sociomaterial History of Paper

Letter Writing and Paper Connoisseurship: in Elite Households in Early Modern England (Heather Wolfe)

Papering the Household: Paper, Recipes, and Everyday Technologies in Early Modern England (Elaine Leong)

The Sociomateriality of Waste and Scrap: Paper in Eighteenth-Century England (Simon Werrett)

Paper Trials, Multiple Masculinities, and the Oeconomy of Honor(Gabriella Szalay)

PART II Transcending Boundaries: Tools and Technologies

Bookkeeping for Caring: Notebooks, Parchment Slips, and Enlightened Medical Arithmetic in Madrid's Foundling House(Elena Serrano)

Unpacking the Phrenological Toolkit: Knowledge and Identity in Antebellum America(Carla Bittel)

Keeping Prussia's House in Order: Census Cards, Housewifery, and the State's Data Compilation(Christine von Oertzen)

Tracing Paper, the Posture Sciences, and the Mapping of the Female Body(Beth Linker)

PART III Knowledge, Power, and the Everyday

A Letter Is a Paper House: Home, Family, and Natural Knowledge(Elizabeth Yale)

Family Notebooks, Mnemotechnics, and the Rational Education of Margaret Monro(Matthew Daniel Eddy)

Papier-Mâché Anatomical Models: The Making of Reform and Empire in Nineteenth-Century France and Beyond(Anna Maerker)

Women Who Worked with Documents to Rationalize Reproduction(Dan Bouk)

Afterword

Making and Using Paper in Late Imperial China: Comparative Reflections on Working and Knowing beyond the Page(Jacob Eyferth)

二

Johan Östling, David Larsson Heidenblad, Anna Nilsson Hammar eds. *Forms of Knowledge: Developing the History of Knowledge*. Falun: Nordic Academic Press, 2020. 304 pp. ISBN: 9188909387.

北欧学者对知识史研究的兴趣最初起源于他们在德国 MPIWG 的访学经历,随着时间推移,这一新兴领域在瑞典的隆德生根发芽。隆德大学在 2018 年至 2019 年组织了一系列以知识史为主题的工作坊,参与者都来自北欧国家的高等学府。当与会学者的成果结集成册时,恰逢隆德知识史中心(the Lund Centre for the History of Knowledge, LUCK)在 2020 年成立,《知识的形式:发展知识史》便成为 LUCK 的第一部出版物。《知识的形式》的三位编者都来自瑞典隆德大学历史系和LUCK；约翰·奥斯特林是隆德大学历史系副教授和LUCK的主任，另两位编者戴维·拉尔森·海登布莱德和安娜·尼尔森·哈玛尔则是LUCK的两位副主任。

在导言中，LUCK的三位主任指出：尽管知识史吸引了来自不同领域的研究者，但学者们对它牵涉的各种概念依然有着不同的理解。甚至有学者提出疑问：我们是否需要一个新术语来描述前辈学者早已做过的事情？知识史实质上的新意到底在哪里？面对这些问题，为《知识的形式》供稿的学者们决定不对"知识""流通"和"社会"等关键概念进行纲领性的定义，他们相信不存在一个适用于所有领域和年代的定义。学者们可以用不同的，甚至相互矛盾的方式使用这些概念，但这并不会导致学者之间对话的中断；如果论点能被提炼得更精确，并始终警惕自身的立场与局限性，知识史研究中的分歧也会是富有成效的。

《知识的形式》收录的15篇论文被分为三组。第一组文章展示了知识史研究领域的扩展：知识史的视角可以超越科学史、教育史和思想史等传统的知识研究领域，为宗教史、微观史和外交史等研究服务。例如，卡伊萨·布里克曼（Kajsa Brilkman）引入"忏悔知识"的概念，研究宗教改革后的基督教知识实践。通过知识史的视角，布里克曼抓住"流通"这一概念，提供了对近代早期路德宗知识生产和传播的新理解。第二组文章探讨了知识史中的理论和概念，如劳拉·斯科维格（Laura Skouvig）讨论了信息史的定义及其与知识史的异同；维多利亚·霍格（Victoria Höög）运用时间性（temporality）的框架重新审视孔多塞的《人类精神进步史表纲要》；科罗利娜·恩奎斯特·卡尔格伦（Karolina Enquist Källgren）则提炼出了五个知识史研究的概念工具：形式（form）、起源（origin）、综合性（synthesis）、连贯性（coherence）和等价性（equivalence）。第三组文章涉及知识的运动和行动者，比如埃里克·博登斯腾（Erik Bodensten）讨论了马铃薯在瑞典传播所依托的知识网络，马丁·埃里克松（Martin Ericsson）与玛丽亚·西蒙森（Maria Simonsen）则关注联合国教科文组织。总的来说,《知识的形式》收录的文章既包括知识史在历史研究中的具体应用,也涉及知识史的理论、概念和方法论,足以体现北欧学界在知识史研究领域的进展。

值得一提的是,该书还邀请了斯德哥尔摩大学两位研究科学史和思想史的学者对该书进行批判性的评论,作为这部论文集的结尾。斯塔凡·伯格维克(Staffan Bergwik)和林恩·霍尔姆伯格(Linn Holmberg)指出,知识史的跨学科特色和它本身作为一个独立领域的主张存在一定冲突。许多学者倾向于把知识史作为一个多学科、跨学科的知识研究的总称,但也有人相信可以构建作为一个具有特定特征的、作为新兴分支学科的知识史。本书的编者们并未给这些争执提供答案,倡导"富有成效的分歧"。这导致不同作者在使用"知识"和"流通"这样的关键性概念时出现了不小差异。如果研究对象的概念缺乏连贯性,那么学者们能在多大程度上相互借鉴呢?与编者的主张相反,两位学者提倡知识史的研究者们在术语的定义、应用、与其他概念整合等方面加深功夫,以便让知识史对一个新的宏观叙事做出贡献,而不仅仅是产生更多碎片化的案例研究。伯格维克和霍尔姆伯格还评论了书中一些作者试图脱离科学史、亲近社会史的做法,并反思了科学史和知识史的边界。虽然与编者的思路似乎背道而驰,但对关注知识史的定位与边界的读者而言,《知识的形式》末尾的这篇反思无疑是相当有价值的。

内容目录

Introduction
Developing the history of knowledge (Johan Östling, David Larsson Heidenblad & Anna Nilsson Hammar)

I Expanding the Field
1. Confessional know ledge (Kajsa Brilkman)
2. Financial know ledge (David Larsson Heidenblad)
3. My grandmother's recipe book and the history of know ledge

(Peter K. Andersson) 59

4. An Ottoman imperial North(Joachim Östlund)

5. 'Is there no one moderating Wikipedia?????'(Maria Karlsson)

II Examing Key Concepts

6. The raw and the cooked(Laura Skouvig)

7. Phronesis as therapy and cure(Cecilia Riving)

8. What is conventional wisdom? (Björn Lundberg)

9. Histories before history(Victoria Höög)

10. In the laboratory(Karolina Enquist Källgren)

III Setting Knowledge in Motion

11. A societal knowledge breakthrough(Erik Bodensten)

12. Contested knowledge(Martin Ericsson)

13. Routes of knowledge(Maria Simonsen)

14. A helpful Handbuch of émigrés(Lise Groesmeyer)

15. Objects, interpretants, and public knowledge(Karl Haikola)

Concluding reflections

Standing on whose shoulders? (Staffan Bergwik & Linn Holmberg)

作者简介:何炜,复旦大学历史学系博士研究生。

微观与宏观/全球之间
——对西方史学界近年来相关研讨的介绍

冷昉暄

微观与宏观/全球之间的张力,是当代历史学及其他众多社会科学面临的一项重要议题。在其2011年的一篇开创性论文里,弗兰西斯卡·特里维拉托郑重提出了如下问题:"当'全球化'和'全球'这种与'微观'完全无关的关键词成为人文学科和社会科学的主要关键词时,这种方法(指微观史的方法)在今天还能做出什么贡献?"①这个问题本身带有一定的时间和空间张力:最早的意大利微观史家始终在意"如何构想微观和宏观分析尺度之间的关系"、"从个案研究中得出的概括程度"的问题,②而从英语学界风靡开的全球史和宏观史则主要是站在先前"文化转向""叙事复兴"的潮头之后进行自我反思。换言之,双方的思考是不同步的,并在某种程度上指向了不同的对子:前者思考的是微观层面—全球/宏观层面,后者的思考则是基于"微观史"—"全球史"/"宏观史"。更具体地说,后者往往以自身为参照,将微观史识别为同情边缘人物、醉心小事件的叙事,并从它对原始文献的阅读和使用上识别其地方性关注。二十多年来,在对微观史长处的自行观摩和借鉴下,全球史当中出现了"全球微观史"等新动态,而这些也势必将对微观—宏观/全球的思考继续向前推进。③

---

① Francesca Trivellato, "Is There a Future for Italian Microhistory in the Age of Global History?", *California Italian Studies*, 2:1(2011).

② Ibid.

③ 本文所谓"宏观史",主要依据大卫·克里斯蒂安的定义:"在众多不同的大尺度——乃至包括最大的宇宙学尺度——上探究过去。"他说,"宏观史"在定义上等同于"大历史",专门创设这一新名号,乃是为了突出它与"微观史"之相对。参见David Christian, "Macrohistory: The Play of Scales", *Social Evolution & History*, 4:1(2005), pp.22-59。本文之所以要在全球史之外提及宏观史,一方面是因为后文所介绍的内容涉及它,另一方面也是因为想要凸显当下与微观史初现之时对微观—宏观张力之思考的不同。

本文将介绍西方史学界近年来的三次相关研讨,分别是2013年《美国历史评论》杂志的年度会谈"规模何以重要:历史学中的尺度问题"、2015年《中世纪和近代早期研究杂志》的"微观史和历史想象:新前沿"专刊、2019年《过去与现在》杂志的"全球史与微观史"专刊。它们都是相关集体讨论的见刊成果,各有其特点和倾向:第一次的会谈人各有专攻,但所论皆颇能体现北美式视角;第二次的会谈人和作者兼有微观史家和借鉴微观史的其他方向学者,他们明确认识到欧洲和北美的取向之不同;第三次的作者则大多是全球史家,他们对于微观史有不同的认知,但在该卷里,他们共同致力于探索如何在研究中结合全球与微观—地方,并且给出了各自的实操方案。

一、《美国历史评论》(2013年)

《美国历史评论》[①]杂志的会谈由四位学者讨论"大尺度"历史的现状和前景,它的两种面貌——"大历史"和"深度历史",以及世界史或全球史——各有其缘起和特征,在"大尺度"历史有关人类及其能动性和史料批评这两大根本性问题上,也各有其表征与回应。主持编辑共计引导了四组问答,以下一一概述。

第一个问题是,当今"以某种方式对时间和空间方面的尺度问题进行反思"为何具有超越以往的紧迫性。塞布·大卫·阿斯拉尼安阐述了历史学的内部趋势,尺度转移的问题是世界史或全球史的实践所必然带来的。乔伊斯·查普林紧接着补充了外部影响,这既包括计算机新兴技术的诱惑和社会科学先蹈的引领,也包括环境乃至地球命运问题的呼唤。随后安·麦格拉斯从时间尺度出发,认为这一意义上的"宏观"可以警示我们历史的偶然性与时间的非线性和异

---

① Sebouth David Aslanian, Joyce E. Chaplin, Ann McGrath, Kristin Mann, "How Size Matters: The Question of Scale in History", *American Historical Review*, 118: 5 (2013), pp.1431-1472.

质性,而这与无限小的"微观"——如细胞或 DNA 的层面——并不冲突,二者相互提供信息。克里斯汀·曼恩则在肯定上述观点之余,指出历史学无论是向更大还是更小的尺度进取,都是在"争夺它以前留给其他学科的知识领地",在此,"深度历史"尤其能促进对方法论和叙事主题的反思与拓宽。

针对麦格拉斯的回答,主持人进一步提问:"完整的人类主体的'微观'"该向何处寻?在不同尺度的研究下,人类的能动性会如何?曼恩认为,哪怕是在"深度历史"中,并非叙事中心的人类行为者也仍然是叙事的重要组成部分,更加需要思考的问题应该是历史学家的深度叙事会如何影响读者的认知。接下来麦格拉斯直面提问,回应说"精心制作的私密故事"倘若获得更大的时空背景,可以"对更大型的故事和人类境况具有象征性和指引性";但是,在扩大时空尺度、追求异质性、实践去中心化的同时,也要提防它带来对历史的政治的逃避。查普林则认为不同大小的区域都有其内在特征,应同等对待,而其中"对单个小物品的巨大影响(和地理范围)的研究"拥有相当多的读者,这提请历史学家思考其受众为何、是否有迎合或回避受众的问题,并进而反思自身的工作是否在对抗当今全球化社会面临的问题。最后,阿斯拉尼安指明了"大历史"和"深度历史"在"阅读"原始资料和人类能动性两方面的缺漏,而微观史在这两方面都可提供助益。

主持人也认为这些宏观尺度的历史书写"远离现实中的人的生活","无法重建他们的生活轮廓和他们为自己创造的意义",这将查普林延伸出的问题推上了前台。查普林首先回应道,"地方性的、生活中的、地区或国家的、主观的历史"是必要的,但大尺度的历史并不必然忽视个人或地方,两种路径之间的差异更在于"主位"与"客位"的不同视角。归根到底,学术问题应是多样的,学者不能傲慢地抱有某种后见之明,应去调查而非假设过去。曼恩的观点大同小异,他认为历史学家在设计自己的研究时所选择的时空尺度都是且应是最适配的或最具启发性的;但同时,既然历史学是多样的,那也应包容超越人类主体的"大历史"和"深度历史",并直面它们对史料和证据的原有概念的挑战。阿斯拉尼安继续阐发自己方才的观念:"全球视角有时可能是使地方或国家有意义的更有效的方式",更是与我们的身份和我们的时代息息相关,但依然有很多主题无法用它来解释清,在此微观分析是必要的补充,而"大历史"和"深度历史"就提供不了什么助益;不过,两种大尺度历史都"对我们专业的两大支柱——语文学(和原始资料研究)与能动性——构成严重威胁"。麦格拉斯则一方面认为历史学家确应"珍视同情心",但也应拥抱技术突破而非满足于"提供文本细节";另一方面,她也强调全球视角和"大"而"深"的视角是面对社会问题的积极反应,因为它们敦促重新审视隐含权力关系的二分法,有望减少历史学中的偏狭,并鼓励历史学家思考多背景下的人类共性。

第四组话题包含两个分问题:第一,学者如何确定"全球视角对'理解地方或国家'真正有用",如何确定自己的归纳过程并非强加于之?第二,如何看待世界史或全球史在教学和教职中过分挤占地区国别史的风险?麦格拉斯认为全球视角是一种必要的矫正,但一方面,它依赖于地方和国家研究缔造的高质量基础,另一方面,孤立和断裂等情况也是它所应包含的。曼恩则肯认了地方视角、内部视角的重要作用,而对于地方性专业知识也应沟通整合,这样才能理解全球经验的多样性,"不仅在当地而且在全球提供更真实的焦点"。此外,他还号召历史学应凸显自身重要性,获取更广泛的支持基础。接下来,查普林再度强调了自然必须出现在历史学家的关怀中;关于第二个分问题,她则认为关键乃在于让学生对历史真正感兴趣,而这首先需要回答历史与今天的世界究竟有何相关性。最后,阿斯拉尼安将两个问题归结为"在世界史或全球史中如何完成'知识生产'",对此她继续主张应结合微观视角和宏观视角,尤其是用前者来补益,最理想的做法就是"保留地区研究,但鼓励其专家接受'全球转向',并与世界史和相关历史领域沟通其方法论见解"。

二、《中世纪和近代早期研究杂志》（2017年）

《中世纪和近代早期研究杂志》的"微观史和历史想象：新前沿"专刊包含一篇简短的介绍性导言、一篇圆桌讨论记录、四篇论文、一篇简短的总结述评，四篇论文里头一篇是托马斯·科恩专论微观史，后三篇是在不同领域内探索微观史的"新前沿"，其中最末一篇是乔纳森·戈布哈特的全球微观史研究。

《微观史在今天：一次圆桌讨论》[①]从微观史的现状出发，主要探讨它的发展历程和在实践中发生的变化，以及它在当下史学潮流中巍然独树的优势和卖点，最后围绕部分与会者的研究展开互动。在讨论中，托马斯·科恩和保罗·达顿对微观史学与案例研究进行了区分：后者自成一体，受现象本身而非案例引导，始于问题、终于答案，前者则受特殊性吸引，被"如何解决这些难题"的追问引导，但却不一定给出明确的结论。随后与会者纷纷指出微观史的优势所在，如可以提供质疑一般性假设的手段和理解其他生存方式的途径（戈布哈特），如能在日常生活中观察大多数人那偶然的、可改变的、不完全可知的逻辑和动态，认识到人类经验的碎片化和地方性（托马斯·罗比修斯），并触及情感和感官这些人类经验的基本部分（莎朗·斯特罗基亚），又如可以在全球网络的规模上依然捕捉到个人或边缘群体的能动性（萨拉·佩特罗希洛）。另一个显著的优势则与文本的开放性和反思性有关：微观史经常以"开放式结局"等方式邀请读者进入历史学家的工作，"让读者做出决定，权衡合理性"；但是不同于小说家的叙事，微观史家在进行"想象力的飞跃"时，仍以"坚实的证据和自我反思"为基础，其开放性实受"如何解决这些难题"的思考引导——这一思考过程甚至也会被叙写出来——这体现了微观史特有的对其自身是什么的"反思性迷恋"。此外，与会者还多次提及了历

[①] Thomas Robisheaux, ed., "Microhistory Today: A Roundtable Discussion", *Journal of Medieval and Early Modern Studies*, 47:1(2017), pp.7-52.

史写作中的尺度问题，对此戈布哈特表示可以在微观和宏观之间穿梭，但要谨记"宏观永远不应从微观中消失"；罗比修斯则认同雅克·雷维尔的观点，认为"这些二分法只是修辞游戏"，研究中始终应使用最适合具体问题的分析尺度；科恩的主张是微观史家和宏观史家应加强对话、谋求兼容，因为"改变尺度不只是一个随意的选择，它是一种完全不同的观察世界的方式"。最值得注意的是伊斯特万·斯齐亚托的发言，他直指微观史关乎"概括性"或"代表性"的关键问题。如何能够通过研究单一的案例来回答"伟大的历史问题"或一般问题？斯齐亚托给出了三种可能的方式：第一种是认可"所寻求的答案可以在任何一个古怪的细节中找到"；第二种是凭借爱德华多·格伦迪"正常的例外"概念或卡洛·金兹堡"追踪"的方法，以某种"选择机制为前提"，"通过分析小的线索来接近一个无法直接触及的现实"，抑或是响应乔瓦尼·莱维，视"改变尺度"——在微观尺度下揭示在宏观尺度下未能被观察到的因素——为微观史的核心；第三种——也是他和科恩所支持的——则是援引"分形"概念来解释微观—宏观的联系，认为"在'历史'与微观历史之间存在着自我相似性，前者是一种想象的、只是潜在而未实现的表征，后者则是一种有限的、因而可实现的表征"，微观史家乃是在遇到一个特定的案例时突然认识到其所一直想象的总体图景。

科恩的《微观史学的宏观史》①一文同样对微观—宏观的联系有所思考。他首先界定了微观史学的六大特点，其内容与圆桌讨论中的观点并无太大不同，需要注意的是其中科恩指出，微观史"坚持事物之间的紧密联系，无论尺度大小"，小世界与更大的世界被视作紧密交织；但二者间并不具备"任何形状和结构的相似"，而是共同体现出"分形"的性质，这意味着，相较于宏观层面的分析，微观史在"放大小的已知的同时，也放大了无数的未知"。其次，科恩认为微观史学虽有一些理论基础，但在后来已演变为一种灵活的方法论实践，它可

---

① Thomas Cohen, "The Macrohistory of Microhistory", *Journal of Medieval and Early Modern Studies*, 47:1(2017), pp.53-73.

以补益所有形式的历史方法论。那么具体可以从哪些方面入手？科恩主张以"本体论转向"超越"语言学转向",关注过去的人如何体验其生活和理解其自己,"能动性""物质文化""身体""空间转向""经验本身"以及"时间"便是其六端。像全球史就可以从对生活的各个方面的微观式关注中获益,即关注"人们实际体验和塑造全球网络并感受其影响的生活尺度"。此外,科恩还强调应同等对待大者与小者,并号召思考如何同时思考二者:在全球研究盛行的时代,必须要回答"微观如何为宏观服务,反之亦然",而最好的答案就是"重视小者以澄清大者,反之亦然"。

戈布哈特想要将微观层面结合进宏观层面的分析,他认为后者容易忽视个人和能动性。在其《微观史和微观世界:近代早期马尼拉的中国移民、西班牙帝国和全球化》①一文中,他着眼于那些跨越文化和语言的障碍、在边界上促进交流的中间人,叙述了一个"关于'跨文化互动和共存'的故事":胡安·费利佩等一些"出身低微"的中国移民,在马尼拉长袖善舞,凭借着与西班牙殖民当局一致的利益,获取了惊人的财富和权力,并反过来利用其"中间人"的地位剥削乃至虐待其他中国人;华人社区视之为背叛行为,一度将费利佩逼进监狱,后来举行起义时也不忘要杀死他。戈布哈特意在通过此项研究表明两点:其一,在马尼拉这样的"全球城市",根本无法建立一个团结而有界限的"华人社区",因为全球贸易的流动使得很多华侨不可避免地会"与西班牙帝国交织在一起",参与并受制于当地事务;其二,西班牙和华人之间的共存关系非常脆弱,那些促进交流、助通联系的中间人,他们的生活和命运实际上非常微妙、并不安稳,而跨文化理解本身也是有局限的,交流与冲突始终并存。最后戈布哈特指出,微观史对于全球史一个非常大的帮助,就是提供研究那些留存史料有限的中间人的方法,"不仅可以深入他们自己的生活,还可以

---

① Jonathan Gebhardt,"Microhistory and Microcosm: Chinese Migrants, Spanish Empire, and Globalization in Early Modern Manila", *Journal of Medieval and Early Modern Studies*,47:1(2017),pp.167-192.

深入他们生活其中的微观世界",并在此过程中"更清楚地看到近代早期世界是如何被塑造的"——这是一种"以小见大的力量"。

三、《过去与现在》(2019 年)

《过去与现在》杂志的"全球史与微观史"专刊共包含十三篇文章:一篇导言、两篇理论探讨、十篇不同领域内的具体实验。①

约翰-保罗·贾布里勒在《导言:像微观史家一样看世界》②中首先为该卷破题:全球史的发展面临着收益边际递减、难以回答"为谁而设"、旗下分支杂多难调三个瓶颈,且在实践中无法解决忽视地方性研究、欠缺解释变化的能力、难以合理利用原始资料和理论框架、难以检验摆脱欧洲中心主义的成效这四大问题;在此,对联系一般与特殊的问题有着长期且多样思考的微观史无疑可以提供助益,二者间全球微观史的结合形式也已成果斐然,但是仍需进一步探索如何有效结合二者,并回答其本质上"关于证据、解释和概括的问题"。

围绕上述议题,扬·德弗里斯与乔瓦尼·莱维给出了不同的理论思考。德弗里斯在《玩转尺度:全球与微观,宏观与纳米》③一文中质疑微观史与全球史联盟的有效性:一方面,所谓微观史能在"人类尺度的小叙事"中恢复人类能动性、为全球性叙事留下偶然性和主观

---

① 这份专刊是三次由 The AHRC Global Microhistory Network 举办的研讨会的荟萃,它们分别是:2018 年 5 月在华威大学举办的"A Different Point of View: Scales, Spaces and Contexts in Histories of the Local and the Global"研讨会,2018 年 9 月在佛罗伦萨大学举办的"Global Empire, Global Courts: Explorations in Politics and Religion"研讨会,以及 2019 年 9 月在牛津大学举办的"Information, Correspondence and Recording: Keeping in Micro and Global Perspectives"研讨会。该网络还将于 2023 年在 *Journal of Early Modern History* 发表第二份专刊,主题将集中在空间、地方性、旅行和交通、网络上。相关信息参见 https://warwick.ac.uk/fac/arts/history/ghcc/research/globalmicrohistory。此外,国内学界曾对该专刊有过一次介绍,参见杨琼《对尺度和全球与地方关系的新探索——〈过去与现在〉发表"全球史与微观史"专刊》,《国际社会科学杂志(中文版)》,2021 年 9 月。

② John-Paul A. Ghobrial, "Introduction: Seeing the World like a Microhistorian", *Past and Present*, Supplement 14(2019), pp.1-22.

③ Jan de Vries, "Playing with Scales: The Global and the Micro, the Macro and the Nano", *Past and Present*, Supplement 14(2019), pp.23-36.

性的空间,这只是一种幻觉,因为全球微观史最为青睐的"非同寻常的世界性个人"的生活实则充满伪装和矫饰,而青睐这些"离群者"的同时,也意味着抛弃另一些"离群者";另一方面,所谓"用真实的人填充我们的模型",或通过"尺度缩放","将合成的、全球层面的分析与基于档案的微观研究相结合",这同样是一种幻象,因为微观史"对过去行为者的同情和认同"、"破坏了过去与现在之间的差异和距离",它无法真正与过去案例的背景相联系,由此便失去了观照某种外部框架或进行跨背景比较的能力。一言以蔽之,微观的历史并不能够"聚合"到宏观或全球的层面上。其根源则是在于缺乏选择(研究对象)的基础,因为这种联盟强调的相互联系忽略了过程、缺乏历时性视角;这方面反倒是社会科学式的历史学做得更好,它从问题出发、能解释变化,却并不必然脱离档案、遮蔽能动性,且具有更多的理论意识,值得借鉴。

莱维在《脆弱的边界?》①中则明确拒绝笼统的社会科学理论或模型,并赞扬微观史超越了"概括"的程序:它是以"一般"为起点而非终点,是对一般问题做出具体回答,因此它可以帮助全球史在为一个跨国的世界"确定统一性"之外,也能"确定在每个国家和地方的情形下产生的具体答案",从而破除一些理所当然的预设。不过,虽然莱维花费大量篇幅从空间、时间、资料、政治特征、如何处理"理性"议题等方面全盘褒奖微观史相较于全球史的"先进",他却并不认为二者间存在着根本的对立,因为在这种"倾向于探索明显不同的情况之间的联系"的主流全球史之外,还有"着眼于连接不同文化和实践的网络"的全球史,后者与微观史殊途同归。

后面十篇文章在不同领域进行了结合全球史与微观史的实验。《导言》指出,它们共同的指导原则是"将对普遍过程的研究与对原始资料的目的性研究结合起来",但在连接微观与全球的具体方法上则可统分为三种。

---

① Giovanni Levi,"Frail Frontiers?",*Past and Present*,Supplement 14(2019),pp.37-49.

首先，纪尧姆·卡拉法特和贾布里勒本人的两篇文章明确采用了"追踪"不同档案中的相同名字以重建关联的"提名法"，这是意大利微观史的经典方法。卡拉法特在《诉讼之海中的管辖权多元化（1590—1630）：北非与意大利之间的疑难案例、多地点审判和法律执行》①中处理了一桩有关商业讨债的疑难案例，它在不同地方有着不同的审判结果。通过"追踪"该诉讼在地中海西部贸易网络中跨司法和宗教边界的流动，以及对原告皮耶罗和被告弗兰奇这两位商人的活动背景、家庭关系和交际网络的考察，卡拉法特解释了法律在不同地方有所不同执行的原因：人际关系、个人情感、商业惯例、宗教等因素在各地施加着不同的复杂影响。

贾布里勒《流动的故事以及它们会告诉我们什么：在微观史与全球史之间的近代早期的流动性》②一文，则是"追踪"了一名足迹遍布全球、最终因故滞留布宜诺斯艾利斯港的主教乔吉伦斯，考察他流动中的身份以及"布港"当地人如何识别他的身份，最终揭示外来者的身份是"由当地行为者通过当地识别过程决定"。贾布里勒认为这类研究应注意三点：第一，要"超越某种想象中的全球环境，而关注特定地方的日常生活的具体层面"，因为当地人所做的身份识别扎根在后者中；第二，要重视地方身份识别过程中所必然具有的"广泛的偶然因素"，因为乔吉伦斯与当地的关系、当地人对乔吉伦斯所表现的"身份"本身的原初构想，都是偶然的、不可预测的，而"不可预测性正是近代早期世界的一个重要特征"；第三，要给想象力留下空间，"承认历史行为者没有采取的一系列可能性"，因为我们在地方史料——包括虚构作品——中所能触碰到的"乔吉伦斯"，都"绝不是他自己的能动性或他在伪装和自我塑造方面的成功产物"，这实际上是强调不可

---

① Guillaume Calafat, "Jurisdictional Pluralism in a Litigious Sea(1590-1630): Hard Cases, Multi-Sited Trials and Legal Enforcement between North Africa and Italy", *Past and Present*, Supplement 14(2019), pp.142-178.

② John-Paul A. Ghobrial, "Moving Stories and What They Tell Us: Early Modern Mobility Between Microhistory and Global History", *Past and Present*, Supplement 14 (2019), pp.243-280.

预测的地方性结果对流动人物的塑造,换个角度说,就是挖掘个体"如何实际驾驭流动性"的"生存故事"——贾布里勒指出,这正是该文在运用"追踪"的方法,以及借"正常的例外"概念来挑战有关流动性的宏大叙事之外,对微观史的第三重阐发。

这两篇文章都处理了流动性问题,卡拉法特通过地方事务来解释流动的诉讼,而这一个案的流动性所反映的复杂性揭示了地中海区域分裂与连接的某个层面,其中"社会、经济、法律、外交和宗教利益之间不可分割";贾布里勒则是将地方性与流动性视为互相映照的镜子,意在说明全球性个人的身份的复杂性。

马克辛·伯格、佐尔坦·比德曼、菲利普·德维沃、乔治奥·列略四人的文章采用了第二种方法,即"通过对特定背景的密切研究,对普遍历史进程进行更一般性的评估"。《导言》指出,它们主要探讨的是"关于地方与全球之间的关系以及这种关系如何在空间和时间上发生变化的更深层次问题"。在其《海獭与铁:1774—1792年间在努特卡湾的价值和交换,一部全球微观史》[1]中,伯格对海獭毛皮跨洋贸易的供货地努特卡湾展开微观分析。出乎欧洲人的想象,当地莫瓦查特人早在与他们接触之前,就已拥有本土的、成熟到足以涵纳外来人、物的交往模式和价值体系。伯格没有将努特卡湾这个"不起眼的小地方"单纯看作跨洋贸易中的一个地点,而是深入考察努特卡湾的地方性及其与该地点所具备的重要的连接性之间的张力,以期"加深我们对18世纪世界广泛的全球商品流动的理解"。该文另一个有趣之处在于其所运用的一则史料——青年时曾参与过这一贸易的亚历山大·沃克,在他离开商队、转居印度多年后,写作了回忆性的航行记,其中鲜明地反映出作为当时人的沃克的某种全球想象的变化。

比德曼《定位全球的三种方式:早期跨大陆外交研究中的微观史

---

[1] Maxine Berg, "Sea Otters and Iron: A Global Microhistory of Value and Exchange at Nootka Sound, 1774-1792", *Past and Present*, Supplement 14(2019), pp.50-82.

挑战》①一文以 16 世纪中期拜蒂克洛国王寻求与葡萄牙建立外交关系一事为例，提出了"评估地方事件与全球进程的相关性"及"后者对前者的影响"的三种方式：第一种是在同一时期的全球范围内搜寻可比较事例，并挖掘它们之间的关联；第二种是"放大当地的权力斗争"，"把全球本身作为一个立足于当地的现实"，作为一种"权力建设的手段"；第三种则重点关注"新兴全球外交领域内不平衡的出现"，各地方依托自身现实构建了形态各异的全球想象，但伊比利亚人的构建拥有一些得天独厚的优势，并能将其投射到"塑造全球联系的地方事件中"，而亚非等地也相应体现了"应对和利用新形势的能力"。这第三种方式的实质是"对全球的概念进行微观的历史研究"——既包括"全球作为一种理念"的产生，也包括各地方对它的感知、思考和应对。

德维沃在《长距离信息的微观史：近代早期新闻中的空间、运动和能动性》②一文中，分析了三十年战争前夕西班牙和威尼斯舰队之间一场小较量的相关新闻的传播。两边官方为了自身利益，都采用了一系列手段宣传胜果，但是，一方面，第三方国家也会为了自身利益扭曲信息，另一方面，在两国民间很快就诞生了无数相异的新闻版本，民众纷纷利用自己的当地消息筛改外来报道，并进一步向外传播，而官方版本的扭曲最终也被民间版本的扭曲所抹平。德维沃对信息的微观考察表明，"信息既是全球性的，也是地方性的"，它在传播过程中经受着不同地方人的不同构建，每跨越一次边界——哪怕再小——都会带来巨大的转变。这种对将新闻整合成事实并传播的过程的理解，也能反过来加深对传播的空间、对各地方的理解。

列略的《书中的世界：16 世纪欧洲服装书中对全球性的创造》③

---

① Zoltán Biedermann, "Three Ways of Locating the Global: Microhistorical Challenges in the Study of Early Transcontinental Diplomacy", *Past and Present*, Supplement 14 (2019), pp.110-141.

② Filippo de Vivo, "Microhistories of Long-Distance Information: Space, Movement and Agency in the Early Modern News", *Past and Present*, Supplement 14(2019), pp.179-214.

③ Giorgio Riello, "The World in a Book: The Creation of the Global in Sixteenth-Century European Costume Books", *Past and Present*, Supplement 14(2019), pp.281-317.

使用了微观史很少关注的视觉材料。在服装书中,承载每个人物特殊性的微观原材料被集合,其宏观目标是捕捉整个世界,这正与近代早期欧洲人的全球想象类似。但在它"从局部和经验走向全面和整体化"的过程中,非欧地区的地方性是靠依据欧洲进行标准化后所凸显的差异性来体现的,欧洲人全球想象的构建通过"真实"的地方性的累积来加强,但这只是欧洲人想象中的"真实";实际上,这种贯穿着"他者化"的全球想象缺乏与其他地方真正的关联。列略进一步指出,在这种全球想象中,欧洲与地方在时间上是不同步的,视野越扩大,远端越迟缓,空间距离最远的美洲在服装书中所表现的地方性甚而接近于停滞,这与全球性的快速变化形成一组值得深究的张力。

这四篇文章在研究近代早期地方与全球的关联时,都对当时人的某种全球想象进行了分析,而列略的文章在一定程度上走得更远一些,因为它捕捉到了跟全球想象中的"地方"与"全球"相交叉的"微观"与"宏观",赋予了这组张力以具体化和历史的深度。

《导言》勾画出的第三种方法是金兹堡的"线索"范式,罗曼·贝特朗和莎拉·伊斯特比-史密斯的文章在运用它时尤为关注全球视野很难捕捉到的原始资料中的微末细节,以期揭示"页面之外的东西"。贝特朗的《魔鬼所在之处:对作为多重道德世界的帝国的微观史解读(马尼拉—墨西哥,1577—1580)》[①]一文,讲述了西班牙刚殖民菲律宾不久发生在马尼拉的一场对传谣者和女巫的审判。贝特朗分别对处于谣言中心的总督、被总督认定是幕后主使的神职人员、招供的女巫三者进行了具有全球视野的微观分析:总督自矜贵族身份,唯恐重蹈在他处名誉受辱以致权力不保之覆辙,而神职人员对西班牙征服者在美洲的行径多有不满,二者有着"不可调和的世界观",乃是念着他处在彼此构想和对抗;女巫身上则蕴含着更多,在她的口供中浮现了西班牙人无法解读更无法转译的"当地自然世界",但在她

---

① Romain Bertrand,"Where the Devil Stands: A Microhistorical Reading of Empires as Multiple Moral Worlds(Manila-Mexico,1577-1580)", *Past and Present*,Supplement 14 (2019),pp.83-109.

的身边，却有着可能来自中国的铜锣和陶罐。贝特朗指出，彼时的马尼拉遍布着"道德断层"，它是种种"长途联系的枢纽"，而这些联系并非全都由欧洲人所搭建。在这桩个案中，同时涌现了"大量相互冲突的道德世界和独特的生活经验"，它们或许各有源流，但却汇聚在马尼拉的小规模社会空间里，这表明马尼拉更其是一个"多世界的城市"而非"全球城市"。

史密斯的《难以驯服的种子：物质文化和全球科学史》①一文研究了启蒙时期法国意图移植到其殖民地的植物的种子"和它们的信使所历经的多种背景"。据考察，对于在船上保管种子这件难事，发挥实际作用的不是植物学家和理所当然被认为是可靠信使的社会精英，而是鲜少出现在植物学记录中的下层半文盲园丁，正是后者用其一次次的失败完善着"殖民植物学"的计划，依靠其隐性知识和专业技能，在18世纪植物学研究和实践中占据真正的核心位置。史密斯指出，"全球知识转移的历史"不能只从宏观角度书写为"成功的实验和知识发展的单一叙事"，而应走进微观层面，严肃对待在科学研究和实践中占数量多数的失败和各种偶然，充分关注"地方（如船舶）和个人（如园丁）"。

这两篇文章都用微观研究反驳了某种关于地方的全球性假设。贝特朗认为微观研究不应沉溺于流动中的人或物，而应更多关注流动所经的地方，用个案去揭示地方上被压制的东西，去检验全球性在地方上的实际表现形式；史密斯则是"将微观视为一种物质实体和一种研究18世纪知识网络的方法"，以此"检验全球网络中由非权威个人所发展的知识，从而由内而外地分解欧洲科学知识"，在某种意义上，这是立足于作为"地方"的运输船，解放"殖民植物学"的全球计划中的被殖民"地方"。

剩下杰伦·杜因达姆和克里斯蒂安·德维托的两篇文章则都试图找寻全球微观史的替代方案，并在根本上跳出全球史与微观史基

---

① Sarah Easterby-Smith, "Recalcitrant Seeds: Material Culture and the Global History of Science", *Past and Present*, Supplement 14(2019), pp.215-242.

于"连接性"的联盟。杜因达姆《对全球比较的呼吁：重新定义王朝》①一文号召全球史家回归比较史，整合离群值来检验全球性比较的假设。在此，"相隔甚远的案例之间的意外趋同，跟选定的核心案例之间的差异同样重要"，通过对相似性和差异性的微观考察，可以在揭示"不同统治集团在某些态度和做法上表现出显著的不变性"之后，进一步揭示不同王朝所拥有的意义相似但表现形式完全不同的特殊性。杜因达姆这种全球比较史提出的最大挑战，就是保留对原始资料的重视。

最后，德维托在《跳出尺度的历史：微观空间视角》②中旗帜鲜明地反对当前微观—全球之辨中的"尺度"基底：全球尺度预设了对某种大型区域的排他性关注，而微观尺度预设了在其中可以观察到不同的方面，这给微观分析施加了不必要的空间限制——一如卡拉法特、贾布里勒和德维沃的分析所反对的——同时"将微观史与全球史的结合所要克服的鸿沟本质化"，并阻碍了对历史进程的思考。为解此弊，德维托认为应"将尺度视为一种社会建构和历史研究的对象，而不是用尺度的概念来分析历史"；应强调"地方之被社会地和历史地建构的性质"，同时力图避免地方之于宏观层面的任何相对性界定，据此，历史进程便"是由跨越时间和跨越独特但又相互联系的地方的多种社会实践产生的"。这种结合微观史与全球史的新方式被德维托称作"微观空间视角"，它具有三层面的超越性。第一，超越地方—全球的区分，主张"每个地方的独特性并不来自于它的孤立性，而是来自于使其产生活力的联系的特殊性"，这意味着需要淡化对地方预设的边界，重新思考"每个地方的特殊性和连接性之间的辩证关系"，尤其是在比较中。德维托认为伯格的文章很好地展现了这一层面的超越；然而，伯格却质疑"微观空间视角"可能会遮蔽地方内部的

---

① Jeroen Duindam, "A Plea for Global Comparison: Redefining Dynasty", *Past and Present*, Supplement 14(2019), pp.318-347.

② Christian G. De Vito, "History Without Scale: The Micro-Spatial Perspective", *Past and Present*, Supplement 14(2019), pp.348-372.

张力——譬如莫瓦查特人通过与其他原住民群体的长期互动产生的本土价值体系和交往模式。第二,超越能动性—结构的区分,主张二者皆"嵌在具体的历史实践中",这意味着不再"把每个地方看作单一'背景'",而是承认一个社会过程的背景在于多个地方、个人、物体和知识"。贝特朗、贾布里勒和杜因达姆的文章都被引以为例。此外,这种对社会实践的建构作用的强调,也"将权力带回到历史叙述的中心"。第三,超越时间尺度上短期与长期的僵硬分割,认识到时间的多元性。时间在"地方、联系和社会实践的形成"中同样起到重要作用,兼及这一超越可以更好地理解历史进程中的不平衡性和偶然性,并且深入到"尺度化话语和实践"的构建及其冲突的核心。德维托认为列略对服装书的研究正与之相通。在文章最后一节,德维托甚而将"微观空间视角"要求的这些超越,延伸到了当代历史学家和学术共同体身上,以这层反思作为该文、该卷的结尾,实是发人深省。

以上是对西方史学界近年来有关微观—宏观/全球议题的三次研讨的详细介绍。笔者以为,这一组张力是理论问题,更是实践问题;是关于学术内外理念的问题,更是关于具体问题的问题。乔瓦尼·莱维认为"一般"是微观史研究的起点而非终点;借用他的话,我们似是可以说,诸如"概括""检验""连接""比较"此类程序,也应是结合了微观与宏观/全球的研究的起点而非终点。希望上述各篇文章能为读者带来启发。

作者简介:冷昉暄,复旦大学历史学系硕士研究生。

征稿启事

本刊的创立,是想为"作为思想史的史学史"这样一种研究思路提供一个试验场,打造一个兼具思想史与史学史综合研究的学术平台,每年出版一至两期,每期刊物围绕一个主题,强调跨学科的交流和研究。本刊欢迎从历史哲学、史学理论、史学史、比较史学,甚至是从艺术史、哲学史、文学史及其他人文社会科学学科出发而撰写的有关历史与思想的稿件。同时,本刊也愿为正处于硕、博士阶段的优秀青年提供一个早期学术写作及发表的机会。

在"作为思想史的史学史"这样一个主题之下,我们希望讨论但并不仅限于此的专题还有:文明的概念及其历史书写、全球史中的西方力量、文明进程中的史学思想、中西话语建构、比较研究何以可能、图像中的历史与思想、历史中的宗教与思想、知识是如何向公众传播的、共时性语境与历史性变迁、口述与记忆、后真相时代中的历史学家、他者眼中的在地性与自我认同中的模仿,等等。

杂志的主要板块包括:一、理论探讨(每篇1万—1.5万字),二、专题研究(每篇2万—3万字,优秀论文字数不限),三、经典释读(每篇1万—3万字),四、史学前沿(每篇1万—1.5万字),五、书评(每篇0.5万—1万字),六、学子新论(每篇1万—1.5万字),七、新书推介(每篇0.2万—0.5万字)。此外,本刊不定期地设有"专论"板块,内容不限于纯粹技术性的史学史研究,而是针对各种历史思想的宏观论述、微观考察与比较研究,尤以拥有当下关怀的文章为先。每期还可根据具体情况,再增设问题与方法、读史札记、研究综述、会议综述等栏目。

本刊第三辑的主题为"史家、方法与理论",竭诚欢迎各界人士赐稿。

投稿须知

1.论文需包含完整的标题、论文摘要、关键词和正文,以及作者信息(包括作者姓名、所在单位和职称)。

2.论文采用脚注形式,格式请参照本刊已刊论文或《历史研究》的引用格式。

3.来稿请发送至邮箱:fdxfsxs@fudan.edu.cn。